本书受国家社会科学基金项目
"犯罪治理控制与刑事司法犯罪化的反思"（11BFX102）资助

刑事政策司法化的内在道德

孙万怀 著

The Inner Normals of Criminal Policy Judicialization

图书在版编目(CIP)数据

刑事政策司法化的内在道德/孙万怀著. —北京:北京大学出版社,2021.1
ISBN 978-7-301-31814-0

Ⅰ.①刑… Ⅱ.①孙… Ⅲ.①刑事政策—研究—中国 Ⅳ.①D924.04

中国版本图书馆 CIP 数据核字(2020)第 214370 号

书　　　名	刑事政策司法化的内在道德 XINGSHI ZHENGCE SIFAHUA DE NEIZAI DAODE
著作责任者	孙万怀　著
责 任 编 辑	徐　音　李小舟
标 准 书 号	ISBN 978-7-301-31814-0
出 版 发 行	北京大学出版社
地　　　址	北京市海淀区成府路 205 号　100871
网　　　址	http://www.pup.cn　新浪微博:@北京大学出版社
电 子 信 箱	sdyy_2005@126.com
电　　　话	邮购部 010-62752015　发行部 010-62750672 编辑部 021-62071998
印 刷 者	天津中印联印务有限公司
经 销 者	新华书店
	730 毫米×980 毫米　16 开本　22 印张　316 千字 2021 年 1 月第 1 版　2021 年 1 月第 1 次印刷
定　　　价	79.00 元

未经许可,不得以任何方式复制或抄袭本书之部分或全部内容。
版权所有,侵权必究
举报电话: 010-62752024　电子信箱: fd@pup.pku.edu.cn
图书如有印装质量问题,请与出版部联系,电话: 010-62756370

谨以此书纪念恩师苏惠渔先生

题 记

当代著名的法哲学家富勒基于其所信奉的自然法精神,认为法律不能够简单地建构在规范之上,而是有其道德属性,并据此提出了法律存在内在道德和外在道德的评价。所谓外在的道德,是指法律规范对道德规范的认可和强化,是法律的实体目标;所谓内在道德,则是指适用法律时所要遵循的基本原则和程序伦理。

同样,刑事司法的过程性质以及政策司法化的过程更加存在着内在的道德诉求。只有这样才能合理地处理好政策与法律的关系,从而进一步强化法律的规则伦理,实现或接近法律的合目的性。

目　录

引言　司法犯罪化的表征　001

第一章　问题的实质与罪刑法定理念的重申　015
　一、一个前提性的问题——刑法基本理念的内涵解构与范畴界定　015
　二、罪刑法定原则向罪刑法定理念的位移　019
　三、坚持罪的明确性还是刑的明确性优先　025

第二章　"风险刑法"观——风险社会中刑法的冲动　037
　一、风险社会与风险刑法的提出　038
　二、"风险社会"理论能否为风险刑法奠基　041
　三、风险刑法的理论基础的证伪　052
　四、风险社会框架下的风险刑法的实质与后果　066
　五、出路：信守政策和法治的底线　072
　六、莫将管理的失误视同为刑法的风险　085

第三章　罪刑关系法定化困境与人道主义补足　087
　一、法定化困境的规范因素及其所引发的刑罚人道主义重拾　088
　二、法定化困境解决的现实策略与人道主义的路径　097
　三、人道主义诉求是刑事司法职业者的道德责任　105

第四章　刑事司法适用的合宪性引导　119
　一、现实与理论研究问题之所在　119
　二、一个前置性的问题：刑法解释的位阶分歧与合宪性解释的介入　122

三、刑法解释以效力为基础的位阶进路：合规范性、合刑性与
合宪性 130
四、宪法性的基本权利之于刑法适用的作用 139
五、合宪性解释原则对于刑法适用的引导 143

第五章 民意在刑事司法中的解构 156
一、在刑事司法领域如何解构民意 157
二、定罪量刑过程中排除民意的特殊性要求 165
三、刑事审判独立情形下民意才能被真正排除 175
四、宣告刑超越刑法的进一步考察——民意乎？权意乎？ 181
五、坚守法律信仰 186

第六章 刑事政策的司法化回归 187
一、刑事政策司法化研究的理论自觉 188
二、对宽严相济刑事政策初衷的背离 195
三、在追根溯源中合理定位宽严相济刑事政策 203
四、宽严相济刑事政策的法律逻辑和形式逻辑 210

第七章 实体的具体检视 I：以危险方法危害公共安全罪之口袋化 217
一、以危险方法危害公共安全罪成为口袋罪的症候 217
二、以危险方法危害公共安全罪口袋化的社会背景——刑事
政策价值取向的不同解读 222
三、对于规范主义抛弃的必然结果是罪名的口袋化 231
四、罪刑法定原则的坚守——剔除刑法的戾气 240

第八章 实体的具体检视 II：网络谣言与寻衅滋事罪之口袋化 244
一、争议是怎么展现出来的 244
二、信息虚假性的界定标准是什么 253
三、"公共秩序严重混乱"究竟该如何理解 261
四、"恶意"为什么会与"虚假信息"联系在一起 269

第九章　实体的具体检视 III：有毒有害食品犯罪的量刑偏向与反制
　　　　定罪 275
　　一、问题的提出——打击态势与打击特征 275
　　二、有毒有害食品犯罪量刑中的轻轻重重倾向之质疑 280
　　三、有毒有害食品犯罪定罪中"量刑反制"的偏好及其否定 288

第十章　形式的具体检视 I：指导性案例中的规则建构 296
　　一、是谁而鸣——制度设定的初衷、争议及对现实的启示 297
　　二、如何避免武断化的刑事个案指导与刑事案例指导制度的
　　　　武断化 304
　　三、案例指导应侧重于例外性、补充性与平衡性 312

第十一章　形式的具体检视 II：刑事裁判文书的说理之殇 320
　　一、刑事裁判文书公开所附着的意义及其形式性 320
　　二、刑事裁判文书公开后所昭示的裁判缺乏说理性特征 323
　　三、刑事裁判文书缺乏说理导致裁决沦为缺乏权威性的
　　　　"单纯的暴力" 328
　　四、裁判文书的说理是刑法学研究得以健康发展的实质前提 339

后记 342

引言　司法犯罪化的表征

刑事法治建设和刑法学研究的历程，就是一个贯穿着刑法理念之研究、革新的历程。时光荏苒，洗尽铅华，我们对于刑法理念的认识和研究愈加全面、丰富和成熟，但这并不意味着其中没有反复和碰撞，尤其是在社会转型时期，在多重风险并发和多种利益交织的时代，各种理论五花八门，如何将国外的理论与中国社会实践有机结合，如何在纷繁的社会现实中保持独立而清醒的思考，都磨炼着刑法研究者的神经。此时，追根溯源，回归对刑法基本理念的反思，显得尤为必要。

有论者提出，"司法上的犯罪化，也可谓解释适用上的犯罪化，即在适用刑法时，将迄今为止没有适用刑法作为犯罪处理的行为，通过新的解释将其作为犯罪处理"，"实际上是因为社会生活事实的变化，在刑法条文可能具有的含义内，对刑法做出同时代的客观解释的结果，是刑法真实含义不断变化的结果。罪刑'法'定而非'立法者'定，虽然立法者的原意可能不变，法条文字也未曾更改，但社会生活事实的变化必然导致法条含义的变化。所以，只要司法上的犯罪化并不背离法文的客观含义，即使违背了所谓立法原意，也应认为符合罪刑法定原则"[①]。简而言之，这种观点借助客观解释、实质解释的手段来探求刑法条文的可能含义，从而在司法实践中为扩张司法权提供依据，但这是不是对罪刑法定原则及其理念的坚守，值得我们深思。

从一定程度上而言，司法犯罪化只是一种宏观的思路，如果说司法犯罪化从形式上看并无新意，那么其赖以支撑或体现的实践或理论，则总是

[①] 张明楷：《司法上的犯罪化与非犯罪化》，载《法学家》2008年第4期。

以新的面目出现。而这些"更新"表面上似乎在关注刑法的适应性和社会性,在关注个案的正义,但也在不断地冲击或销蚀罪刑法定原则的基本意蕴,这可以最为明显而直接地体现在以下的论争中:

1. 对于刑法明确性的讨论

罪刑法定原则的派生原则之一就是刑法的明确性,准确理解和把握明确性原则,需要借助刑法解释,需要厘定明确的标准。有论者提出以常理作为判断刑法解释合理性和刑法文本含义确定性的标准,认为"现代法治归根结底应该是人性之治、良心之治,绝不应归结为机械的规则之治";"我们实行法治,绝不能显失公平、绝不能违背常理、绝不能不顾人情";"我们的法律是人民的法律,绝不应该对其做出根本背离老百姓所共同认可的常识、常理、常情的解释"。① 如果坚持以"常识、常理、常情"为判断标准,就有可能产生"法、理、情"三者之间以及"法律"与"人民认同"等的冲突甚至矛盾。对此,这种论点认为,坚持讲"法"不讲"理"实际上是坚持"恶法亦法";无论是普通民众,还是经过法律专业训练的人,在日常生活中基本上都是根据自己在与他人的交往中所了解到的那些为社会普遍认同的人与自然应该如何相处的基本知识、人与人应该如何相处的基本道理。如果这是一个事实,那么当我们的"法"与普通民众普遍认同的基本道理发生冲突的时候,我们坚持讲"法"不讲"理",主张对那些即使明显违情背理的"法"也必须坚持"有法可依,有法必依,执法必严,违法必究",是不是就是在主张少数掌握立法权的人可以用法律的手段强迫大多数人接受他们的意志?这种将少数人意志强加给普通民众的做法是不是人治?是不是必然会导致"有(立法)权就是法""(立法)权大于法"的结果?传统法学理论的核心理念是反民主的,是反科学、反人民、反法治、反人性的。"合情合理不合'法'的要依'法'办"这个口号,就是传统法学理论根本缺陷的集中体现。② 因此,传统法学理论的主张(恶法亦法)都可以归结为法是少数人(立法者或自然法学家)意志的体现,法治应是少数人对多数人

---

① 参见陈忠林:《"常识、常理、常情":一种法治观与法学教育观》,载《太平洋学报》2007年第6期。

② 参见陈忠林:《司法民主是司法公正的根本保证》,载《法学杂志》2010年第5期。

的统治。坚持这些理论,在实践中必然结出"有权就是法""权必然大于法"的恶果;坚持以这些理论指导法治,必然导致人治,导致专制。① 能否准确理解和把握这种观点的实质,成为能否真正坚持和恪守罪刑法定原则及其理念的一个挑战。这种以常理来思考刑法适用的观点,不仅导致了刑法学界的纷争,而且导致了法理学界的论战。此外,这一观点在一定区域已经产生了实质性的影响,也得到了来自实践的一部分支持。就冲突本身而言,双方的分歧泾渭分明,要么简单地肯定,要么简单地否定。但是,是不是存在着第三条道路呢?

2. 对于"风险刑法"的激辩

自德国著名社会学家乌尔里希·贝克出版《风险社会》一书,并提出"风险社会"概念以来,世界各国学者相继开展了风险社会视野下的法学思考和研究。这同样引起了我国刑法理论界和司法实务界持续而强烈的关注,关于风险社会理论的研究蔚然成风,很快聚集了一批追随者。然而,随着认识、思考的不断深入,对于风险社会视野下的刑法定位问题在理论界和实务界都引起了不小的争议和分歧,赞成、追随的声音与质疑、反思的声音交织、混杂,成为刑法学界一道"靓丽的风景线"。如何把握风险的内涵与实质,如何正确认识风险社会及其本质,如何看待风险社会理论与刑法的关系,立基于风险社会理论上的风险刑法理念是否符合罪刑法定原则及其理念等问题,成为当下中国社会转型时期我们无法回避而须直面破解的难题。

"无论是风险社会还是风险刑法,风险是其中的关键词。如何界定这里的风险,直接关系到风险刑法理论存在的正当性。尤其应当指出,因为风险刑法是从风险社会引申出来的,所以风险刑法的风险与风险社会的风险应当具有同一性,至少具有类似性。"② 然而,仔细地对比之后我们发现,对于风险社会理论所谓的"风险"与风险刑法指称的"风险"是否具有同质性,不无分歧。对于"风险"一词的理解,我们可以追溯到风险社会理

---

① 参见陈忠林:《"恶法"非法——对传统法学理论的反思》,载《社会科学家》2009年第2期。
② 陈兴良:《风险刑法理论的法教义学批判》,载《中外法学》2014年第1期。

论创始人乌尔里希·贝克那里,"风险概念是一个很现代的概念,是个指明自然终结和传统终结的概念。或者换句话说:在自然和传统失去它们的无限效力并依赖于人的决定的地方,才谈得上风险。风险概念表明人们创造了一种文明,以便使自己的决定将会造成的不可预见的后果具备可预见性,从而控制不可控制的事情,通过有意采取的预防性行动以及相应的制度化的措施战胜种种副作用"①。风险无处不在、无时不有,古往今来莫不如此,然而仔细品味贝克教授的话语,可以发现他所指称的这种风险与自然意义和传统意义上的风险完全不同,而是一种现代意义上的、由人自身所决定而产生的风险。在人类进入现代社会以后,自然风险、传统风险并不见得少了多少,然而贝克教授此处定义和指称的已然不是这种意义上的风险,而是在现代社会特别是工业文明发展起来的工业社会下人类自身制造的危险(源)。"应当指出,贝克所说的风险社会的风险并不是一般意义上的工业社会的风险,而是后工业社会的风险,主要是指技术风险。这个意义上的风险首先是技术风险,其次是随着科学技术的广泛应用而导致的社会各个领域发生的风险,例如转基因、环境污染、核辐射、生物危机等。贝克不仅将工业社会的风险与农耕社会的自然风险相区分,而且将后工业社会的技术风险与工业社会的事故风险相区分。"②

简而言之,贝克教授提出的风险社会理论的核心概念——风险,其本质就是一种技术风险。这与我国一些风险论者所谓的"风险"如何对接,成为一个绕不开的问题,因为概念的原有使用语境和背景似乎存在差异。例如,"现代社会越来越多地面临各种人为风险,从电子病毒、核辐射到交通事故,从转基因食品、环境污染到犯罪率攀升等。工业社会由其自身系统制造的危险而身不由己地突变为风险社会。除技术风险外,政治社会风险与经济风险等制度风险也是风险结构的组成部分……公众对风险所带来的健康与环境问题的担忧及其社会、经济和政治后果的关切,直接促

---

① 〔德〕乌尔里希·贝克、约翰内斯·威尔姆斯:《自由与资本主义——与著名社会学家乌尔里希·贝克对话》,路国林译,浙江人民出版社2001年版,第118页。
② 陈兴良:《风险刑法理论的法教义学批判》,载《中外法学》2014年第1期。

成风险问题在当代的政治化"①。"不可否认的是,在我国现代化的进程中技术风险、环境风险、政治风险、经济风险、信任风险等各种风险正在逐渐增多、增大,而近年来频发的环境污染事件、食品安全事件、群体性事件就是适例。"②还有论者将其扩大至犯罪风险,"随着各国市场经济的快速发展和全球经济一体化的加剧,当今各国的经济发展都不可避免地面临着各种各样的犯罪风险,因而不可不提防。其中,犯罪危害的加剧和犯罪类型的翻新就是这种犯罪风险的直观体现,这必将带来刑法解释学中的些许变化"③。此外,前述已经指出贝克所谓的风险是后工业化时代的后工业社会的技术风险,但是在我国风险刑法论者那里,大多数论证都是以工业社会的风险为根据,事故型风险特别是责任事故型风险成为他们经常所举的例证,如"在风险社会中,恶性交通事故频发、环境污染愈演愈烈、药品与食品安全事故大量涌现……社会成员精神上或心理上的负荷在不断提高"④。"但是,这种事故型风险并不符合风险社会的风险所具有的不确定性特征,它是由行为人的操作疏失或者管理过失造成的,仍然属于常规的风险,属于可以控制的工业社会的风险。"⑤"传统社会的事故型风险不可能导致全球性灾难,交通事故与核风险、基因风险、生化风险等存在根本区别。"⑥

风险社会论者所说的技术风险在风险刑法论者那里已然成为一个无所不包的概念,不仅混同了一般意义上的社会风险与后工业时代的技术风险之间的本质差异,而且泛化使用导致其内涵变得无边无际乃至于"模糊化",这实际上已然与风险社会理论失去了基础性联结,这种概念的使用已经突破了原有的范围而使得二者失去了同一性,如此就意味着风险刑法的基础立论没有获得支持而丧失了现实基础。正如有论者一针见血地指出,"风险刑法理论最根本的谬误在于,未全面了解贝克的反思性现

---

① 劳东燕:《公共政策与风险社会的刑法》,载《中国社会科学》2007年第3期。
② 王志汀:《风险社会下抽象危险犯的理论境域》,载《河北法学》2013年第2期。
③ 姜涛:《风险刑法的理论逻辑——兼及转型中国的路径选择》,载《当代法学》2014年第1期。
④ 魏汉涛:《风险社会的刑法风险及其防范》,载《北方法学》2012年第6期。
⑤ 陈兴良:《风险刑法理论的法教义学批判》,载《中外法学》2014年第1期。
⑥ 南连伟:《风险刑法理论的批判与反思》,载《法学研究》2012年第4期。

代化理论,因而对风险社会理论的理解过于肤浅和狭隘,更多的是根据'风险社会'的字面含义,将其理解为'有风险的社会'或'风险增多的社会',这完全背离了风险社会理论的精髓。尤其是,它未能明确风险社会的风险与传统社会的风险之间的'世纪性差别',曲解了风险范畴的真实含义"①。

  我国一些学者认为,"风险社会"理论与"风险刑法"没有直接的逻辑联结,前者无法为后者提供理论支持,不断递增的社会风险也不能作为后者的现实基础。风险社会视野下的刑法没有全面介入、完全控制乃至规避、消除风险的作用空间和功效,因为从严格意义上讲,"风险社会的风险是后工业社会的技术风险,这种风险具有不可预知性与不可控制性,根本不可能进入刑法调整的范围。风险刑法理论将风险予以泛化,并且主要是以工业社会的事故型风险为原型展开其论述与论证,但这与风险社会的风险并无关联"②。从风险社会角度而言,其所提出的技术风险产生于特殊的时代背景和社会环境,具有不确定性和不可预见性,这导致其难以控制。这一问题的解决应当通过科学技术的发展来提高人类预判和控制技术风险的能力,以最大限度地减少类似风险及其危害。如果从更广的视角来看,人类为了应对类似风险,采取法律手段应对似乎也不为过,然而,这种借助法律的应对毕竟是间接的,而且"这里的法律应对基本上属于行政法的范畴"③,"对技术风险的行政法意义上的规制,主要是指对作为技术风险规制主体的政府决策行为的规范,使之符合社会的最大利益"④,这里实际上没有刑法规制乃至消除存在极大不确定性的技术风险的作用空间。因此,"风险社会的风险并不能等同于风险刑法的风险或者危险。从风险社会引申出的风险刑法理论,给人造成的一个重大误解就在于使两种完全不同的风险相类比或者相等同,建立在这种逻辑上断裂

---

  ① 南连伟:《风险刑法理论的批判与反思》,载《法学研究》2012 年第 4 期。
  ② 陈兴良:《风险刑法理论的法教义学批判》,载《中外法学》2014 年第 1 期。
  ③ 对于行政法规制技术风险的发生机理,可参见〔英〕伊丽莎白·费雪:《风险规制与行政宪政主义》,沈岿译,法律出版社 2012 年版。
  ④ 陈兴良:《风险刑法理论的法教义学批判》,载《中外法学》2014 年第 1 期。

基础之上的风险刑法理论容易造成思想上的混乱。实际上,风险刑法理论并没有指出风险社会中的风险如何进入刑法视野的适当路径,而是将两者的连接建立在风险社会与风险刑法都采用的风险这个内涵漂移与外延模糊的词汇之上,这是一种虚幻的联系"[1]。

如果扩大了讲,将风险社会中的风险与刑法的危险范畴不进行严格区分[2],使得风险刑法脱离风险社会视域下的技术风险藩篱得以扩展,是否就意味着刑法可以强力介入呢?在面临所谓的风险时,刑法应当发挥什么作用、处于什么位置、扮演什么角色呢?此时,应当如何把握刑法与风险的关系呢?对此,风险刑法论者认为,"公共政策的秩序功能决定了它必然是功利导向的,刑法固有的政治性与工具性恰好与此导向需要相吻合。无论人们对刑法的权利保障功能寄予多大期望,在风险无所不在的社会中,刑法的秩序保护功能注定成为主导。现代国家当然不可能放弃刑法这一秩序利器,它更需要通过有目的地系统使用刑法达到控制风险的政治目标。刑法由此成为国家对付风险的重要工具,公共政策借此大举侵入刑事领域也就成为必然现象。它表征的正是风险社会的安全需要。在风险成为当代社会的基本特征后,刑法逐渐蜕变成一项规制性的管理事务。作为风险控制机制中的组成部分,刑法不再为报应与谴责而惩罚,主要是为控制风险进行威慑;威慑成为施加刑事制裁的首要理由"[3]。在这里,我们可以发现在风险刑法论者那里,刑法的工具性和功利性受到重视,工具主义和功利主义思想的抬头趋势渐显,刑法的社会保护功能优于权利保障功能,刑法规制的对象由实害(结果)向(潜在的)危险转变,刑法介入风险规制的位置由"后置"变为"前置",刑法由重视惩罚和报应向强调威慑和(一般)预防转变。

---

[1] 陈兴良:《风险刑法理论的法教义学批判》,载《中外法学》2014年第1期。
[2] 当然,在德国刑法学界理论阐述和著述中,风险和危险还是存在差异的,对二者的理解也存在争议,具体论述参见张晶:《风险刑法:以预防机能为视角的展开》,中国法制出版社2012年版,第14—22页。
[3] 劳东燕:《公共政策与风险社会的刑法》,载《中国社会科学》2007年第3期。

3. "敌人刑法"理论的出现

在风险社会理论面世前后①,德国著名刑法学家京特·雅科布斯提出了"敌人刑法"的概念,并陆续阐发了其内容,这促成了"敌人刑法"理论的出现。② 近年来,"敌人刑法"理论引起了我国学者的关注,理论界观点不一,赞成者有之③,反对者亦有之④。准确理解和把握"敌人刑法"的基本内容和实质,成为我们对奠基于此的"敌人刑法"理论是否符合罪刑法定原则及其理念作出准确判断的前提。对此,在简要勾勒和描述"敌人刑法"理论的内容和主张后,笔者认为这一理论存在难以回避的缺陷,其本质上与"风险刑法"存在共通之处,但实际上是社会防卫思想的凸显,有违法治国的人权保障理念,如果强行引入到我国刑法中来,将会引发法治风险和人权保障风险。

因此,准确把握"敌人刑法"的基础是对其中"敌人"的内涵作出准确的解读。这里需要明确的是,"由于我国刑法在历史上曾被视为与'阶级敌人'斗争的工具而具有鲜明的政治色彩,在我国现实的学术场中论及雅科布斯的敌人刑法易使人误解为是主张回归到传统的政治型刑法,这其实是对'敌人刑法'学说的误读与不加思索的表现"⑤,是对"敌人"的误解所导致的。此处的"敌人"并非政治术语中主流意识形态的反对者抑或是

---

① 1986 年,乌尔里希·贝克在德国出版了《风险社会》一书,首次提出"风险社会"的概念,但是反应平淡。直至 1992 年,该书被马克·里特(Mark Ritter)译成英文后,"风险社会"才作为一个概念和理论被西方学者和公众逐渐认可和接受。

② 1985 年,德国刑法学者京特·雅科布斯在德国刑法学者大会上作了《刑法中法益保护的早期化》(有的译作《法益侵害的前置入罪》)的报告,首次使用"敌人刑法"这一概念;1995 年,在德国罗斯托克召开的刑法学者大会上,他在《处在机能主义和"古典欧洲"原则思想之间的刑法或者与"古典欧洲"刑法的决裂?》的报告中,明确表达了区分人格体和个体的想法;1997 年,他在《规范·人格体·社会——法哲学前思》这本小册子中,提出了"市民刑法"和"敌人刑法"这组对立的范畴;1999 年,在柏林召开的"千年世纪转换前的德国刑法学——回顾与展望"主题讨论会上,他对"敌人刑法"作了更为精练、全面的阐述;2003、2005、2006 年,他先后发表了三篇文章《市民刑法与敌人刑法》《恐怖主义分子作为法律上的人格体?》和《敌人刑法?——关于法律性条件的考察》),集中论述他的"敌人刑法"理论。相关论述可参见蔡桂生:《敌人刑法的思与辨》,载《中外法学》2010 年第 4 期。

③ 例如,冯军:《死刑、犯罪人与敌人》,载《中外法学》2005 年第 5 期;何庆仁:《刑法的沟通意义》,载陈兴良主编:《刑事法评论》(第 18 卷),北京大学出版社 2006 年版。

④ 例如,刘仁文:《敌人刑法:一个初步的清理》,载《法律科学》2007 年第 6 期。

⑤ 陈珊珊:《"敌人刑法"思潮影响下的刑事诉讼法修改——新〈刑事诉讼法〉修法理念的解读与深思》,载《东方法学》2012 年第 4 期。

战争中的敌对方,更非纳粹时期卡尔·施密特(Carl Schmitt)根据是否信仰上帝、是否是异族人而从政治上区分的敌友(施密特曾为纳粹政权迫害异己造声势服务)。雅科布斯教授提出并阐发了人格体和非人格体、市民刑法与敌人刑法的划分理论,"然而到底一个人什么时候可以被视为法律上的非人格体或者说敌人,如何确定人格体与非人格体、市民与敌人这种区分的具体标准,Jakobs 则语焉不详"①。根据这一理论,他认为"敌人"作为"原则性的偏离者没有提供人格行动的保障,因此不能将其作为市民来对待,而是必须作为敌人来征伐"②。一个犯罪人,如果就其态度或就其维生之职业或就其参与犯罪组织等角度而言,"可被设想为是持续性地要违背法律",则这种犯罪人是原则性、恒常性的否定法律者,就是"敌人",敌人本质上不是公民,更非市民,而是公敌。在这里,实际上并没有一个清晰准确的概念界定,使得这种描述类似于风险刑法力倡的抽象危险犯一样令人无法捉摸。冯军教授将此进一步阐发为:"谁通过行为对实在法的基本规范进行了基本违反,谁就是这个现实世界的敌人;所谓实在法的基本规范,是指现实社会所必不可少的法规范,也就是现实社会中保护生命权、自由权和财产权的法规范;所谓基本违反,是指在没有任何值得社会宽恕的理由下以最极端的形式实施的违反行为。在敌人的敌对行为中完全不存在任何值得社会宽恕的理由,他们原则性地破坏了社会的实在法规范。"③何为基本规范与非基本规范的区分?标准是什么?什么又是基本的违反和非基本的违反?界定的依据何在?如果"敌人"无法界定清楚,市民会不会成为"敌人"?表面上是市民实际上是敌人或者表面上是敌人实际上仍然是市民,这种表里不一的"人"究竟如何定性?是否存在误判的可能?如果"敌人"的界定存在误判的可能,如何保证这种误判降低到最低限度乃至消除?如果无法消除,基于对人权保障和无辜者权利的考量,此时划分敌人和市民还有明确的界限吗?或者还有规范意义、实

---

① 王莹:《法治国的洁癖——对话 Jakobs"敌人刑法"理论》,载《中外法学》2011 年第 1 期。
② 〔德〕雅科布斯:《市民刑法与敌人刑法》,徐育安译,载许玉秀主编:《刑事法之基础与界限——洪福增教授纪念专辑》,新学林出版股份有限公司 2003 年版,第 38—39 页。
③ 冯军:《死刑、犯罪人与敌人》,载《中外法学》2005 年第 5 期。

质价值吗？我们应当看到，从雅科布斯教授首提"敌人"概念及"敌人刑法"到其后各学者的阐发，都在试图将"敌人"的画像予以清晰化、明确化，但从某种意义上来说这种描绘越来越"不清晰"，这也使得敌人刑法的可操作性大打折扣甚至荡然无存，成为一个没有社会实践基础的纯理论的描述性概念。我国历史上一直盛行意识形态领域和政治意义上的"敌人刑法"，如果无法在一个规范的意义上做出现实可行而又清晰准确的描述和界定，即便我们引入了这样一种理论，也很难保证其在刑事立法和刑事司法中得到准确的理解和执行，反倒有可能打着"消灭敌人"的旗帜，使得刑法以正义之神的名义变为作恶的护盾。这不禁让我们对这种立足于法治国框架下，从规范角度出发并力图从规范意义上界定，但得到的却是这种不规范、不明确的概念和以此为基础的敌人刑法理论能够毫无差错地得到理解和执行心存质疑，同时也对其可能引发的法治风险和人权保障风险心存忧虑。

如果能够准确划定"敌人"的画像，那么由谁来认定何者是市民、何者是敌人呢？划定归属的权力应当由谁执掌并依据何种具体可操作的准则得以公正无私地执行呢？对敌人的定义权也是敌人刑法论者无法直接正面回答的一个问题，其困境在于既然已经将这个社会中的一些人作为所谓的"非人格体"对待，认为其不属于市民而是敌人，那么我们还能使用由市民社会法则建立的一整套刑事实体法和刑事程序来追究、认定、执行对"非人格体"的刑罚吗？这其中的矛盾恐怕难以消解。因为针对市民建立的一整套刑事罚则和程序规定首先承认行为人具有法律人格，把人当"人"看，把人当"人"对待，即必须给予行为人、被告人和犯罪人以人权保障、人道待遇，否则就是不人道的、非正义的。而按照敌人刑法论者的观点，这种人道待遇只适用于享有"人格体"的市民，而对于"非人格体"的敌人断然不能再适用这套刑事体系，敌人刑法主张对敌人要突破"比例性原则"，施加更严厉的惩罚，要废除或限制一般被刑事指控者所享有的"正当程序"权利，甚至认为"敌人不应该在现实社会中享有人类尊严，也不拥有现实社会所保障的人权"。① 那么,作为"非人格体"的敌人在强调保障人权的市民刑法体系下成为惩罚对象却不配拥有这种刑事体系下的人权待遇,是否存在内在无法消解的冲突呢?显然,敌人刑法论者无法圆满地回答这个问题。如果说敌人刑法是依附于市民刑法,上述分析可以印证二者无法兼容,那么敌人刑法必须重新建立一套新的刑事追责体系,但在那种体系下的敌人刑法还是"法"吗?某种意义上它已经丧失了合法性和正当性而异化为"针对敌人的纯粹的暴虐统治工具"了,而这与当今世界普遍称道的法治国理念和人权保障理念存在根本分歧。"Jakobs 把与规范的沟通能力和沟通意愿视为人的属性,把那些不愿意或者不能够满足规范期待的人视为法律上的非人格体,排除他们作为人的资格,因此主张对之采取防卫性的刑事制裁,大大限缩其程序权利,将其隔离于社会之外,以达到风险防御的目的,与西方宪政法治国原则格格不入",而面对敌人刑法与法治国理念之间的对立冲突,"倡导在市民刑法之外发展敌人刑法作为其补充,其结局极有可能不是像 Jakobs 所说的那样有利于法治国的维护,而是恰恰相反,反而会从内部侵蚀法治国的生存根基。此外,界定标准的模糊也为国家机器滥用权力大开方便之门"。②

  进入到更深层次考察,雅科布斯教授提出的人格体与非人格体的区分、敌人刑法与市民刑法的划分等理论,实际上是其规范适用理论的外化和体现。从更为根本的角度看,这涉及雅科布斯教授对于刑法一些根本问题的思考,其核心就是对于在西方法治国视野下的犯罪的本质与刑法的任务(目的)之思考。简而言之,雅科布斯教授认为犯罪的本质不是法益侵害,而是规范的违反;相应地,刑法的目的不是保护法益,而是保护规范适用(的效力),在于确保规范能够以其本来应有的(被信赖和恪守)状态得到遵守和适用,如果有谁打破了这种遵守和规范适用,并且持续地、普遍地违反规范应当被遵守的状态,就会被认定为(规范——法治国的)敌人而以敌人刑法对待。雅科布斯教授批评德国刑事立法在遵从传统刑

---

① 参见冯军:《死刑、犯罪人与敌人》,载《中外法学》2005 年第 5 期。
② 参见王莹:《法治国的洁癖——对话 Jakobs"敌人刑法"理论》,载《中外法学》2011 年第 1 期。

法以保护法益为任务的指导思想下采取大量设立抽象危险犯等形式将刑法保护的法益过度前置化,导致刑法介入社会生活和公民个人空间更早、更广泛,基于这种对法治国和人权保障存在危险的法益保护前置化的"法益保护论",他通过构造"部分不法"与"外围规范"概念来阐发其针对"危险来源"——"法益的敌人"——"法治国的敌人"的规范适用论。在这里,借助抽象危险犯等理论的链接,敌人刑法与风险刑法获得了沟通的桥梁。在笔者看来,"敌人刑法"的本质与风险刑法是存在共通之处的,"其难以划定明确的处罚界限;违反刑法谦抑的价值取向;罪责主体、罪责基础错位、罪责范围过度扩张;与传统刑法基本原则(罪刑法定原则、罪责原则、罪刑均衡原则)产生冲突"[①]。二者实际上都主张刑法介入早期化、法益保护前置化,只是这种需要介入的领域和刑法所要针对的对象是来自"风险社会"下的"风险"还是来自"敌人刑法"的"敌人"这一方面有别罢了。敌人刑法注重于对早期产生的违反法规范意识(的敌人)通过刑法惩罚的提前介入实现对于法规范应有状态的维护——法规范的信赖和恪守,风险刑法虽然仍然强调以保护法益为刑法任务,但是对于法益的范围扩大化了、前置化了,其主张对于可能产生的危险的预防、惩罚乃至消除实际上也是对刑法介入早期化的因应和支持。因此,敌人刑法和风险刑法虽然在理论阐发的源头并非一致,但无论是从它们提出的时代背景和社会环境来看,还是从理论阐发的具体内容与目的指向来看,它们都是存在紧密联系的。它们都强调和凸显了以行为人行为为基础的防卫社会理念的抬头,主张"新形势"下的刑法社会防卫机能优于人权保障机能,突出了对刑法预防机能特别是一般预防机能的重视。这将使得行为人成为强化刑法威慑的工具,实质上都对以行为为基础、坚守罪刑法定原则的人权保障理念提出了挑战,蕴藏着不可控制的隐性法治风险。

从纯学术和理论研究的角度来看,雅科布斯教授的"敌人刑法"理论及其理念是有值得赞许之处的,至少他给了我们新的视角和思考,"他犀利地指出了当今西方实在法上有违法治国原则的发展动向,唤醒了西方

---

① 陈晓明:《风险社会之刑法应对》,载《法学研究》2009 年第 6 期。

学者对法治国刑法进行重新审视的问题意识。只是遗憾敌人刑法理论在逻辑上无法令人信服地证立,并且隐藏着重重风险"①。全面审视敌人刑法的产生背景和社会环境,认真品读其内涵和实质,同时结合对于风险刑法的慎思和比较,我们认为敌人刑法理念在当下中国不应过于受到关注和重视。诚如有论者指出的,"敌人刑法作为一个应然的概念,其概念标准模糊不清,不具有实践上的可操作性。从功利的角度上来看,其适用的成本远远大于收益,作为一种制度来说,其效益值得疑问。如果把敌人刑法理念作为一个应然的概念,推动其在立法上的发展,就是法政策上的一种不明智"②。

4. 理念变化的显性实践——从量刑的合理性反推定罪,突出表现即晚近兴起的量刑反制思想

这种观点认为实现罪刑法定原则的根本落脚点就在于实现罪刑均衡,其过分强调量刑合理性和重要性,如有论者主张罪刑相适应原则应当取代罪刑法定原则成为刑法的最高原则,合理性原则应当作为刑法解释的根本原则③,最终又回归到了"常识、常理、常情"的判断标准。量刑反制论认为"刑从罪生、刑须制罪的罪刑正向制约关系并非罪刑关系的全部与排他的内涵,在这种罪刑正向制约关系的基本内涵之外,于某些疑难案件中亦存在着逆向地立足于量刑的妥当性考虑,而在教义学允许的多种可能选择之间选择一个对应的妥当的法条与构成要件予以解释与适用,从而形成量刑反制定罪的逆向路径"④,"即首先要考虑对某一行为是否有动用刑罚予以规制的必要,在定罪的前提下进一步考虑如何处罚是妥当的,然后再反过来决定是否认定为犯罪,认定为何种犯罪"⑤,并认为"量刑反制定罪作为传统司法认定逻辑的必要补充,在刑法尚未修正也不可能期

---

① 王莹:《法治国的洁癖——对话Jakobs"敌人刑法"理论》,载《中外法学》2011年第1期。
② 同上。
③ 例如,陈忠林:《刑法解释的基本原则》、陈自强:《合理性原则是刑法解释的根本原则》,载四川大学刑事政策研究中心编印:《刑法解释暨刑辩学术研讨会论文集》(2014年7月),第23—27、128—132页。
④ 梁根林:《许霆案的规范与法理分析》,载《中外法学》2009年第1期。
⑤ 聂昭伟:《"由刑及罪"逆向路径在司法实践中之体现与应用——以最高人民法院发布的典型案例及司法解释为样本》,载《刑事法评论》2012年第2期。

待立法解决所有问题时,在某些机制执行尚不顺畅、司法惰性不可避免的情况下,是一项富有意义的探索和尝试"①。

归结起来,上述争论都与如何理解罪刑法定的地位和内涵存在着莫大的关联,集中体现为以下几个问题:一是应对权力的问题,即国家刑权力与人权保障的冲突与协调问题;二是对于刑法确定性的理解和把握问题,其中包括对于刑法罪名确定性的理解;三是消极的出罪权问题,即非犯罪化的权力归属与实际运作。从根本上看,上述问题均指向罪刑法定原则及其理念的理解和把握,如果仅仅试图通过法律文本解读和刑法解释等技术层面来调和和解决是治标不治本的。产生上述争议及问题归根结底在于没有准确地理解和把握刑法理念的实质内涵,没有在刑法理论研究和司法实务中树立和坚持罪刑法定的刑法理念。因此,必须超越刑法文本这一制度层面和刑法解释这一技术层面来把握刑事法治建设的根本指向——罪刑法定刑法理念的深刻内涵,此为重中之重和治本之法。

本书贯穿着对上述问题的解读和回答,只不过在行文时依照自身的逻辑进行了重新的编排而已。

---

① 王拓:《量刑反制定罪:传统司法认定逻辑的必要补充》,载《检察日报》2011年6月17日。

第一章　问题的实质与罪刑法定理念的重申

自中华人民共和国成立以来,伴随着我国的刑事法治建设,我们的刑法学研究已经走过了七十余载的光辉岁月,经历了时代大潮的冲刷以及光与火的洗礼,从蹒跚学步到逐渐独立、坚实、厚重起来,并在各个方面取得了非常大的进步和显著的成就。回首刑事法治建设和刑法学研究的这一历程,十分重要且贯穿其中的一个组成部分是刑法理念的研究和革新。时光荏苒,洗尽铅华,我们对于刑法理念的认识和研究愈加全面、丰富和成熟,但在当代中国社会结构转型时期,置于"风险社会"视野下的刑法理念并不是完美无瑕,故步自封只会导致固守残缺。对于晚近兴起的刑法人道主义理念、刑法合宪性理念、风险刑法理念、敌人刑法理念等新理念,仍需我们在坚持罪刑法定基本理念的前提下,立足于时代发展和社会情势变化的前沿予以理性审视,以推动刑事法治建设沿着正确方向往更高水平发展。

一、一个前提性的问题——刑法基本理念的内涵解构与范畴界定

(一)刑法理念的内涵解构

刑法理论纷争背后凸显的是对刑法理念解读的差异,对此,准确界定和把握刑法理念的基本内涵成为我们树立和坚持正确刑法理念的前提。理念者,意即"理"与"念"的结合、融汇,是客观与主观、实然与应然的视域融合,一般谓之人类以自己的语言形式来诠释现象——事与物时,所归纳

或总结的思想、观念、概念与法则,具有高度的概括性、抽象性、逻辑性和深刻性。它对于具体的制度设计和技术操作具有十分重要的指导意义,起着"风向标"的引导作用。人类学和社会学研究认为,人类文明的发展历经三个层面,由低到高依次是技术文明、制度文明和观念文明。其中,观念文明最终超越技术文明和制度文明,对整个人类社会的生存和发展起着根本性的指引作用,它不是一蹴而就实现的,相反是通过技术文明和制度文明的积累和铺垫逐步实现的。因此,观念的改变是最为根本的,同时也是最难的,需要长久之功。同样地,"在一个国家的法治建设过程中涉及三个层面的内容,即理念、制度和技术。理念对于一个国家的法治建设具有引领作用,它所包含的是一些价值以及根基性的东西,正确的理念能够引导我们的法治建设向着正确的方向发展"①。规范的法律文本和刚性的制度是我们进行法治建设的基础和前提,然而仅仅"有法可依"并不能保证法治国家的成功实现,因为"在法治建设过程中,理念无疑是先行的。再好的制度,如果不能有与之匹配的理念,都可能异化为最坏的制度;相反,一个不健全的制度(一定意义上而言,每种制度都不可能是十分健全的),如果有良好的理念作为精神基石,也可能得到良好的运行"②。

刑事法治建设作为我国法治建设的重要组成部分,离不开刑法理念的引导和发展。刑事法治建设的深入推进在寻求兼顾法律效果和社会效果的同时,需要刑法理念与时俱进甚至"先行一步"。然而,何谓刑法理念?学界众说纷纭,莫衷一是。早期研究者将其界定为刑法观,认为刑法观是一种高层次的刑法意识,是泛指人们关于刑法的性质和功能、罪刑关系、刑法的制定和实施等一系列问题的思想认识、心理态度和价值取向,并指出刑法观可以分为三类,即刑事立法观、刑事司法观、刑事社会观。③随后,有论者提出,理念是指一种观念,一种意识,刑法理念就是指一种对刑法的基本看法、刑法的基本立场。④亦有论者认为,刑法理念是指人们

---

① 陈兴良:《当代中国的刑法理念》,载《国家检察官学院学报》2008年第3期。
② 童德华:《规范刑法原理》,中国人民公安大学出版社2005年版,第2页。
③ 参见赵长青:《树立当代刑法新理念》,载《现代法学》1997年第2期。
④ 参见陈兴良:《当代中国刑法理念》,载《北京大学研究生学志》2007年第3期。

通过对刑法的性质、刑法的机能、刑法的作用、犯罪、刑罚、罪刑关系、刑法文化及价值取向的宏观性和整体性反思而形成的理性认知;刑法理念作为一个主观范畴的概念,具有深层性的特点,它具有中介外化功能、预测功能、批判功能与导引功能。①

对此,我们认为上述对于刑法理念的阐释并没有本质区别,即都立基于刑法理念首先是作为一种观念和意识,是一种主观性凸显的对于刑法各方面内容的理性认识,只是对于刑法理念的作用范围和涵盖内容阐述有别罢了,这与研究者的侧重点和落脚点有关。依循观念文明建构在技术文明和制度文明之积淀的基础上这一逻辑起点,我们认为刑法理念的建构、完善也必须以刑事立法、解释技术和刑法规范文本为依托。这实际上就意味着刑法理念应当是贯穿并统摄刑事立法、刑法解释和刑事司法等多个环节的指导性观念,是刑法精神、刑法意识和刑法观念的集中体现,是刑法内在的价值诉求。"从逻辑层次上观之,刑法理念在整个刑法文化结构中居于深层的地位,它不一定与刑事立法和刑事司法保持一致,却控制和影响居于表层的刑法原则、规则和刑法操作系统的状态与功效。"②因此,我们将刑法理念界定为人们制定、解释、适用刑法,贯穿刑事立法、刑法解释、刑事司法等多个环节、多个方面所彰显和体现的,对于刑法内涵、地位、性质、机能、罪刑关系等根本问题的基本认识、基本观点、基本看法、基本立场的理性认知和思想凝结。从刑法与其他部门法的关系来看,刑法作为保护社会的最后一道防线,处于保障法的地位,对其适用必须慎之又慎,否则其"双刃剑"效应会导致适得其反——用之不当,国家与个人皆受其害。因此,必须树立和坚持正确的理念导向才能切实、有效地指导包括刑事立法、刑法解释、刑事司法在内的刑事法治建设沿着正确的道路和方向前进。

这里还涉及基本理念与基本原则的关系。近些年的理论研讨中,有一系列的理论被创设,回应实践中罪刑法定原则被不断突破的倾向,而这

---

① 参见苏彩霞:《刑法国际化视野下的我国刑法理念更新》,载《中国法学》2005 年第 2 期。
② 刘宪权、吴允锋:《改革开放的深入与刑法新理念的建立》,载上海市社会科学界联合会编:《当代中国 道路·经验·前瞻》,上海人民出版社 2008 年版。

些理论往往都是高举刑法原则的大旗。譬如,在罪刑相适应的旗帜下先确定刑罚再找寻罪名;在刑法平等适用的旗帜下,基于所谓的"公平"起见,对危害后果同质行为确定相同的罪名。

其实,刑法可以有许多原则,但原则未必就直接体现为基本理念。尽管原则都具有全局性,但在原则适用存在冲突的时候,作为基本理念的原则具有终局性,这正是为了防止刑法的适用混乱。在各类杂陈的刑法基本原则中,罪刑法定原则之所以能够上升为罪刑法定主义,绝非仅仅是法律专属那么简单,历史已经告诉我们,它属于基本理念,而其他原则不是。

(二)刑法理念的范畴界定——作用场域

刑法理念的宏观性和抽象性使得其适用范围在某种程度上变得捉摸不定,甚至有过度泛化的趋势,以至于刑法理念承载的功能被过度放大以致泛滥。对此,我们认为刑法理念固然有其内涵的模糊性和不确定性,但这不意味着其作用的场域是无边界的,相反,应当有明确的场域界限。

刑法理念引领、统摄刑事立法和刑事司法,实际上对刑法解释也有间接乃至直接的指导和制约作用,刑法解释不能脱离刑法理念的作用场域。刑事立法和刑法解释的关系一直存在颇多争议,但有一点是毋庸置疑的,即刑法解释的基础和文本根据在于刑事立法——刑法,刑法解释无论在形式上还是实质上都存在对刑事立法的深层依附关系,脱离于法律文本这一基础的刑法解释首先在规范来源上就无法获得合法性,其结论自然也无法获得正当性。因此,从这一角度看,我们认为刑法理念在指导刑事立法的同时也作用于刑法解释,"对刑法的解释必须以刑法理念为指导,解释者应当以实现刑法理念为己任,解释结论应当符合刑法理念"[1],意即刑法解释必须受到刑法理念的制约和引导,如此才能获得较为合理的解释结论而为公众接受。

---

[1] 张明楷:《刑法理念与刑法解释》,载《法学杂志》2004年第4期。

二、罪刑法定原则向罪刑法定理念的位移

罪刑法定不仅仅是作为一个原则规定在刑法中,同时也是作为一种刑法理念指导着刑事立法、刑法解释和刑事司法,从根本上看,恪守罪刑法定的基本理念是刑事法治建设的前提和关键。然而,罪刑法定的理念建构艰难曲折,迄今仍面临着各种新式理论的挑战,前述纷争即为典型表现,其本质就在于没有准确理解和把握罪刑法定原则,没有切实坚持和恪守罪刑法定的刑法基本理念,需要我们加以审慎研究和理性反思。

(一)罪刑法定的本质是从入罪方向上限制国家刑权力尤其是司法权以实现人权保障

有了罪刑法定原则的立法规定和司法者声称的"根据罪刑法定原则……"是否就代表、意味着罪刑法定理念的树立和恪守?我们的回答是否定的。正如法国比较法学家勒内·达维德所言:"立法者可以大笔一挥,取消某种制度,但不可能在短时间内改变人们千百年来形成的,同宗教信仰相连的习惯和看法。"① 我国1997年《刑法》废除类推制度,规定罪刑法定原则,但并不能改变司法实践中遗留的"类推残毒",特别是积极入罪、强势扩张犯罪圈的司法能动主义思想仍在以其他更为隐蔽的方式处处显现,重视入罪、轻视出罪,重视社会保护、轻视人权保障的司法犯罪化倾向及其背后所谓的"民意"支持仍然是一股不容忽视的汹涌暗流。司法犯罪化论者认为,"当今社会非正式的社会统制减弱,因而越来越依赖刑罚","当今社会犯罪的危害普遍加重,越来越需要刑法的提前介入","我国在今后的相当长时间,与司法上的非犯罪化相比,司法上的犯罪化应是主流趋势。换言之,司法机关应当在遵循罪刑法定原则的前提下,积极地推行司法上的犯罪化"。②

深入考察这一观点,其反映出的本质问题就是罪刑法定视野下应对权力的问题,即国家刑权力与个人权利保障的冲突与协调问题。审视罪

---

① 〔法〕勒内·达维德:《当代主要法律体系》,漆竹生译,上海译文出版社1984年版,第467页。
② 参见张明楷:《司法上的犯罪化与非犯罪化》,载《法学家》2008年第4期。

刑法定的历史演进可以发现，确立罪刑法定原则的初衷和目的就在于在入罪方向上限制国家刑权力，特别是强调限制司法机关及其司法权，抑制司法随意出入人罪，从而实现保障人权，尤其是保障作为强大国家机器对立面的弱小被告人的人权以及其与强大国家刑权力极不平衡、极不相称的有限辩护权、自卫权。基于形式与实质统一的罪刑法定原则，在确立对立法权与司法权进行双向规制的同时，也大大强化了对犯罪化方向上的入罪权的控制和审慎，使得人权保障在立法层面和司法层面都有了强有力的根据。因循这一逻辑考量，罪刑法定原则意味着法律没有规定的不得定罪处罚，但并不意味着法律有规定的一定要定罪处罚。强调国家刑权力在入罪方向上的审慎和克制，就映现出表面上声称"依照罪刑法定原则"但实质上仍然是积极扩张刑罚权、彰显刑权力之恣意的司法犯罪化是徒有其表、泛口号化的罪刑法定。

　　从形式上看，法有明文规定的依照法律规定定罪处罚，严格意义上是不证自明、不言而喻的，但是即使如此，也不意味着要一概作入罪化处理。囿于成文法主义的局限性，国家刑权力在适用刑法的时候，不可避免地会遭遇罪刑法定原则所带来的"文字困境"。司法犯罪化看似是借助对于刑法规范含义的解释以探求所谓的可能含义来为其提供佐证，但是这种客观解释、实质解释最终容易在扩张刑罚权的内在冲动下滑向不受限制的扩大解释乃至类推解释的深渊。"比较危险的问题并不存在于扩大解释与类推解释，或者实质解释与形式解释的学说区分，而是由于可能的文义的范围无法限定，混同了类推解释与扩大解释，或者将实质解释论演变为不受限制的扩大解释，以致突破罪刑法定的限制。"[①]罪刑法定原则要求，"法律模糊之处，不得不做法律解释的，必须有利于被告人。因为法律解释原则的命脉，不在于解释的技巧，而在于法无明文规定坚决不为罪的勇气"[②]。因此，司法犯罪化打着遵循罪刑法定原则以探求刑法文本可能含义的旗帜，最终不免成为对罪刑法定原则的反叛和嘲弄。

---

　　① 毛玲玲：《犯罪化与非犯罪化的价值与边界》，载《华东政法大学学报》2011年第4期。
　　② 邓子滨：《〈法学研究〉30年刑法学论文之研究》，载陈兴良主编：《刑法知识论研究》，清华大学出版社2009年版。

从更深层次看，罪刑法定原则的意旨在于，从限权的要求，从否定积极能动的国家刑权力四处出击的消极角度，实现对国民预测可能性之稳定性的维护和对被告人人权的保障。这一立论已经明确指出，罪刑法定的偏向性和侧重点就在于时刻保持对国家刑权力的警惕和克制，如果仍然强调在司法上通过刑法解释的技术手段来尽可能地探求所谓刑法文本可能的含义（事实上无异于"无限"扩大刑法文本的含义），实际上就等于在积极地扩大国家刑权力特别是司法权，而这在根本上与罪刑法定原则的指向是相悖的。虽然司法犯罪化论者也声称依据罪刑法定原则，但其思维导向已然偏离了罪刑法定原则的侧重点和初衷，即限制国家刑罚权以保障人权，而非强化国家干预和入罪导向。在这种扩张刑罚权的司法积极能动主义指引下的司法实践中，我们还能看到甚至指望国家刑权力的克制和谨慎吗？我们还能寄望打着这种旗号的罪刑法定原则能够为被告人的人权提供强有力的保障吗？答案不言而喻。对于这样的司法举动，我们很难认同这是对罪刑法定原则的坚持，更加难以确证罪刑法定理念在司法者的心中"警钟长鸣"，因此我们不能不对此保持深刻的警醒。总之，司法犯罪化虽然声称遵循罪刑法定原则，但是这种积极能动主义导向下的司法实践已然偏离了罪刑法定原则对于国家刑权力特别是司法入罪权的预设性底线，在思维导向和理念上都是违背罪刑法定原则的。罪刑法定原则从消极的角度强调限制国家刑权力，从限权的角度强调国家刑权力的克制和保守，就是从根本上否定了强调积极能动主义之司法犯罪化的合理性和正当性。质言之，司法犯罪化背后凸显的刑法理念仍然是国家刑权力至上、社会保护至上，而这显然与自始至终都保持对国家刑权力的警惕和克制，强调在入罪导向上最大限度地限制国家刑权力扩张的罪刑法定理念背道而驰，因而是错误的，并不可取。

与司法犯罪化类似的还有近年来在我国引起热烈讨论的"风险刑法"和"敌人刑法"理论，如前所述，前者认为我国已经进入风险社会，各种带有不确定性的风险呈井喷式爆发，为了实现对法益的最大化保护，主张刑法尽早介入对风险的规制，实质上即主张刑法的社会保护功能优于权利保障功能，刑法规制的对象由实害（结果）向（潜在的）危险转变，刑法由

"后置"变为"前置",法益保护的范围也相应扩大了、前置了,刑法由重视惩罚和报应向强调威慑和(一般)预防转变;后者则通过界定非人格体的"敌人"概念,注重通过对早期产生的违反法规范意识(的敌人)实行刑法惩罚的提前介入,实现对于法规范应有状态的维护——法规范的信赖和恪守。在我们看来,"敌人刑法"的本质与"风险刑法"存在共通之处,"其难以划定明确的处罚界限;违反刑法谦抑的价值取向;罪责主体、罪责基础错位、罪责范围过度扩张;与传统刑法基本原则(罪刑法定原则、罪责原则、罪刑均衡原则)产生冲突"①。二者实际上都主张刑法介入早期化、法益保护前置化,只是这种需要介入的领域和刑法所要针对的对象是来自"风险社会"下的"风险",还是来自"敌人刑法"的"敌人"有别罢了。二者都强调和凸显了以行为人为基础的防卫社会理念的抬头,主张"新形势"下的刑法社会防卫机能优于人权保障机能,突出了对刑法预防机能特别是一般预防机能的重视,使得国家刑权力借由强化社会防卫和一般预防积极扩张,使得行为人成为强化刑法威慑的工具,实质上都是对以行为为基础、坚守罪刑法定原则的人权保障理念提出了挑战,蕴藏着不可控制的隐性法治风险,是国家刑权力不克制、不宽容、不审慎的表现,也是对罪刑法定原则之基本理念的背反。

  罪刑法定原则从消极防范的角度提出对于国家刑权力特别是入罪权的限制,强调恪守国家刑罚权的宽容和谨慎,实质上也是对刑法人道主义的彰显。如果不能始终保持对于国家刑权力的警惕,那就有可能重拾司法积极能动主义、功利主义、重刑主义;如果仅仅坚持罪刑法定原则的形式化内涵,那就有可能得到的只是法律专属主义的外壳,而未能把握罪刑法定彰显的刑法人道主义、保障人权实质。特别是在当下中国社会转型时期,各种利益阶层和社会结构分化、重组,各种理论风云际会,更加凸显了刑法作为后置法、保障法的特殊地位和克制国家刑权力的重要性。作为保障法、后置法的刑法,应当谨慎恪守自己的消极克制立场,防止积极介入乃至过度介入带来法治风险和人权保障风险,否则就是"以非常熟悉

---

① 陈晓明:《风险社会之刑法应对》,载《法学研究》2009 年第 6 期。

的方式产生各种更坏的情况",就可能导致出现比社会风险更坏的风险。

(二)国家刑权力在立法与司法中的界分蕴含着司法遵循立法、形式理性与实质理性相统一的本质要求

罪刑法定原则主张法无明文规定不得定罪处罚,而法并非凭空产生的,它是由立法者或者说立法机关制定生成的,这就意味着司法者或者说司法机关应当遵循立法者制定的法,而不能肆意突破,这其实在一定程度上界分了立法权与司法权。但是,在法治运行过程中,立法权与司法权并非"井水不犯河水"以至于相安无事,实际上内在地仍然隐藏着很多冲突和矛盾,如果不能很好地界分和把握立法权与司法权的关系,那么要实现保障人权的终极宗旨是不现实的。

立法者认识能力的局限性决定了立法的有限性,因而立法存在疏漏是不可避免的。从权力的界分和归属来看,我们认为立法的疏漏应当由立法者通过立法活动进行修改和完善来填补,但绝不应当通过司法途径借助司法解释等技术手段强行补漏,将某些行为纳入犯罪圈和刑罚圈。司法遵循立法不应只是一句虚无缥缈的口号,而应是切实的行动和时刻恪守的理念。在多数时候,权力的倾向十分明显——不会因为固守罪刑法定原则而放任其难以容忍的危害行为,司法机关及其司法权经常扮演"急先锋"的角色。主张司法犯罪化,实际上就是借助实质解释理论和司法解释等技术手段,以探求刑法文本可能具有的含义为切入点来扩张刑罚权,这样的司法举动在实质上已经违反了罪刑法定原则对立法权与司法权的界分。因此,司法应当消减积极能动主义,牢固树立遵循立法的基本理念,否则就会导致司法对立法的不尊重甚至是僭越。比如,《最高人民法院关于审理交通肇事刑事案件具体应用法律若干问题的解释》(法释〔2000〕33号)第5条第2款关于交通肇事共同犯罪的规定明显突破乃至违反了《刑法》总则第25条关于共同犯罪的规定,使得成立共同犯罪必备的共同故意要件变为故意与过失可以结合成立共同犯罪,表面上看这是通过解释技术所作的释法规定,实际上是借助司法解释来突破刑法文本规定的"越法"乃至"违法"行为,背后凸显的是司法权僭越立法权,是对立

法的不尊重,是对罪刑法定原则的破坏和伤害。

判断一个行为是否构成犯罪的根本依据是(严重的)社会危害性还是刑事违法性,立法者和司法者的判断标准究竟是同一的还是有区别的,是一以贯之的还是相互独立的,这在我国刑事立法、司法活动和刑法研究中一直是一个引人深思但又颇受争议的问题,同时也在侧面反映了我国刑法理念的立场抉择,即形式(合)理性与实质(合)理性的冲突。形式合理性与实质合理性缘起于"法有限而情无穷"这对矛盾,面对这一矛盾,如果强调形式合理性优先,那么只能将法律有规定的行为作为犯罪加以惩罚,而不能将那些具有严重社会危害性但法律没有规定的行为作为犯罪来认定,是获得了形式合理性而丧失了实质合理性;如果强调实质合理性优先,则是将具有严重社会危害性但法律没有规定的行为也按照犯罪来处罚,是获得了实质合理性而牺牲了形式合理性。因此,在形式合理性与实质合理性之间存在着一个取舍问题,即究其实质是社会危害性与刑事违法性的关系定位以及由此逻辑推演出的形式合理性与实质合理性冲突下的刑法理念定位问题。对此,我们认为,"在权力分化的情况下立法和司法严格区分,立法者作实质判断,司法者仅作形式判断"[①],立法与司法各守其位、各司其职。罪刑法定内蕴司法遵循立法的逻辑延伸首先是要坚持法律专属主义,这在一定意义上是恪守形式理性的刑法立场。所以,中国许多学者坚持倡扬形式理性优于、先于(而非取代)实质理性的刑法理念。在司法实践中,"罪刑法定原则就要求司法人员只能在形式判断的基础之上才能做实质判断,而不能将实质判断优先于形式判断"[②]。这就意味着"按照罪刑法定原则,遇到案件后首要先看法律有无规定,因此形式判断在逻辑的位阶上应当优先于实质判断,也就是说先做形式判断再做实质判断。首先看法律是否有规定,如果法律没有规定就不再做实质判断,行为就不是犯罪。如果该行为法律有规定,但是其并没有社会危害性也无须再做实质判断,还可以将该行为从犯罪行为中排除出去"[③]。司法

---

① 陈兴良:《当代中国的刑法理念》,载《国家检察官学院学报》2008年第3期。
② 同上。
③ 同上。

实践中发生的"足球黑哨第一案"——龚建平案,以及网上裸聊案等表明,要坚持罪刑法定原则并非一件易事,我们的司法机关在司法实践中要切实树立和恪守形式理性优于、先于实质理性式的罪刑法定理念。但是,罪刑法定原则本身并不否定一些实质性的因素,因为如果坚守罪刑法定原则本身的实质,必然会基于限制权力而在个别情形下容忍实质理性的存在,因为这一实质合理性是一种出罪的合理性,是罪刑法定原则并没有涵摄的范围。对此,后文将进行专门论述。

三、坚持罪的明确性还是刑的明确性优先

(一)道德判断理论是否因赋予刑的确定性优先而将定罪作为附庸

罪刑法定原则的派生原则之一就是要求刑法规定的明确性。明确性原则又称避免含糊性原则,主要是指立法者必须明确规定刑法法规,使普通公民对法律充分明晰,使司法官员充分理解,防止适用法律的任意性。[1] 明确性"表示这样一种基本要求,规定犯罪的法律条文必须清楚明确,使人能确切了解违法行为的内容,准确地确定犯罪行为与非犯罪行为的范围,以保障该规范没有明文规定的行为不会成为该规范适用的对象"[2]。但是,正如哈罗德·伯曼所言:"人类的深谋远虑程度和文字论理能力不足以替一个广大社会的错综复杂情形作详尽的规定。"[3]"当法律遭遇个案,本来被认为'明确'的法律就可能变得不再明确,对于善于思考的法官来说尤为如此。"[4]与此同时,语言文字的歧义性、多变性以及自身所处的语境等也莫不对我们正确理解其内涵产生诸多困扰。可见,绝对的明确是不存在的,模糊性与确定性之间并没有不可逾越的鸿沟,这就表明对刑

---

[1] See Joel Samaha, *Criminal Law*, 4th edition, West Publishing, 1993, p. 43.
[2] 〔意〕杜里奥·帕多瓦尼:《意大利刑法学原理》,陈忠林译,法律出版社1998年版,第24页。
[3] 〔美〕哈罗德·伯曼编:《美国法律讲话》,陈若桓译,生活·读书·新知三联书店1988年版,第20页。
[4] 〔美〕约翰·亨利·梅利曼:《大陆法系》(第二版),顾培东、禄正平译,法律出版社2004年版,第43页。

法明确性作机械主义、教条主义的理解不可取,而过分追求刑事立法明确化以致忽视乃至漠视刑法解释的必要性与重要性也不可取。因此,作为刑事立法明确化的现实补足之刑法解释的介入不可避免,刑法解释应当有自己的一席之地和合理发展空间。但是,刑法解释不应是无目的的,也不应是随意的,在依附于刑法文本的基础上,它应受到罪刑法定原则及其理念的引导和制约,这是实现刑事立法明确性的必然要求。

寻求刑法文本的确定性就是要搞清楚刑法条文的基本含义,这就需要借助刑法解释。那么,刑法解释应当以什么作为标准来判断是否达到或者说实现了刑法内在含义的确定性呢?有观点认为,合理性原则是刑法解释的根本原则,主张罪责刑相适应原则取代罪刑法定原则成为最高原则,在合理性的判断上采取以"常情、常理、常识"作为标准,认为"常识、常情、常理是刑法的天生资源,而刑法若要求真求善求美就必须常识、常情、常理化"。[①] "所谓的'常识、常理、常情',是指为一个社会的普通民众长期认同,并且至今没有被证明是错误的基本的经验、基本的道理以及为该社会民众普遍认同与遵守的是非标准、行为准则。"[②] 那么"常识、常理、常情"到哪里去找呢?"答案就是:请到你们自己的本性中去找,请到你们心灵深处去找,请到你们自己的良心中去找。"[③] 那什么是良心呢?"良心不是别的,良心是一个社会基本的是非观、善恶观、价值观在每一个人心目中的反映,是一个人对所处社会的常识、常理、常情的认识。"[④] 笔者将其归纳为道德判断理论,这样实质上就可以演变为道德与法理的关系以及道德在认定犯罪中的作用问题,由此再进行评判就变得较为简单:

一者,从法律逻辑上分析,道德作为行为准则是无可否认的,作为行为的正当性依据是无可否认的,一部不道德的法律是不正义的也是无可否认的。问题在于,作为立法正当性依据的道德是否能够成为具体法律适用的依据或者说核心依据。如果司法者能够忠实执行一部道德的法

---

① 参见马荣春:《论刑法的常识、常情、常理化》,载《清华法学》2010年第1期。
② 陈忠林:《"常识、常理、常情":一种法治观与法学教育观》,载《太平洋学报》2007年第6期。
③ 陈忠林:《"恶法"非法——对传统法学理论的反思》,载《社会科学家》2009年第2期。
④ 同上。

律,那么以道德标准评价适用自然是水到渠成的事。但是,当刑法更多关注于权力限制的时候,这样的标准显然就无助于目标的实现,相反还会造成权力不断扩张。因此,如何做到道德评判与罪刑法定主义的统一才是最重要的。

二者,常识带有道德标准不明确、不统一的根本缺陷。常识是是非标准、行为准则,应当到"良心"中去寻找,而"良心"就是是非善恶价值观念、就是常识。很明显,上述论证犯了形式逻辑之循环论证的错误,导致立论根本无法成立。从确定性原则本身考量,我们认为,道德判断理论的内容的不够周延决定了任意使用它会严重违反这一原则。道德判断理论的内容抽象,让人捉摸不定,适用标准也含糊不清,是一种以表面上是所谓的人民群众的集合概念但实质上是一个抽象的"(类)个体"的道德价值判断来取代事实判断和法律判断,如果在司法实践中强行推行,将会造成司法不统一、不协调、不一致乃至不公和混乱,是违背罪刑法定基本理念的。"三常"论是一种典型的常识主义刑法观,但"常识主义刑法观所建构的衡量标准乏善可陈","衡量标准不明确是常识主义刑法观无法克服的顽疾。"[①] 根据前述介绍,论者对"三常"论的界定充斥着"最基本"的"是非观、善恶观、价值观"以及"良心""普通民众""基本的经验""基本的道理""基本的感情"等诸如此类的表述,然而如何界定这些概念及其内涵则是相当宽松、模糊的。"如果可以把常识主义刑法观的倡导者比作魔术师,那么'常识'或者'常识主义'就是魔术师手中的那支神奇的魔术棒,总是能够变幻出形形色色的你可能想到的和必定想象不到的东西出来。'常识'或者'常识主义'这种颇具不确定性的特点,实际上也成为今日常识主义和常识主义刑法观在刑法学理论和司法实践中的命运的预言。"[②]

以上这些批判尽管是基于罪刑法定原则的明确性要求而提出的,其中也不乏合理性,但具有与道德评判理论本身一样的弊病,即在具有一定合理性的同时,又具有不周延性。道德判断有一定的空间,但必须符合罪

---

① 参见温登平:《反思常识主义刑法观》,载《中国刑事法杂志》2013年第9期。
② 同上。

刑法定的基本理念,违背罪刑法定基本理念之原则的道德评判是不合理的。但是,罪刑法定原则意蕴下的道德评判则是允许的。譬如,罪刑法定原则是指"法无明文规定不为罪",而非法律规定了一定就要定罪。人道性的伦理诉求往往会为轻罚轻判指明路径。

三者,在进行道德判断的时候,必须处理好公意与民意的关系。作为一种常识主义刑法观和司法民主化乃至司法大众化理论的典型体现,过分注重道德评判违背了罪刑法定原则下的立法权与司法权界分,有可能使得司法机关承载过多的不适当职能乃至强化司法僭越立法的"冲动",从现实角度考察也有违我国的政治实践和权力架构。"因为从我国宪法来看,人民代表大会制和'一府两院'制都决定了,人民民主应当主要通过权力机关和立法机关来完成。强化这一点对于现代政治体制的发育完善极为重要。这强调了政府的不同部门在职能上和权限上有分工和分立,不是让每个部门都变成民意表达和吸纳机构,否则,民主化的司法就会侵犯政治部门的立法权。"[①]对民意的极端追求可能也不是道德评判理论的初衷,但是道德评判理论容易为实践提供追求民意的"武器"。苏力教授就认为:"在如何理解适用法律的问题上,不应当是人民听我们的,而是我们应当听人民的。由于普通民众只可能以社会普遍认同的常识、常理、常情作为自己判断是非曲直的标准,因此坚持以民众认同的常识、常理、常情为基础指导我们系统全面地理解适用法律,不断地检验我们对法律的理解和适用是否符合社会普遍认同的常识、常理、常情,不断地使我们理解适用法律的结果向民众的普遍认同靠拢,是确保我们的司法得到人民认同的根本性措施。"[②]追求法律与人民意志之间的一致乃至民意的弥合是值得肯定的,但是"民意"并不同于"公意"。法律对民意的追求应当是有限的、克制的,因为民意是多元的而非一元的,是易变的而非稳定的,是非理性的甚至是不加判断的群体无意识。而"群体具有五大特点:群体是冲动、多变与急躁的,群体易受暗示、易轻信,群体的情绪夸张而单纯,群

---

① 苏力:《法条主义、民意与难办案件》,载《中外法学》2009年第1期。
② 转引自宣海林:《法应当向民众认同的常识、常理、常情靠拢——访十一届全国人大代表、重庆大学法学院院长陈忠林教授》,载《中国审判》2011年第11期。

体偏执而保守,群体不可能是道德的"①,这就决定了我们不能根据所谓的(群体)民意来理解和适用法律,尤其是刑法。

"吸纳民意并不意味着简单的对民意的妥协、退让","过分的注重所谓的民意,存在实行人治的危险"。②力求使"刑法符合公众认同,不等于判决违反罪刑法定的规定,曲解法律,去一味地迎合部分人的口味,从而表达一种偏见,公众的刑法认同也并不必然地与舆论调查中多数人的意思画等号"③。因为"'具有多数公认力的正义观念'作为一个标准却是不无问题的。尤其是,它不能被简单地等同于表面上的多数意见。这种多数意见往往是为利益,而非为良知所驱动;它常常不过是被操纵的'从众意见'。人们需要将合意过程引上理性的正义考量的轨道"④。因此,"将法和臆想的或者自称的民众利益等量齐观,就把法治国家变成了非法治国家"⑤。在我们看来,"三常"论如果不是一种民粹主义的体现,那么就是在舍弃规则之治的良善,在再次(隐性地)掀起少数人乃至个别人专制的让人无法理解的错误回潮。正是历史的经验教训,让我们饱受人治之痛、专制之苦,我们才最终认同并接受了规则之治,因为只有刚性的、明确的、不以人的看法和意志变动的法律,才是我们行动和自由的最好保障。但是,法治并非完美无瑕,并非"最优之治",而仅仅是"较优之治",是相对于人治和专制而言的更好的社会治理模式。因此,在某些情理法冲突的情形下,我们必须恪守罪刑法定原则,坚持司法遵循立法、形式理性为上为先。虽然不得以需要做出一些牺牲、付出一定代价,但从法治建设的长远来看,这是值得的,这也与国家刑权力—权利的不平衡对抗模式决定了刑法只能实现普遍的面上正义而无法实现绝对的个案正义相契合。因此,仅以作为规则之治的法治之不完美来倡扬"三常",有可能重蹈人治与专制的覆辙,是不可取的。

---

① 〔法〕古斯塔夫·勒庞:《乌合之众——大众心理研究》,冯克利译,广西师范大学出版社 2007 年版,第 52 页。
② 参见温登平:《反思常识主义刑法观》,载《中国刑事法杂志》2013 年第 9 期。
③ 周光权:《论刑法的公众认同》,载《中国法学》2003 年第 1 期。
④ 〔德〕齐佩利乌斯:《法学方法论》,金振豹译,法律出版社 2009 年版,第 23—24 页。
⑤ 顾培东:《公众判意的法理解析》,载《中国法学》2008 年第 4 期。

罪刑法定的一个形式要求就是刑法规定的明确性，实质性要求是刑罚的人道主义诉求。遵守形式与实质的统一是刑事司法的底线，"由于刑法文本的特殊性以及罪刑法定原则的根本制约，生活逻辑原则的适用应当受到严格的限制"①，而道德评判理论并不能为此提供一个根本性的法则。所以，它所具有的部分合理性不经过解释显然无法达到明确性要求，甚至可能会从根本上否定罪刑法定原则，甚至会混淆道德与法律的关系，很有可能出现"一千个读者就有一千个哈姆雷特"的司法混乱。

（二）注重刑的合理性在罪刑相适应的名义下对罪名确定性的破坏

风险刑法理论、量刑反制理论以及司法犯罪化的理论观点具有一个相同的前提——认同后果和风险的危害性、否定罪名本身的确定性。"由于刑法中对于犯罪的认定长期是以危害性作为基础，因此一直存在着实质解释的冲动，从实质的合理性角度来注释刑法规范。上述观点就是实质解释论的延伸，或者说已经超越了实质解释论。因为解释的触角已经延伸到了立法领域，已经形成了实质性的法官造法，而司法犯罪化只不过是另外一种表达方式而已。往更深层次里探究，这实际上已经对法律的成文化初衷形成了某种挑战。"②这些理论形式上是"满足"了社会现实的需要，实质上是突破了罪刑法定原则的实质，张扬了刑法的防卫社会功能。

罪刑法定的基本内容是罪与刑的法定化、明确化，然而，仅仅实现罪与刑的明确化是不够的，因为在司法实践中如果仅仅遵从刑法的明文规定，会出现罪名与量刑不尽一致、合理的情况，而"量刑关系到被告人的人权保障乃至国家的人权状况"③，要实现对被告人的人权保障，就必须保证罪名与量刑的合理、妥当，即实现罪刑均衡、罪刑相当，这也是罪刑法定原则派生原则之一刑罚适正原则的要求。犯罪的定性——罪名与处罚的定

---

① 梁根林：《刑法解释的适用规则论》，载《法学》2003 年第 12 期。
② 孙万怀：《罪刑关系的法定化困境与人道主义补足》，载《政法论坛》2012 年第 1 期。
③ 张明楷：《责任主义与量刑原理——以点的理论为中心》，载《法学研究》2010 年第 5 期。

量——量刑应当保持一致,这一立论的逻辑前提在于:定罪是量刑的前提和基础,否认了罪名的确定性存在,否认犯罪的先在,将量刑前置、罪名后置便违反了犯罪——刑罚的刑法逻辑关系,也有违一般的认识规律和认知路径。按照基本的法律逻辑,犯罪是一个被发现、被证实,从追求法律真实向无限接近客观真实的认定过程。在"事实清楚"的前提下,对于犯罪行为的认定是首先定性——定罪,然后据以定量——量刑,遵从的是"三段论"的法律适用逻辑。正如贝卡里亚所言:"法官对任何案件都应进行三段论式的逻辑推理。大前提是一般法律,小前提是行为是否符合法律,结论是自由或者刑罚。"[①]"三段论"的法律适用逻辑内在地要求"司法人员必须遵循先定罪、后量刑的时间顺序规则,不能把量刑提到定罪之前"[②]。然而,近年来刑法理论界和实务界兴起了一股反传统甚至反逻辑的法律思维和观点,即前述的"量刑反制"论。对此我们认为,在"罪刑关系创新论"的外衣下,这一观点实质上已然违背了罪刑法定原则,与罪刑法定理念南辕北辙,殊不足取。

首先,量刑反制违背了罪刑之间的前后制约关系,破坏了行为与结果的因果关系逻辑认定。从逻辑的角度看,刑从罪生,有了定性的"罪"才有定量的"刑",定罪为因,处刑为果。"定罪为量刑提供相应的法定刑是量刑得以存在的先决条件,也是防止重罪轻罚和轻罪重罚的基本保障"[③],二者不仅于时空上存在先后发生的因果关系,在犯罪证实的逻辑判断上也存在先后制约关系。对此,"量刑反制"论认为,"判断罪名的目的,是以恰当的方式和形式评价犯罪的危害性、服务于量刑。刑法解决的是行为人刑事责任有无和大小的法律,其他所有中间过程,都服务于这一终极目的"[④]。从刑罚论的终极诉求来看,传统上我们过于追求定性准确,并不重视量刑,确实存在不容回避的缺陷。从现代视角看,我们已然认识到这一问题,并向追求定性准确与处刑公正的同时兼顾实现定罪量刑同步正义

---

① 〔意〕贝卡里亚:《论犯罪与刑罚》,黄风译,中国大百科全书出版社1993年版,第12页。
② 王勇:《定罪导论》,中国人民大学出版社1990年版,第263页。
③ 赵廷光:《论定罪、法定刑与量刑》,载《法学评论》1995年第1期。
④ 高艳东:《量刑与定罪互动论:为了量刑公正可变换罪名》,载《现代法学》2009年第5期。

的方向转变。然而,将定罪与量刑同等重视并不意味着要实现极端化的转向——以刑制罪,这种转向实际上已然违背了罪刑关系。"不同的罪名对应的是不同的犯罪构成,而不同的犯罪构成来源于对截然不同犯罪事实的法律概括和提炼,出于量刑的目的更换罪名,否定了整个案件的事实,使定罪与量刑的逻辑关系产生根本性的错位。"①

其次,"量刑反制"论与司法犯罪化理论的逻辑延伸暴露了司法积极能动主义的隐忧,与强调消极主义刑罚权的罪刑法定意旨相悖。量刑反制容易导致在出现所谓的量刑不合理情形时,一味去破坏刑法的规范底线,造成两种后果:一者,为了求得量刑的合理而选择与本应认定罪名最相近、最相似的其他罪名,从而违反了刑法罪名内容及其量刑的规定,本质上是对刑法罪名确定性的破坏。二者,更为严重的是,为了确保量刑的合理适当,仅从刑罚必要性角度考量犯罪的认定,使得刑事违法性判断被以刑罚必要性为支撑的社会危害性判断架空。这容易使得对于刑法没有明文规定的行为的认定在所谓"刑罚当罚性"的内在需求和权力扩张冲动下,肆意突破刑法文本的规范限制,使得社会危害性判断借由刑罚当罚性的前置判断获得支撑,从而导致刑事违法性的形式判断由前置变为后置乃至消除,成为可有可无的摆设而被架空。这对于需要坚守"司法遵循立法"原则的司法者而言更显潜在的"法治危险",容易导致司法者重回实质判断——"社会危害性"判断的老路上去,而这与罪刑法定原则对于立法权与司法权的界分强调司法遵循立法、形式理性优于实质理性的要求不符。正如苏力教授在许霆案中针对有论者以侵占罪置换盗窃罪以求得量刑合理所指出的,"这种做法摆脱了教义分析对司法权力的某些制约,再向前一步,就可能走到在司法上以'社会危害性'来量刑定罪的老路上了。以社会危害性来确定惩罚并不都错,立法机关制定刑法时采取的就是这一思路,司法也可以借鉴。但在现代社会立法司法已有分工并且试图以立法制约司法权的制度条件下,作为司法处理难办案件的一种思路,这有

---

① 曹坚:《"以量刑调节定罪"现象当杜绝》,载《检察日报》2009年12月21日。

点不安分;法官——甚至不是司法制度——会'篡夺'立法者的权力"①。关于这一点前文已经有了非常详尽的分析,在此不再赘述。

最后,罪刑法定原则、刑法面前人人平等原则、罪责刑相适应原则作为刑法的三大基本原则,法律地位是等同的,然而这并不意味着三者之间就是平行的关系。从更为深层的意义上分析,罪刑法定原则是其他两个原则的前提和基础。一些反制论者认为,"定罪是'因',量刑是'果','先定罪后量刑'是因果逻辑发展下的天经地义。然而,在一些疑难案件中,这种正向性的罪刑认定逻辑在严守罪刑法定的同时却无法兼顾罪刑相适应,量刑失衡的问题不断地引发民众的质疑"②。质言之,他们认为严格遵守罪刑法定原则会带来与罪刑相适应原则的冲突。更有甚者,为了求得量刑合理,主张罪刑相适应取代罪刑法定原则成为刑法的最高原则。对此,如果我们没有理解错误的话,稍加分析就会发现,这种论点是站不住脚的。三大原则之间并非相互对立,更不存在不可调和的冲突,而是内在交融的。从根本上看,罪刑法定原则占据着首要位置。罪行相适应原则和罪刑法定原则的关系定位应当是"罪刑法定原则包含罪刑相适应是正义与人权的彻底要求"③。正是有了法律的明文规定,正是有了刑法对于个罪认定所作的刑种刑度规定,才可能谈得上适用相当的刑罚予以惩罚,才可能实现罪责刑相适应。如果连法律的明文规定都不存在,对一个行为的定性都没有刑法的规范依据的话,仅仅根据所谓刑罚当罚性的判断首先从量刑合理上寻找其可能对应的罪名,不能不说是一种缘木求鱼、本末倒置的思维和做法,是有违刑事法治精神的。退而言之,即使存在罪名体系内部量刑失衡的现象,其归因也应当是立法的失当、立法技术的不足所致,应当寻求的是立法的修改和完善,而非仅以所谓的量刑反制来寻求一个量刑适当的罪名,如果这样,刑法规定罪名的必要性怕是将丧失殆尽,刑法的确定性也将受到破坏和动摇,而这已然违背了罪刑法定原则,非但不能实现反制论者寻求量刑合理适当的初衷,反而会导致事与愿违、

---

① 苏力:《法条主义、民意与难办案件》,载《中外法学》2009 年第 1 期。
② 王拓:《量刑反制定罪:传统司法认定逻辑的必要补充》,载《检察日报》2011 年 6 月 17 日。
③ 马荣春:《论罪刑相适应原则之刑法地位》,载《河北法学》2008 年第 5 期。

适得其反。

从某种意义上说,道德评判理论与量刑反制理论具有源与流的关系,首先从量刑的合理性考虑就是一种抛弃了罪的确定性的道德评价的结果。

(三) 消极的出罪权问题

国家刑权力包括入罪权和出罪权两个方面。罪刑法定原则强调入罪方向上的限制和克制,在出罪方向上则坚持国家刑权力的宽容和人道。这是罪刑法定原则的深层内涵,是符合且有利于被告人精神的。罪刑法定原则虽然强调限制司法者的"定罪权",防止司法者在法无明文规定的情形下滥用司法权任意入罪,但并不限制司法者的"出罪权"。入罪与出罪是两个方向上的,罪刑法定侧重于对刑权力的克制,主要是针对入罪方向的,但不意味着在出罪方向上也是如此。在立法存在漏洞的情况下,对于明文规定的核心含义与边缘含义的模糊之处,或者形式上符合刑法规定但实质上缺乏刑罚必要性的行为,在遵循刑罚人道主义的前提下,应当赋予司法者自由裁量权予以判断。有论者认为,"我国司法上的非犯罪化的空间很小"[①],立基于罪刑法定下的立法权与司法权界分,司法者行使一定的自由裁量权通过出罪渠道实现对被告人的人权保障,即享有消极出罪权是合理可行的,符合法律的明文规定和罪刑法定理念,也是司法宽容的彰显和践行。

一者,这与我国刑法的明文规定相符。我国《刑法》第13条规定的犯罪概念是定性与定量的统一,这与国外刑事立法定性、司法定量的立法模式存在本质区别。立法者已经经由社会危害性的判断对所有行为类型进行了抽象概括和认真筛选,因此,司法者应当在行为定性判断上与立法者保持一致。但是,由于立法者把制定定量的可操作性标准权力——司法解释权赋予了司法者,因此司法者便享有合法的自由裁量权,能够根据行为类型的设置结合社会实际做出更合理的界定和调整。例如,随着国民经济的发展和人民生活水平的提高,认定经济犯罪、侵犯财产类犯罪的入罪

---

① 张明楷:《司法上的犯罪化与非犯罪化》,载《法学家》2008年第4期。

数额标准总体处于逐渐提高的趋势,如果一味固守原有的犯罪行为类型,而不进行数额等入罪"量"的标准的调整,则会扩大刑法打击面,使得刑法的效用减损。从根本上看这是对一些原来具有惩罚必要性但现在看来不具有惩罚必要性的行为进行非犯罪化,是保障国民人权的体现,而且没有破坏立法者设置的行为类型,因而是合法合理的。同时,《刑法》第 13 条后半段"但书"的存在使得司法机关在司法实践中,在面对错综复杂、千姿百态的具体案件时,对于一些行为类型具体危害程度和行为人人身危险性的判断更具灵活性,也使得司法机关在出罪方向上依据"情节显著轻微危害不大"行使出罪权具有法律依据,从而动态、合理地控制刑罚圈以保持刑法的相对稳定和权威。

二者,司法机关行使消极的出罪权力契合刑法谦抑主义思想,是对宽严相济刑事政策的落实,符合法治建设的根本精神和世界刑法的发展趋势。刑法的谦抑性意味着刑法较少地发动,这不仅体现为入罪方向上的严格控制,也需要保持出罪方向上的宽容,司法机关行使消极出罪权正是对谦抑主义在出罪导向上的彰显。当下司法机关贯彻"宽严相济"的刑事政策的本质是强调"从宽",落脚点在于"以宽济严",这鲜明体现在行使出罪权上,不仅与罪刑法定强调有利于被告人的原则是契合的,也与世界范围内的非犯罪化、非刑罚化、宽缓化刑法发展趋势相符。在这种刑事法治的氛围下,司法机关秉持有利于被告人原则行使消极的出罪权契合罪刑法定理念,是国家刑权力宽容的体现,是对刑法人道主义的践行,本质上符合民主主义和人权保障主义的要求,应当得到肯定。

刑事法治建设中的刑法理念超越刑事立法、解释技术和刑法规范文本,占据着更高、更重要的位置。刑法理念引领和统摄刑事立法、刑法解释、刑事司法,但其作用场域不应包括刑事政策领域。晚近兴起的刑法理论争议归根结底是刑法理念解读差异所致,典型表现就是对作为刑法根基的罪刑法定原则及其理念的违背和反叛。罪刑法定既是一个原则,更是一种理念,刑法规定罪刑法定原则并不等于对罪刑法定理念的树立和恪守。统而观之,从规定类推到废除类推、确立罪刑法定原则,再到罪刑法定原则向罪刑法定理念艰难位移,我们不能不对罪刑法定在当代中国的命运始终秉持着如履薄冰式"保守的乐观"态度。能否真正超越技术层面和制度层面实现罪刑法定原则向罪刑法定理念的升华和转变,仍需我们在刑事立法、刑法解释和刑事司法等多方面加以努力。"所有这些都昭示了罪刑法定原则的具体化及其全面贯彻并非一蹴而就,仍然需要我们在立法尤其是司法活动中付出艰苦的努力。我们坚信,只要我们达成共识,积极推进立法的发展和司法的进步,'罪刑法定'就一定会从'原则'转化为具体的制度化设计,并最终形成一种普遍的法治思想,来到我们的现实生活之中。"[①]

[①] 游伟、孙万怀:《明确性原则与"罪刑法定"的立法化设计——兼评修订后的〈中华人民共和国刑法〉》,载《法学》1998年第4期。

第二章 "风险刑法"观——风险社会中刑法的冲动

我国当前正处于社会转型时期,具有传统因素与现代因素共同作用的异质性特征,社会形态既不是纯粹传统的,也不是纯粹现代的,而是一种混合形态。在这种形态的社会中,传统的不安全因素继续存在,现代的不安全因素逐渐显现,传统与现代之间的矛盾激化形成新的不安全因素,威胁着社会的公共安全。随着全球化的不断推进与中国社会转型的不断加快,新旧思维的冲突和碰撞愈加频繁和激烈,社会安全等领域受到了严峻的挑战。

于是一种新的说法出现了,即处于高速转型期的中国社会已经进入高风险社会。确实,在当下中国,历时性的风险类型共时态存在,社会安全面对着多方面的威胁与考验。一方面,地震、雪灾、非典、禽流感等突发事件,不断侵害着人们的生命、财产安全;另一方面,现代化过程中人为的社会风险日益引发安全忧虑,食品安全事故、药品安全事故、矿难事故、重大交通事故等社会突发事件,无不为公共安全问题敲响警钟。此外,从局部意义上看,由于社会转型进度的不平衡,一些地区也面临着科技进步所带来的新型社会风险,环境污染、生态平衡、公共信息安全等也成为当前中国社会不得不关注的话题。总之,中国当前所处的社会转型时期,是一个社会风险凸显的时期。

一、风险社会与风险刑法的提出

当代德国著名社会学家乌尔里希·贝克在其《风险社会》一书中提出的"风险社会"概念,获得了普遍性的认同。"法律与风险的相互作用覆盖了很多领域并且包含着很多角色:法官、决策者、警察官员,甚至一些要求作出评判或参与计算风险的公民。"①在中国刑法学界,许多学者开始从"风险社会"的角度来研究刑法的基本理论,刑法理论似乎获取了新的生存空间。刑法作为一种调控社会关系的法律,在应对各种社会风险时似乎成为一种最先选择或者说最为重要的选项。

在这样的背景下,"风险刑法"(或者说安全刑法)理论应运而生。所谓风险刑法,简单来说,"是指通过规制行为人违反规范的行为导致的风险,以处罚危险犯的方式更加早期地、周延地保护法益,进而为实现刑罚的积极的一般预防目的而形成的一种新的刑法体系"。"风险刑法的价值在于:弥补了传统刑法所无法调整的法益类型;改变了传统刑法对某些罪行处罚过于滞后的做法;解决了传统刑法的一些归责难题。"②

在风险刑法的框架之下,对传统刑法③的批判似乎成为时尚,实践也不断突破传统刑法规范的边界。"风险社会中,刑法变成管理不安全性的风险控制工具,公共政策由此成为刑法体系构造的外在参数。凭借诸多制度技术,公共政策对刑法规范的塑造产生重大影响。作为刑法解释的重要工具,公共政策不仅促成目的论解释大行其道,还对构成要件解释具有指导作用。"④我国刑法学界以"风险社会与风险刑法"为主题或理论基础的文章大量出现。在风险社会的旗帜下,风险刑法似乎就获得了合理

---

① The Law Commission of Canada, *Law and Risk*, UBC Press, 2005, p. 11.
② 王拓:《风险刑法:风险社会下传统刑法的必要补充》,载《检察日报》2010年4月26日。
③ 鉴于许多关于风险刑法的文章将风险刑法作为传统刑法的对立面提出,为了说明方便,笔者沿用了这种分法,尽管笔者不赞同对之前的刑法用传统刑法来归纳。因为通常我们所说的传统刑法是指古代刑法。
④ 譬如,比较有影响的《公共政策与风险社会的刑法》一文就呈现出这样的思路。具体可参见劳东燕:《公共政策与风险社会的刑法》,载《中国社会科学》2007年第3期。

性,法律危害性拟制似乎就具有合理理性。① 不仅于此,在《刑法修正案(八)》出台之后,一些学者甚至认为,该次刑法修正的亮点就是风险刑法得到了认可。"在转型的社会情况下,有很多东西都会有很大的变化。在经济基础不断发展的情况下,刑法显得滞后了。现在社会转型的情况下,社会某种意义上来看是进入了风险社会,风险社会也要求有些风险刑法的设置。比如醉酒驾车,这实际上就是一种风险刑法的规定。"②

在风险刑法目标价值的驱动下,抽象危险犯理论开始得到空前的重视。"从法益保护的角度而言,抽象危险犯的犯罪构成要件可以对保护法益进行周延且提前的风险控制,是一种对法益的前置化保护措施。尤其是被认为具有典型风险或者风险及其范围难以被控制的公共危险行为,诸如醉酒驾驶、服用麻醉药物后驾驶等,如果必须等到行为已经导致他人生命、健康或者财产形成实际损害或者具体危险的程度才能运用刑法进行惩治,则刑法介入完全失去了事先预防的作用,造成因现代社会存在高度风险而法益保护脆弱的现实。"③ 也就是说,风险刑法理论和抽象危险犯理论是天然的同盟军,抽象危险犯理论出现以来一直未能正名,但是在风险刑法理论之下,信徒陡增。这一天然的结合是与两者的同向性一致的。

当然,有一些学者一开始就注意到风险刑法理论本身所蕴含的巨大风险。譬如,有德国学者认为,虽然风险刑法的提出有助于防范社会风险,但"这还远远不能得出这样的结论,即这个审慎的、缺乏灵活性的、自

---

① 具体可参见贾宇:《风险刑法理论的启示》,载《光明日报》2009年2月28日;劳东燕:《公共政策与风险社会的刑法》,载《中国社会科学》2007年第3期;程岩:《风险规制的刑法理性重构——以风险社会理论为基础》,载《中外法学》2011年第1期;劳东燕:《风险分配与刑法归责:因果关系理论的反思》,载《政法论坛》2010年第6期;王唯宁:《风险社会的刑法控制——基于法定犯的思考》,载《法律适用》2011年第05期;龙敏:《秩序与自由的碰撞——论风险社会刑法的价值冲突与协调》,载《甘肃政法学院学报》2010年第5期;谢杰、王延祥:《抽象危险犯的反思性审视与优化展望——基于风险社会的刑法保护》,载《政治与法律》2011年第2期。
② 转引自杨孟辰:《屈学武:刑法修正案(八)草案八大亮点》,http://legal.people.com.cn/GB/12554091.html,2011年6月26日访问。
③ 谢杰、王延祥:《抽象危险犯的反思性审视与优化展望——基于风险社会的刑法保护》,载《政治与法律》2011年第2期。

由法治的刑法,连同它的证据规则、罪责原理、合法的和道德高尚的诉求和它那个很难兑现的合法性需求,是解决所有风险社会的一切领域里所潜伏的并且不断增多的安全问题的最恰当的手段"①。此外,还有观点认为,在社会风险日益加大的今天,人们在承袭报应追求的同时,开始注重控制风险。"作为回应,刑法中的危害原则、罪责理论正在做着试图契合该转向的目标定位,并进一步演化出诸如安全刑法、敌人刑法的全新刑法面相。然而,值得警惕的是,在这一转向过程中,刑法人权保障的机能正遭遇到前所未有的威胁,其命运亦处于风雨飘摇之中,岌岌可危……我们主张以可责性为前提,以需罚性为必要的并合论的立场,以求消解人权与安全价值在风险社会中的矛盾紧张,甚至互相伤害。并合论主张,责任的认定必须首先保证人权,即保证归责上的个人主义,同时在刑罚的实施上,则考虑刑罚目的是否能够得以实现的必要,以顾及社会的安全。"②诸如此类的观点,直陈风险刑法(安全刑法)与传统刑法的实质,并指出了可能导致的后果,显得颇有见地。但是,这些观点无论是站在风险刑法的角度,还是站在传统刑法的角度,所得出的结论基本上都是调和的。这实际上就给风险刑法提供了一个繁衍的空间。无论是风险刑法,还是抽象危险犯,其价值导向都是对传统刑法的一种反叛,是对主客观相一致的刑法基本原理、罪刑均衡原则的一种反叛,本质上都是重拾刑法的恐吓效应,是对人道主义信念的违背。只有切断风险刑法与"风险社会"理论的关系、释明风险刑法的理论误区、分析风险刑法的实质,才能真实认识到风险刑法的风险。

---

① 〔德〕乌尔斯·金德霍伊泽尔:《安全刑法:风险社会的刑法危险》,刘国良编译,载《马克思主义与现实》2005 年第 3 期。
② 董邦俊、王振:《风险社会中刑法人权保障机能之危机》,载《云南大学学报(法学版)》2010 年第 1 期。

二、"风险社会"理论能否为风险刑法奠基

(一)"风险社会"基本理论的价值与风险刑法无关

1. 何为风险社会

近些年来,无论是原生灾害还是衍生灾害,无论是自然灾害还是责任事故,似乎都进入了高发期,中国仿佛进入了风险的社会。譬如,《瞭望》新闻周刊曾发表文章称,中国已经进入安全生产事故的多发期。文章说,通过对一些国家安全生产形势的分析,人均国内生产总值(GDP)1000美元~3000美元这个区间,是公共安全事故的高发期。中国目前正处在这个阶段,"事实好像也印证了这一点"。① 与此同时,一些学者认为:"2003年的非典危机、2004年的禽流感以及各地频发的导致重大伤亡的灾难,看上去似乎并不相关,但是它们在本质上是有联系的,共同预示着一个高风险社会的来临。"② 甚至还有学者认为,当代中国社会因巨大的社会变迁正在进入一个"风险社会"甚至是"高风险社会",这"绝对不是危言耸听"。就安全责任事故来说,2005年,全国共发生各类安全生产事故727945起,死亡126760人;2006年,全国共发生各类安全生产事故627158起,死亡112822人,直接财产损失14.9亿元;2007年,全国共发生各类事故506376起,事故死亡人数101480人,直接财产损失12亿元;2008年共发生各类事故413752起,死亡91172人,直接财产损失10.1亿元。这些安全事故主要发生在道路、铁路交通、工矿商贸企业等高风险领域,主要表现为责任事故或火灾等。③

在这样的背景下,加大刑法应对力度的呼声日渐高涨。"风险社会"

---

① 参见袁铁成:《中国正进入"风险社会"危机处理系统落后严重》,载《中国青年报》2004年7月19日。
② 郑杭生、洪大用:《中国转型期的社会安全隐患与对策》,载《中国人民大学学报》2004年第2期。
③ 参见袁铁成:《中国正进入"风险社会"危机处理系统落后严重》,载《中国青年报》2004年7月19日。

已经成为一种与刑法发展密切联系起来的命题,在"风险社会"的名目下,刑法的扩张似乎有了一个坚实的理由。刑事立法开始关注对社会风险的防范,相应的结果是:在所谓"重重轻轻"的思路下,刑法罪名开始扩张,重刑有回潮的迹象。在刑事司法中,司法犯罪化的思路得到延伸,刑法的工具化开始抬头。而这些内容因为被收编到了"风险社会"的旗帜之下,具有了名义的正当性。

笔者认为,一个概念一旦进入法治的视野,其基本的内容应当是规范和和谐的。所以,这里遭遇到的第一个问题就是:在社会风险加大的今天,中国真的已经进入贝克所说的"风险社会"了吗?

乌尔里希·贝克在1986年出版的《风险社会》一书中,首次提出了"风险社会"概念。随后,著名学者吉登斯、拉什、卢曼等都对风险问题进行了深入的研究,这一理论在社会理论界、政策研究界和公众中的影响也与日俱增。人们普遍认为,"风险社会"理论很好地描述和分析了人们所处社会的结构特征,为我们理解现代社会的发展和现代化进程提供了独特的视角,为制订相关的社会政策提供了有益的思路。

对于"风险社会"的特质,贝克认为,其基本呈现为"从短缺社会的财富分配逻辑向晚期现代性的风险分配逻辑的转变"[①],从"财富分配的社会"向"风险分配的社会"的过渡。具体来说包含以下内容:

(1)不可感知性。在现代社会,风险的存在往往是难以被感知的。如果说某些自然灾害的发生还是可以被感知的,那么现在某些灾害甚至是否属于自然灾害都难以被认定。此外,人类活动所导致的对植物、动物和人本身的影响都是在短期内难以证明的,譬如食品添加剂的大量使用等。"暗含的因果关系常常维持着或多或少的不确定性和暂时性。因此我们甚至在风险的日常意识中,都是在处理一种理论的进而是科学化的意识。"[②]这种风险的不可感知性和人的认识局限密切关联。道格拉斯在《风险与文化》一书中指出:"多数人在多数时候无法预见多数危险,因此没有

---

① 〔德〕乌尔里希·贝克:《风险社会》,何博闻译,译林出版社2004年版,第15页。
② 同上书,第20页。

人能精确计算我们面临的全部风险。但是,人们如何确定哪些风险应该被处理哪些应该被忽视呢?"①由此她提出了一个观点,即由于风险的不可预知性,风险在很多时候具有主观性。

(2) 不可预料性。"首先,现代化风险来自地理上的特定区域,同时也是非特定的、普遍的;其次,它们形成有害影响的曲折途径是多么的不稳定和不可预测。""在风险社会中,不明的和无法预料的后果成为历史和社会的主宰力量。"②这种风险"潜藏于早已具体存在的混乱无序状态之日益显现的过程之中,因为正是这种混乱无序状态使得社会生产管理机制及针对危及人类生存之巨大威胁和灾难而设立的预防预警机制等,早已变得乱糟糟而一发不可收拾"③。在面对不可预见的风险的时候,卢曼更是认为,风险转化为结果往往是偶然的,"时间上的偶然性决定了社会的不稳定性"。④

(3) 科学理性和社会理性的分裂。"在风险的界定中,科学对理性的垄断被打破了。总是存在各种现代性主体和受影响的群体的竞争和冲突的要求、利益和观点,它们共同被推动,以原因和结果、策动者和受害者的方式去界定风险。关于风险,不存在什么专家。很多科学家确实在以他们客观理性的全部动力和悲情去工作,而他们的定义中的政治成分和他们追求客观性的努力成比例增长。但在他们工作的核心深处,他们继续在依赖社会性的东西,进而提出祈望和价值。"⑤科学仿佛人文领域,开始具有"有机"性,许多时候是依靠价值观支配而进行论证。风险是否存在,危害结果的出现是否是基于某种行为,专家之间存在着巨大的分歧。价值主观性的结果揭示的是决策的进一步民主性和审慎的要求。同时,尊

---

① Mary Douglas, Aaron Wildavsky, *Risk and Culture: An Essay on the Selection of Technical and Environmental Dangers*, University of California Press, 1983, p. 1.
② 〔德〕乌尔里希·贝克:《风险社会》,何博闻译,译林出版社2004年版,第20页。
③ 〔德〕乌尔里希·贝克:《从工业社会到风险社会——关于人类生存、社会结构和生态启蒙等问题的思考》,王武龙编译,载薛晓源、周战超主编:《全球化与风险社会》,社会科学文献出版社2005年版,第84页。
④ See Niklas Luhmann, *Risk: A Sociological Theory*, Trans. by Rhodes Barrett, Aldine Transaction, 1993, p. 17.
⑤ 〔德〕乌尔里希·贝克:《风险社会》,何博闻译,译林出版社2004年版,第28—29页。

重少数观点显得更为迫切,而这显然与责任追究问题风马牛不相及。

(4) 风险的不可计算性。"核风险、化学产品风险、基因工程风险、生态灾难风险已经彻底摧毁了风险计算的四大支柱。首先,上述灾难经常造成一种无法弥补的全球性损害,使得风险计算中的货币赔偿概念失去了意义;其次,在最糟糕的事故状态下,风险计算所赋予的善后处理及对结果进行预警检测的安全概念也失去意义;再次,灾难在时空意义上的范围与界限完全消失,使得计算变得无法操作;最后,灾难所产生的影响不再具有常规形态,使得风险计算成为一件没完没了、有始无终的事情。"①不可计算性不是让我们放弃寻求因果,而是让我们学会控制和舍弃。

(5) "平等"性与"普遍"性。"贫困是等级制的,化学烟雾是民主的","你可以拥有财富,但必定会受风险的折磨,可以说风险是文明强加的"。②在许多方面,由于风险的不可感知和无法预测,在许多时候,相比财富分配,风险分配的"平等"性和"普遍"性较为明显。风险分配同样存在着财富分配时代中的不平等的特征,因为拥有财富的人或阶层至少拥有更多的财富和权力防范风险,使得原来的不平等表现为一个新的领域,"但这没有触及风险分配的逻辑的核心"。③"当你在远离工业的田园牧歌中看到森林遗骸时,阶级界限在我们都呼吸的空气面前消失了。"④此外,风险不再局限于部分区域,而是"将地球上所有的人连接在一起。风险在边界之下蔓延"。⑤ 这一风险属性揭示的是规则的制定和存在应当更多考虑普适性的要求,从而限缩某个或某些阶层的利益需求。

(6) 合法性问题得到新的诠释。在传统社会抑或工业社会中,将纯粹的信仰因素放逐之后,理性的内容支撑起了合法性天空。权力制衡、保留等级的民主等,无不体现了对人的自由和创造性的鼓励。然而,在风险

---

① 〔德〕乌尔里希·贝克:《从工业社会到风险社会——关于人类生存、社会结构和生态启蒙等问题的思考》,王武龙编译,载薛晓源、周战超主编:《全球化与风险社会》,社会科学文献出版社 2005 年版,第 74 页。
② 参见〔德〕乌尔里希·贝克:《风险社会》,何博闻译,译林出版社 2004 年版,第 21 页。
③ 同上书,第 38 页。
④ 同上。
⑤ 同上书,第 39 页。

社会中,呈现出了不同的情形。"这种模式与社会财富的不平等分配是截然不同的。风险可以通过这样的事实使自身合法化——人们既不想看到也不需要风险的后果。""'潜在的副作用'从而代表了一种许可,一种文明的自然命运,它同时承认并有选择地分配和证明了不想要的后果。"①政治与非政治的概念变得模糊了,亚政治成为同政治抗衡的一种手段,商业、技术、经济活动都获得了新的政治和道德标准。司法更应该成为一种独立的权威性的力量。

2. "风险社会"理论的意旨

贝克认为,在当今社会,风险的潜在阶段已经接近尾声了,不可见的危险正在变得可见。在这样的紧迫中,"反身性"和"反思性"就出现了。风险的不可捉摸性给我们带来了新的问题。有时风险可能是虚妄的,而由于虚妄本身无法印证,因此风险文化就值得仔细推敲了。在风险预期增强的认识中,人们总是在根据自己的价值观来论定风险,也就是说,"风险是被选择的"。② 包括我国当前风险刑法以及刑法如何应对风险社会的提出,都是一种现代性反思的结果,而反思意味着改变。在工业社会时代的民主政治中,经济、科学、技术一般都被认为是非政治的,司法和公共性至多被认为是亚政治的。但是,随着科学技术高度发展所带来复杂性和不确定性的提高,它们必然进入政治的视野。这可能存在着两种倾向,一种是蜷缩的政治触角有舒展的冲动,一种是对民主和与权力相对的权利的限制要求,而这些都对现代民主制构成了潜在的危险。"伴随着风险的增长,在风险社会中产生了完全新型的对民主的挑战。它包含一种使预防危险的极权主义合法化的倾向。这些极权虽然拥有预防最坏情况的权力,但以一种非常熟悉的方式产生了某种更坏的情况。文明的'副作用'在政治上的'副作用'威胁着民主政治体制的持续存在。"③

"风险社会"理论给我们的另外一个启示是:在风险社会中,"科学理

---

① 〔德〕乌尔里希·贝克:《风险社会》,何博闻译,译林出版社 2004 年版,第 36 页
② See Mary Douglas, Aaron Wildavsky, *Risk and Culture: An Essay on the Selection of Technical and Environmental Dangers*, University of California Press, 1983, p.29.
③ 〔德〕乌尔里希·贝克:《风险社会》,何博闻译,译林出版社 2004 年版,第 96—97 页。

性已经无法充分掌握现代风险的复杂本质。这促使公众对专家系统的信任基础产生动摇,也提升了现代风险的不确定性"①。专家系统已经无法保证人们获得充分的安全感和稳定感,风险评估的标准模糊了。对于风险的认识往往与个体的价值观和道德取向联系在一起,不同的利益出发点往往会导致不同的评估结果。这时候需要的是对国家权力的一种新的民主化要求,为权力的运作提出新的限制要求。从这一意义上来说,尤其是在公法领域,"风险社会"理论并不能推导出一种新的权力扩张的依据,对于国家刑权力更是如此。司法的惩罚性特征决定了防控和预防不是刑法的基础,"风险社会"理论不应导致国家刑权力在民主的名义下的扩张,恰恰相反,在社会风险防控需要强化的时候,刑法不应随波逐流。

因此,"风险社会"理论所要解决的是如何在民主的体制下解决这些社会风险,而不是通过扩张与公民基本权利相对的国家权力(贝克所说的极权)来解决这一问题。否则就是"以非常熟悉的方式产生各种更坏的情况",就可能出现比社会风险更坏的风险,这恰恰是"风险社会"理论所不愿意看到的。

如何解决民主与风险的两难选择呢?"风险社会"理论认为,随着风险社会的到来,"技术进步与社会进步统一的和谐公式"已经在多个方面受到人们的质疑,技术—经济发展的合理性正在失去其文化共识,这为新社会政治制度的建立提供了基础。这种进步信仰的终结会对社会政治的未来发展带来什么影响呢?贝克提出了以下三种出路:

(1) 回归工业社会。无视风险社会中的风险在本质上与传统风险的差异,继续沿用工业社会中的经验和模式。这是一种试图将问题"最小化"的社会,它对风险社会所可能带来的种种冲击采取一种视而不见的"鸵鸟"政策。因此,这种社会对现代风险是不设防的。

(2) 技术—经济发展的民主化。人们认识到风险社会把所有的东西都转变成决策,因此必须在原本排斥民主的技术—经济亚政治体系中引入民主决策机制。如果不是对风险社会中产生的风险采取回避的态度,

---

① 顾忠华:《风险社会中的风险治理——SARS事件的启示》,载《当代》第194期。

风险也有可能成为政治变革的机遇,进一步扩大民主权利。

(3)分化的政治。所有工业社会中的制度垄断——包括科学对理性、男性对工作、婚姻对性行为、政治对政策的制度垄断——都被打破了,政治将变为分化的、没有中心的政治,而这需要通过自我批判的可能性来实现。"(在科学技术的发展中)自我批判的制度化是十分重要的,因为在很多领域,没有适当的技术知识,风险以及规避它们的可选择的方法都是不可能被认识到的。"①这就意味着,在某些科学技术研究开始之前,需要对其风险进行充分的讨论和研究。这种讨论不仅要在学术圈内进行,而且要在制度性地产生的跨学科的局部公共领域中进行。在这个过程中,政治的保护、决定和论证功能将成为未来政治任务的核心。

"风险社会"理论的贡献是多方面的:首先,"风险社会"理论是一个民主代议制在新形势下的变革问题,也就是说是一个公共管理问题,是寻找权力与科学、商业的衔接从而抵御风险的尝试。风险社会似乎需要通过扩充政治的方式解决,但"风险社会"理论恰恰研究的是如何防范这种权力的扩充。"风险界定开启了新的政治选择,借此可以重新获得并巩固民主代议制的影响力。"②其次,"风险社会"理论的主导思路是形成一种更为广泛的民主,而不是强化政治。在风险社会中,政治和商业都应对风险负责,政治仍然必须遵循民主的方式来运作。最后,"风险社会"理论无法为风险刑法提供理论支撑,风险刑法是民主和权利的一种风险名义下的限缩。事实上,风险的来临往往是无法感知和无法预测的,将无法感知和无法预测结果的行为上升到刑法的角度处理,是一种非理性的体现。现实中,很多所谓的刑法风险来源于追求稳定和发展之目标下的政策冲动,风险的产生往往是由于缺乏民主评议、缺乏倾听不同声音。这与"风险社会"理论不是一个意义上的。

贝克对风险社会的评估既是对历史终结论的一种嘲笑,更是对现实的一种正视。他看到了当代民主与社会风险关系中的窘境,但他并没有

---

① 〔德〕乌尔里希·贝克:《风险社会》,何博闻译,译林出版社2004年版,第291页。
② 同上书,第282页。

排斥民主,甚至进一步提出了决策的民主性和开放性,并且通过政治保护来保障这种决策的公共性。

笔者认为,贝克的"风险社会"概念无疑十分有见地,他的担忧现在已经演化成危险,他指明的出路似乎十分具有现实性。因为无论是发达国家还是发展中国家,在普遍的风险面前都无法免疫。但是,他并不能为风险刑法提供一个理论基石,恰恰相反,他对决策民主性和公共性的推崇恰恰有利于我们防范风险刑法的肆虐。也就是说,风险社会对我们的要求是如何完善风险管理(Risk Management),而不是直接通过将刑法演变成风险刑法来解决。

(二)不断递增的社会风险能否作为风险刑法的现实基础

所谓"风险社会",与存在社会风险并不是一个层面的意思。我国当前刑法理论中所说的"风险社会",实际上不是"风险社会"理论上的风险社会,而是通喻社会风险。

社会风险是伴随着人类改造世界能力的提高而逐步加大的,它与"自然的报复"亦步亦趋,而"自然的报复"是恩格斯在其论著中提出的一个理论。在《论权威》一文中,恩格斯认为:"大工厂里的自动机器,比雇用工人的任何小资本家要专制得多。至少就工作时间而言,可以在这些工厂的大门上写上这样一句话:进门者请放弃一切自治!如果说人靠科学和创造性天才征服了自然力,那么自然力也对人进行报复,按人利用自然力的程度使人服从一种真正的专制,而不管社会组织怎样。想消灭大工业中的权威,就等于想消灭工业本身,即想消灭蒸汽纺纱机而恢复手纺车。"[①]随着工业革命对自然改造的能力的飞跃,工业生产所带来的自然异化的负面效应也开始逐步显现。恩格斯根据自然辩证原理,直陈了风险的固有性,认为随着人类改造能力的增强,"自然的报复"也会越加迅猛和难以把握。"但是我们不要过分陶醉于我们人类对自然界的胜利。对于每一次这样的胜利,自然界都对我们进行报复。每一次胜利,起初确实取得了

---

① 《马克思恩格斯选集》(第三卷),人民出版社2012年版,第275—276页。

我们预期的结果,但是往后和再往后却发生完全不同的、出乎预料的影响,常常把最初的结果又消除了……因此我们每走一步都要记住:我们决不像征服者统治异族人那样支配自然界,决不像站在自然界之外的人似的去支配自然界——相反,我们连同我们的肉、血和头脑都是属于自然界和存在于自然之中的;我们对自然界的整个支配作用,就在于我们比其他一切生物强,能够认识和正确运用自然规律。"① 这样的警示无疑是深刻的,社会风险的出现也印证了这一警示的正确性。

恩格斯直截了当地指出了社会风险的根本原因——人的主体性局限。随着工业社会的来临,人的主体性进一步加强,但未知领域同样被放大,风险的表现更为猛烈。虽然在农耕社会中,人类的开垦活动已经遭受到"自然的报复",但是这种报复是比较直接的。到了工业社会,自然报复的风险进一步扩大,而且无法预期、不可触摸。譬如,在最早完成工业革命的英国,当时其烟煤所导致的环境污染尤其是水体污染,是世界上最严重的。此外,19世纪末到20世纪初,在工业化后来居上的美国,其主要的工业城市如芝加哥、匹兹堡等,煤烟污染也非常严重。② 严重的环境污染给人的健康和生命带来了巨大的风险。1892年,德国汉堡就因为水污染导致霍乱流行,致使7500余人丧生。③ 日本在明治天皇时期发生了"足尾事件",开采铜矿所产生的废水导致耕地污染,几十万人背井离乡。④

进入20世纪之后,在发达国家上述污染似乎得到了遏制,但更大的风险发生了。日本先后出现新潟水俣病事件、富山骨痛病事件、米糠油事件、森永奶品中毒事件等。1953年,日本水俣湾附近的居民开始被原因不明的中枢神经系统疾病困扰,由此称之为"水俣病";1965年,日本新潟县阿贺野川流域也出现了该疾病。直至1968年9月,日本政府终于确认

---

① 《马克思恩格斯选集》(第三卷),人民出版社2012年版,第998页。
② See Raymond Dominick, Capitalism, Communism and Environmental Protection: Lessons from the German Experience, *Environmental History*, Vol. 3, No. 3, 1998.
③ 参见《中国大百科全书·环境科学》,中国大百科全书出版社1983年版,第350页。
④ 参见宁大同、王华东编著:《全球环境导论》,山东科学技术出版社1996年版,第3页。

产生该疾病的原因是人们长期食用受富含甲基汞的工业废水毒害的水产品。① 为此,日本在 20 世纪 70 年代专门颁布了《公害犯罪法》,在犯罪形态、归责原则以及犯罪主体方面制定了新的标准。但是,这些新的标准的架构并没有脱离刑法理论的原有框架,只不过在某些方面进行了补足。例如,在森永奶品中毒事件中,森永奶品公司为了溶解牛奶,把工业用的磷酸氢二钠加入奶中,而贴有所谓磷酸钠商标的药剂,实为从松野某药材公司购买的含有大量砷的伪劣产品,最终导致大量掺有砷的奶粉流向市场。在该案的一审判决中,森永奶品公司被认定为无罪,理由是:松野公司推销的伪劣产品在行业内部并不知悉,森永奶品公司也没有预料到。而森永奶品公司长期以来的供货商是固定的,在两年多的时间内并未发生事故。因此,依据"信赖原则",被告森永奶品公司的行为不构成犯罪。二审法院则认为,信赖原则不能适用于公害犯罪。因为在公害犯罪中,被害人无法通过知识判断风险,由此附加给了生产者更多的注意义务。这样的判决实际上是对刑法理论中的注意义务要求的一种延伸,或者说是对过失的一种新的形式的解读,并没有摆脱过失理论的基本教义。只有连新过失论也否定了才有可能完成刑法理论替代,《公害犯罪法》显然并非如此。再如,在擦里刀米德事件中②,虽然厂家无法预料药品与危害后果之间的因果关系,但生产方对该药品之于人体内的作用机理并不能作出充分解释,而且没有通过实验测试对人体可能产生的危害就大量生产使用,显然违背了一定的注意义务,这甚至可以被归属到传统刑法中过失的注意义务范畴。

　　社会风险的承继性说明了社会风险并非是什么新东西,可以说是伴随着人类改造世界的活动与生俱来。人类一直在寻找和适用各种应对方法,法治文明就是人类应对风险的一种成果,也是唯一的有效方法。

---

① 参见日本环境厅地球环境经济研究会编著:《日本的公害教训》,张坤民、王伟译,中国环境科学出版社 1993 年版,第 38 页。

② 擦里刀米德(Thalido Mide)是一种镇静剂,20 世纪 60 年代初期,欧洲各国将该镇静剂普遍作为安眠药使用。但是,许多妇女在妊娠期间服用了联邦德国的一家名为"库里尤年达尔"公司出售的擦里刀米德安眠药后,生出婴儿多为先天性畸形且四肢异常。

社会风险的日益加大是一个不争的事实,要求刑法作出应对是合理的诉求,要求刑法理论更新也属正常。"随着现代社会的发展,法律与风险之间的关系变得比任何时候都要密切。譬如,在刑罚体系中,正式的风险评估文件被用来协助法官计算'再犯的可能性'"①。但是,这并不意味着我们需要风险刑法。即使在传统刑法的理论范畴中,对于公害犯罪是否需要新的理论支撑也不乏争议。将极为抽象的"危惧感"作为刑事责任的依据,必将使得刑事责任变得不可捉摸。刑法适用的实质是个人与国家权力之间的对抗;力量的对比本就悬殊。一旦"危惧感"成为一种责任标准,国家权力的适用无异于如虎添翼,"因为抽象本身便意味着无法捉摸、不便把握,抽象与'无'之间仅一步之遥"②。其中,过失危险行为犯罪化就是最好的例证。

对于工业社会以来所形成的社会风险,传统刑法在客观主义或者主观主义的标准之下一直在寻求着一个恰当的方法进行应对。甚至可以这样说,刑法中大量法定犯的增生就是工业社会发展的结果。过失的标准不断推陈出新,责任事故犯罪也在不断细化和扩展。事实上,发达国家也并没有通过所谓风险刑法的方式解决工业革命过程中以及化工生产活动中出现的污染问题。一些国家早已被喻为"车轮上的社会",但它们的这种风险焦虑似乎并没有我们今天强烈。

在我国,社会转型与社会风险交织在一起,社会风险陡增,但越是此时越是要理性看待刑法应对。事实上,当前我国说的很多风险,仍然属于传统刑法的范畴,甚至许多风险后果的酿成与制度和规范的缺失、监督力量的薄弱有直接关系;当前发生的各种犯罪现象,也属于传统的犯罪现象,传统刑法的治理方式并没有显得不适应。之所以风险刑法的概念开始流行,主要不是因为风险需要新的刑法方式来控制,而是因为在制度失灵的情形之下将刑罚手段敬若神明,寻求另外一种刑法的庇护。

退一步说,"风险社会"理论即使能够为风险刑法提供理论依据,也是

---

① William Leiss, Steve E. Hrudey, On Proof and Probability: Introduction to "Law and Risk", In *The Law Commission of Canada*, *Law and Risk*, UBC Press, 2005, p. 1.
② 周光权:《注意义务研究》,中国政法大学出版社1998年版,第31页。

有局限性的。"风险社会"理论只是以西方社会为基础放眼全球而建构的一种理论,能否被中国社会直接照搬是需要考量的。譬如,贝克的"风险社会"理论更多是针对后工业社会而言的,而中国当前尚处于现代化的社会转型过程中,当前面临的主要问题并不是"风险社会"的风险,而是社会转型过程中"自然的报复"的增大。"风险社会"理论一经提出就出现了不同声音,其中最强烈的反对声音是:这种理论只是某些发达国家(特别是德国)在较高的现代化水平上形成的一种"现代化焦虑症",对于其他国家的参照意义其实不大。① 从现实基础来说,这种说法不无道理。

三、风险刑法的理论基础的证伪

(一) 风险刑法的关键词"抽象危险犯"的证伪

"刑法已经从传统的后卫地带走向了前沿地带,通过惩治行为人行为所带来的风险来实现对法益更为前置的保护,这便是'风险刑法'。"②于是,在这样的概念的支配下,风险刑法理论认为,刑法从传统的最后一道关口直接变成第一道关口。刑法不再注重实害性后果的发生,而是为了防止"可能"出现的结果,甚至为了防止潜在风险的存在,预先将某些行为入罪。直接将行为拟制为该当性的犯罪,刑法在不知不觉中从以保护法益为基本属性向保护社会安全感靠拢。

这样的论断显然是建构在对抽象危险犯理论认同并推崇的基础之上的。在抽象危险犯的理论提出之后,风险刑法与风险社会俨然有了链接的桥梁。

确实,在德日的刑法理论中,抽象危险犯与风险刑法似乎具有天然的联系,尽管抽象危险犯和风险刑法的提法本身就充满争议。"在相关文献中,抽象危险犯(abstrakte Gef·hrdungsdelikte)的合法化和可靠性变得越

---

① 参见〔丹〕赫尔奇·克拉夫:《科学史学导论》,任定成译,北京大学出版社 2005 年版,第 3 页。
② 王拓:《风险刑法:风险社会下传统刑法的必要补充》,载《检察日报》2010 年 4 月 26 日。

来越有争议了,正如赫尔左克(Herzog)谈到的'通过危险刑法所产生的刑法的危险'。尤其被批评的是,这样一个'风险刑法'(Risikostrafrecht)的确立是和法治国的保障不协调的,若其还有些用处的话,也仅在处理现代风险社会的种种问题上还略有点办法。危险犯(Gef·hrdungsdelikte)存在于刑法之诸多不同领域——从对付简单的'醉酒驾驶'(Trunkenheitsfahrt)到对付有组织犯罪及恐怖主义组织。"①在我国当前许多关于风险刑法的论述中,抽象危险犯理论更似乎是风险社会的理论成果,抽象危险犯被扩充置于风险社会的羽翼下并由此获得了所谓的合理性。譬如,有观点就认为:"抽象危险犯的存在具有强烈的目标价值驱动。从法益保护的角度而言,抽象危险犯的犯罪构成要件可以对保护法益进行周延且提前的风险控制,是一种对法益的前置化保护措施。立法者使用抽象危险犯保护法益,本质上是超越了刑法规范绝对报应理念的局限性制度设计,使刑法规范、刑法适用、刑罚执行附加预防与震慑的动态意义。"②"而上述公害性犯罪,就其共同点而言,与传统的犯罪相比,具有正当行为与危害行为的交叉性、危害行为的有组织性与系统性(即常常是在一个行业领域中,由众多从业人员共同参与)、实际损害程度难以预测性、危害结果发生的高风险性等。在这种状况下,抽象危险犯渐渐走向各国刑事立法的前沿舞台,成为各国立法者备受青睐的时代宠儿。"③还有些观点将抽象危险犯的范围大肆扩张,譬如,"在妨害司法罪中,我国刑法规定的伪证罪、妨害作证罪等在规范表述上均应当被解释为抽象危险犯,即使没有发生司法机关采信虚假证言、妨害证人出具真实证言等实际结果或者危害可能,亦应当追究行为人的刑事责任,不影响伪证罪、妨害作证罪等的定性"④。然而,抽象危险犯本身的概念就是抽象和不周延的。抽象危险犯理论的"故乡"——德日刑法——自始至今都充满着争议,但在我

---

① 〔德〕约克·艾斯勒:《抽象危险犯的基础和边界》,蔡桂生译,载《刑法论丛》2008年第2期。
② 谢杰、王延祥:《抽象危险犯的反思性审视与规范优化展望——基于风险社会的刑法保护》,载《政治与法律》2011年第2期。
③ 张红艳:《欧陆刑法中的抽象危险犯及其启示》,载《河北法学》2009年第9期。
④ 赵秉志主编:《妨害司法罪》,中国人民公安大学出版社1999年版,第112页。

国学界的一些论断中,却不加甄别作为近似于公理一样的原理来使用。

在界定抽象危险犯的时候,德日刑法理论的归纳多莫衷一是。如大谷实教授认为:"将在社会一般观念上认为具有侵害法益危险的行为类型化之后所规定的犯罪,就是抽象危险犯。"①大冢仁教授认为,抽象危险犯以存在抽象的危险即一般的侵害法益的危险为已足。山口厚、冈本胜等学者也持此观点。德国学者罗克辛(Roxin)认为:"所谓抽象危险犯罪,是指一种典型的危险的举止行为被作为犯罪而处于刑罚之下,不需要在具体案件中出现一种危险的结果。"②也就是说,抽象危险犯本身并没有一个清晰的标准,作为抽象危险犯是否具有侵犯法益的危险,只是从"一般观念""典型的危险的举止"上而言的,而且还是将一般观念"类型化"的结果。一些德国学者如霍恩(Horn)则只好从排除的角度来论定抽象危险犯:"行为可能既未引起实害,亦未引起法益的具体危险或者法益的实害与具体危险,均非构成要件要素。"③然而,我们知道以否称判断来归纳一个概念属于形式逻辑中的定义错误。当我们证明 A 是 B 的时候,通过指称 A 不是 C 或者 A 不是 D 在一般情形下是不清晰的。④

由此可以发现,抽象危险犯作为危险犯的一个属概念——不需要发生实害性结果——本身是没有争议的,但这一认同也仅仅到此为止。如何区分抽象危险与具体危险、如何认定行为犯与抽象危险犯的关系、如何界定观念危险和具体的抽象危险、抽象危险是否作为构成要件等涉及抽象危险犯具体特征的时候,则冲突四起。

首先,何为抽象危险?对此,抽象危险犯理论不得不借助于实害及具体危险的比较,进而指出,实害指损害的发生,具体危险指实害发生的可能性,抽象危险则指具体危险的可能性。但是,对于这种界定,考夫曼(Kaufmann)斥之为无意义且毫无逻辑。因为把具体危险视为"实害的可

---

① 〔日〕大谷实:《刑法总论》,黎宏译,法律出版社 2003 年版,第 95 页。
② 〔德〕克劳斯·罗克辛:《德国刑法学总论》(第 1 卷),王世洲译,法律出版社 2005 年版,第 278 页。
③ 转引自林东茂:《危险犯的法律性质》,载《台大法学论丛》第 23 卷第 2 期。
④ 譬如,我国刑法学教科书在归纳缓刑特征的时候,往往将"缓刑犯不是累犯"作为特征之一,这就是一个逻辑错误。正确的表述应该是"累犯不得判缓刑",而这显然与缓刑的特征无关。

能性"尚可以理解,把抽象危险视为"实害的可能性的可能性"就不知所指了。①

其次,如果将抽象危险解释为行为本身所蕴含的行为客体危险,则势必衍射出第二个问题,即对行为本身所蕴含的风险应当如何理解。譬如,同样是醉驾行为,依照上述分类,有的醉驾本身就蕴含着现实的具体危险,有的醉驾蕴含着可能的风险,有的醉驾则连任何抽象的危险都没有。如果第一种情形是具体的危险犯,那么后两种情形是否就是抽象的危险呢?抽象的危险又在哪里?危险具备的可能性意味着可能存在危险也可能根本不存在危险。

在抽象危险理论无法解决第二个问题之后,又出现了第三个理论来进行弥补,即法律拟制理论,而这形成了抽象危险犯最核心、最本质的内容。"将抽象危险的标准界定为具有法益侵害的可能性。而这种可能性既是一个规范的或者说拟制的范畴,也是具有客观经验和科学法则作为支撑的。"拟制理论将抽象危险犯理解为基于风险防范而法律拟制的结果,尽管拟制的主体并不明确,立法也并未说明。一定程度上我们甚至可以认为,这种拟制可以归结为理论拟制,在法律上是没有效力的。但是,对司法者来说,因为把某个规范理解为法律拟制了,所以对司法实践确有直接作用。譬如,司法裁决就认为,刑法既然将买卖毒害性物质的行为认定为犯罪,那么这就是一种法律拟制,是一种抽象危险犯。因为只要拟制风险存在,则所有投放毒害性物质的行为都应当被定罪,而不论毒害性物质的毒性、流转方式是否对法益产生侵害。此外,"抽象危险是一种拟制的危险,一般情况下不需要对行为本身是否具有危险性作出判断,就可以依据形式上的典型行为以肯定抽象危险的存在而因此具有实质的不法性。也就是说,在此问题上采行为无价值立场是原则,采结果无价值立场是例外"②。于是,抽象危险犯的理论图穷匕见——这里的危险不是针对现实行为的风险,而是针对一个法律禁止的方式,危险已经不是客观的

---

① 参见林东茂:《危险犯的法律性质》,载《台大法学论丛》第23卷第2期。
② 高巍:《抽象危险犯的概念及正当性基础》,载《法律科学》2007年第1期。

了,而是一种法定的结果。还是以醉驾为例,因为危险驾驶已经入罪,所以尽管有些醉驾确实没有风险,但在风险刑法理论看来,由于醉驾行为已经被拟制为一种整体性的抽象危险,因此应当一律入罪。

没有危险也要入罪从预防目的角度看似乎还可以得到解释,但是此时抽象危险犯理论又回避不了另外一个问题——抽象危险犯和行为犯有什么区别?

为了固守抽象危险犯理论,赞同说进一步补漏,通过缩小范围的方式来论证合理性。德国学者宾丁(Binding)就曾如此描述抽象危险:"危险性并非由个别行为去观察,而是基于大量的观察……从经验上显示,某一行为种类易于造成被保护法益的实害:这个行为种类,带有一般的危险性……"[①]也就是说,与具体危险犯相比较,抽象危险犯即使可以不被认为是从个别行为上考量的结果,也只能是"从经验上显示"的结果。而经验产生的依据和内容都不是规范性的,只不过是为了回避理性的有限性质而需要对可能的危险进行的一种限制。限制的结果就是:抽象危险犯是一种例外归责。如果作为理论基础抽象危险犯是例外,那么风险刑法作为一种例外,有足够的理由推翻刑法的原则性内容吗?

当一个理论完全从某类行为可能造成"被保护法益的实害"而寻求正当性,其基本的规范合理性已经失去了,漠视乃至牺牲无辜者的权利就成为一种可能。更为让人紧张的是,这样的理论一旦被放置于风险刑法的背景下,就不再是个别性的因素,而可能成为刑法中带有普遍性的诉求,成为一种新的实证型的规则主义。作为完全的规则至上主义的结果,权力可以根据"大量的观察"去损害无辜者权利,其最终甚至可能走向反面——放纵实质的犯罪。还是以醉驾为例,当我们的醉驾标准一定要设置在0.8毫克/毫升的时候,一些实际上已经不胜酒量而烂醉如泥的危险者因为血液酒精含量检测没有达到0.8毫克/毫升而不构成犯罪,尽管其行为风险可能远远大于某些血液酒精含量超过0.8毫克/毫升但神态自若的酒驾者。

---

① 转引自林东茂:《危险犯的法律性质》,载《台大法学论丛》第23卷第2期。

实际上,抽象危险犯理论本身尚停留在理论主张的阶段,但因套换了"风险社会"理论,因而似乎寻求到了所谓的现实支撑。"有争议的是,抽象危险犯是有用的,以克服现代生活的风险,然而这目前也仅仅是一种(单纯的)主张,因为尚缺乏使该成果被接受的精确公正的实证研究。也许合理的是,这首先应归于危险兴起的社会根源。一个以刑法构成要件为方式提供的至少是谦抑的保护,也并不违背这种观点。更广泛但不确定的动议是,在'核心刑法'(Kernstrafrecht)上的危险刑法是必须限制的,而在其他领域的危险刑法可以通过来自于消解刑事罚的'干涉法'(Interventionsrecht)来补充"①。在我们已经切断了"风险社会"理论与抽象危险犯的连结之后,抽象危险犯理论的现实正当性基础也没有了。

中国的刑罚体系是典型的"二元化"立法,根据违法行为危害的程度,分别通过行政处罚与刑罚处罚的手段来解决。只有违法行为达到了一定程度,才能引起国家刑罚权的发动,刑法惩治的是具有严重社会危害性的行为,刑法是社会防卫的最后一道防线。因此,对所谓的类型化抽象危险行为的处罚,在《治安管理处罚法》中表现得非常普遍,甚至可以这样说,抽象危险的理论逻辑在中国已经得到了普遍适用,只不过是在行政处罚(实际上相当于西方刑法中的违警罪、不可起诉的犯罪等)中。例如,《治安管理处罚法》第25条规定:"有下列行为之一的,处五日以上十日以下拘留,可以并处五百元以下罚款;情节较轻的,处五日以下拘留或者五百元以下罚款:(一)散布谣言,谎报险情、疫情、警情或者以其他方法故意扰乱公共秩序的;(二)投放虚假的爆炸性、毒害性、放射性、腐蚀性物质或者传染病病原体等危险物质扰乱公共秩序的;(三)扬言实施放火、爆炸、投放危险物质扰乱公共秩序的。"对比《刑法》第291条之一第1款的规定,"投放虚假的爆炸性、毒害性、放射性、传染病病原体等物质,或者编造爆炸威胁、生化威胁、放射威胁等恐怖信息,或者明知是编造的恐怖信息而故意传播,严重扰乱社会秩序的,处五年以下有期徒刑、拘役或者管制;造成严重后果的,处五年以上有期徒刑",从协调性、体系性的角度推

---

① 〔德〕约克·艾斯勒:《抽象危险犯的基础和边界》,蔡桂生译,载《刑法论丛》2008年第2期。

论,可以认为《治安管理处罚法》所针对的实际上就是一种行为本身或者说具有抽象危险的行为。

在认定抽象危险犯概念的时候,必须把握"二元化"的立法体系的标准。第一,刑法首先是一部律法,只是具备法律的功能,不能超出法律的功能去苛求实现法律领域之外的目的;第二,刑法只是一部部门法,不能超出部门法的意义去解决其他法律应该解决的问题,而应当坚持自己的阵地,不要"越俎代庖"代行其他部门法之责。对于所有的社会问题,如果只是简单地通过修正刑法增设新罪,加大刑法打击力度,虽然说有一定的震慑效果,但是在存在侥幸心理或者过于自信的犯罪分子面前并不具有应有的强制力,反而会对刑法的规范性和确定性产生很大冲击。[①] 从这个意义上来说,即使抽象危险犯有理论意义,但是否一定要体现在中国刑法中也是一个问题。

(二)行为无价值理论能够为风险刑法提供依据吗?

长期以来,人类刑法的发展如钟摆一样摆动在客观主义与主观主义之间,这实际上体现了人类在法治的现实诉求与理想追求、刑法的惩罚与预防目的、保障人权和保卫社会中的两难,其根本原因就在于刑事法治实际上有三个方面的掣肘:被告人(以及潜在的罪犯)的权利——国家刑权力——社会安全。全力追求被告人的权利保障必然会束缚权力的"手脚",也会导致维护社会安全的信心受挫,但过分强调社会安全又势必导致国家权力的膨胀,反过来影响社会安全。因此,良好的刑事法治显然是三者之间的平衡,而这势必要求依据不同的社会现实环境作出相应的调整,从而导致了不同时期主观主义倾向的雄起或者客观主义的复归。但是,风险刑法理论显然已经超越了客观主义和主观主义的范畴,而且往往从行为无价值理论来申明主张,所以这里必须要厘定清楚风险刑法与主观主义刑法、风险刑法与行为无价值理论的关系。

[①] 参见孙万怀:《反对违法交通行为的过度立法和司法犯罪化》,载《中国社会科学报》2009年8月18日。

第二章 "风险刑法"观——风险社会中刑法的冲动

首先,在近代刑法发展过程中,主观主义以行为人为中心对犯罪与刑罚展开讨论,它要解决的问题是查找古典学派理论失败的原因,以弥补刑罚在预防犯罪上的欠缺。如果再往前面追溯,古典学派理论也是对之前原心定罪、主观归罪的一种反正。需要说明的是,主观主义所强调的主观因素与客观主义所强调的主观因素是不同的。客观主义强调主客观相一致,主观因素是犯罪时的一种心态;而主观主义主张的主观因素,则是行为人"反社会的危险人格"或者"可能导致犯罪的人身危险性",是能与具体犯罪行为"相互分离"的主观因素。"正如新实证学派所言,行为不过是行为人人格的征表,犯罪行为虽然也是对人格的表征,但这只是行为人人格的个别表现,而个别行为并不表现人格的全部甚至完全可能是一个偶然。因此,对未然犯罪的预防所必须引入的一个概念就是——危险人格,于是他们提出了不同于客观主义的观点和主张。这种思维方式的转换,不仅在立法和司法实践中得到了体现,而且也给理论以启发和思考。"①

应该说,主观主义刑法与客观主义刑法看似对立,实际上都是针对对方弱点的一种补足,是一种寻找个人权利和自由、社会安全与国家权力之间平衡的不同路径。但是,毫无疑问,在对主观过错归责的问题上,二者具有相似性。同时,无论是行为无价值理论还是结果无价值理论,在对"无价值"的内容以及个体责任的认定上仍然具有共同的基础,两种理论都是以恶性或结果的客观性为前提。所以,风险刑法并不能归并于客观主义或主观主义的范畴。

其次,行为无价值理论并不能等同于主观主义刑法,在行为无价值理论中,主观的无价值性仍然具有客观依据。"在世界范围内,主观主义因为其理论根基的缺陷、人权保障的缺失、处罚范围的宽泛而退出刑法学领域。然而,中国的主观主义刑法理论依然盛行。尽管行为无价值论容易亲近主观主义,但是,主流的行为无价值论与结果无价值论的争论仍然是客观主义内部的争论。"②无论采取何种立场,传统刑法的基本内核并没有

---

① 马克昌主编:《近代西方刑法学说史略》,中国检察出版社1996年版,第346页。
② 张明楷:《行为无价值论的疑问——兼与周光权教授商榷》,载《中国社会科学》2009年第1期。

发生最根本的变化,或者说即使存在变化,也只不过是传统刑法在两极之间的摇摆。

抽象危险犯正是从行为无价值理论中寻找理论性依据的。在抽象危险犯看来,在法律给定之后,不需要再通过法定行为来证明危险是否存在,也就是说抽象危险是一种立法化的成果,是对行为的否定。"可以依据形式上的典型行为以肯定抽象危险的存在而因此具有实质的不法性。也即是说,在此问题上采行为无价值立场是原则,采结果无价值立场是例外。"①"从行为无价值论的立场来看,酒后驾车入罪化也是具有正当性的。虽然行为无价值和结果无价值,到底采取哪种立场在我国刑法学界还争论不休。但从中国的实际情况来看,在公众普遍缺少规范意识,对法律认同感不强的情况下,首要任务是培养他们的规范意识,培育法感情。风险社会中,在很难预测到何种行为会产生危害结果的情况下,每一个人在与他人、社会和自然界交往时,都应尽到较高的注意义务。规范自己的行为是降低风险的有效途径,而不规范的行为导致风险转变为实害结果的可能性就要大得多。况且不同于农耕社会,现代社会中,生产力十分先进,科技高度发达情况下的危害结果一旦发生,代价将是非常惨重的,不是人们所能承受得起的。所以,将极有可能导致危害结果发生的酒后驾车行为本身认为无价值,使其受到刑法上否定的评价,对减少酒后、醉酒驾车犯罪案件的频发具有重要的现实意义。"②

然而,行为无价值理论并非抽象危险犯的天然盟友,更无法为风险刑法的合理性做注脚,因为行为无价值理论并不能解答抽象危险犯理论的关键症结。因为法律拟制本质上还是从可能的风险来考量的,所以从结果的无价值固然无从考察,以行为无价值作为依据在很多时候也是无法释明的。德国学者鲁道菲(Rudolphi)等认为,倘若行为人已经尽自己最大限度的注意和观察确认了建筑物中的确没有人居住后再放火,行为人主观意志上回避结果无价值的发生,此时也很难承认其行为无价值。③ 虽然

---

① 高巍:《抽象危险犯的概念及正当性基础》,载《法律科学》2007年第1期。
② 周旭明、马荣丽:《酒后驾车入罪化刍议》,载《法制与经济》2010年第12期。
③ 参见〔日〕松生建:《危险犯中的危险概念》,载《刑法杂志》1993年第2期。

在我国,放火罪并不属于抽象危险犯,但该事例无疑非常形象且具有说服力。抽象危险犯设定的拟制型立法特征决定了其对主观过错的忽视,而这恰恰是对行为无价值理论的反叛。

因此,从行为无价值理论中汲取风险刑法的给养是错误的,根本原因在于风险刑法的思路已经完全与主观主义分道扬镳。譬如,在风险刑法理论框架下,一些观点认为,过错责任原则已经过时了。在客观主义刑法的归责标准上,主观的过错成为重要的归责基础,没有过错就没有责任。主观主义刑法也强调人的主观恶性,强调犯罪人格,但是在风险刑法中,所谓抽象的危险成为认定犯罪的依据,这既超越了客观主义的范畴,也超越了主观主义的范畴,仅仅以风险的存在作为至上的入罪依据。"因为风险刑法是要解决现代科技高度发展下风险行为的归责问题,但由于风险的不可认识性与不可支配性,行为人的主观内容往往缺少社会危害故意,以行为人对结果要有故意或过失的主观归责条件难以成立,事实上也无法查明和认定。风险的威胁往往是在不知道确切行为者或威胁发生的原因太过复杂,往往是多种因素交互作用的情况下就突然发生,在这种情况下,如果固守传统刑事责任理论的无罪过即无犯罪的原则,不仅会使行为人逃避惩罚,使法律规定形同虚设,而且也无法防范风险的发生,维护社会安全。因此,风险刑法试图从客观构成要件的类型化,解决行为人的归责问题,以取代行为人主观归责要素的决定作用。"[①]风险刑法突破了传统的罪责理论,将刑事政策的考量作为一种立法的基本判断依据,否定了法律自身正当性和体系性的一系列需求,是对刑法工具化的一种重拾。脱离了主观罪责要求的刑法无疑是非常危险的。

其实,风险刑法也是在寻求一种平衡,但走得太远只会导致失衡;它也希望能找到一些理论基础,但是因过分注重社会安全而忽视了刑法本身的逻辑,所以并不能得到有力的理论支撑。广泛入刑的结果必将是以似曾相识的权力扩张的方式,形式上维护了社会安全,实际上导致了法律的体系性、协调性受到冲击。在我国,醉驾入刑后的司法纠结已经将其演

---

① 陈晓明:《风险刑法的构造及内在危险》,载《检察日报》2009年11月2日。

化为现实。《刑法修正案（八）》生效之后，针对醉驾可能一律入罪的情形，2011年5月10日，时任最高人民法院副院长张军在全国法院刑事审判工作座谈会上要求正确把握危险驾驶罪构成条件时指出："不应仅从文意理解《刑法修正案（八）》的规定，认为只要达到醉酒标准驾驶机动车的，就一律构成刑事犯罪，要与修改后的道路交通安全法相衔接。也就是说，虽然《刑法修正案（八）》规定追究醉酒驾驶机动车的刑事责任，没有明确规定情节严重或情节恶劣的前提条件，但根据《刑法》总则第13条规定的原则，危害社会行为情节显著轻微危害不大的，不认为是犯罪。此外，对在道路上醉酒驾驶机动车的行为需要追究刑事责任的，要注意与行政处罚的衔接，防止可依据道路交通安全法处罚的行为，直接诉至法院追究刑事责任。"①与最高人民法院的表态不同，公安部方面透露，在《刑法修正案（八）》和修改后的《道路交通安全法》施行后，公安部门对经核实属于醉酒驾驶机动车的一律刑事立案。②此后，最高人民检察院新闻发言人就醉驾入罪发表意见，只要事实清楚、证据充分，检方就会一律起诉，而不会考虑情节的轻重。③但书作为刑法总则条款统领分则这一无须争论的事实因为抽象危险犯的介入而被打破。

（三）如何看待风险刑法理论的归责原则

在社会风险日益加大的今天，传统的因果理论显得陈旧而应对不足。于是，一些观点就认为，随着风险社会的来临，因果关系问题再坚持传统的理论显然已经不能适应社会现实的需要。"随着工业化风险（包括技术性风险与制度性风险）的日常化，如何分配风险所带来的危险成为包括刑法在内的现代法律制度必须直面的问题。需要指出的是，风险与危险属于两个不同的范畴。风险是一个中性的概念，危险则本质上是一种不可

---

① 《最高人民法院副院长张军：正确把握危险驾驶罪构成条件》，http://www.qhnews.com/index/system/2011/05/11/010360976.shtml，2011年6月3日访问。

② 参见闫晓光：《司法机关发不同声音 公安部称醉驾一律刑事立案》，载《信息时报》2011年5月19日。

③ 参见《最高检表态只要证据充分醉驾一律起诉》，http://news.sina.com.cn/o/2011-05-24/145722521110.shtml，2011年6月3日访问。

欲的风险,烙上了主体的价值评价,呈现出消极的色彩。对于现代社会而言,法律的目标不可能是消灭风险,而只能是控制不可欲的风险(即危险),并设法将风险进行公平地分配。至于风险的具体分配方式,则既取决于客观情境,也取决于主体的主观认识与价值偏好:客观情境的变化或不同会影响对风险分配方式的选择;同时,由于评价主体的认识与价值取向会有差异,即使客观情况相同的社会,也不一定采用同样的风险分配方式。"①上述论述本身并没有什么问题,但是,这种风险分配的结果更多时候是通过立法的途径来解决的,在风险的分配也就是立法完成之后,是否还存在因果关系的考量,成为一个最为实际的问题。

对此,在一些风险刑法论者看来,"如果风险被容许,则相应的行为人并未被科以具有刑法意义的注意义务;如果风险不被容许,则行为人势必需要谨慎履行其注意义务,不然就可能要承担相应的刑法后果"②。也就是说,如果行为人违背了注意义务,风险就自然演化为一种不被容许的风险,就属于"制造"了法所不容许的风险。于是,在否定归因理论之后,风险刑法理论似乎对归责理论非常垂青。

整体而言,刑法中的因果关系经历了一个从条件说、原因说逐步向相当因果关系说、客观归责说过渡的过程,这一过渡实际上就是从归因向归责的逐步转变过程,一定意义上还可以说是从结果无价值向行为无价值位移的过程。实际上,自从相当因果关系说出现以后,因果关系问题就开始从归因向归责转化。因为"相当性是根据人类社会一般生活经验法则加以判断的,它不再是一种纯事实关系,而成为一种评价,这一评价的主体是司法者。评价当然是主观的,但相当性本身是否存在,仍然是客观的"③。一旦客观归因的思路开始活跃,行为本身的无价值就会得到重视。虽然相当因果关系说仍然属于因果关系的范畴,但对于行为过错的评价开始成为承担刑事责任的重要依据。

就法律适用的角度而言,从归因到归责,因果关系理论并非依托于风险社会理论,而是按照内在的规律在走向纵深。"客观归责是从因果关系

---

① 劳东燕:《风险分配与刑法归责:因果关系理论的反思》,载《政法论坛》2010 年第 6 期。
② 同上。
③ 陈兴良:《从归因到归责:客观归责理论研究》,载《法学研究》2006 年第 2 期。

问题转化而来,归因与归责是有所不同的:归因是一个事实问题,通过因果关系理论解决;归责是一个评价问题,通过客观归责理论来解决。"①客观归责理论应该说是刑法因果关系走到尽头的一次转身。

但是,必须注意的是,客观归责理论具有以下特征:(1)是因果关系无法得到证明的前提下出现的一种选择;(2)风险确实已经存在;(3)必须是行为"制造"法所不容许的风险。尤其需要注意的是,在客观归责理论中,"制造"了法所不容许的风险并不是客观归责的整个内容,只有法所不容许的风险实现了客观罪责才显得富有意义。有时风险实现了,但如果风险的发生并非属于不容许的范畴,同样无法归责。在德国著名的"羊毛笔案"中,画笔厂的老板违反操作规程,对进口的山羊毛未按照规定进行消毒就命令工人进行加工,导致4名女工因感染炭疽杆菌死亡。对于此案,罗克辛认为,根据调查,即使老板履行了消毒程序,但由于当时欧洲尚不了解这种细菌,加上消毒程序不到位,因此并不足以杀死炭疽杆菌。

由此我们可以看到,客观归责理论虽然对传统因果关系进行了修正,但与风险刑法的归责并没有必然的联系。更何况,客观归责理论所涉及的问题也并非风险社会出现后的新问题。不仅是大的次生灾害,即使在一般医疗事故、非法行医以及其他涉及被害人伤亡的犯罪中,客观归责都可以体现出对因果关系的修正。所以,在一些风险刑法理论看来,"因为风险形成的原因复杂,而且最终的危害结果具有相当长的潜伏期,表现为不连续性和不紧密性,导致风险犯罪的因果关系也具有不确定性,传统的刑法因果关系原理实际上很难解决风险犯罪问题。因此,风险刑法不再以因果关系作为归责的客观基础,而是以防范风险为出发点,将风险通过某些特定行为标示出来,并以实施特定行为所产生的象征标识作为刑法发动的条件。在这种情况下,对风险犯的归责,并不需要查明受归责的因与果以及二者间的因果流程,也无须凭借因果关系的联结作为刑法归责的前提,风险行为自身取代因果关系成为归责的联系点。换句话说,判明因果关系对是否归责无实际意义,风险而非因果关系才是归责的基础,因为即使无因果也仍需归责。可见,风险刑法采用的是风险规范化与因果

---

① 陈兴良:《从归因到归责:客观归责理论研究》,载《法学研究》2006年第2期。

关系的自然主义化并行的方式,使因果关系、罪过与归责正式脱钩,各自独立,从而建立起一个风险——规范——归责的三者联结结构"①。也就是说,在风险刑法的框架下,因为后果或者风险是拟制的,是存乎于立法之中的,是不需要具体行为去验证的,所以谈因果关系或客观归责都是没有意义的。如果说还有什么"注意义务",这种注意义务不是来自身份,也与主观过错无关,而只是一个刑法规范的注意要求。从实证性角度来说,在风险刑法的框架下,许多时候会通过法定的方式将某些行为上升为一种不被容许的风险,而不考察这些行为是否存在针对风险。那种认为只要达到酒精检测数量标准就一律入罪的观点,就是将醉驾本身视为不被法律容许的风险,并以此直接构罪。刑法的因果关系已经没有任何生存空间,而客观归责理论显然也没有多少意义。因为只要实施所谓行为,就意味着风险的"制造"和"实现"。

  总之,刑法上的归因也好,归责也罢,传统的刑法因果关系需要与时俱进。事实上,因果关系问题在所谓的风险社会表现得也尤为突出,但这并不能归因于风险社会,因果关系涉及认识有限性的领域,从人类改造世界之时就存在了,我们需要的是不断完善归责理论,真正做到罚当其罪、罪责一致。② 此外,因果关系本身就是一个哲学领域的重要课题,在非传统社会,在非公害犯罪中,因果关系也一直是个纠结不清的问题。各种学说杂陈,但都只具有相对的合理性,不能"一统江湖"。即使在风险社会的依托下,我们也回避不了归责的客观性要求。此时,风险社会只是武断地

---

① 陈晓明:《风险刑法的构造及内在危险》,载《检察日报》2009年11月2日。
② 在现实中,在风险加大的今天,归因和归责的理论与实践都在不断探索和完善,风险概率问题成为归责时的一个重要而普遍的依据。在英美法系国家,在归责的时候,行为导致风险的概率成为认定因果关系的重要标准,因此精算成为不可忽视的一个环节。当然,近些年来,对于概率的适用开始出现了松动。"它与疏忽和不作为的感知能力无关。一旦他们满足了风险被确定,华盛顿最高法院不适用由于被告人的疏忽致使风险增加14%的情状。一旦认定了风险的增加是由于被告人的疏忽引起的,他们就不再关心风险的支配和单一的原动力。"(Chris Miller, Liability for Negligently Increased Risk: The Repercussions of Barker v. Corus UK(plc), *Law, Probability and Risk*, Vol. 8, No. 1, 2009)虽然对"情状"(shape)理论("情状"是英国上议院法官 Mustill 在上诉法院为特殊的导致的增加或归结为风险的境况归纳的一个词语,他认为"情状是指导致风险增强但不应该是具有决定性意义的因素")存在不同的看法,但对行为与风险增长的因果关系似乎是没有疑问的,也就是说其适用还是建构在因果关系的框架之下,只不过对作用大小存在着分歧。这意味着传统的因果关系并没有得到根本的修正。况且这种精算更多的是发生在民事侵权中,在涉及刑事责任的时候,因果关系的认定无疑要求更为严格。

否定了传统因果关系或客观归责理论,并没有提出一种新的归因或归责方式。

四、风险社会框架下的风险刑法的实质与后果

(一)风险刑法的实质就是在风险社会中对人权和自由进行所谓"适当的"摧毁

当前我国面临着社会转型或者说向工业社会的过渡,尽管对于未来的风险我们需要进行预先的评估,但是当今中国刑法面临的最大风险不是未来社会的风险,而是社会转型时期刑法政策化的风险,这才是矛盾的主要方面。在社会转型时期,新旧因素的对立共存普遍存在于社会结构、社会运行机制、价值观念体系的转变中,从而影响着社会发展的方方面面。因此,当前处在转型时期的中国社会的基本特征体现为:社会阶层的分化和利益结构的重组;传统权威的流失和社会权力的转移;社会体制的变迁和社会发展方向的变化;社会群体之间、个体之间、不同社会力量之间竞争和冲突的加剧;信仰的危机和价值观的多元化;社会心理的焦虑和迷惘。[①]

从转型的角度来说,中国刑法的发展始终在经历一种洗礼,并最终向依法治国迈进。从最初的政策指导逐步过渡到法制建设,从改革开放初期的破法严打、改法严打逐步过渡到依法严打,在刑事法治中,一个最为核心的问题是政策和刑法的定位问题。依法治国的理念为我们提供了一个基本的方向,即坚持法律的权威性,政策应当在法律的框架之内行事,也正因如此,笔者一直坚持的观点就是政策应更多地体现在司法现实中,并以合法性为基本原则,而立法应以法律的正义性为基本原则。这已经被我国法治发展所证明,今后还会被进一步证明。

但是,风险刑法的实质却走向了反面。在风险刑法理论看来,"风险社会中,刑法变成管理不安全性的风险控制工具,公共政策由此成为刑法

---

① 参见林默彪:《社会转型与转型社会的基本特征》,载《社会主义研究》2004年第6期。

体系构造的外在参数。凭借诸多制度技术,公共政策对刑法规范的塑造产生重大影响。为刑法解释的重要工具,公共政策不仅促成目的论解释大行其道,还对构成要件解释具有指导作用"①。刑法作为一种风险制裁工具,并不是风险社会的独到结论。在社会发展的整个过程中,刑法对风险的防控和制裁一直在彰显。因此,将风险社会单独作为政策基础,势必要指出风险社会及其政策的特殊性。正是因为不能给出充足理由,风险社会政策的越界被自我约束为一种"例外",即在所谓的风险社会中,传统的政策的权力限制观念"不是神明也非生活世界的边界,它只构成法律运作中的决策基点。只要必需、可行并且结果好,任何原则都可以存在例外。对原则与例外之间的关系作这样的处理,将是风险社会刑法发展的合理选择"②。说得直接一点,在风险社会中,刑事政策就是对人权和自由进行所谓"适当的"摧毁。于是,风险社会名义下的风险刑法与政策的实质就清楚了。

这样的结论在形式上来看似乎也能够自圆其说,但是在转型时期的中国,此风并不可长。我们所面临的不仅仅是公共安全的风险问题,在体制自我的约束和监督尚不完善的前提下,更要防范来自权力制造的一种风险。中国的社会转型是一个进入法治社会的过程,而在刑事法治领域,最根本的要求就是刑法应当以罪刑法定主义、罪刑均衡主义和刑罚人道主义为基础。刑法应当是限权法,刑法的立法应当坚持法律的内在道德,刑事政策的作用应该被法律所限制。在国家的刑权力尚未受到完善的制约以前,风险刑法与风险刑事政策的提出,无疑蕴含着导致公民的权利和自由被加大侵蚀的风险。对于这一点,实际上理论界已经注意到了:"我们的立法者与司法者容易受到各种功利性目的的影响,对危害性原则地位的补救也应从公共政策因素入手。确保公平正义、自由保障等法律精神被人们所认可,成为公众内心追求的价值观念,这是基本要求。可在倡导基本人权、自由意志的同时,我们必须承认刑法并不仅仅是高高在上的

---

① 劳东燕:《公共政策与风险社会的刑法》,载《中国社会科学》2007年第3期。
② 同上。

权利法典,更是国家的社会控制工具,刑法视野下的公共政策性导向具有一定程度的必然性。只不过实用主义倾向的泛化会过分削弱刑法的自由保障功能。当刑法的原则可以被任意突破,刑法条文可以被随意解释,刑法也将走向崩溃。"①

无可否认,在社会转型时期,刑法的扩张成为一种必然。譬如,2001年通过的《刑法修正案(三)》是在"9·11"事件后国际、国内反恐形势日益严重,社会需要维稳的背景下诞生的。因此,该部修正案主要针对"危险物质"和恐怖主义犯罪进行修订和补充。围绕前者,该部修正案对一系列罪名进行了调整或扩充,如刑法中开始对涉及"危险物质"的危害行为全面入罪,不仅扩大了危险物质的范围,还扩充了行为的方式;而围绕后者,扩大对恐怖主义犯罪和其他犯罪的规制范围,主要是增设资助恐怖活动罪。这些扩张显然适应了社会发展的需要,并且与刑法的内在道德要求并不冲突,虽然有些重刑化的端倪,但与刑法的体系还是比较协调的。

然而,与此同时,在晚近刑事立法活动中,基于社会风险防控的目的,刑法的功利性冲动开始得到体现。在防控社会风险的角度,刑事立法开始了一系列新的作为。以强令违章冒险作业罪为例,《刑法修正案(六)》将其量刑幅度从之前的3年以下有期徒刑和3年以上7年以下有期徒刑,调整为5年以下有期徒刑和5年以上有期徒刑。这虽然与生产责任类犯罪频发引发的社会问题有一定关系,但作为过失类犯罪的此罪,最高刑期从7年上升为15年,重刑化痕迹明显。而这些做法,在理论中往往被归结为风险社会理论的范畴。

不仅于此,在我国当前的司法活动中,从防控社会风险的角度考量,扩张刑法语义、扩大刑法的适用范围似乎更为普遍。以《最高人民法院、最高人民检察院关于办理妨害预防、控制突发传染病疫情等灾害的刑事案件具体应用法律若干问题的解释》的第1条为例,该条规定:"故意传播突发病病原体,危害公共安全的,依照刑法第一百一十四条、第一百一十

---

① 王钧、冀莹:《危害性原则的崩溃与安全刑法的兴起——兼评伯纳德·哈考特与劳东燕的"崩溃论"》,载《中国刑事法杂志》2009年第9期。

五条第一款的规定,按照以危险方法危害公共安全罪定罪处罚。"这一规定虽然属于实质解释,但其所反映的"以危险方法危害公共安全罪"的内涵与外延,有脱离基本规范的嫌疑。在公共风险的防范方面,刑法趋向于严厉可谓是全方位的,不仅包括入罪范围扩张的"严厉",也包括打击程度扩张的"严厉"。但这种"严厉"不仅违背了刑法谦抑原则,也违背了刑罚人道主义精神,凸显了犯罪化与重刑化的倾向。

(二)风险刑法政策的实质就是对合法性原则的突破

"规则型的解释只是常规,甚至只是司法过程中的一种预设,只要提出足够的证据,只要有强有力的公共政策的支持,这些规则所指向的解释就会被推翻。"①"既然诸多刑法条文的制定是基于公共政策的考虑,既然犯罪构成要件经常是为实现公共政策的目的而设计,那么对构成要件的解释,除考虑规范所保护的法益外,自然也须以公共政策为指导。这便是公共政策的解释论机能,即公共政策具有指导构成要件解释的功能。"②这是当前关于政策释法的主要结论。刑法解释一般可以划分为文理解释、体系解释和目的性解释。文理解释并非没有意义的,成文法规范存在的基本意义是不应当被否定的,解释的基础依旧是智识性的,这也是成文法赖以存在的基础,也正是因为有这样的基础,大量的犯罪行为被归纳进这一范畴,行为的规范性才能够加以体现。问题在于,在一些情形下,字面解释并非总能给我们一个合理的解释。成文法的规范作为类型化的语言,或是出于语言模糊性的原因,或是出于政策性的原因,体系解释和目的性解释成为一种补充。尤其是在目的性解释中,政策性因素往往被赋予合理性。而风险刑法解释论的实质是将政策性纳入目的性解释标准的范畴。

目前,公共安全成为社会风险体现的重要领域,各种犯罪与司法应对措施引发了广泛的关注。以"以危险方法危害公共安全罪"为例,"孙伟铭

---

① 苏力:《解释的难题:对几种法律文本解释方法的追问》,载梁治平:《法律解释问题》,法律出版社1998年版,第58页。
② 劳东燕:《公共政策与风险社会的刑法》,载《中国社会科学》2007年第3期。

醉酒驾车案""三鹿奶粉案""平顶山矿难案""冯福东偷窨井盖案"等不同性质的案件,最终都被以这一罪名判决,这一现象引起了我们的思考。从立法本意分析,该罪名是以危险方法危害公共安全犯罪的兜底性规定,而非全部危害公共安全罪的兜底性规定。它针对的是放火、爆炸、决水、投放危险物质之外的,且与其主观恶意、客观行为与结果相当的危险犯,是狭义危害公共安全犯罪中最为严重的一种。然而,在实践中,从交通肇事到生产非食品原料,从车辆"碰瓷"到偷窨井盖,各地法院通过一系列的判决将这一罪名的"触角"伸至公民个人权利领域、社会管理秩序领域及其他领域,致使以危险方法危害公共安全罪逐步被司法"口袋化"。

之所以产生这一现象,根本原因上是对"风险"(或"危险")一词的扩大化理解,甚至是将作为司法适用标准的具体危险直接虚化为一种抽象的危险。《刑法》分则第 114 条、115 条规定的行为均为具体危险犯,即只要行为人的行为足以危害公共安全的,就构成这类犯罪。然而,在对"危险"一词的理解上,司法实践中却常常出现一种误区,即认为危险犯中的危险是对行为客体的危险。因此,在一些"碰瓷"案件中,检察机关表示,"犯罪嫌疑人多次在交通要道上故意撞击被害人车辆,造成交通事故的假象,事实上很可能使被害人的车辆失控,危及其他不特定的多数人的人身或财产安全。这种以危险方法危害公共安全的'碰瓷'行为,也是司法机关严厉打击的违法犯罪行为"[①],因为"碰瓷"行为可能造成危害人身财产安全的结果。然而,当我们回归行为本身来分析,"碰瓷"行为之所以构成犯罪,原因在于其欺诈性或敲诈性,犯罪客体是财产权。因此,应该认识到:危险犯之"危险"不应是对行为客体的危险,而应是对犯罪客体的危险。[②] 此外,在风险防控的名义下,危险性与加害性的关系也开始变得模糊。以"孙伟铭醉酒驾车案"和其他交通肇事类案件为例,此类交通肇事案件,从结果来看,与"以危险方法危害公共安全罪"有相似性,即都具有

[①] 徐蕾蕾、陆华、郭剑烽:《两个月"碰瓷"80 余次获利 8 万,6 人团伙涉嫌以危险方法危害公共安全罪被批捕》,载《新民晚报》2009 年 11 月 25 日。
[②] 参见李洁:《行为犯与危险犯之界限探析》,载《阴山学刊》2004 年第 6 期。

极大的"危险性"。便是,一方面,二者的"危险"内容并不相同;另一方面,前者是过失犯罪,后者为故意犯罪。因此,在主观方面,前罪中的行为人没有"加害性",后罪中的行为人却有明显的"加害性"。但是,在司法实践中,人们往往只看到二者在"危险性"上的相似性,却忽视了它们在"加害性"上的区别。

在风险防控的名义下,除了罪名司法口袋化与行为加重化之外,立法也开始流露出强化风险行为制裁的端倪。①《刑法修正案(八)》就体现了对风险制裁的冲动,譬如,不仅将危险驾驶行为入罪,还将生产、销售假药罪从危险犯改为行为犯(或抽象危险犯),以降低入罪门槛。

就刑法而言,应在多大范围内和多大程度上保护社会安全,一直是立法和司法不能回避的问题。在我国,刑事政策安全化倾向历来明显,这一趋势在"严打"刑事政策时期表现较为突出。在"宽严相济"的刑事政策成为主流的历史背景下,这一"症候"仍然没有被根治,反而完成了理论的奠基。因此,我们时不时会看到,在社会风险类具体案件中,法律的规范性至上往往被规范的政策至上所取代。在对"孙伟铭醉酒驾车案""三鹿奶粉案""平顶山矿难案""冯福东偷窨井盖案"的判决或处理过程中,亦可以发现浓厚的政策倾向。

所以,在这样的立法和司法背景下,风险刑法理论的提出实质上就是为立法冲动提供理论支撑,而这样的理论因为被冠以防范风险的名义而更容易获得感性的认同。在转型社会时期,公共安全等犯罪具有高敏感度,司法防控过程本身就很难坚持独立,可以说屡屡受到政策和社会安全需求的压力,风险刑法理论一旦得到确立,势必会进一步助长立法和司法在关乎社会安全犯罪中扩张的冲动。

再进一步进行演义,无论是在社会风险领域出现的入罪化和重刑化趋势,还是相应出现的风险刑法理论,落实到刑法最终的功能和作用之角

---

① 虽然其中不乏应时之需,不乏闪光之处,如《刑法修正案(八)》将重大环境污染事故罪从以前要求"致使公私财产遭受重大损失或人身伤亡"为结果限缩为以"造成重大污染事故"为结果,实际上就是回归到责任事故犯罪的本质。

度,就是将刑法的恐吓意义在新的语境下重新放大。

五、出路:信守政策和法治的底线

(一) 立法要坚持正当性原则

即使进入了风险社会,刑法乃至法律仍然应当坚持其内在的基本功能,符合内在的基本价值规律,如果以所谓社会风险的增强来否定刑事立法的正当性标准,法律本身的正当性就被颠覆了。美国新自然法学派代表富勒认为,法律自身包含着内在的道德诉求,为此,他提出了著名的法律内在道德的八项原则。① 这是法律的合法性或者说是正当性的标准。在富勒看来,"对八原则中任意一原则的严重破坏,其结果不仅仅导致了一种恶法体系,它甚至根本就不配称之为是法律体系"。因此,八项原则也就成为评价善法和恶法的一个尺度。

富勒的观点本质上还是对自然法的信守,只是作出了某些改变,即开始注重程序的正义性,法律的正义并非完全来源于实体的规定,还来源于程序性的规定。因此,对法律的实体内容加以道德限制已经不再是富勒理论的重心,落足于法律的制定和适用的过程才是。

无论如何,对法的内在道德的要求为我们思考刑法的正当性提供了一个基本的理论前提,即刑法的实质正当性与形式正当性是可以包容的。

---

① 八项原则分别为:
(1) 一般性,即普遍性。法律不是针对特定人的,而是对一般人都适用的,即法律面前人人平等。
(2) 公布。
(3) 非溯及既往。法律一般是适用于将来的,因此只应规定将来的某些行为,不能用明天的法律规则约束今天的行为。
(4) 清晰性。制定一个模糊不清、支离破碎的法律也危害法治。
(5) 不矛盾。如果法律自相矛盾,人们将无所适从。
(6) 可为人遵守。法律不应当规定人们无法做到的义务,实现不可能实现的事情。
(7) 稳定性。频繁改变的法律和溯及既往的法律具有同样的危害性,二者都表明立法的动荡性。
(8) 官方行为与法律的一致性。法律除了具有支配普通公民之行为的职能外,还有为官员执法和司法提供指南的职能。所以,官员的行为必须符合已公布的法律,特别是当他们把法律适用于公民时,必须忠实地解释法律规则的真意。这是法律原则中最复杂、最关键的要求。

刑法的正当性应是以实质性为基础的,否则形式的正当性只能成为一种帮凶。如果一部刑法或者一个规则不具有实质的正当性,则坚守形式合法性无疑是"助纣为虐",纳粹法所产生的恶果为我们提供了最好的教训。同时,正当性的规则并不必然落实正当的结果,形式正当性起着保驾护航的作用,只有将形式正当性落到实处了,法律的实质正当性才能得以实现。此外,形式正当性有时还可以弥补规则的一些实质不合理性,当然这是建立在对形式正当性全新理解的基础之上的。

法的内在道德的归纳也为我们分析刑法的正当性基础提供了方法论,为我们对抗风险刑法理论提供了批判的武器。

1. 刑罚人道主义是刑法文明的标尺

如果说罪刑法定原则是刑法适用正当性的程序标准,那么刑罚人道主义就构成了刑法立法和司法正当性的实质标准。在风险刑法已经逐步蚕食传统刑法领域的时候,罪刑法定原则并不足以担负起抗衡的使命。从某种意义上说,风险刑法大量的法律拟制结果反而导致某些规定的适用具有明确性。事实上,历史上一些对个人权利造成严重侵犯的法律适用不仅仅表现为法律界限模糊时权力的恣意,还表现为不合理但明确的法律规范所导致的权力的嚣张。立法的正当性(或者说合法性)就是刑法正当性的基础之一。"有一个错误的观点认为,只有法官、警察、检察官才会违反合法性原则,侵犯法制,立法者却不可能,除非他们违反宪法对其权力的限制。事实上,制定一个模糊不清、支离破碎的法律将使'合法性'成为一个无法企及的目标,从而严重地损害法制。当然,富勒认为,强调法律的明确性并不是普遍反对在立法中使用诸如'诚实信用'和'适当注意'等准则。保证法律明确性的最好办法,就是利用日常生活中使用的常识判断标准。"①其实,人道主义就是一个立法正当性的根本标准。正是在人道主义的范畴下,人权刑法的概念才得以光大。刑法不仅是自由人的大宪章,也是犯罪人的大宪章,刑法正当性的依据就在于刑法与人权的契合。当我们把防范社会风险奉为最高目标的时候,刑法就开始忽略人权

---

① 沈宗灵:《现代西方法理学》,北京大学出版社1992年版,第27页。

的保障，立法的正当性就会受到贬损。在美国 Lan Zetta v. New Jersey 一案中，联邦最高法院认为，人们不应当承担财产、生命、自由受损的危险去臆测法律的内涵，刑法应当明确以使人们有效地加以理解，否则即违反正当程序的实质。

人权是相对于权力而言的，所以对被告人权利的保障是普遍保护的前提，安全是结果的一种表达方式。如果一个规范是不人道、不平等和不明确的，则规则即使是出于控制风险的良好初衷而设计的，它也是不合理的。当然，明确性、平等性有时也会与人道原则存在背离，平等性和明确性必须是建立在人道基础上的。古代商鞅变法时，指斥"法之不行，自上犯之"，强调"有功者显荣，无功者虽富无所芳华"。其中就包含着一种变法图强、反对特权的精神，但这并不足以保障长治久安。法网密如凝脂，也意味着法律的明确性，但这不足以证明法律的正当性，"劓鼻盈累，断足盈车，举河以西，不足以受天下之徒"①。用今天的话说就是：如果反对特权和追求明确性是建立在不人道的法律之上的，法律的作用就会发生很大的变化；如果平等是一种不人道的平等，明确是一种不人道的明确，刑法的价值就会被曲解。刑法必须要保护底线人权，如果离开对于普遍性的认可，刑法就容易沦为权力的一种工具。刑权力首先必须接受平等与安全的功能和目标，而人道执行规则是刑权力的道德义务。只有满足了道德要求，才有可能真正铸就平等与安全的平台。

从人道角度去理解法定性是我们要遵守的原则，在社会风险日益加大的今天，更有必要重申和坚持立法的人道性原则，实际上这是一个看待问题的价值观选择问题。如果从个案角度分析，一些公害犯罪无疑可能产生十分严重的后果，但是如果不坚持人道性原则，我们或许可以通过立法的方式实现部分的实体正义，但势必会突破法律的程序正当原则，而这导致的风险是制度上的，意味着更大的风险。现实中存在着许多基于实质合理性进而对人道性原则进行冲击的实例，其出发点就是基于对社会安全的防护，或者说基于弥补刑法缺漏的目的随意解释刑法规范。譬如，

---

① 《盐铁论·诏圣》。

现行《刑法》第 17 条规定的相对刑事责任年龄的问题,原本这一立法规定是十分明确的,并且是为了矫正 1979 年《刑法》的模糊性规定而明确的。但是,在现行《刑法》生效之后,为了保护社会安全,出现了罪名说和行为说的争论。甚至最高人民法院司法解释都明确规定,在认定刑事责任依据的时候适用行为说,尽量扩大主体适用范围,体现最大程度的对社会安全的保障,防范风险的发生,但是在适用罪名的时候,又回归到罪名说,即只能依照《刑法》第 17 条的 8 个罪名定罪。这样的结果显然已经完全陷入了功利主义的泥潭,对立的学说之所以能够被统一在一个规范中,根本出发点还是为了对抗可能存在的社会风险。

2. 不应当打破刑法内部的协调性

刑法内部的协调性即要求避免法律规范之间的互相矛盾,这一点是直接针对立法者而言的,要求立法者在立法过程中避免法律条文之间的冲突。

刑法的协调性包括外部的协调性——与其他法律的衔接以及内部的协调性——刑法内部条文的协调。风险刑法的理论和规范虽然被风险刑法论者认定为一种例外表现,但是这种例外对刑法协调性的冲击确实不可小觑,因为风险刑法立法往往以所谓的民意与社会安全为依托,导致社会风险堂而皇之地成为立法认同的压倒性理由。譬如,全国人大常委会法工委原主任李适时在《关于〈中华人民共和国刑法修正案(八)(草案)〉的说明》中就明确指出,"对一些社会危害严重,人民群众反响强烈,原来由行政管理手段或者民事手段调整的违法行为,建议规定为犯罪"。在这一思想的指导下,原本应该由行政或民事法律调整的内容开始入刑,如拒不支付劳动报酬罪以及先行制定的骗取贷款罪等,虽然其初衷无疑是为了防范金融秩序的紊乱,是为了防止拖欠工资所导致的社会不稳定状态,但这样做的结果是导致刑法的工具性质愈加明显,甚至导致刑事司法沦为讨债手段。这种侵蚀不仅导致法律的外部协调性受挫,也导致其内部协调性丧失。

3. 刑法规范的现实性和可操作性

刑法规范之所以具有正当性并且具有现实性，无非是因为与具体社会的价值观或正在形成中的价值取向相契合。所以，与其说法律体系形成了法治社会，不如说是法律的现实性和可操作性形成了法治社会。"正是从合法性中法律获得了它的有效性。无论宪法的形式要素如何，只要它所履行的规则和程序没有遵从社会的基本利益和价值，就不可能成为反映政治现实并作为政治活动的权威标准。法律的权威或者使它的有效运作是建立在法定性是社会价值观表现这样的信念之上的。"① 具体来说，刑法规范的现实性和可操作性即法律不应要求不可能实现的事情，对于社会风险的防控并非是刑法能够独立实现的。

然而，规范是否具有可操作性和可遵守性认定起来却不是那么简单。富勒指出，"人们往往认为，任何一个神智健全的立法者，甚至一个邪恶的独裁者，也不会有理由制定一个要求人们实现却不可能实现的法律。但是现实生活却与这种观点背道而驰，因为这种法律可以很聪明地甚至善意地加以制定。一个好的教员往往会对他的学生提出超过他们能力的学习要求，其动机是扩大他们的知识。一个立法者很容易将自己的角色误解为那个教员。但是差别就在于：当这个学生没有完全实现那个教员的不切实际的要求时，教员可以向学生为他们已实现的要求真诚地表示祝贺，但一个政府官员却仅能面临这种困境：或者是强迫公民去实现他们不可能实现的事情，从而构成十分不正义的行为，或者是对公民的违法行为视而不见，从而削弱对法律的尊重"②。刑法作为一项法律制度，也遵循同样的原则。风险刑法为了充分控制社会的风险，将刑法的制裁提前，将前提当作结论，将预备行为甚至非预备行为当作实行行为乃至犯罪结果来认定，从而划取了一个高尚的标准，这种标准往往会超出正常的社会承受力，最终势必导致以下结果：其一，刑法的严厉性和恐吓性得到了进一步加强，尽管在一定时期可能会使某些具体犯罪行为有所收敛，但长远来

---

① 〔法〕让-马克·思古德：《什么是政治的合法性？》，王雪梅译，载《外国法译评》1997年第2期。
② 转引自沈宗灵：《现代西方法理学》，北京大学出版社1992年版，第278页。

看,其效果可能是消极的。其二,刑法实际的贯彻性被打折扣。因为一些所谓的风险行为不具有实害性,所以往往通过其他法律途径来解决,导致出现被动的选择性执法情形,以致惩罚并不能起到真正预防风险的效果,反而导致刑法平等适用的原则被附加了各种各样的条件。意欲通过制裁树立刑法的权威,结果是迷失在了具体的司法过程中。其三,因为行为人的注意义务是对风险进一步推动,所以为行为人设定一个难以把握的义务标准,最终可能导致客观归罪。

4. 刑法更需要稳定性

法律的稳定是法律内在道德的要求,朝令夕改将导致人们无法遵守法律,会破坏法律的严肃性和权威性。法律作为一种行为准则,是人们实施某种行为的模板,在规则的层次上,它应该是唯一的。频繁地修改规则,将致使人们无法根据这些规则来调整自己的行为,甚至导致法律的产生出现一种政策化的倾向。"即使是有利于一般社会福利的法律变革,由于法律发生改革这一事实本身在某种意义上讲就有害于公共福利,因此应当谨慎。"①作为直接关涉公民底线人权的刑法,稳定性显得尤其重要。风险刑法的理论和规范并不直接包含着否定刑法稳定性的逻辑,但现实却是风险刑法的理论和规范时时在突破刑法的稳定性。

当然,稳定性并不意味着刑法一成不变,在社会风险加大的今天,依照富勒的说法,法律的稳定性是指"法律在时间之流中的连续性"②。也就是说,时代的变化以及人们的价值观念的变化必将带来法律的变革,随着经济和技术的发展,刑法应对的广度和深度必将得到强化。问题在于,这种变革必须是连续的,并且是向着可预见性发展的。尽管一些规则的变更并不涉及法律的实质性内容,不涉及法律内容本身的善与恶的问题,但并不意味着这些规则就一定是理性的、协调的和连续的。连续性包含着理论基础、原则和规则依照法律的应用规律而变迁,不是简单地为了适应某些功利性的需要而发生的变迁。

---

① 〔意〕托马斯·阿奎那:《阿奎那政治著作选》,马清槐译,商务印书馆1963年版,第125页。
② 〔美〕富勒:《法律的道德性》,郑戈译,商务印书馆2005年版,第94页。

缺乏了稳定性的法律必将会导致法律规范性的丧失,导致法律的确定性受到损害,最终使法律的正义性内容无法实现。在我国刑法中,稳定性的问题长期以来令人伤神,主要缘于没能很好处理刑法与刑事政策的关系,刑事政策往往对刑事立法产生了过多的影响。譬如,由于刑事政策的积极介入,曾经长期存在着单行刑法与刑法典并行的局面,这导致令出多门,导致刑法体系内部的规范之间不尽协调,既导致法律的稳定性受到影响,又导致法律的规则性不够确定。事实上,"重法效力禁止溯及既往"这一法律的内在道德要求都受到了直接挑战。可以这样说,缺乏了稳定性,法律内部必将产生不一致,法律标准的唯一性就此丧失。风险刑法的提出实际上也是基于特定的刑事政策的需要而出现的,再次体现出政策对法律的主导作用,这就违背了法律稳定性和连续性的基本规律。

风险刑法领域的规范建构呈现给我们的是:无论是刑法的基本原则还是具体的罪名设置,无论是立法的频频更迭还是刑事司法的频频出击,在风险理论的支配下,刑法变成了一种应付各种特定时期之特定领域风险的"灭火器"。《刑法修正案(八)》表达出一种扩大之势,从危害公共安全的恐怖活动犯罪、黑社会犯罪以及危险驾驶罪等,到危害社会稳定的盗窃罪、敲诈勒索罪,从入罪的条件到处罚的标准都不断升格。这些频繁的变化已经引起了一些隐忧。譬如,如何看待中国的二元立法体系?如何看待民刑关系?如何看待刑法内部的协调性问题?这些问题归结为一点,就是刑法的稳定性问题。刑法一旦失去了稳定性,法律的政策导向性就会开始异动。

从基本原理来说,法律的稳定性是通过连续性来体现的,但是对于变动冲动的克制还是最基本的要求。刑法中的犯罪区分为自然犯和法定犯,对于自然犯而言,其可谴责性是以伦理的可谴责性为依据,所以刑法的设定基本上是比较稳定的,尽管不同社会对于罪刑均衡的内容理解以及规制的详细程度具有较大的差异,但并没有根本性的变化;法定犯的内容则具有较强的时代性,因为社会的体制呈现出不同的时代特征,变化成为一种常态。当社会经济没有基本成型或者基本稳定时,刑法的规制不可能呈现出稳定特征。但是,即便如此,立法的变化也往往要求具有谨慎的义务要求。

哈耶克的"有限理性"学说对于谨慎的义务要求进行了很好的诠释。哈耶克认为,"每一个人对于大多数决定着各个社会成员的行动的特定事实,都处于一种必然的且无从救济的无知状态之中……人们对于深嵌于社会秩序之中的大多数特定事实所处的上述那种必然无知的状态,乃是我们认识社会秩序这个核心问题的根源"[①],"不知道的也是不能计划的"[②]。为此,哈耶克从有限理性的角度出发,得出了扩展秩序的结论。他认为扩展秩序就是人们在交往活动中所逐步形成的共同信守的规则,因为来源于个人独特规则所逐步形成的稳定状态,也就为每个人提供了得以满足的制度空间,所以不可能存在一个共同的目标。任何一个企图制定整体性计划、为社会提供全新规则的扩展秩序都是一种"致命的自负",会导致社会的紊乱。立法活动实际上就可能被演变为一种自负的行为,因为其理性是有限的。所以,法律的稳定性就是要减少对于扩展秩序的侵犯。[③] 风险刑法就是基于"高尚"的动机试图制定一个整体性的计划,以让所有的风险和紊乱处于刑法的掌控之下,但这并不意味着必然得到良好的结果。

这便又引申出新的结论——法律的稳定性恰恰是对扩展秩序的承认,因为这是逐步形成的共信的规则,而不是对掌握权力者意气立法进行的直接变更。刑法的稳定和连续也表现为对扩展秩序的承认和维护。对此,罗克辛指出,"刑法没有贯彻一种特定的宗教或者意识形态这样的任务,刑法的任务应当是保护公民享有一种有保障的和平的共同生活,享有能够与这个目标相一致的最大限度的人身自由……因此,刑法的任务保护法益"[④]。法益在哪里?笔者认为可以从两个方面界定:首先,作为犯罪

---

① 〔英〕弗里德利希·冯·哈耶克:《法律、立法与自由》(第一卷),邓正来等译,中国大百科全书出版社 2000 年版,第 8—9 页。
② 〔英〕F. A. 哈耶克:《致命的自负》,冯克利等译,中国社会科学出版社 2000 年版,第 96 页。
③ 参见王钧、冀莹:《危害性原则的崩溃与安全刑法的兴起——兼评伯纳德·哈考特与劳东燕的"崩溃论"》,载《中国刑事法杂志》2009 年第 9 期。
④ 〔德〕克劳斯·罗克辛:《德国犯罪原理的发展与现代趋势》,王世洲译,载《法学家》2007 年第 1 期。

构成的法益只能从刑法的具体规范来推导。刑法具体规范的变迁必须遵守母本表示的法益,作为立法目的的法益则仍然是从刑法的目的和宪性法益来演绎。其次,宪法对相关刑法制度的安排无疑是具有指导性和规范性的,在宪政不健全的时候,刑法总是呈现出工具化倾向,致使法的内在道德缺乏外在的程序性的限制。风险刑法的政策性特征是对合宪性的一种违背。

(二) 刑事政策对社会风险的防控必须严格遵循合法性原则

在古代人治社会下,君主权威至上,君主意志直接转化为刑事政策,刑事政策与刑事法律更像是一种主仆关系。刑事政策致力于防范社会危险和风险。有学者在批评"刑事政策是刑事法的灵魂"的观点时指出,"在人治社会中,这样的表述是适当的。也只有这样的表述,才能体现出刑事政策的主导与核心地位,才能适应统治者的需要。而在法治的社会治理模式中,这样表述就是严重错误的:如此界定颠倒了刑事法与刑事政策的主次地位,使刑事法的存在徒有其表,而不能发挥对刑事实践活动的主导作用,其结果必然是侵犯个人权益最终危害社会利益"[①]。笔者认为,这种批评意见的产生固然是建立于对不同层面上的"刑事政策"概念的理解,但如果是以刑事政策与刑事法律这两种并存的社会规范体系为视角,这样的说理却是值得肯定的。现代社会不同于古代社会,现代刑事制度也不同于古代刑事制度。但是,当刑事政策过分注重社会风险防范时,法治社会的法律权威就打折扣了。此时,刑事法律虽然不再是刑事政策的"奴婢",但是刑事法律作为刑事政策制定与运用过程中的必要限制,仍然不能得到充分体现,因为社会安全和风险社会的提法并没有本质区别,只不过在新的历史条件下适用了一个新的名词而已。

在法治社会,刑事政策更多地应该体现在刑事司法过程中,而司法政策必须以合法性为原则。从形式上看,刑事政策是国家预防和控制犯罪的应对策略与措施。通过对刑事政策基本内涵(刑事政策的主体、刑事政

[①] 侯宏林:《刑事政策的价值分析》,中国政法大学出版社2005年版,第102页。

策的对象、刑事政策的目的、刑事政策的手段)的分析,不难发现,刑事政策的制定和运用体现出明显的权力性与目的性。无论是在国家本位、社会本位还是国家·社会双本位的刑事政策模式下,刑事政策的制定和运用最终都是通过权力的方式来体现的。依据权力的属性,这必然导致自我的膨胀与扩张,而政策目的又必然表现为特定的需求。两者结合于刑事政策的制定与运用过程中,不免令人产生担忧。翻开历史,"禁奸止过,莫若重刑"[①];"法者,宪令著于官府,刑罚必于民心"[②];"行罚,重其轻者,轻其重者,轻者不至,重者不来,此谓以刑去刑,刑去事成"[③]。古代社会的刑事政策,恰恰表现为国家权力的不受制约,且带有强烈的主观性,强调重刑轻罪、以刑去刑,因而法律更多只是一种统治的手段和工具。这些严刑峻法的概念在当今本已是"无可奈何花落去",但在风险刑法的框架下似乎又"似曾相识燕归来"。

刑事政策的制定与运用必须严格遵循合法性原则,在实施预防和控制犯罪策略的过程中,必须受到法律的约束。如果说犯罪状况的发生与变化是刑事政策制定与运用的事实根据,那么要求其必须在法律框架内发挥作用则是刑事政策的法理根据。"现代社会的法治原则始终是现代刑事政策产生和发展的法理依据。这就要求刑事政策从创制到实施都必须严格依照法律进行,脱离了法律制约的刑事政策不仅会和刑事政策本身的价值背道而驰,而且会出现危险的倾向。刑事政策必须是和法律的价值取向同一。"[④]另外,刑事法律作为一种普遍性、类型化、相对化的规范,总是为刑事政策这一工具性、功利性、特殊性策略提供发挥的空间,这是由法律的空缺结构直接决定的。可以这样理解,法律的给定(主要是刑事法律的给定)为刑事政策提供了施展的平台,也为其划定了不可逾越的边界与检验的标准。

---

① 《商君书·赏刑》。
② 《韩非子·定法》。
③ 《商君书·靳令》。
④ 黄京平、李翔:《刑事政策概念的结构分析——兼评刑事政策法治化》,载赵秉志主编:《刑事政策专题探讨》,中国人民公安大学出版社2005年版。

随之带来的问题是,在刑事政策制定和运用过程中,如何判断其是否具备合法性。对此,先将视线转回到当前的社会风险领域,似乎在社会风险日益加大的今天,司法犯罪化是一种防控风险的必要选择。具体来说,以防控风险为指针,结果就是刑事司法政策中的司法犯罪化。而司法犯罪化的实质就是通过有权的刑法解释的方式将某些原本刑法并没有规定的内容基于存在社会风险的需要而入罪,或者将应当属于轻罪的行为依照重罪处理。司法实践中不乏其例。譬如,2009年8月14日,盐城市某人民法院对"2·20"特大水污染事件主犯胡文标以投放毒害性物质罪判处有期徒刑10年。而该案事实为:盐城标新化工有限公司董事长胡文标,明知废水不能外排,仍将含有有毒有害物质的废水排入五支河,污染市区两个自来水取水口,致使市区20万居民饮用水停止供水66小时。再如,2010年11月16日,平顶山市中级人民法院以危害公共安全罪判处李新军、韩二军死刑,缓期二年执行。而该案事实为:新华四矿原矿长李新军等人在煤矿处于长期技改和停工整改期间,明知存在重大安全隐患,为应对监管部门的瓦斯监控,多次要求瓦斯检查员确保瓦斯超标时瓦斯传感器不报警;指使检查员将井下瓦斯传感器传输线拔脱或置于风筒新鲜风流处,使其丧失预警防护功能;指使他人填写虚假瓦斯数据报告表,有意逃避监管,隐瞒重大安全隐患;并擅自开采己组煤层,以罚款相威胁,违规强令大批工人下井采煤,最终导致矿难发生。

相关媒体在报道上述案件时采用的标题分别是《我国首次以投毒罪判处污染环境者 对胡文标执行有期徒刑11年》[①]《我国首以危害公共安全罪判处事故矿长 "平顶山矿难"案4名矿长中两人获死刑》[②],这是因为原本一直以过失犯罪追究刑事责任的犯罪行为一下子转变为危害公共安全犯罪定罪量刑,其根本出发点恐怕就是通过严刑的方式防范其他社会风险的发生。似乎在防控社会风险的理由下,突破法律的规定都获得了

[①] 《我国首次以投毒罪判处污染环境者 对胡文标执行有期徒刑11年》,http://news.sohu.com/20090818/n266036080.shtml,2011年5月10日访问。

[②] 邓红阳:《我国首以危害公共安全罪判处事故矿长 "平顶山矿难"案4名矿长中两人获死刑》,http://roll.sohu.com/20101117/n300474475.shtml,2011年5月10日访问。

通行证。联想到近年来偷窨井盖、加油站点烟、醉酒驾车等案件的处理情况,可以明显感受到面对涉及公众利益和公共风险的犯罪行为时,司法实践中刑事政策从重、从严的导向性。当危害行为指向不特定人生命、财产权利或者公共利益、公共秩序而危及公共安全时,基于其严重的社会危害性,制定运用相应的刑事政策进行重点防控本无可厚非。但是,像上述案例中本该由相应罪名进行定罪量刑,却在刑事政策的调整下转而改为故意型的公共安全犯罪,显然是有违合法性原则的。由此,我们应当进一步总结出,刑事政策在贯彻合法性原则时,必须符合以下基本要求:

其一,对刑事法律规范的坚守。刑事政策的制定与应用必须严格建立在法律规范基础之上。就上述两个案例而言,刑事政策的导向,无非只是体现在应对公共风险时刑事政策和刑事法治的关系如何抉择上。事实上,"刑事法律是刑事政策的藩篱",对于这句话我们不能只停留在字面的理解上,刑事政策的制定和运用既要遵循法律规范本身,也要坚决遵守法律规范本身具有的基本规范性。上述两个案例之所以能够认定为危害公共安全的故意犯罪,而不是相关的过失犯罪,主要就在于将主观要件中的"间接故意"和"过失"进行了替换以及对该罪的主观故意内容进行了扩张。根据刑法本身的基本规范性,"间接故意"与"过失"的根本区别在于犯罪行为人对危害结果发生的态度上,过失犯罪对危害结果的发生持否定态度,而间接故意犯罪对危害结果的发生虽然未必是肯定态度,但至少是不否定态度,这是《刑法》第 14 条条文中所规定的"放任"的应有之义,也是判断犯罪行为主观罪过的法律标准。在上述案例中,不管犯罪行为人是出于何种目的实施了危害公共安全的行为,但其对危害结果的产生所持的否定态度还是有迹可循的,只是在政策的需求下显得不堪一击。这种不该有的作用,正是刑事政策对既有刑事法律基本规范性的突破,有违合法性原则。

其二,对刑事法律原则的坚持。刑事政策的制定和运用必须与刑事法律原则保持一致性。如果说刑事政策对刑事法律规范的坚守是合法性原则的前提与基础,那么对刑事法律原则的坚持则是其内涵与实质。毫无疑问,在各种刑事法律的基本原则中,罪刑法定原则是现代刑事政策实践中不可动摇的基石。刑事政策的运用往往涉及国民的自由、财产乃至生命等重大利益,因而需要特别考虑对人性尊严的尊重和基本人权的保护。在法治社会下,制定防控社会风险的价值目标,不仅仅是单纯为了满足某种短期的特定要求,更需要兼顾到它的合理性和长期性。只有在罪刑法定支配下的刑事政策,才能真正在符合其对功利性的追求的同时符合社会公正和合理的形式要求,从而最佳地实现刑事政策的追求。如果刑事政策不受罪刑法定这一体现国家与国民关系合理性的根本原则的制约,则必然蕴含着破坏法治、侵犯人权的巨大危险。[①] 所以,在现代法治理念下,制定、运用防控公共安全犯罪的刑事政策,必须以贯彻罪刑法定原则为根本前提。除此之外,现代刑事法律中的罪刑均衡原则、无罪推定原则、谦抑性原则等一系列体现人道主义精神的基本原则,也是在制定刑事政策过程中必须始终坚持的。

除了符合刑法基本理念、基本原则和基本规范之外,风险控制的刑事司法政策还应当受到更高位阶法律的约束。虽然刑法是应对刑事犯罪的专业法律,但并不是全部,它还要受到上位法以及相关法律的约束。事实上,并非只有刑事法律才包含定罪量刑的规范。[②] 从应然性来说,因为刑事法律涉及的往往是底线人权,所以很多规则是带有宪法性的。从实然性角度来说,刑法的基本规范乃至基本原则都需要通过更多的印证才能更具有可行性。"刑事司法不能违背宪法原则所体现的价值,这种价值的贯穿主要取决于司法人员对宪法价值的内心崇奉以及严格适用体现了宪法原则的普通刑事法律。"[③] 不同时期的法治具有不同的价值倾向,在宪法强调尊重和保障人权的今天,刑法作为司法法,作为一个涉及国家权力与个人利益直接较量的法律,尊重和保障人权应当是其根本的宗旨;包括我们利用其抵御社会风险的时候,也应当时刻铭记这样的戒律,不能"只见

[①] 参见梁根林:《刑事政策:立场与范畴》,法律出版社2005年版,第105页。
[②] 譬如,赦免作为一项刑法理论的具体制度,在当今世界仍具有强大的生命力,中国也曾进行过7次特赦。但是,赦免制度并没有规定在刑法中,而是规定在宪法和刑事诉讼法中。
[③] 秦前红:《论宪法原则在刑事法制领域的效力——以人权保障为视角》,载《法商研究》2007年第1期。

树木不见森林"。

六、莫将管理的失误视同为刑法的风险

"总体上看,中国城市社会的风险具有人为风险特征,很多城市安全事故的出现是与人的活动密切相关的。最根本的原因有两点:第一,城市作为人工环境,本身有很强的脆弱性和很大的安全隐患;第二,城市规模迅速扩大与基础设施建设、城市管理水平之间的差距很大。经济力量和行政力量共同推动了城市发展,但是,城市管理与规划部门对于城市化的快速推进准备不足。"[①]"人为风险"的概念直接说明了这种风险与"风险社会"所表述的风险不是一回事。这也再次印证了在"人为风险"面前,我们需要做的不是将刑法即刑法理论改头换面,而是促进社会管理的完善和更新(这倒是与"风险社会"理论殊途同归)。这样的结论并不晦涩,也不需要复杂的逻辑推导。

在我们社会管理逐步落实到位或得到强化的时候,不论是工业社会的风险还是风险社会中的风险,都在逐步被消解或被限制,无须通过刑法来解决,也无法通过刑法来解决。即使需要通过刑法来解决,传统刑法也足以承担这样的责任。我们甚至可以这样说,即使体制没有创新,但管理者思想上重视了,风险也会较大程度地被降低。譬如,2002 年全国共发生各类安全责任事故 1073434 起,死亡 139393 人,但是随后逐年下降,至 2008 年,全国共发生各类事故 413752 起,死亡 91172 人,年度事故死亡人数自 1995 年以来首次降到 10 万人以下。就交通领域而言,我国每年因交通事故死亡的人数一直处于较高水平。但是,需要说明的是,随着我国成为世界上第二大汽车市场,随着我国汽车保有量呈爆炸性增长,近些年来因交通事故死亡的人数并没有提高,而是呈现出下降的态势。来自公安部的资料显示,2008 年全国道路交通事故死亡人数为 73484 人,同比 2007 年下降 10%,相对于 2003 年曾高达 10 余万人更是有明显下降。

[①] 袁铁成:《中国正进入"风险社会"危机处理系统落后严重》,载《中国青年报》2004 年 7 月 19 日。

2008年,因超速行驶、疲劳驾驶、酒后驾驶导致死亡的人数分别下降26.3%、25.6%和21%,而在2005年以前,死亡人数一直在10万人以上徘徊。①

这些数据至少可以给我们另外一面的启示,即伴随着风险的日益加大,交通肇事的犯罪态势并不是呈现出日益恶化的倾向,而是逐步下降。这让我们对犯罪化的尝试或者重刑化实践的现实必要性提出了疑问,更让我们对风险刑法的现实性基础提出了疑问。

刑法并非无情的,在风险面前刑法也不会麻木不仁。但是,在法律和情感产生冲突的时候选取法律标准应该是一种较为理性的选择,不能为了满足感性的需要而牺牲法律的确定性。为了应对醉驾风险,刑法通过入罪来解决,但我们也看到,"执法不严和道路质量差使中国成为世界上交通安全状况最糟糕的国家之一"②。为了应对金融风险,原本属于民事纠纷和行政违规的案件被纳入刑法的调整范围,但我们也看到,"在现阶段完善金融市场相关的民事和行政法律法规,充分发挥民事和行政等其他法律部门的作用,进一步完善金融运行法制环境建设,加强社会内部预防机制建设,完善金融违法行为的行政和民事责任制度,有效预防和惩治金融违法行为,就能有效从源头上减少金融刑事立法的过度扩张"③。严格执法和民主性决策是防范风险出现的最为有效的途径,这也是"风险社会"理论所揭示的。以无限的情感突破有限的法律不是良策,同样,以无限的风险来改变有限的刑法,只会导致无限的刑法风险。

---

① 参见《历年来全国安全生产事故和死亡人数统计》,http://bbs.anquan.com.cn/thread-489069-1-1.html,2019年3月10日访问。
② 《2008年全国道路交通事故265204起73484人死亡》,http://www.chinanews.com/gn/news/2009/01-04/1512371.shtml,2011年6月10日访问。
③ 顾肖荣、陈玲:《必须防范金融刑事立法的过度扩张》,载《法学》2011年第6期。

第三章　罪刑关系法定化困境与人道主义补足

人道主义是人类社会发展的文明结晶,当其在刑事法治的天空中冉冉升起之后,酷刑体系开始逐步暗淡、泯灭。新的刑法制度、刑法规范因植根于人道主义而具备了正当性与合理性,刑法的人道性也成为检验刑法规范是否符合时代要求的一个标尺。然而,在中华人民共和国成立后的一段时期之内,由于意识形态领域的对抗性特征,人道主义的内容显得与时代背景格格不入,刑事规范的法律特征随之也被破坏殆尽,刑罚制度的合理性也被迫去寻找其他的价值基础。然而,人道主义作为现代文明的一个基本诉求是"按捺不住"的,在刑法理性复归之后,刑罚人道主义自然就踏上了复归的路程。

在刑法的适用领域,法律的规范与现实应该如何衔接?对于罪刑法定原则的司法化应该如何理解?是拘泥于概念的形式,还是追求一种合目的性的实质?目的性解释的边界在哪里?如何缝合实质刑法观与形式刑法观之间的分歧?[①] 刑罚人道主义无疑可以成为我们解决这些问题的进路。

在平衡国家刑罚权与被告人权利之间的关系、落实法律的公平正义和尊重、保障人权的刑事叙事主题中,对于人道主义的弘扬无疑是重要选项。尤其是在宽严相济的刑事政策全面铺开的语境下,基于人道主义的根本性、原则性特征,注定只有建构在宽容、谦抑等人道基础之上的刑事

[①] 关于刑法之形式解释和实质解释的纷争实际上是对刑法目的、刑法适用以及国家刑权力作用等深层次问题认识不同的浓缩表达。尤其在《中国法学》2010年第4期刊发了陈兴良教授的《形式解释论的再宣示》与张明楷教授的《实质解释论的再提倡》这两篇立意不同的文章后,流派之争已然蔚然成型。

政策才具有时代意义,才能够跳出传统的"宽猛相济"观念的窠臼,付诸司法职业者的道德责任才能最终实现这一衡平。

一、法定化困境的规范因素及其所引发的刑罚人道主义重拾

在刑法的适用过程中,始终存在着两个方面的问题:一是规范作为一种类型化的语言,具有基本的内涵,而现实中的危害行为往往是独特的,这就导致始终存在着规范的内容与现实要求之间的差距。二是法律规范作为哈特所说的"空缺结构",在某些情形下规定又是不明确的,于是就产生了对于规范化理解或解释的问题。在以上两种情形下,罪刑法定的适用就遭遇到了挑战,罪刑法定原则的先天缺陷就暴露了。

(一)对罪刑法定价值基础的质疑

刑法通说认为,罪刑法定原则的理论起源有两个:一个是天赋人权理论,一个是心理强制学说。一般认为,"近代刑法学之父"费尔巴哈创立了心理强制主义或心理强制学说。因为对于刑法威慑性所导致的心理强制的重视,刑法的预先公布和刑法规范的明确性就成为一项最基本的要求。随着费尔巴哈在其1813年起草的《巴伐利亚刑法典》中第一次将罪刑法定思想法典化,心理强制学说从此就被作为罪刑法定主义的基础之一。

笔者认为,罪刑法定主义与心理强制学说纯属形式上的契合。心理强制学说只是说明了法律正义性的底线,或者说符合了富勒所说的法的自由性的要求,并不能归结为罪刑法定思想的价值性。罪刑法定思想必然包含着法律的公布,但是罪刑擅断观念同样可能伴随着法律的成文与公布。罪刑法定思想是作为罪刑擅断观念的对立面出现的,是与人权的观念结合在一起的。心理强制学说只是说明了法律公布的重要性,是法律的正义性或自由性的最低要求,是法律的内在道德要求之一,不能直接作为罪刑法定思想的渊源或理论基础而存在。

从历史渊源分析,作为罪刑擅断观念对立面提出的并非只有罪刑法定原则,刑罚人道主义观念与罪刑擅断观念的对抗似乎更为直接。西方

中世纪罪刑擅断观念的肆行同样有一定的规则基础，只不过这样的规则是建立在以教会为中枢的价值体系框架之内，以神意和宗教的名义对所谓的"异端"用刑，对人的思想进行钳制。所以，对于理性的追求和对于信仰主义、经验主义的清算成为资产阶级革命的旗帜和目标。在刑法领域，通过弘扬人道主义刑法观进而否定罪刑擅断观念成为一种重要的方法。如果说罪刑法定主义是对罪刑擅断观念的形式批判，则刑罚人道主义是对罪刑擅断观念的实质批判。

在罪刑法定主义进入中国甫始，人们就在罪刑法定原则的形式理解上有些"纠结"。罪刑法定主义是自发的还是引入的问题就不无争议。其实无论是"断罪引律令"还是"法无明文规定不为罪"，都具有相同的意思，并不能从根本上作出差别性的界定。尽管从实质角度来说可以找到两者之间的差异，但是毫无疑问，无论是古代的律令还是当代的刑法，都具有心理强制性，这一结论应当是没有争议的。要说明罪刑法定原则的时代性，还需要从罪刑法定原则之外来寻求原因，我们还是要回到贝卡里亚那里。罪刑法定原则在确立之初，与罪刑等价原则、刑罚人道主义原则是三位一体的，尤其是刑罚人道主义原则更是罪刑法定原则的有效补充。单纯的罪刑法定原则尽管承担起了刑法的时代使命，但实际上并不能独自担此重任，尚需要其他原则的扶助。罪刑法定原则只是描述了罪刑关系的明确化、规格化和法定化要求，只是对于法律标准至上的一种忠实追随，但并不能说明刑法以及刑法适用的时代价值，而刑罚人道主义原则作为补充，则说明了刑法不仅需要形式正义，还需要实质正义。只有刑法规范符合人道主义的诉求，坚持罪刑法定原则才有意义。或者说，只有从人道主义的角度出发，才能找到理解罪刑法定原则的有效方法。"法律往往因为符合了道德目的，条文才具有正当性"[①]，而不是只要具有了明确性和不可溯及性，就自然获取了正当性。

---

① 〔法〕卡斯东·斯特法尼等：《法国刑法总论精义》，罗结珍译，中国政法大学出版社1998年版，第29页。

(二) 追求刑罚确定性所导致的"文字困境"及其对合理性的限缩

罪刑法定原则所注重的就是文字形式,追求文字规范的确定性。贝卡里亚认为:"当一部法典业已厘定,就应该逐字遵守,法官唯一的使命就是判定公民的行为是否符合成文法律。"①也就是说,社会的稳定来源于法律的明确和公开,司法过程的实质就是通过法律来印证行为的符合性。当然,他实际上也看到了法典作为一种文字形式所表露出来的局限。他认为,尽管这种"麻烦"不可避免,但是"严格遵守刑法文字所遇到的麻烦,不能与解释法律所造成的混乱相提并论。这种暂时的麻烦促使立法者对引起疑惑的词句作必要的修改,力求准确,并且阻止人们进行致命的自由解释,而这正是擅断和徇私的源泉"②。

由于人类的语言带有抽象性特征,文字作为一种语言的载体,同样也是抽象的,对法律的文字崇拜最终必然产生困顿,从而陷入"文字困境"。在罪刑法定原则成为刑法基本原则之后,对于如何理解、遵循罪刑法定原则,一些解释是否有违罪刑法定原则,相关争论从来就没有停止过,根本原因就在于法律规范作为语言本身就抽象而充满歧义。在寻法的过程中,从最初类型化语言逐步向具体犯罪行为靠近的时候,文字的含义趋向于模糊不清。譬如,"水葬案"③中就可以看出这样的端倪。警方认为:"根据'法律明文规定为犯罪行为的,依照法律定罪处刑'的刑法基本原则,本案犯罪嫌疑人王士喜、叶桂丽抛尸行为符合《刑法》第 302 条之规定,构成侮辱尸体罪。"④似乎只有认定为侮辱尸体罪才能满足罪刑法定原则的要求。而更多的反对声音则认为,将"水葬"认定为侮辱行为违反了罪刑

---

① 〔意〕贝卡里亚:《论犯罪与刑罚》,黄风译,中国大百科全书出版社 1993 年版,第 12 页。
② 同上。
③ 2008 年 11 月 29 日的《海峡都市报》报道:"两个麻袋套着一具女尸,袋子里装着 3 块石头。南安市码头村镇大庭村黑石潭,这具女尸大白天惊现河岸边。杀人抛尸? 南安市公安局专案组民警,艰苦排查 9 天后,疑案真相大白,更让人辛酸不已——28 岁的安徽外来工王士喜(化名)的 66 岁母亲猝死在租房中,拮据不堪的他,含泪将遗体装在麻袋里,沉尸'水葬'。王小喜随即被以涉嫌侮辱尸体刑拘。"
④ 郭宏鹏:《南安警方公开回应外界质疑》,载《法制日报》2008 年 12 月 9 日。

定原则。再如,在"王卫明案"①引发的婚内强奸行为是否构成强奸罪的争论中,正方认为,婚内强奸被定罪不违背罪刑法定原则,因为刑法并没有排除丈夫可以构成强奸罪的主体;反方则认为,法律并没有规定丈夫可以构成强奸罪的主体,所以定罪是违背罪刑法定原则的。罪刑法定原则一时成了"任人打扮的小姑娘"。

刑法中的"侮辱""强奸"等词应当说内涵还属于相对明确的,但因为落实到具体案件还是不够明确,所以才会产生理解的分歧。正如哈罗德·伯曼所言:"人类的深谋远虑程度和文字论理能力不足以替一个广大社会的错综复杂情形作详尽的规定。"②而绝对的罪刑法定强调了一般情况一般处理,却忽视了个别情况的个别处理,结果是顾此失彼。"当法律遭遇个案,本来被认为'明确'的法律就可能变得不再明确,对于善于思考的法官来说尤为如此。"③"火车是否属于机动车案"当是非常典型的诠释。④

如果我们基于人道的思考对于文字的字面理解进行一种扩张性的解释,实际上很多问题也就迎刃而解。所以,产生"文字困境"并不可怕,忽视从人道的角度对字面含义进行扩展才是误判的深层因素。判决固然要依据形式标准,但更要注重实质价值。在刑法中,这样的理解尤其重要,譬如,根据《刑法》第 49 条的规定,审判时怀孕的妇女不得适用死刑。如果仅就字面理解,"审判时"只是刑事案件的一个阶段,即法院受理案件到判决生效之前这段时间。但是,字面含义不能将此前羁押的怀孕妇女包含在内,结果显然是不人道的,或者可能造成不人道的结果。因此,《刑

---

① 具体案情为:1996 年 6 月,被告人王卫明搬离住所并于 1997 年 3 月向法院提起离婚诉讼。1997 年 10 月 8 日,上海市青浦区法院作出准予离婚的判决。在上诉期内,王卫明来到原住所,采取暴力方式强行与妻子发生了性行为。

② 〔美〕哈罗德·伯曼编:《美国法律讲话》,陈若桓译,生活·读书·新知三联书店 1988 年版,第 20 页。

③ 〔美〕约翰·亨利·梅利曼:《大陆法系》(第二版),顾培东、禄正平译,法律出版社 2004 年版,第 43 页。

④ 江苏省南京市居民高荣梅的女儿下班途中不幸被火车撞死,案件经历了 2 次行政认定、5 次司法裁判,都认为不属于工伤,理由是:根据《道路交通安全法》,机动车是指以动力装置驱动或者牵引,在道路行驶并供人员乘用或者用于运送物品以及进行工程专项作业的轮式车辆,而火车不在道路行驶,所以不是机动车。后江苏省高院再审推翻原判决。

法》生效之后不久,1998年8月7日发布的《最高人民法院关于对怀孕妇女在羁押期间自然流产审判时是否可以适用死刑问题的批复》中明确指出,羁押期间怀孕的妇女自然流产的,又因同一事实被起诉、交付审判的,视为"审判时"怀孕的妇女,不得适用死刑。这显然是对于文字字面含义的扩充,但因为打上了人道主义的烙印,所以毫无争议地达成了共识。

对于"文字困境"所导致的消极后果,孟德斯鸠的认识十分深刻。他明确指出:"没有比在法律的借口之下和装出公正的姿态所做的事情更加残酷的暴政了,因为在这样的情况下,可以说,不幸的人们正是在他们自己得救的跳板上被溺死的。"① 这句话通过富勒著名的"洞穴奇案"和"卡纳安德斯之板"的典故为我们进行了解说,而其最初的现实化考量就是英国著名的"达德利与斯蒂芬斯案"②。在法律的尽头,如果缺乏了人道主义的补足,现实的不幸会真正坠入法律的深渊。法律的确定化并不能带来公正,更何况法律的确定化永远是相对的。文字与现实之间不可能畅通无阻,这实际上就是此岸世界与彼岸世界的隔阂。

那么,如何架构这座桥梁呢?文字崇拜所显现出来的无奈和弊端又该如何来进行纠正呢?这需要立法者、司法者本着以人为本的信念来落实和实践法律规范,一个重要的出发点就是对规范作出人道主义的理解,从以人为本的角度作出合乎普遍信念的理解。

2006年6月25日,美国联邦最高法院5票反对、4票赞成裁定路易斯安那州判处强奸幼女案被告人帕特里克·肯尼迪(Patrick Kennedy)死刑违反宪法。这一裁决在美国社会引发极大争议。裁定文称,除叛国罪和间谍罪外,法庭在受害人没有死亡的情况下判处案犯死刑违反美国宪法,因为宪法禁止"残忍和特殊的"刑罚。投票反对死刑的最高法院大法官安东尼·肯尼迪在多数派投票意见中写道:"对强奸幼童罪行而言,死

---

① 〔法〕孟德斯鸠:《罗马盛衰原因论》,婉玲译,商务印书馆1962年版,第75页。
② 在该案中,法官最后认为:"我们经常被迫确立我们无法达到的标准,定下我们无法遵循的规则。但是,一个人没有权利主张诱因是一种犯罪借口,尽管他可能屈从于这种诱因;也不允许为了同情犯罪人而以任何方式改变或削弱犯罪的定义。因此我们的义务是,宣布本案在押人的行为是蓄意的谋杀;裁决中所陈述的事实不是杀人的正当理由;一致同意,依这一特殊裁决而在押的人,构成谋杀罪。"该案最终诉诸女王赦免而达成了妥协。

刑判决并不适度。"①

该案的主要争议点就在于：对于强奸儿童的行为适用死刑是否违背了美国联邦宪法第八修正案禁止"残忍与异常刑罚"的条款。联邦最高法院的法理依据在于：联邦最高法院在1910年的Weems v. United States一案中已提到，对"残忍与异常的刑罚"条款的解释可以"不断更新，且不为陈腐的观念所束缚，随着公共舆论受到更为人道的正义观启迪而可能获得新的意义"②。这一表述在1958年的Trop v. Dulles一案中由首席大法官厄尔·沃伦概括为"与时俱进的文明标准"。在这种人道主义标准框架下，联邦最高法院的裁定考察了绝大多数州对同类型案件所作出的实际判决，认为适用死刑的比例已经非常低，据此得出对于该罪行适用死刑是不人道的、残忍的结论。

上述裁决的基本逻辑是：死刑本身是否属于残忍的、不人道的刑罚是一个不确定的命题，但针对具体的案件，死刑是否属于残忍、不人道的应该有一定标准。这为我们理解刑罚人道主义提供了一个新的视角，即违背了罪刑均衡原则的刑罚处罚（尤其是轻罪重罚）就是不人道的处罚。这一思路的意义在于：(1)我们以前往往只是专注于考察静态的规范，执着于某个规范本身是否是残忍的、异常的或者说是不人道的，从而忽略了一点：对于静态的规范贴上一个标签往往是很困难的，因为不同的人会依据不同的价值观作出不同的理解。如果根据不同的环境事实、环境设计或重建对一个规范进行动态的考察，结论就比较容易达成一致。譬如，对于死刑是否人道不无争议，但对盗窃罪以及经济犯罪适用死刑是否人道就比较容易得出结论。(2)既然罪刑均衡问题的一个重要标准是用刑是否人道，那么刑罚人道主义就不仅成为罪刑法定原则的补足，也成为罪刑均衡(等价)原则的补足。确实，无论在历史还是现实中，大量的事例也已经说明了重刑轻罪（譬如"窃钩者诛""不教而诛"）往往都是国家权力不宽容或违背人道主义刑罚观的结果。(3)刑法中的"文字困境"永远是存在

---

① 参见《路州强奸幼女案 高法"免死"裁决引争议》，载《国际日报》2008年6月26日。
② Weems v. United States, 217 U.S. 349, 378 (1910).

的,在普通法系国家,尽管司法权的运作更具有灵活性,但是司法同理,在其他法系的刑事司法过程中,也存在相似问题,因而也有相同的进路。尤其是在强调忠诚于法律规范的司法制度中,"文字困境"更是一种常态,摆脱困境的合理方法就是付诸对刑法目的的价值追求,追求和谐化、宽和化就是当代中国刑法价值的主导择向。

其实,刑罚人道主义原则不仅仅是对罪刑法定原则、罪刑均衡原则的一种补足,还是对罪刑法定所延伸的一系列价值的补强。譬如,在人道主义者看来,平等原则至少应当包括三条规则:"第一,我们应对所有人同等看待,同等对待;第二,我们承认机会均等,为此要清除妨碍个人和群体进步的障碍;第三,我们要满足所有人的最基本的生活和文化需要。"① 我国刑法将刑法的平等适用作为一项原则,所谓平等适用,某种意义上就是人道主义的体现,因为其崇尚人的基本价值,满足人的基本需要的同时又承认人的差异性。这可以理解为:首先,刑法的适用反对特权,因为满足了特权的需要实际上就是对于其他人的不平等和不人道。其次,在国家刑罚权追求同类行为同等对待的时候,必须考察个体自由意志、自由选择的差异性,最终有针对性地对待和处罚。刑法个别化在形式上是不平等的,但正是因为基于人道主义而获取了规则和行动的正当性。譬如,刑法规定了对未成年人犯罪处理的宽和制度,司法实践中对于老年人犯罪也有从宽的政策。如果仅仅从犯罪的行为方式以及危害性角度来看,这样规定和处理显然并不平等,但是汇聚在人道主义的旗帜下的时候,这样的规定不仅得到了认同,而且会被愈加重视。

(三)罪刑关系法定化困境解决的歧路——司法犯罪化

国家刑权力在适用刑法的时候,会必不可免地遭遇到罪刑法定原则所带来的"文字困境"。在多数时候,权力的倾向十分明显——不会因为固守罪刑法定原则而放任其难以容忍的危害行为,于是,司法犯罪化的主张就得到了响应,尤其是在宽严相济刑事司法政策被解释为包含着"以严

---

① 〔美〕保罗·库尔茨:《保卫世俗人道主义》,余灵灵等译,东方出版社1996年版,第35页。

济宽"的内容后,司法犯罪化的主张似乎又找到了政策依据。

司法犯罪化是一种司法对于规范的理解问题,在这样的问题中,刑事司法政策也外化为一种解释方法。有学者提出了司法犯罪化的问题,并认为"司法上的犯罪化应是趋势"①,其核心理由在于:其一,凶恶犯罪、重大犯罪不断增加,国民整体感觉治安恶化,必然要求扩大处罚范围。其二,随着行政管理加强,行政犯会越来越多,而且行政犯的法益侵害性也越来越明显。其三,适用刑法的过程也是解释刑法的过程,在罪刑法定主义观念的前提下,如果解释能力低下,不能发现刑法用语可能具有的含义,必然导致原本构成犯罪的行为不能受到应有的处罚。

在刑法的解释方法上,一直存在着形式解释与实质解释的争论。在我国,由于刑法中对于犯罪的认定长期是以危害性作为基础,因此一直存在着实质解释的冲动,从实质的合理性角度来注释刑法规范。上述观点就是实质解释论的延伸,或者说已经超越了实质解释论。因为解释的触角已经延伸到了立法领域,已经形成了实质性的"法官造法",而司法犯罪化只不过是另外一种表达方式而已。往更深层次探究,这实际上已经对法律的成文化初衷形成了某种挑战。

之所以得出这样的结论,是因为实质解释论并未脱离基本的规范性,正如有学者所指出的,有必要纠正这样一种错误的认识倾向:"实质的犯罪论和刑法解释论就意味着对形式正义和刑法安定性的反动。"②

从刑法理性角度来说,司法犯罪化的观点显然也脱离了实质解释论的轨道,与刑法的理性和人道诉求背道而驰。其一,从成文法诞生伊始,就存在着犯罪的变化性与刑法的滞后性之间的矛盾。即使社会发展到今天,这对矛盾也并没有消除,甚至形式上也没有新的变化。所以,司法犯罪化的观点并不能找到新的现实理由。恰恰相反,罪刑法定原则写入中国刑法也仅仅是短短的十几年时间,罪刑法定原则本身的司法化尚不尽如人意,现实司法的主要矛盾不是罪刑法定司法化过度,而是落实得不

---

① 张明楷:《司法上的犯罪化与非犯罪化》,载《中国检察官》2009年第1期。
② 梁根林主编:《刑法方法论》,北京大学出版社2006年版,第364页。

够。在这样的背景下,提出司法犯罪化无疑是为司法权的扩张提供了理论武器。其二,无论是以前的单行刑法的立法方式还是当前通行的刑法修正案的修法方式,虽然存在着对法律稳定性冲击的可能,但这种法律的明定化与司法犯罪化导致的刑法的不确定性相比,消极后果要小得多。更为重要的是,通过立法或修法的方式实际上能够避免司法权对于立法权的侵蚀,防止成文法被曲解。其三,司法犯罪化论者强调法益被侵害,以法益受侵害为标准,而所谓的法益又是通过犯罪化的方式被解释进去的,这实际上是将法益的内涵等同于社会危害性的标准了。于是,理论在游荡了一圈之后,又回到了非罪刑法定的时代。其四,司法犯罪化观点的一个基本要求就是司法官员必须提高"解释能力",然而,能力"低下"或者"提高"的标准是什么呢?如果这些标准不明确,而司法官员又拥有将刑法没有规定的行为加以"犯罪化"的权力,在司法权很难做到中立的时候,谁能够保证出入人罪的结果不出现呢?谁又能够保证重刑思想不肆无忌惮呢?在这个时候,即使是司法犯罪化论者也认为:"在司法上的犯罪化成为主流趋势的时代,司法机关同时应避免重刑主义,应当积极地推进刑罚的轻缓化。换言之,随着社会的发展,虽然刑法的处罚范围可能越来越宽,但刑罚的处罚程度应当越来越轻。"①但是,这样的呼吁在司法犯罪化的"潮流"中已经显得底气不足,因为从人道主义的角度来看,入罪化和轻缓化南辕北辙。

因此,笔者认为,司法犯罪化的提法不仅是对刑法理性的一种叛离,更是违背了刑罚人道主义所要求的宽容原则,根本层次上是对宽严相济刑事政策的误读,而这样的解读方式无益于构建和谐的刑事司法环境。宽严相济刑事政策的实质就是宽和化,而宽和化又为刑罚人道主义的勃兴提供了基本注脚。在坚持刑法理性的基础之上,在罪与非罪、重罪与轻罪的认识分化极端明显以及法律和社会情感(人道主义所说的"理性与同情")极度对立的情形下,刑罚人道主义的价值观为案件的处理提供了一个方法论。

---

① 张明楷:《司法上的犯罪化与非犯罪化》,载《中国检察官》2009 年第 1 期。

二、法定化困境解决的现实策略与人道主义的路径

罪刑关系的法定化困境根源于刑法规范和解释方法本身,却又体现在现实司法适用过程中,而在司法过程中,刑事司法基本政策和导向又对法定化困境的解决具有直接性。这就意味着,司法原则中存在着价值基础的奠立和刑事策略的择向问题。

(一) 刑事责任定性的本质依据是坚持刑法形式理性前提下的人道主义

注重法律效果和社会效果的统一似乎成为当前我国现实中一个重要的司法择向。"对于疑难案件的处理,在定性存在争议、难以确定的情况下,要善于依据刑事政策,从服务大局的角度出发来考虑处理问题,追求法律效果与社会效果的统一。社会效果是评判案件裁判最终效果的标准,是确保刑罚功能发挥的基础,必须努力兼顾两个效果,努力追求积极的案结事了。"[①]

这样的观点曾经在学界引起了不同的反响,这里实际上涉及的就是规范的确定性与现实存在差距的时候,应当如何抉择的问题。笔者认为至少可以从以下三个方面进行思考:

其一,对于"定性存在争议、难以确定"应该如何理解。在刑事案件中,犯罪的性质存在争议应该说是司空见惯、不足为奇的事情,也正是因为如此,才会出现现代诉讼模式,而法庭解决的首要问题也是案件的性质争议问题。争议有大有小,无非是为最终的裁决提供一种参考。而最终的裁决无论选择哪一种结果,其首先都应该是以法律规范为依据做出的一种理解和选择,而不是以社会效果为依据,这是坚持刑法理性的必然要求。如果仅仅从社会效果来加以考虑,实际上就是在追求刑罚与行为客

---

① 周立权:《张军:落实宽严相济刑事政策 切实保障案件质量》,http://news.jcrb.com/zfdt/200910/t20091026_275330.html,2010年10月26日访问。

观社会危害性的平衡。这往往会忽视与主观恶性的对应,会忽视刑法的确定性。规范确定性问题是司法和理论永恒的主题,但这并不重要,重要的是大家都有一个共同的基点,即从法律基本规范的内涵和内在逻辑出发进行释评,而不是从社会效果去考虑。社会效果并不是没有发挥作用的空间,它虽不是评判案件裁判最终定性的标准,却对量刑甚至死刑都有一定的意义,也就是说,刑法的适用包含着价值运作的空间。

其二,如果仅仅依据社会效果来确定案件的性质,会使得刑事责任不仅失去了法律规范的确定性,所谓的人道性要求就会成为一种无边际的纵容,而且也失去了刑事政策的确定性。譬如,过去的严打政策虽然作用、效果乃至人道性、合理性本身都被质疑,但至少其标准是确定的、统一的。而社会效果的政策标准使得政策标准的基本确定性也失去了。所以,就会出现案件在同样的法律条件下,在不同时空中,性质变得捉摸不定的情况。为此,最高人民法院不得不在"孙伟铭醉酒驾车案"确定为以危险方法危害公共安全罪之后,强行制定了一个标准:今后,对醉酒驾车,肇事后继续驾车冲撞,放任危害后果的发生,造成重大伤亡,构成以危险方法危害公共安全罪的,应当依照《刑法》第115条第1款的规定定罪处罚。对于此前已经处理过的将特定情形的醉酒驾车认定为交通肇事罪的案件,应维持终审裁判,不再变动。这是法律稳定性原则的体现,是以往司法解释处理此类问题确定的原则,也是司法实践的一贯做法,有利于保持社会关系的稳定。① 所以,如果将社会效果作为一个评判标准,其标准就应当进一步细致化。

其三,社会效果内容较为艰深,不是简单的个案民意问题。所谓法律的社会效果,是指社会大众依据社会发展的现状对司法活动的一种主流评价,是公众从传统道德、文化、审美情趣、观念等社会生活的各个范畴对司法活动所作的主导性评判,通过法律的实施,使法的本质特征得以体现,实现法的秩序、自由、正义、效益等基本价值的效果,从而使法律作用于整个社会关系的过程得到社会大众的肯定。最高人民法院原副院长李

---

① 参见《最高人民法院关于醉酒驾车犯罪法律适用问题的意见》。

国光在 2002 年全国法院民商事审判工作会议上的报告中阐述:"审判的法律效果是通过严格适用法律来发挥依法审判的作用和效果;审判的社会效果则是通过审判活动来实现法律的秩序、公正、效益等基本价值的效果。"笔者认为,法律的秩序、公正、效益固然是基本价值,但人道更是前提,秩序、公正和效益必须建构在人道主义的基础之上才会有良好的效果。不仅司法如此,在立法上这一原理同样富有意义。譬如,《刑法修正案(八)(草案)》在《刑法》第 17 条后增加一条,作为第 17 条之一:"已满七十五周岁的人故意犯罪的,可以从轻或者减轻处罚;过失犯罪的,应当从轻或者减轻处罚。"同时,将第 49 条修改为:"犯罪的时候不满十八周岁的人和审判的时候怀孕的妇女、已满七十五周岁的人,不适用死刑。"

所以,笔者认为,社会效果是融合法律效果的一种综合功能显示,它与法律效果本身并不属于同一位阶。社会效果并非我们大部分人所认为的那样,是一种非专业性的灵活处理问题的方式方法,而是一种综合了构成要件的符合性、行为的违法性质、刑法的人道观念以及社会的和谐构建等内容的结果。尤其是在对法律和事实的认知差异甚远的时候,刑罚的人道主义更是彰显出基本价值。只有将法律条文本身、法理基础、社会的正义和人道价值融会贯通的司法者,才能真正理解法律所追求的社会效果的本意。笔者认为,在考察社会效果的时候至少必须牢牢把握住以下两个基点:(1)法律的规范性基础——刑法的理性要求。从宏观层面上说,立法本身就是一种适应和满足社会发展需要的结果,已经体现了社会需求。虽然法有穷而情无限,但是从整体社会意义上说,立法应该体现了社会效果的最大化。(2)政策的指导性作用——和谐社会条件下的人道主义精神。法律条文作为一种空缺性结构,必然需要一定的政策指导。但是,对于政策的理解应当定位准确,社会效果要符合刑事政策的需要,刑事政策不能违背法律的基本确定性。权力与权利之间总是存在此消彼长的关系,在法律规定模糊不清的时候,权力表现出一定的保守态度是十分必要的,毕竟刑罚的错误最不具有可挽救性。有时这种保守短期来看社会效果不佳,但长期来看是有很好效果的。试想一下,假如我们最初认定赵作海无罪可能会遇到民意反弹,但不会产生后来难以弥补的消极后果。

　　那么,司法中是否有必要贯彻从严的一面呢？笔者认为答案是肯定的,但问题在于,从严惩治某些犯罪本来就是法律应有之意。此外,我国刑法就是在严打的环境中形成的,尤其是1997年《刑法》的许多条款就是在严打形势下创制出的单行刑法再立法的成果,本身就带有比较严厉的色彩。所以,严厉惩治犯罪实际上就是重视适用刑法的过程,与刑事政策的关涉不大。

　　2010年2月8日出台的《最高人民法院关于贯彻宽严相济刑事政策的若干意见》,对人民法院在刑事审判工作中如何更好地贯彻落实宽严相济的刑事政策,提出了具体、明确的要求。根据该意见第7条的要求,依法从重处罚的情形是危害国家安全犯罪、恐怖组织犯罪、邪教组织犯罪、黑社会性质组织犯罪、恶势力犯罪、故意危害公共安全犯罪等严重危害国家政权稳固和社会治安的犯罪;尤其对于极端仇视国家和社会、以不特定人为侵害对象、所犯罪行特别严重的犯罪分子,该重判的要坚决依法重判,该判死刑的要坚决依法判处死刑。但这里需要注意,法律是以其正当性而获得了合法性,政策则是以合法性获取了正当性。政策的贯彻必须以罪刑法定原则为圭臬,必须以法律的规范性为前提。上述的规定实际上只是对于法律理性的一种重申而已,对于罪行极其严重的犯罪分子严惩不贷本来就是刑法应有之意,是法律正义的基础,不应也无法理解为"以严济宽",与刑罚的人道主义并不存在抵牾之处。

(二) 宽严相济刑事政策与人道原则的契合

　　一般认为,人道主义是刑事政策的一项基本原则①,有些学者甚至认为:"人道原则是刑事政策中最基本的原则,也可以说是本源性原则,没有

---

① 这一原则在刑事政策领域内得到共识。譬如,日本学者大谷实的《刑事政策学》、俄罗斯学者博斯霍洛夫的《刑事政策的基础》以及我国台湾地区学者许福生的《刑事政策学》都将人道主义作为一项原则,我国学者梁根林的《刑事政策:立场与范畴》、严励的《中国刑事政策的建构理性》也将其归纳为人道原则。

人道原则就没有现代刑事政策。"①但是,长期以来,我国刑事政策一方面承担了过多的政治职能,另一方面又缺乏规范性,从而对于人道主义原则并没有充分予以重视。在宽严相济刑事政策提出之后,人道主义作为一个原则的地位应该被重视和强化。

2006年10月11日通过的《中共中央关于构建社会主义和谐社会若干重大问题的决定》中第一次指出要"实施宽严相济的刑事司法政策",由此宽严相济成为刑事政策的核心价值。这一价值与刑罚人道主义不谋而合,只不过需要穷其义理。而恰恰在这一点上,当今理论存在着普遍误读和教条化理解政策的倾向,致使政策的主题模糊不清,适用范围的功利性渐显。

宽严相济一般被认为包括以下内容:所谓"宽",是指宽大、宽容;所谓"严",是指严格、严厉;所谓"相济",是指相互接济,互为补充。整体来说就是:当宽则宽,当严则严,以宽济严,以严济宽。这一理解是一种常识性、字面化但主流性的理解,具有教条化、折中的色彩,我们在其中看不到和谐应用的地位与核心价值。具体来说,这一理解存在以下几方面缺陷:(1)从逻辑上来说,这样的解释只是字面上的解读,从形式逻辑层面来说是同义反复,并不具有崭新的内容和时代意义,弱化了宽严相济刑事政策的内在价值。实质上,"当宽则宽,当严则严"并不是政策的内容,更不是宽严相济的组成部分,"济"才是本质。当然,在谈到"济"的时候,不仅不能只关注一面而忽视了另一面,也不能只关注主要矛盾而忽视了次要矛盾。(2)宽严相济刑事政策是一项极具时代性的刑事政策,就像建构和谐社会的内容一样,虽然传统社会也追求一种和谐,但二者所立足的基础迥然不同。语同此理,就宽严相济的内容本身而言,其并不具有新意,甚至可以说在中国传统刑法思想中就有广泛体现。譬如,《左传》中曾有这样的记载:"宽以济猛,猛以济宽,政是以和。"在今后的历史发展中,这种思想还会被不断地发扬光大。只有将这种思想放置于当今具体社会历史现实中,它才会焕发新的生机。

---

① 严励:《中国刑事政策的建构理性》,中国政法大学出版社2010年版,第277页。

宽严相济刑事政策与人道主义的关系表现为：

1. 宽严相济刑事政策的核心是以宽济严，人道主义诉求成为重要的依据

诚如全国人大常委会法工委原主任李适时在《关于〈中华人民共和国刑法修正案（八）（草案）〉的说明》中指出的，"根据宽严相济的刑事政策，在从严惩处严重犯罪的同时，应当进一步完善刑法中从宽处理的法律规定，以更好体现中国特色社会主义刑法的文明和人道主义"。同样，应如何看待严打政策与宽严相济刑事政策的关系？笔者认为，宽严相济刑事政策是对严打刑事政策在刑事司法领域的替代和纠正，且这种理论取代有一个潜移默化的过程。20世纪80年代以来，针对严重的犯罪态势，严打一度成为刑事政策的主线，从最初的广义严打——"改法"严打到狭义严打——"依法严打"，从严打的立法化和司法化到纯粹的刑事司法政策，直至当今演变为宽严相济的刑事司法政策，其脉络和价值观的位移应该说是比较清楚的，就是一个刑事政策规范化和文明化过程。

从这一转变分析，宽严相济刑事政策是对过去政策失衡的纠正，是刑事政策宽和化的体现，是人道原则逐步得到认可和体现的过程。具体来说，宽严相济刑事政策的主线不是当宽则宽，更不是当严则严，而是落实为"相济"。再进一步说，以严济宽的实质是对比较轻微的犯罪要考虑严的因素，但毕竟在法律的框架之内，轻罪无论如何不可能体现实质性的严厉。层层剥离之后，宽严相济的核心就变成以宽济严。当然，对宽和化的内容和方式不应进行随心所欲的理解，更不能为了宽和化而宽和化，宽和化应以刑罚的人道主义原则为圭臬。

刑法作为一种公法，尽管被赋予预防的目的，但不可否认，在当代法制框架之内，其基本属性还是惩罚，刑罚还是以恶的方式对待恶、以痛苦对待痛苦，本质上还是怨怨相报。纯粹的惩罚毕竟是有限的，并且只能体现出刑法的残酷性、无情性特征。尤其是在强调规范性、等价性和平等性的时候，可能产生新的仇恨和不稳定，只不过仇恨的目标不再确定，不稳定的因素不再直接而已。如果刑事政策将这样的精神强化，刑罚"以恶惩恶"的消极性后果会进一步被放大。刑罚人道主义则强调了刑法的个别

化,着眼于社会关系的修复,意味着对于刑罚的调和,体现了对于当事人意志的尊重。

前述的"水葬案"不仅面临着对规范法定化的理解问题,还面临着对国家刑权力过度介入的质疑。这主要是基于以下几个方面:(1)我国《刑法》第 302 条规定了盗窃、侮辱、故意毁坏尸体罪。所谓侮辱尸体,是指对于尸体公然损坏、焚烧或猥亵尸体,而"水葬案"中犯罪嫌疑人的行为实际上是一种丧葬行为,只不过与当前通行的处理尸体方式不同而已。也就是说,虽然不是当前通行的火葬的方式,但是水葬与传统的土葬方式并无本质区别。如果非要说与其有什么不同,也不过是后者曾经作为一种民俗存在,而前者似乎并不是一种民俗。(2)犯罪嫌疑人缺乏行为的故意内容。构成侮辱尸体罪应该要求具有侮辱尸体的意图,如果缺乏这种意图,则欠缺故意的内容,在其他证据不足的前提下,仅仅因为对遗体处理方式的与众不同而断言儿子具有侮辱自己母亲遗体的故意,显然是十分牵强的。(3)与民俗不同的丧葬行为实际上是在迫不得已的情况之下进行的。刑法的期待可能性理论一直是一个富有魅力的话题,尽管在具体的适用中可能存在着这样或那样的问题,在中国的刑事法治实践中裹足不前,但是谁都无法否定其意义,即不能把社会造就的恶转嫁为个人责任,因为这是不公平和不人道的。每个人都会生老病死,国家权力必须承担起对于民众的基本责任,即使现实发展阶段做不到真正的壮有所用、老有所养,但能死有所终是国家的基本义务。在国家拒绝履行这些义务的时候,寻找其他的解决办法是民众唯一的出路。

然而,国家权力一方一开始并没有接受这样的逻辑。警方认为,"水葬案"中犯罪嫌疑人的行为发生了危害后果,公安机关的"案情通报"也指出:"有舆论认为,本案虽有一定的社会反响,但并没有造成严重的社会危害性。其实大大相反,犯罪嫌疑人王士喜伙同叶桂丽在其亲生母周多美去世后,将其母亲遗体抛到村旁具有公共生产生活用途的溪水中,造成了恶劣的社会影响。比如,公安机关为了查找尸源,耗费了大量的人力、物力、财力,印发协查通报和《认尸启事》1000 余份,专案组 30 余名刑侦人员经过长达 9 天的日夜排查,先后访问码头、诗山辖区内 10 个村落共计 4

万余人次,才将犯罪嫌疑人王士喜、叶桂丽抓获归案。犯罪嫌疑人王士喜、叶桂丽的抛尸行为,虽不是命案,却导致公安机关投入了大量的警力,搁置了其他案件的办理进程,扰乱了公安机关的工作视线。"①

但是,警方将履行本职工作所付出的辛劳等同于犯罪所造成的危害后果,显然体现了权力的一种不宽容。理由主要在于:侦查机关的职责就是破获犯罪,投入的精力可以证明其敬业程度,但是不能反过来将这些辛劳和汗水转嫁为犯罪的危害性,成为承担刑事责任或者加重刑事责任的筹码。《人道主义宣言(II)》指出:"我们需要把理性和同情心融合起来,以建立积极的社会和道德价值判断标准。"②首先,在刑法领域必须通过法律的理性来审视一个行为是否构成犯罪;其次,在理性的基础之上必须抱着同情心或者说衡平心来对待犯罪。但是,我们将自己的劳动追加为犯罪嫌疑人的刑事责任的时候,既违背了刑法的理性,也违背了人道的同情心要求。如果抛开个案的因素,作为一种常规性的逻辑,上述思路可能会带来更大的危害。

归根结底,这一案件所反映的是权力的人道主义态度问题,具体来说表现为一种刑法的谦抑性问题,即刑法不应轻易动用,更不应将一个有损风化的行为轻易、随意贴上罪名标签。所谓谦抑,其基本含义是指刑法应具有内敛性,不应过高估计或者迷信刑法的作用,将一些无须刑法来加以制裁的行为上升为犯罪行为。刑法在适用过程中,既要体现其确定性的一面,又要体现其平和性、人道性的一面,刚性与柔性应统筹兼顾。

如果刑法的人道性付之阙如,势必会体现为司法不宽容,因为刑法的重要特性就在于其制裁手段的严厉性,迷信刑法就是迷恋刑法的制裁手段,迷恋重刑轻罪。往更深层次上说,陈兴良教授在《刑法谦抑的价值蕴含》一文开篇写道:"对刑法的迷信(主要是对刑罚的迷信)一直是各种政治迷信中最根深蒂固的一种。"③而存在政治迷信的权力就是不懂得宽容的权力,不懂得宽容的政策距离人道主义的诉求只能是渐行渐远。

---

① 郭宏鹏:《南安警方公开回应外界质疑》,载《法制日报》2008年12月9日。
② 〔美〕保罗·库尔茨:《保卫世俗人道主义》,余灵灵等译,东方出版社1996年版,第39页。
③ 陈兴良:《刑法谦抑的价值蕴含》,载《现代法学》1996年第3期。

2. 宽严相济刑事政策包含的人道性诉求应落足于司法过程中

宽严相济刑事政策最初被界定为一项刑事司法政策,但在后来的发展过程中,"司法"一词被省略掉了。因此,许多学者提出,该政策不仅是司法领域中的刑事政策,也是立法领域中的刑事政策。笔者认为,这是对和谐社会语境下政策的误读:(1)在依法治国时代,法律的契约性特征已得到广泛的认同,即使在中国现实语境之下,党领导人民制定刑法,刑法是人民意志的一种体现,则法律制定与政策制定无论是主体还是内容、目的及运作方式仍然均存在差异。(2)如果说立法已经体现了政策的基本特征,也就是说立法本身就是宽严相济刑事政策的产物,那么在司法中是否还有必要再强调宽严相济刑事政策或者说如何贯彻宽严相济刑事政策,就成为一个颇具困扰性的问题,其结果必然是导致司法目标迷失。然而,在当前理论探讨中,往往忽视了这一点,认为这项政策包括法网的严密性等内容,这实际上是提高了政策的位阶。作为一项司法政策,应当是在法律给定的框架之内,在依法办案的基础之上体现国家权力对于社会刑事判断的需要,在轻重严宽中找到平衡。(3)应将宽严相济刑事政策放置于当前的时代背景之下进行分析。宽严相济刑事政策是在和谐社会的语境之下提出的,尽管中国的刑事政策历史中一直在贯彻惩办与宽大相结合的原则,但二者显然具有本质的区别,后者长期受严打方针的规约,是严打整治斗争的一种体现和补充;而前者则是峻法向人道的回归。

三、人道主义诉求是刑事司法职业者的道德责任

《孟子·公孙丑上》中说:"恻隐之心,仁之端也;羞恶之心,义之端也;辞让之心,礼之端也;是非之心,智之端也。人之有是四端也,犹其有四体也。"这是对"恻隐之心"的经典论述。这里的"恻隐之心"就是人道观念的一种感情表达方式。一般认为,这段话是为了说明人道之心的普适性,但如果这样理解显然是将问题简单化了,"恻隐之心"只是"四端"中的一端。具体到刑事司法职业活动来说,立体性的司法职业者至少需要符合以下条件:(1)对法律忠实的解读能力、对事实的洞察能力、对证据的把握能

力;(2)社会情感所产生普遍认同的理性的对错、是非观;(3)应当具备的人文主义情怀,也就是通常所说的法官的良知。这包括作为一个职业群体的"共知"和作为职业个体的"自知",是人内心最柔软部位映射出来的一种自然情怀。这与孟子所强调的"四端"非常类似:司法职业者力图发现事实和法律之间的联系,此即"是非之心";从理性角度判断行为的对错和性质,此即"羞恶之心";将犯罪行为人作为人来对待,此即"恻隐之心"。对于是非曲直的准确判断是司法职业者作出公正判断的基本要求,对犯罪的痛恨和对社会清明的渴望是包括司法职业者在内的社会的普遍情感判断。但是,只有司法职业者具备了人道主义的道德情怀,刑事司法的公正才不再是残缺的公正,司法才有"四体",司法职业者才具有人格的立体性。

(一)人道主义成为司法职业者道德责任的缘由

古罗马法谚说:"法律的适用是公正与善良的艺术。"在人类的刑事司法历史中,对于公正与人道精神合体的追求一直是作为刑事司法职业的美德来加以体现的。"钦哉,钦哉,惟刑之恤哉!"[①]"罪疑惟轻,功疑惟重;与其杀不辜,宁失不经;好生之德,洽于民心,兹用不犯于有司。"[②]这些论述充满合理性不仅仅是因为在法律的纯洁性与秩序的至上性之间选择了法律纯洁性的价值观,而且是因为在遵循刑法适用公平性的同时,认同"好生之德"成为司法职业者的一种美德。"令甲,死者不可生,刑者不可息,此先帝之所重,而吏未称,今系者或以掠辜若饥寒瘐死狱中。何用心逆人道也!"[③]汉宣帝是汉代"最为苛急"的帝王之一,但他思囹圄之苦,念困厄之人,将改善罪犯的处遇作为司法官员的考绩标准,可见良苦用心。唐太宗的一些做法更是在正史上被称颂:"十二月辛未,亲录囚徒,归死罪者二百九十人于家,令明年秋末就刑。其后应期毕至,诏悉原之。"[④]

---

① 《尚书·舜典》。
② 《尚书·大禹谟》。
③ 《文献通考·刑考二·刑制(三)》。
④ 《旧唐书·本纪·卷三》。

对于"好生之德"认同的根源,明代丘浚给出了基本的理由:"好生之德,洽于民心,此帝舜所以为舜也。盖天地生人而人得以为生,是人之生也莫不皆欲其生,然彼知己之欲生而不知人之亦莫不欲其生也,是以相争相夺以至于相杀,以失其生生之理。人君为生人之主,体天地之大德,为生灵之父母,于凡天下之人无不欲其生,于凡有生者苟可以为其养生之其者无不为之处置营谋,俾之相安相乐以全其生生之天,苟于其中有自戕其生而逆其生生之理者,则必为之除去,此所以有刑法之制焉。所以然者,无非欲全民之生而已,圣人欲全民之生如此,一言以蔽之曰好生。吁,天地之大德曰生,圣人之大德曰仁,仁者好生之谓也。"① 也就是说,传统的人道观念至少包含以下两个层面的内容:首先是人道具有普遍性;其次是在刑事领域,人道精神成为从君王至普通司法官员的一项人性义务。尽管这些历史素材可以被我们武断地认作正史的标榜,我们也可以将这种人道主义理解为一种苦难之下例外或意外的垂恩和抚慰,但不可否认,他们十分清醒地认识到了律令本身的冰冷和僵硬,也正是因为这种冰冷和僵硬,法律形式上的公正有时显得刻薄、残酷,需要得到一种司法道德的柔化,而这对后世的宣教意义是不言而喻的。正所谓"徒善不足以为政,徒法不能以自行"②,冰冷的法律并不足以体现法律的正义,单纯的仁爱也并不能实现政通人和。"用法而行之以仁恕之心,法何尝有弊?"③ 国家衰亡不是法律本身的过错,但是刑事司法过程的"刻薄寡恩"往往是催化剂。也正因为如此,在近代修法过程中,沈家本明确提出应将推行仁政作为"修法之宗旨"。针对旧法律的专制主义性质,他直言陈述,"治国之道,以仁政为先"。④

如果说刑法规范以正当性为标准、刑事政策以合法性为标准,则刑事司法职业者在树立法律信仰的时候,还被要求以人道主义为道德责任。这是司法权内在的道德要求。在当代刑事司法体制中,尽管其基础乃至

---

① 《大学衍义补·卷一百》。
② 《孟子·离娄上》。
③ 沈家本:《历代刑法考》(四),中华书局 1985 年版,第 2023 页。
④ 参见杜刚建:《论沈家本"人格主义"的人权法思想》,载《中国法学》1991 年第 1 期。

体制架构与传统刑事司法过程存在着明显的差别,但刑事司法职业者在适用法律过程中信守一种人道主义精神实乃异曲同工,而且在人权的旗帜下,显得更具有现实意义。其基本缘由为:

1. 当代刑事司法的特征决定了司法职业者秉持人道主义道德观的必要性

当代的刑事司法构造呈现出这样的特点:(1)司法权力的分散和专属。美国联邦最高法院在判例中宣称:"所有托付给无论州或全国政府的权力,均被分为三大部门:行政、立法和司法。与每一个这些政府部门相当的职能应授予一个分立的公仆机关,而这一制度的完善要求分开和划分这些部门的界限应广泛和明确地界定。对这一制度顺利运行也属于必要的是,被托付以任何这些部门之一的权力的人不应被容许侵犯托付给他人的权力,而是每个人应由设立它的法律限于行使与其部门相当的权力而不是其他权力。"①这是一个对于美国政府之间权力分配的定位,但揭示了现代社会权力的分散和专属特征。刑事诉讼构造同样因权力分散而专属化,这种专属和分散更接近于权力的实质,制刑、求刑和量刑等关系更多是呈现出掣肘而非配合。然而,权力的分散从一定意义上来说也加速了权力的人格化。"而在横向分权中,却给腐败的滋生提供了可以泛滥的空间。总之,权力被分流或分配之后便失去了控制,从而使政治权力的公共性质遭到扭曲,执掌权力的人可以在为公的名义下滥用权力,也可以在谋取私利的行为中出租权力。因为他偷偷地窃取了上级或领导冠冕堂皇的授权,转化成他个人的私有物,任意地支配它。"②所以,权力的这种分散和专属固然有助于权力之间的制衡,但是权力的人格化特征也变得更为具体和明显,在刑事司法运作过程中,每个阶段都可能被打上更多个性的色彩,此时就要求司法职业者具有一个统一的底线道德标准。(2)刑事权力行使的专业化。诉讼构造专属化和分散化的理由之一在于权力日益强化的专业性特征,法治的过程日益表现出专业化的趋势,这是现代社

---

① 〔奥〕凯尔森:《法与国家的一般理论》,沈宗灵译,中国大百科全书出版社1996年版,第313页。

② 张康之:《权力分散:分权的误区》,载《新视野》1997年第6期。

会法治状态与传统社会法治状态外部特征的典型区别。法律官员的专业化、法律职能的专业化、执法过程的专业化都是权力专业化的体现,而这是农业社会中集行政权与司法权于一身的官僚体制所无法比拟的。在农业社会中,法律适用的过程是经验性的,因此也较少出现效果和价值评价的尖锐对立。一方面,经验的判决较为容易,社会的反映较为相近(甚至判决本身就是一种社会要求的结果);另一方面,经验的判决只能通过经验加以否定,而这种否定显得较为淡薄。刑事司法专业化使得法律实施及其效果的评价显得多元化,裂变出专门游离于公共权力领域之外的一种独立的专业性评价主体,客观上构成了对于刑罚权的一种制约机制和审视群体,而这在农业社会是不可能出现的。专业化的结果必然要求对于刑事现象作出专业化的解读,在这个时候,一般的道德标准就失去了作用的空间,必须树立起一种新的道德观念。人道主义由此也不再是仁恕那么简单,而是汇聚在人道主义的旗帜下,是一种专业必然的道德要求,而不是为了现实统治的仁慈情怀。

2. 司法取业者的行为不可避免地会受到来自公共权力和社会情感的影响

即便刑事诉讼构造是分散的、专属的,但因为也是静态的、框架性的,而权力和政策是动态的、实质性的,所以司法职业者的行为仍然不可避免地会受到来自公共权力和社会情感的影响。刑事司法活动的主要矛盾并非表现为被告方和被害者之间的矛盾,而是表现为国家权力与被告人之间的矛盾,作为司法职业者的个体,必然会在忠实于"是非之心"的同时面临着道德情感的抉择。

首先,司法职业者是权力的代行者。"政治和权力联系在一起,也是十分具有吸引力的力量,为了实现合法的社会目的也需要独立使用权力。因此在政治领域内常常存在私欲的膨胀、贪赃枉法、唯利是图、尔虞我诈和背信弃义,这自然并不奇怪,一些最具有政治企图的人甚至通过残酷的政治事件直接去推进,所以规范的标准在更多的时候是违反而不是遵循。所以马基雅弗利式的权力游戏必须超越攫取、野心、生存等内容设定新的价值,政治机构或组织必须被设定一些新的规则和标准将私利从权力中分开,换一种说法就是,必须给予权力一个道义依据,权力通过承认一系列的基本价值、原则和进行运作。"①人权的普遍性赋予了国家道德使命——权力的人道化,作为个性化的权力个体,自然应当秉持这种道义。正如《宽容原则宣言》中所说,"宽容是个人、群体和国家所应采取的态度"。包括宽容在内的人道是一种规则贯彻过程中的态度,是一种道德责任。

其次,在当今司法活动带有科层化、集权化特征的现实条件下,法律职业者的个体权力相对比较薄弱,司法职业者坚持人道主义这样一个道德标准弥足珍贵。人道主义本身就是正当程序的一项基本价值。如果说程序正义直接体现为一种诉讼构造,那么这种程序只具有保障作用,不足以实现正义,而对于司法职业者之人道主义的道德诉求要直接和现实得多,其直接体现为道德化的具体态度:"法院还应在审判过程中对各方参与者给予人道的对待。这项要求可以说是'自主、自治地参与'所固有的。从参与的目的来看,程序参与者要想自主地对裁判结果产生影响,就必须自愿地进行诉讼行为,不受人身、精神上的强制或胁迫。被告人、被害人如果在参与过程中不拥有人的尊严,而是时时受到非人道的对待——如人身侮辱、暴力胁迫、精神压制等——那么他们的参与即使再充分、再富有意义也是毫无价值的,因为这违背了参与者应为具有主体资格的人而非被动的客体这一基本参与原则。"②

3. 人道主义作为一种道德责任,有助于刑事法内在机理的解读

在法律理论领域,历史的经验教训揭示了法律并非完全是实证的,其中存在根本性的价值。"法律概念,一个文化概念,也就是一个涉及价值的概念,把我们推向了法律价值和法律理念,法律是按照其意义必然服务于法律理念之物。"③法律的概念既然是价值性的概念,就必须寻找一个超越科学性、实证性本身的理由来维护整体价值,限缩强者、权力的原本正

---

① 陈瑞华:《刑事审判原理论》,北京大学出版社1997年版,第57—58页。
② 同上书,第64—65页。
③ 〔德〕G.拉德布鲁赫:《法哲学》,王朴译,法律出版社2005年版,第73页。

当性的诉求就成为普适性的需要,譬如刑法中关于刑事责任年龄的规定。长期以来,一些学者不断从未成年人身心发育增快的角度来论证降低刑事责任年龄的合理性,其潜意识还是刑罚与危害性结果相适应的报应性思维。实际上,我们可以通过类似的刑法规定来找到刑事责任年龄的价值基础:《刑法》第49条将不得适用死刑的条件规定为"犯罪时不满18周岁"和"审判时怀孕的妇女"。立法者之所以将两类对象规定在同一条款中,并且设定了相同的责任方式,是因为它们具有共同价值依据。实际上,"审判时怀孕的妇女"不得适用死刑的合理性,从危害性与刑罚对应性角度看是不具有说服力的,这项规定得到大家共同认可的基础就是共同的刑罚人道主义观。语同此理,刑事责任年龄的设定也是因为得到了权力体恤的同时又得到了民众认同的结果,与合理性之间没有关系。① 也正是出于这样的原因,宽严相济的刑事司法政策在涉及对于老年人犯罪从宽处理的时候,《刑法修正案(八)(草案)》在对老年人犯罪刑事责任立法从宽的时候,其内容本身并没有遭遇多少反对的声音。因为这是强者对于自我权力的限缩,也是普适性的人道伦理的诉求。尽管权力原本可以从罪刑均衡原则甚至刑法平等适用原则那里找到合法性、正当性依据而拒绝改变。

这样解读法律的依据是什么呢?在拉德布鲁赫看来,法律的理念由三项价值构成,即正义、合目的性和法的安定性。从这一角度出发,拉德布鲁赫在其《法律的不法与超法律的法》这篇文章中提出了著名的"拉德布鲁赫公式",并认为如果实在法违反正义达到不能容忍的程度,它就失去了之所以为法的"法性"。在刑法中,如果规范本身无法体现人道性的道德责任,则它可能沦为一种暴政的工具。所以,贝卡里亚断言,"刑罚最残酷的国家和年代,往往就是行为最血腥、最不人道的国家和年代。人道

---

① 需要说明的是,刑法通说认为,刑事责任能力包含刑事责任年龄要素。但是,如果我们将刑事责任年龄的规定建立在人道主义的基础之上,势必需要将年龄因素从刑事责任能力中独立出来。因为刑事责任能力问题是一个科学问题,是可以通过专业知识和经验来鉴定和评估的;而刑事责任年龄问题则只能是一种规定,只能说明国家刑权力人道化的态度和程度,无法从科学角度来说明合理性。

主义精神是刑罚轻缓化乃至最终实现非刑罚化的原动力。在感性认识上,刑罚人道主义与悲悯、仁慈等人类与生俱来的善性相关联,而与野蛮、残酷、暴虐等蒙昧状态相对立。在理性观念上,刑罚人道主义的核心是对于人的主体性的承认与尊重,将犯罪人作为伦理关系和法律关系的主体对待"①。从人道的角度来说,司法的过程不应当成为"我将天国的钥匙交给你,而你却要放牧我的羊群"②的鞭子。也正是因为这样,才会出现"二战"结束之后德国"泄密者案"中对于主审法官责任的争论。

在具体刑事司法运作过程中,"拉德布鲁赫公式"也可以延伸出新的功用——对法律的适用和理解也存在着一个从"安定性"到"合目的性"的演进过程。人道性必须以规范的法定性为前提,从法定性向合目的性的推演必须以人道性要求为标准。譬如,《刑法》第263条规定,冒充军警人员抢劫的,应处10年以上有期徒刑、无期徒刑或者死刑,并处罚金或者没收财产。该条文生效甫始,理论界就在一个问题——真正的军警人员抢劫——上产生了不同的看法。有学者从"合目的性"的角度认为,从实质上说,军警人员显示其真正身份抢劫比冒充军警人员抢劫更具有提升至法定刑的理由,并将"冒充"解释为包括假冒与充当,假冒与真实并无差别——其实质都是使得被害人误认罪犯为军警人员,因而军警人员显示其身份抢劫的,应认定为冒充军警人员抢劫。③ 毫无疑问,真正军警抢劫的行为比冒充军警抢劫的行为显然后果更为严重,其对于犯罪环境的影响也是相同的。但是,如果这样理解,"冒充"一词的基本文意就失去了确定性。上升到一种方法论的角度,这样的解释会导致刑法的法定性、规范性受到极大损害,"当基于实质可罚性进行解释时,解释的边界何在"④?这样否定"安定性"的"合目的性"解释因为违背了人道主义所要求的宽容

---

① 〔意〕贝卡里亚:《论犯罪与刑罚》,黄风译,中国大百科全书出版社1996年版,第42—43页。
② 此语由《圣经·新约》中耶稣对伯多禄所说的话延伸而来。
③ 参见张明楷:《刑法学》(第三版),法律出版社2007年版,第717页。
④ 刘艳红:《走向实质的刑法解释》,北京大学出版社2009年版,第222页。

性的标准,必然陷入类推解释的泥潭。① 笔者并不反对解释方法存在语义解释→体系解释→目的论解释的适用顺序,但这只是结果,必须有一个基本的原则作为原因,那就是刑罚人道主义价值观。

(二)司法职业者的人道责任是对法律和权力人道补足的具体表达

考夫曼认为:"宽容不是在冷淡的放任允许意义上,而是在有意抉择意义上,承认其他科学的和世界观的权利。宽容也是这样一种认识的结果:一切人道价值处在暴政的危险之中,因为暴政被指责为具有专断性要求。最后,宽容是意识形态批评的结果,是对错误的自我确信进行开明的摧毁之结果。"②这样的论断直接就是建立在对刑事司法活动的评述基础上。人道责任体现为司法职业者对自我确信进行的一种"开明摧毁"。因为权力往往倾向于自负和功利,此时人道观念作为一种道德的约束,显得十分必要。人道主要体现为法律和权力适用的层面,尤其是在法律不具有"合法性"的时候,司法职业者再一味追求实证的法律实质上就会导致权力的非人道现象。

人道主义的道德责任还是高风险社会中法权的内在要求。因为现代社会的高风险性,人无往不在枷锁之中,权力的运作也都始终处于风险之中,权力运作所带来的后果有很大的不可预知性,不仅可能危及人的利益,也可能危及权力自身。权力往往无法预见结局③,或者难以评价之前

---

① 实质解释的观点招致了许多非议。有观点认为:"从语义上来说,冒充就是假冒,因而根据简单的语义解释就可以排除真正的军警人员适用加重处罚规定的可能性。那么,又为什么非要把真正的军警人员显示真实身份抢劫解释为冒充军警人员抢劫呢? 根据就在于军警人员显示真实身份抢劫比冒充军警人员抢劫更有加重处罚的必要性。在这种情况下,还把军警人员显示真实身份抢劫排除在冒充军警人员抢劫之外,就是一种形式解释论。这种形式解释论未能将更有加重处罚必要性的情形解释进来,因而需要采用实质解释论加以纠正。这样一种逻辑,岂非破坏罪刑法定原则的逻辑?"参见陈兴良:《形式解释论的再宣示》,载《中国法学》2010年第4期。有观点则认为这违背了罪刑法定原则,认为这样的解释是类推解释。在罪刑法定原则之下,该类问题只能通过立法途径解决。参见刘艳红:《冒充军警人员实施抢劫罪之法定刑设置疏漏》,载《法学》2000年第6期;刘明祥:《论抢劫罪的加重犯》,载《法律科学》2003年第1期。

② 转引自〔德〕U.诺伊曼:《考夫曼的生平与思想》,郑永流译,载《比较法研究》2002年第1期。

③ 譬如,对于公捕公判,娄底市政法委书记曾认为"效果很好,省里满意,涟钢也满意"。但是,这样的预判显然错了,"娄底市综治办主任向健勇没有想到,报道被网络关注后,'宣传效果'朝反方向发展"。参见黄秀丽等:《湖南娄底热衷公捕公判 官员称游街成习惯性做法》,载《南方周末》2010年7月22日。

行为的对错,由此人道诉求就构成了现代社会的伦理准则。

综合来说,刑事司法者的人道主义道德责任既是对整体价值观的承接,也是司法过程的现实化表达。

首先,人道主义道德责任的意义在于能够促进法律标准的合理化。譬如,《刑法修正案(八)》取消了13个罪名的死刑,这是一项立法成果,但其潜在的逻辑就是司法过程中对这样的罪名已经基本上停止死刑的适用,也就是说最先是从司法的角度否认了对于这样的罪名适用死刑的人道性和必要性,由此我们也可以设定一个废止死刑的路径,即司法前行是立法废止死刑这一不人道刑罚的前奏。此外,就具体适用法律而言,无论是作为法律人还是作为法律之下的人,在进行行为判断的时候都会发生错误。一种是自身能够控制的错误,一种是超越自身意志的无法预见或无法控制的错误。对于第一种错误,由于对行为的非正义形式可以预判预知,因此其责任的承担是有意义的,也是合理的;而对于第二种错误,在法律规范和法律的适用过程中应具有一定宽恕要求。譬如,法国1994年《刑法典》就对于认识错误和刑事责任作了一种大胆的规定:"监狱大量的技术性规范和行政控制性规范逐步演化为刑事法律规范,对于上述范围内的某些误解和认识错误,已经超出了一般常识的范畴。据此,新刑法总则明文规定:'只要行为人能够证明自己的行为处于自己无力避免的误解,该行为就可不承担刑事责任。'此规定为世界刑事立法所仅见。"[①]这样的规定体现的就是一个刑法的宽容,不再是简单地从后果的角度来加以认定责任,虽然在刑法中这样的观念经常会有所体现,但作为一项刑法规定,无疑具有现实的宽容色彩。

其次,刑事司法职业者的人道责任是权力人道主义补足的具体表达。站在权力个性化的角度,人道主义反映的是一种道德观,而浓缩的权力个性化有时就是政策的具体体现,而政策的普遍性又是权力个性化的整体表达。在刑事司法独立的背景下,个性化司法权受到权力的压力相对要小很多。在司法行政化的社会中,个性化的司法权则不可避免会承受更

[①] 何勤华、李秀清主编:《外国法制史》,复旦大学出版社2002年版,第339页。

多的来自政策层面的压力,司法性质与行政化的对抗性被削弱。此时,政策的人道性更显示出必要性。如果整个政策是人道的,常态下的个性化权力也往往是相对仁恕的。而在政策无法体现这一价值的时候,作为个体化的职业道德责任则承担着重要的补足作用。从这个意义上说,司法职业者的良知在一个非完全的法治环境中才更有意义。

刑事司法职业者的人道责任还有助于克服权力"致命的自负"。人道主义是作为政策主导者——国家权力必然的一种选择。哈耶克认为,"一切道德体系都在教诲向别人行善……但问题在于如何做到这一点。光有良好的愿望是不够的",国家权力"如果严格地只去做那些对具体的他人明显有利的事情,并不足以形成扩展秩序,甚至与这种秩序相悖。市场的道德规则使我们惠及他人,不是因为我们愿意这样做,而是因为它让我们按照正好可以造成这种结果的方式采取行动。扩展秩序以一种单凭良好的愿望无法做到的方式,弥补了个人的无知,因而确实使我们的努力产生了利他主义的结果"。①

因此,无论是权力为恶还是权力为善的理论,最终必然都是殊途同归。在刑法领域,国家权力掌控着生杀予夺的大权,肩负着同犯罪作斗争的使命,肩负着保卫社会秩序的重任,因而很容易出现"致命的自负",实际上,这些年所出现的一系列发人深省的冤案,都和这种"致命的自负"有关联;集中出现的"公捕""公判"等,也都表现出这种倾向。具备法律常识的人都知道,法律规定了无罪推定,任何人在被判决以前都应被假定为无罪。而既然被假定为无罪之身,进行公捕就是一种对于权利的侮辱。权力的自负表现在于,被告人虽然未经审判,但已经确定其有罪了。如果被告人无罪,这种自负是"致命"的;如果被告人被定罪,这种自负是"恐怖"的。

最后,司法职业者的人道责任为解读我国的司法现实提供了一种方法论。人道责任的内在逻辑在于:单纯依靠法制制约权力毕竟是有限的,即使规范可以被制定得滴水不漏,但法制的确立具有历史局限性,法律需

---

① 参见〔英〕F. A. 哈耶克:《致命的自负》,冯克利等译,中国社会科学出版社 2000 年版,"译者的话"。

要人来操作和执行,规范被曲解的可能性始终存在。刑罚的标准乃至判决永远无法和裁决者个人的观念撇清联系,此时,人道作为一种美德就开始起作用。

冯象博士在论及法律的程序理性和实质理性的时候指出:"在中国,由于司法的正义的渊源在法律之外,法官必须采取相反的策略,模糊程序的界限,才能保证司法的效能,因此'重实体、轻程序'不但是政治文化和心理传统,也是法律得以顺利运作、分配正义,法官得以维持民众信心,争取最低限度的独立的现实手段……这是一种灵巧的工具主义法治……比起形式平等的法治,工具主义的法治更需要人情常理的衡平而坚持超越法律的实质正义,否则法律原则的妥协、程序规定的克服就无章可循……所以这'情理法并重'的正义和古代的女神一样,是不戴蒙眼布的:没有任何程序可以挡住她的视线。"① 笔者认为,这样的看法是有见地的,可谓切中肯綮。但是,对于如何进行衡平,笔者则具有不同的结论:其路径在于确立人道主义的道德责任,在形式合理性尚不足以遏制权力的个性化的时候,当个性化的权力狼奔豕突,人道主义就是司法的道德选项。

进入 21 世纪之后,构建和谐社会成为中国社会发展的主题,和谐和人道正在成为权力普遍的美德,它的光辉将照耀到社会生活的每一个角落,即使在最严厉地限制个体自由和幸福的刑罚领域,这种美德也日益凸显出来。但是,在光芒普照到身边的时候,刑罚的刚性越来越柔化,刑法的观念越来越开放,权力一时还难以接受,还感到有些刺眼——对于人道主义的精神和范畴似乎还有一份抵触的情绪,还感到有些眩晕——对于人道主义的现实化还感到难以适从。前者表现为对于刑罚人道主义的精神和理念还存在一些排斥,甚至将刑罚人道主义仅仅归结为一种对于犯罪嫌疑人、被告人的无休止的宽容。实践中屡屡发生一系列不人道的现象,某市派出所民警"牵卖淫女游街"事件,引起了民众的不满,以至于"公安部下发通知,要求各地公安机关在查处卖淫嫖娼违法犯罪活动时,要坚

---

① 转引自季卫东:《法律程序的形式性与实质性——以对程序理论的批判和批判理论的程序化为线索》,载《北京大学学报(哲学社会科学版)》2006 年第 1 期。

决制止游街示众等有损违法人员人格尊严的做法。省公安厅已向全省转发,并规定发生此类问题,将予以通报,并依法追查当地公安机关领导责任"①。此外,政法部门还屡屡开展"公捕""公审""公判"等行动。在湖南省娄底市2010年7月开展"公捕""公审"行动之前半年之内,"就有山东青岛、湖南永兴、陕西临潼、四川阆中等地进行了公审公判"②。这些行为不仅产生了负面的社会效果,而且均反映出对权力的因循以及对人道观念的抵触。许多人对于人道主义的理解还仅仅是一种形式,甚至误读人道主义,迷失在刑法的人道主义和刑事法定化之间。譬如,各地纷纷开始试点的死刑刑事案件和解制度,就是在人道与正义之间迷失了方向,在民众对"以钱赎命"的质疑浪潮中归于沉寂。

  对于有些价值,我们一直在实践,但因为种种因素,没有去总结;对于有些规则,我们一直有规定,但因为种种因素,没有去实践。譬如,有关死刑与人道的话题人们已经谈得很多,但实际上二者之间应该是一个间接的关系——问题的实质并非仅仅是死刑本身是否人道的问题,而是国家刑权力的掌控者是否以人道主义的道德观来看待死刑的规制和适用的问题。也正是这个缘故,清末刑法改革之时沈家本与其说是在论证死刑的非人道性,不如说是为了说服刑权力应具有人道主义价值观,从而大幅度削减死刑。"欧美刑法,备及单简,除意大利、荷兰、瑞士等国废止死刑外,其余若法、德、英、比等国,死刑仅限于大逆、内乱、外患、谋杀、放火、溢水等项。日本承用中国刑法最久,亦止二十余条。中国死刑条目较繁,然以实际论之,历年实决人犯以命盗为最多,况秋审制度详核实缓,倍形慎重,每年实予勾决者十不逮一,有死刑之名而无死罪之实。持较东西各国,亦累黍之差尔。兹拟准《唐律》及国初并各国通例,酌减死罪;其有因囿于中国之风俗,一时难予骤减者,如强盗、抢夺、发冢之类,别辑暂行章程,以存其旧,视人民程途进步,一体改从新律。顾或有谓罪重法轻,适足召乱者。不知刑罚与教育互为消长,格免之判,基于道齐。有虞画像,亦足致垂拱

---

① 李红汛、尹伊:《公安部下发通知制止将违法人员游街示众》,载《大河报》2010年7月26日。
② 黄秀丽等:《湖南娄底热衷公捕公判 官员称游街成习惯性做法》,载《南方周末》2010年7月22日。

之治;秦法诛及偶语,何能禁胜、广之徒起于草泽;明洪武时所颁大诰,至为峻酷,乃弃市之尸未移,新犯大辟者即至。征诸载籍,历历不爽。况举行警察为之防范,普设监狱为之教养,此弊可无顾虑也。"①沈家本之所以谈古论今、辨析利弊,是因为他深切地体会到了削减死刑的阻力或动力并非在于死刑本身是否人道,而在于统治者能否具有人道情怀,从而减少死刑。

罪刑法定原则在中国经历了百年的历程,《刑法修正案(八)》也大幅度了削减了刑法中的死刑。这虽然是一个小小的修正,却是我国刑罚人道主义得到弘扬的一大步。只是当我们回顾一下百年前沈家本似曾相识的理由后,在欣喜之余又稍许会有一点无可奈何。

无论如何,在笔者看来,人道主义刑法观是罪刑关系法定化的重要补足,其意义可以归并为:第一,刑罚人道主义与我国当前的宽严相济刑事政策的实质一脉相承,是我国刑事政策的重要内涵,具有时代性特征。第二,刑罚人道主义是刑法适用的一项基本价值观,强调司法宽容、谦抑和慎刑。人道主义应建立在刑法规范性基础之上,必须坚持刑法理性,而不是无休止的宽容或纵容。在规范失范的时候,人道主义的思维是一种补强,是对罪刑法定原则的一种补足。第三,刑罚人道主义是国家刑权力运作过程中的一个道德义务,在司法实践中必须尊重犯罪人的人格自尊。犯罪人虽然因犯罪受国家刑罚处罚,但并不因此丧失其人格自尊和所有权利。在考察刑法平等适用的基础上,由于个体或不同群体的差异性,体现刑法人道要求有助于实现刑法平等适用的平衡。第四,刑罚人道主义是一个动态的过程,其绝非仅仅局限于对静态刑法规范的考察,更在于是对罪刑均衡原则的一种补强。所谓禁止适用残酷而蔑视人权的刑罚手段,并不是简单考察规范本身,还要考察规范适用是否失衡。

如果我们充分理解了这些意蕴,对宽严相济刑事政策的解读就有了合理路径,刑法的规范性要求才能合理限缩和延展,刑事法治的步调就能够达成一致,刑事司法改革的方向才会更为明晰,和谐在刑事领域才会具有厚重的基础和更有针对性的成果体现。

---

① 沈家本:《修订法律大臣沈家本等奏进呈刑律草案折》,载商务印书馆编译所编:《大清光绪新法令》(第十九册),中华书局1909年版,第26—28页。

第四章　刑事司法适用的合宪性引导

成文法的适用无往不在解释之中，它是在事实与规范之间穿梭的一个过程，也是一个一般性、抽象性的规范逐步个别化、具象化的过程。这里必不可免地会涉及解释方法的运用，而解释方法的不同又可能会导致对事实的定性莫衷一是。当然，因不同的法律部门所处领域和追求的终极目标不同，法律的基本价值观以及所要求的具体规则不同，解释规则的要求也存在着一系列的差异。刑事法律因为所具有的底线人权价值以及限权的属性，对于解释的规范的要求自然会相对严苛，刑法的解释也成为显学，此为其他部门法所不及。可以这样说，长期以来，刑法学界对于刑法解释的研究方兴未艾，从早期的刑法教科书沿袭至今，刑法解释一直是作为专章设置和讲解的，这在其他的法学学科中并不多见，尤其是近些年来"学术山头"的树立，关于这方面的研究成果更是层出不穷。然而，有不少的研究似乎热衷于站队或热衷于精细化、技术化层面的问题解决，注重"问题"意识，而忽视"主义"的问题，对于解释的效力位阶的理解变得程式化，由此导致了一些理论似乎言之成理并且似乎为实践提出了有力的支撑，却因忽视了解释本身的正当性依据而似是而非，刑法的解释似乎逐步奇技化，刑法的工具性弊病进一步蔓延。

一、现实与理论研究问题之所在

关于刑法解释的合宪性问题已经逐步受到理论和实践的关注，这主要表现在以下几个方面：一是作为一种对司法解释的合理性进行质疑的方法。譬如，2013 年 9 月 9 日发布的《最高人民法院、最高人民检察院关于办理利用信息网络实施诽谤等刑事案件适用法律若干问题的解释》第2条规定:"利用信息网络诽谤他人,具有下列情形之一的,应当认定为刑法第二百四十六条第一款规定的'情节严重':(一)同一诽谤信息实际被点击、浏览次数达到五千次以上,或者被转发次数达到五百次以上……"(该款被通俗理解为"转发500次可定罪")。这种规定方式一开始就受到了诘问,质疑不仅有来自刑法学教义学的角度,也有来自合宪性的角度。"对'情节严重'进行界定,通过限定浏览、转发次数作为入罪标准是否构成了对言论自由的不当限制?该手段本身与保护他人名誉权的目的之间是否合乎比例原则的要求?"①在具体的实践中,这也引发了社会各界的反响。2013年9月24日,号称"转发500次刑拘"第一案的"鼠标少年"杨辉最后被无罪释放就成为一个标志性的事件。② 有学者认为:"一方面,从形式上来看,以一个司法解释将'转发超500次'界定为诽谤罪的'情节严重'情形已经构成了对基本权利的限制,违反了法律保留原则;另一方面,从实质内容上来看,以数字来界定入罪标准的手段不具有合理性,其限制转发、浏览次数的手段与保护他人名誉权的目的之间不符合比例原则,对言论自由产生了消极影响,而且其将'转发超500次'界定为'情节严重'已经超出了法律解释的界限,是对法律的补充,违反了宪法所规定的权力框架。"③二是在对刑事案件进行辩护时,强调指控的内容违宪也成为一种辩护手段。在曾同样引起轰动的南京"教授换妻案"中,辩护律师就指出:"《宪法》第37条第1款规定:'中华人民共和国公民的人身自由不受侵犯。'《刑法》第1条规定:'为了惩罚犯罪,保护人民,根据宪法,结合我国同犯罪作斗争的具体经验及实际情况,制定本法。'国家应尊重和保障人权,宪法是国家的根本大法,当刑法从立法解释和法理解释不明确时,必

---

① 尹培培:《"诽谤信息转发500次入刑"的合宪性评析》,载《华东政法大学学报》2014年第4期。

② 甘肃张家川回族自治县的初三学生杨辉发微博质疑该县一男子非正常死亡的案件存在内情,当地警方认为,杨辉涉嫌在微博、QQ空间发布虚假信息煽动民众游行,"情节严重,发帖转载500次以上",遂将其以寻衅滋事罪刑事拘留,后将其无罪释放。

③ 尹培培:《"诽谤信息转发500次入刑"的合宪性评析》,载《华东政法大学学报》2014年第4期。

须按照宪法的规定和精神来解释；当公权力与私权利有冲突的时候，公权力应给私权利保留足够的空间；当涉嫌被告人有罪或无罪而刑法总则与分则不协调不明确时应对被告人作有利的无罪解释。"① 聚众淫乱罪的聚讼已经不再属于纯粹刑法的领域，不再局限于征询刑法概念，而是在宪法意义上探讨权力边界之设置的问题。

需要注意的是，已经有一些宪法学者予以关注，开始以宪法学科为背景解读刑事规范的运用。② 尽管论及的观点和见解存在不同，但都有一个共同的出发点——"基本权利是笼罩一切法体系的客观价值秩序，解决聚众淫乱罪中的价值冲突也必须诉诸基本权利层面的论证"③。

就刑法学研究本身而言，对于刑法规范运用的合宪性也有所涉猎，有从刑法哲学角度论述的，有从刑法基本原则角度展开的，也有以刑法个案为抓手的。④ 其中虽然也有佳作，如梁根林教授的《罪刑法定视野中的刑法合宪审查》、陈鹏的《刑法"有利溯及之例外"条款的合宪性限定解释——基于牛玉强案的思考》等，但总体来看，大多数文章主要是提出了合宪性解释的合理性理由，在对于原则的必要性和重要性予以认可的同时，似乎更为专注于立法层面及教义学层面，对于刑法解释的标准、路径和判断合理性问题应对不足，在事实和规范之间的穿梭不够，对当前其他学科所出现的新的法律适用的评价关注阙如。

在中国刑法学研究会2012年年会上，宪法和刑法的关系曾经被专门

---

① 薛火根：《马晓海涉嫌聚众淫乱罪一审辩护词》，https://www.66law.cn/zuiming/295_bianhuci.aspx，2013年4月7日访问。
② 譬如，欧爱民：《聚众淫乱罪的合宪性分析——以制度性保障理论为视角》，载《法商研究》2011年第1期；张翔、田伟：《"副教授聚众淫乱案"判决的合宪性分析》，载王利明主编：《判解研究2011年第2辑》（总第56辑），人民法院出版社2011年版；尹培培：《"诽谤信息转发500次入刑"的合宪性评析》，载《华东政法大学学报》2014年第4期。
③ 欧爱民：《聚众淫乱罪的合宪性分析——以制度性保障理论为视角》，载《法商研究》2011年第1期。
④ 譬如，梁根林：《罪刑法定视野中的刑法合宪审查》，载《法律科学》2004年第1期；陈鹏：《刑法"有利溯及之例外"条款的合宪性限定解释——基于牛玉强案的思考》，载《法学家》2012年第4期；蔡道通：《刑事法律的合宪性思考——一种审视民主的视角》，载《环球法律评论》2006年第4期；姜涛：《追寻理性的罪刑模式：把比例原则植入刑法理论》，载《法律科学》2013年第1期；时延安：《刑法规范的合宪性解释》，载《国家检察官学院学报》2015年第1期。当然也有宪法学者从宪法角度对刑事个罪进行解读的文章，如前述张翔与欧爱民关于聚众淫乱罪评析的文章。

作为一个议题进行过研讨。论述主要基于以下两个方面：一是刑法与宪法的互动①，二是宪法对刑法的引导作用②。当然，也有个别学者提出了刑法解释合宪性的问题，认为"在普通法律案件的审判中，法官通过解释法律而将宪法的精神纳入普通法律的规范体系"③是可取的，但重心同样也还是从合宪性解释的必要性、合理性展开，缺乏系统的、路径式的分析。还有观点认为，"合宪性解释就不应当是一种具体的解释方法，而毋宁说是一种解释理由"④，但在需要深入的时候"刚刚开了头却又煞了尾"。

二、一个前置性的问题：刑法解释的位阶分歧与合宪性解释的介入

刑法学研究开展论证合宪性解释甫始，由于多将合宪性解释作为一种刑法解释方法来对待，因此错误地构筑了解释分类一元化的前提，反而导致了解释方法论的混乱。同样地，刑法解释的方法论层面的争议——形式解释与实质解释——也与此不无干系。

当前刑法解释位阶体系的局限不在于该体系不能给法官提供指导，

---

① 赵秉志教授提出，刑法对宪法的发展会形成影响。康均心教授也认为，虽然宪法与刑法是上位法与下位法的关系，宪法是刑法规范的依据和指导，但我国宪法发展与刑法变迁之间存在"互动"关系，比如实践中存在刑法规范的修正带来宪法文本修改的现象。利子平教授认为，作为公共治理的重要组成部分之一，宪政模式的变迁自然会对包括刑法在内的其他公法乃至私法领域产生极其重要的影响，建议由此出发迈向"多核治理的刑法社会化实践"。参见刘金林：《刑法与宪法：协调发展，共护民生》，载《检察日报》2012 年 10 月 12 日。

② 肖中华教授认为，在宪法发展背景下，我国刑法理念的更新主要体现为：人权保障下的秩序维持，即我国刑法的价值取向经历了"秩序优先、兼顾人权"到"人权优先、兼顾秩序"的发展；公正理念下平等保护各类经济主体的法益；谦抑观念下的适度犯罪化。当然，也有从具体的刑法规范的合宪性展开的，如王志祥教授就认为，对于刑法中剥夺政治权利这一附加刑的设置，结合宪法的规定，应将其限定在具有政治性质的上述自由的权利范围内。参见刘金林：《刑法与宪法：协调发展，共护民生》，载《检察日报》2012 年 10 月 12 日。

③ 左坚卫、王帅：《试论合宪性解释在我国刑法解释中的应用》，载赵秉志、张军主编：《刑法与宪法之协调发展》（上卷），中国人民公安大学出版社 2012 年版。

④ 苏永生、宋伟卫：《刑法合宪性解释的含义及具体运用》，载赵秉志、张军主编：《刑法与宪法之协调发展》（上卷），中国人民公安大学出版社 2012 年版。

而在于方法无法达成一致。① 不同的解释方法往往会导致解释结论相去甚远,从而直接影响到刑事责任的认定。各种解释方法的权重是否相同?一种解释方法是否可以排斥另外一种解释方法的适用,或者一种解释方法是否可以成为另外一种解释方法的补充?解释方法之间是否存在着纵向的位阶关系?在这些问题厘清之前,恐怕很难清晰界定合宪性解释在刑法中的地位,遑论合宪性解释的路径。

我国学者从位阶的角度来分析解释方法的地位,这逐步成为介入刑法解释论时可能遭遇到的基本问题。有学者认为:"应当承认各种解释方法之间存在一定的位阶关系,尽管它并非固定不变。如果这种解释方法之间的位阶关系得不到遵守,可能会影响解释结论的合理性。"② 也有学者认为:"刑法解释是以刑法的目的为主导,探求刑法规范法律意义的一个思维过程,由于不同的解释方法立足于不同的价值基础,具有不同的功能,如果任由解释者随意选择解释方法,势必会得出五花八门的解释结论,而这种状况终将影响刑法安定与正义价值目标的实现。"③ 然而,现实的结果并没有如学者们设想的那样能够形成共识。实际上,即使存在一定程度的共识,也并不意味着是对结果的共识。在许多时候,不同的定位甚至会成为不同刑法解释观的分水岭和立场的标榜。因为达成一致位阶的认识只是形式,而不是实质,位阶一旦徒具形式,就不是真正意义上的位阶。

就解释的路径而言,德国学者一般认为刑法解释方法的次序应该是以文义解释为出发点,然后存在体系解释、历史解释和目的解释(此时并未出现合宪性解释)。但是,对于其中的地位而言,则存在不同看法。有观点认为,这种次序是有充分理由的,因为采用这种分层能够解决可能的争议,而目的解释是所有解释方法的核心。也有观点认为,历史解释是位于最后位阶的辅助因素,系统解释的意义比历史解释重要,文义解释是所

---

① See H. L. A. Hart, American Jurisprudence Through English Eyes: The Nightmare and the Noble Dream, *Georgia Law Review*, Vol. 11, No. 5, 1997.
② 陈兴良、周光权:《刑法学的现代展开》,中国人民大学出版社2006年版,第78页。
③ 程红:《论刑法解释方法的位阶》,载《法学》2011年第1期。

有解释的基础与开始,起决定性作用的是目的解释,即以刑法适用时的目的所作的解释。① 后来,一些日本学者基本上也延续了这一思路。②

我国刑法学界在相当长的一段时期内,对于刑法解释的研究处于教条化和程式化的状态,很难挣脱教科书的束缚,更缺少对解释路径和解释冲突规范的研究。譬如,有学者提出,刑法解释方法的运用大体应遵循以下规则:(1)文理解释运用为优先规则;(2)单一规则,即如果通过文理解释,刑法规定含义明确,不存在歧义,就无须运用论理解释;(3)综合规则,即在解释刑法规定时,既运用文理解释,又运用论理解释;(4)论理解释优势规则,即对刑法规定的同一用语进行解释时,如文理解释的结论与论理解释的结论相冲突时,应取论理解释的结论。③ 在今天看来,这样的归纳无疑是程式化的、质朴的。程式化表现为在文理解释和论理解释中裹足不前;质朴性表现为基于罪刑法定原则理解的幼稚性确立了以文理解释明确性优先的规则,在含义不明确的时候,确立了论理解释优先的方法。然而,文理解释与论理解释的分类只是对解释特征的一种分类,对于确定解释路径没有任何意义,对于如何限缩和扩展并没有给出也无法给出起码的理由。

近些年来,随着不断对外国理论的学习和借鉴,解释路径的理论逐步为中国刑法学者所接受。如陈兴良教授认为,刑法解释方法总的位阶关系是:文义解释→逻辑解释→体系解释→历史解释→比较解释→目的论解释。④ 也有学者开始重视合宪性解释的方法,并且将其作为最高的程序。如梁根林教授就认为,刑法解释应依照文义解释→体系解释→历史解释→目的解释→合宪性解释的顺序进行,其中合宪性解释属于最高位阶。⑤

---

① 参见苏彩霞:《刑法解释方法的位阶与运用》,载《中国法学》2008年第5期。
② 日本对于刑法解释方法的考察也经历了一个不断填充的过程。在早期,松尾浩也教授认为,解释方法的顺序是从文理解释走向目的论解释。后来,伊东研祐教授提倡"文理解释→体系解释→目的论解释"的顺序。再后来,内田文昭教授又有所区别,认为刑法解释的顺序是"文理解释→论理解释→目的论解释",极大扩充了文义与目的之间的方法。
③ 参见李希慧:《刑法解释论》,中国人民公安大学出版社1995年版,第132—133页。
④ 参见陈兴良主编:《刑法方法论研究》,清华大学出版社2006年版,第187页。
⑤ 参见梁根林:《罪刑法定视域中的刑法适用解释》,载《中国法学》2004年第3期。

总体而言,刑法解释位阶的确立过程可以体现为一个不断细化的过程:

文义→目的

文义→体系→目的

文义→历史→体系→目的

文义→历史→体系→目的→合宪性

其中,对于"文义→目的"的程式本身似乎并无多少争议,但是一旦将其表述为一定的位阶关系,孰先孰后、孰轻孰重的争议便不可避免。

从合宪性的角度来看,问题主要表现为以下几个方面:

其一,历史解释本身就是合宪性解释及其纵深发展的路径,而不是位阶。

对于历史解释的方法使用,我国刑法学者落笔较多。一些观点完全从哲学诠释学的角度出发,认为立法本身根本不存在原意[1];一些观点认为历史解释必须解释时代变迁[2];还有一些观点认为,"立法原意应在法律规范中体现,且不能与法律规范的表述相矛盾,否则是没有约束力的","在刑法适用解释中,不宜采用历史解释的方法"。[3]

如果我们将历史解释放置在宪法发展的主要争论中,历史解释的特征便开始清晰起来。

在宪法学领域,历史解释很大程度上与原旨主义有着千丝万缕的联系,"原旨主义是指在解释宪法的时候应当依照宪法制定者意图或条文的含义"[4]。原旨主义在解释宪法的时候具有两个方面的要求,其一是宪法制定者的基本意图,其二是宪法条文的基本含义。但是,此处有一系列问题需要释明:一是二者之间的关系表现为宪法制定者意图优先,在意图不

---

[1] 参见时延安:《论刑法规范的文义解释》,载《法学家》2002年第6期。

[2] 有观点认为:"不顾刑法的修改,不考察时代的变迁,永远按照最初的含义进行解释的做法,并不是历史解释所允许的,相反是历史解释所反对的。"参见张明楷:《刑法分则的解释原理》,中国人民大学出版社2004年版,第31页。

[3] 参见卢传红:《罪刑法定原则视野下的刑法适用解释》,http://www.chinacourt.org/article/detail/2009/09/id/374738.html,2010年9月15日访问。

[4] Paul Brest, The Misconceived Quest for the Original Understanding, *B. U. L. Rev*, Vol. 60, No. 2, 1980.

明的时候条文的含义作为补充,否则原旨主义与文本主义将没有实质性的区别。二是对于"条文的含义"应当如何理解。原旨主义所强调的条文含义是一种条文确立之初的含义(Original Meaning),而不是宪法解释者依据现时的理解所作出的理解(Current Meaning)。① 也就是说,对于文义的理解也必须回到立法原初的文义环境中去。

原旨主义一直受到质疑,尤其是来自法官阶层的诘难。波斯纳在一份判决中就明确断言:"法官既没被训练过也没有闲暇去负责任地研究历史或对历史争议进行适格的决断。"② 在理论中,对原旨主义最常见的反驳是从哲学解释学的角度出发,认为原旨主义的解释观似是而非。主要理由不外乎以下几个方面:一是宪法制定者的意图是不明确的,因为立法是针对普遍情形,而解释是针对具体情形,立法者不可能针对具体情形做出理解;二是立法者的意图是合力的结果,不可能只是某个机构、团体甚或个人意志的体现;三是法律是稳定的,现实是发展的,立法者不可能最初给出所有的答案;四是如波斯纳所言,解释者不可能具有无限广博的历史知识,回到大量的故纸堆中去寻找答案。

再解释论者认为,唯有停滞的社会才会维持不变,"法律的正当程序""残酷而不寻常的惩罚"这些规定都需要经验填充。③ 为此,布伦南法官认为法官对宪法所进行的解释和理解必然是表现为不断地远离原旨:"当代的法官只能作为一个20世纪的美国人去解读宪法。我们可以将目光投向制宪时代的历史和宪法的解释史,但是我们所面对的问题却是:宪法的语言在我们的时代是什么意思?这是因为,宪法本质上不能停留于其在已经逝去的时代所具备的静止的含义,而必须使它的伟大原则能够应对当代的问题和当代的需要。"④

然而,原旨主义绝非一无是处,也有一些法官固守这一宗旨。一个主

---

① 此种分类,可参见 Antonin Scalia, *A Matter of Interpretation: Federal Courts and the Law*, Princeton University Press,1998。
② Velasquez v. Frapwell,160 F. 3d 389,1998.
③ See Board of Regent of State Collegs v. Roth,408 U. S. 564,571(1972).
④ 转引自张宇飞:《从意图论到文本论:原旨主义宪法解释的基本维度》,载《岳麓法学评论》2012年第1期。

要的推崇理由就是限制法官对宪法的任意性理解,认为文本的意义随着时代经验变迁的说法是一个常见的错误。① 原旨主义可以防止法官将自己的偏好过多渗透到司法裁量过程中(尽管原旨主义的初衷是否能够达到同样值得怀疑),防止法官的主观道德观来否定客观的法律内涵,所以从这个角度出发,原旨主义就并非一个具体的解释方法问题。"制宪者意图难以确定因而无法为宪法解释提供可靠的、确定的方法,凝结在宪法文本中的原初含义却可以通过一定的方式获知,应成为宪法解释的主要规则。意图论和文本论的共同之处在于,反对一种脱离或者超越宪法文本的解释进路。"②

由此,在考量刑法解释方法的时候,原旨主义给我们最大的启示就是:无论是否反对对立法原意的考察,是否反对立法文本原意的考察,是否反对刑法中摄入时代精神,解释都是在法律规范之文本理解的基础上,结合法的基本精神进行展开的过程。从这个意义上说,历史解释根本不是一个独立的解释方法,更不应是解释的一个位阶。正如原旨主义解释作为宪法解释的"显学"一样,历史解释包含了解释方法等诸多要素,涵摄了对文本本身如何理解的过程以及对刑法的体系性、目的性如何理解的过程。原旨主义给我们的另一个启示是,所有的目的性解释都必须建立在基本的文本基础之上,反对超越文本所进行的解释,只不过这里的文本不仅仅是指具体的某个刑法规范,而且还包括体系性的整个刑法文本乃至宪法文本。

其二,合宪性解释对刑法解释位阶确定的意蕴。

在我国,尽管对刑法解释的方法存在着较大的争议,但在解释方法之间存在着位阶这一点上,似乎并不存在多少分歧。但是,这只是一个地域性的研究结论,在德国,就存在明显的不同意见。肯定说与中国的情形类似,即尽管存在具体方法上的差异,但都认可位阶的稳定性关系,认可不同解释方法之间有大致的次序或分层目录,如拉伦茨(Larenz)、耶赛克

---

① See Alan Dershowitz, *America Declares Independence*, John Wiley & Sons, 2003, p.152.
② 张宇飞:《从意图论到文本论:原旨主义宪法解释的基本维度》,载《岳麓法学评论》2012年第1期。

(Jescheck)、鲍曼(Baumann)、齐迈尔曼(Zimmermann)都秉持此论点。否定说则认为,刑法解释的各种方法只是在不同条件下或不同环境中的使用问题,而不是位阶的高下关系。德国著名历史法学家萨维尼(Savigny)就否认了四种解释方法之间存在位阶次序的可能性,他认为:"语法解释、历史解释、体系解释、逻辑解释不是人们可以根据喜好和口味而任意选择的四种解释方式,而是要使解释成功必须协调发挥作用的不同活动。时而这种解释方式重要,时而那种解释方式更重要。"埃塞尔(Esser)也认为,"指望人们能够在'解释步骤的先后顺序中'编出一个分层目录(Stufenkatalog)注定是要失败的"。①

目前,我国关于解释方法论上位阶存在的合理性理由主要有:(1)解释的方法存在着先后的思维顺序。"解释者均将语义解释的方法作为首选,可以说这样选择符合人们认识事物的思维逻辑。但是,当语义解释不能释疑时,解释者便会寻求其他的解释方法,尽管不同的解释者在语义解释后寻求的解释方法不尽相同,但至少可以说明解释者已经对自己采用的解释方法在先后序列上存在一个思维定势。"②(2)确保解释结论的稳定性和一致性。"不承认解释方法的位阶性,认为时而此方法重要时而彼方法重要,无法在多种解释结论中给我们提供一个令人信服的选择标准,其结果往往可能导致根据解释者的口味和爱好来选择解释结论,进而影响刑法的安定性。"③这显然对位阶的确定寄予了很高的期望。

实际上,即使承认刑法解释存在位阶的学者也并不否认顺序和位阶的差别。"刑法解释方法的运用顺序只是在时间上表明,倾向于安定性的解释方法先于倾向于妥当性的解释方法运用,表达了刑法安定性的价值目标,但这并不等于顺序在先的解释方法所得出的结论在效力上必然高于后使用的解释方法。"④顺序、位阶和效力之间的关系开始变得凌乱不堪,尤其是方法相互冲突时,如何选择更成为一个困难重重的问题。

---

① 参见苏彩霞:《刑法解释方法的位阶与运用》,载《中国法学》2008年第5期。
② 程红:《论刑法解释方法的位阶》,载《法学》2011年第1期。
③ 苏彩霞:《刑法解释方法的位阶与运用》,载《中国法学》2008年第5期。
④ 同上。

遗憾的是，从最终的结果来看，几乎所有的结论都将解释的惯性顺序理解为解释的位阶。从实然角度来看，上述归纳方法只是解决了位阶存在的前提性问题，而无法解决刑法的稳定性问题。因为按照顺序，文义的解释绝对是一个出发点，但是在将其作为效力看待的时候，会陷入一个自相矛盾的境地。譬如，苏彩霞教授便认为："要实现安定性优先，还要求文义具有界限功能，即文义不仅是一切解释的出发点，更应是一切解释的终点。"①"起点→终点→起点"的循环无疑会导致位阶作用的弱化，人们不禁会问，文义解释究竟处于最低位阶还是最高位阶？

为了化解这一矛盾，苏彩霞教授引入了"可能的文义"这一概念，并指出："可能的文义是刑法解释的界限，超出可能文义范围的解释是不允许的……安定性与妥当性、形式正义与实质正义、形式理性与实质理性之间总存在紧张关系，目的解释、历史解释、体系解释的结论或许更能促进刑法的妥当性，但若因此允许解释可以'逸出'条文的可能文义，那么刑法在运用时可能极端不安定，且带来最大的不法。"②于是，文义成了所有解释的"紧箍咒"，或者说所有的解释方法都是为可能的文义的合理解释而出现的。解释的位阶实际上不仅没有得到澄清，而且"文义"本身也失去了确定性。

于是，为了自圆其说，上述理论又不得不寻找新的庇护所："文义要素的绝对优先性，是从否定的层面讲的，即当其他解释方法的结论超出可能的文义时，文义要素否定、排除其他解释方法的结论。这并不意味着在可能文义的界限内，文义解释的结论必然优先于其他解释方法的结论。"③似乎文义解释又不是核心，而只是其他解释合理性的辅助性要素——否定性要素，从而提高了其他解释方法的位阶。

当然，学者们所探讨的位阶未必完全与位阶的实质性内容无关。譬如，前文归纳的刑法解释方法中，有学者将合宪性解释作为一种解释的方法并当作最终的位阶存在就颇有见地："无论表现方式如何不同，这些宪

---

① 苏彩霞：《刑法解释方法的位阶与运用》，载《中国法学》2008年第5期。
② 同上。
③ 同上。

法性规定规范与要求都足以构成对刑事立法进行合宪解释与审查的宪法依据。刑法合宪解释与合宪审查,必须超于罪行规范的文本及其使用解释的狭隘视野,进行多角度全方位的裁量与判断,是解释结论符合正当性与合宪性的要求,并且在必要时宣告危险的刑法文本无效。"① 不仅赋予了合宪性解释的最高属性,甚至赋予了必要时宣告刑法文本无效的能量,无论我们是否赞同其最后结论,合宪性解释作为一种典型的具有位阶性的解释方法存在是毋庸置疑的。只不过遗憾的是,将合宪性解释方法杂糅于其他的以顺序为罗列方式的程式中,可能会导致问题进一步成为"戈尔迪之结"。

不过,合宪性解释的提出毕竟为我们重新寻找解释位阶的依据提供了一个很好的思维引入。笔者认同下列关于刑法解释方法之间使用序列问题的观点:从宏观上把握解释方法的序列应是"文理解释→论理解释"。也就是说,在解释任何一个规范的时候,都涉及各种规范的使用,但这与效力无关。解释的位阶是肯定存在的,但不是以方法赖以建构。思维的顺序与效力之间没有因果性,真正的位阶探讨从合宪性开始。

三、刑法解释以效力为基础的位阶进路:合规范性、合刑性与合宪性

法律规范来源于基础规范,而基础规范是凯尔森纯粹法学的一个核心理念,是规范秩序有效性的理由。一个规范的效力来自另一个规范,而不是来自事实。基础规范是宪法有效性的依据,一个法治体系的所有其他规范直接从宪法中获得效力有效性,也间接从基础规范中获得效力。在凯尔森看来,法秩序就是一系列规范所形成的体系,并且这一体系是有序的。据此,规范的创制也是可以授权的,根据授权的特征,规范可以被区分为高级规范和低级规范。② 可见,法律规范之间显然存在位阶。

---

① 梁根林:《罪刑法定视域中的刑法适用解释》,载《中国法学》2004 年第 3 期。
② Hans Kelsen, Teoria generale del diritto e dello stato, Etas-Kompass, 1966, pp. 112-113.

凯尔森之所以预设基础规范,是因为他认为基础规范是解释法律体系同一性和规范性的一个有效手段。因为无论是自然法学派还是社会法学派,与实证主义的最大不同在于,都是在实在法规范之外找寻找法的合法性或效力性的理由。但是,如果每个法律规范直接依据道德性或者社会生活的实在性来决定,必然会导致规范确定性的丧失和体系的崩溃。所以,基础规范是最初的道德性、正义性所在,但具体法律规范的效力理由应当是一个依照位阶依次追溯的过程,一个特别法的规范与道德性和效果无直接关联。"一个法律秩序的基础规范则规定一个人应当像宪法的'缔造者'和由宪法——直接地或间接地——授权(委托)的那些人所命令的那样来行为。"①当然,宪法的位阶也只是一个位阶,无论是母法论还是依据论、不冲突论,都不能以高级规范取代低级规范的存在。"宪法原则及基本权对于立法者,于此只能发生界限的功能,而非——规整在内容上所应取向的——指导思想的作用。"②

这种等级结构形成了法律效力理由,进而说明了法律创设的基本依据,我国刑法、刑事诉讼法先后明确规定,法律制定的依据是宪法。法律效力理由的不同进而形成了法律位阶的不同,《立法法》第78—82条从法律的层级性监督角度和合法性理由角度对法律规范之间的有效性作出了规定,尽管没有明确性位阶等级划分,但一般认为,结合宪法、民族区域自治法、地方组织法以及其他基本法律的规定,可以确定法律规范之间的位阶关系:(1)宪法具有最高的法律位阶,一切法律、行政法规、地方性法规、自治条例、单行条例、规章都不得同宪法相抵触;(2)全国人大制定的法高于全国人大常委会制定的法;(3)法律高于行政法规、地方性法规。

刑法与其说是部门法,不如说是一切法律的最终制裁力量,刑法是宪

---

① 〔奥〕凯尔森:《法与国家的一般理论》,沈宗灵译,中国大百科全书出版社1996年版,第131页。
② 〔德〕卡尔·拉伦茨:《法学方法论》,陈爱娥译,商务印书馆2003年版,第361页。

法的保障。① 从这个意义上说,宪法是所有的依据,刑法是所有的保障。二者都具有普遍性,相互之间有天然的亲和力,其中的位阶同样分外明显。上述的合法性理由和效力性理由决定了刑法解释过程中所遵循的基本规矩,这一指引既是一部法律的立身之本,同时也确立了行为规范与法规范以及不同法规范的使用发生冲突时的解决方法,即法律的位阶决定刑法解释的位阶。

所谓解释本质上就是一个合法性(正当性)的问题。这里的合法性无非就是一个概念的合规范性、合刑性及合宪性,对任何一个概念解释必须同时遵循该次序。合规范性主要包括文义本身的确定性以及体系的协调性,合刑性主要是指解释必须符合刑法的基本目的性,合宪性则是合法性的本体和基础。

(一) 有效性的形式前提:合规范性

刑法规范首先是一个法规范,必须具有法规范的基本性质,尊重法律文本的基本内涵是基本要义。法律解释的有效性究竟是以作者中心论为基础,还是以读者中心论为基础,抑或是以文本中心论为基础?这是一个长期以来争论不休的问题。在作者中心论看来,司法合理性的依据是从"作者意图"去发觉文本的内涵。从形式上说,法官的角色并非创制,而是进行权威性的解释,但是就客观结果而言,揣测作者意图必然会导致法官冲破文本概念的基本束缚,甚至因为变相沦落为读者中心论而导致法官一定程度上的任意性解释。相对于作者中心论,读者中心论在形式上呈现为一种主观主义的观点。"对文本和由此而来的制定法的理解总是由确定的前见所影响,不仅仅待解决的问题,而且应解释的文本也是以前见来着手的。即使是解释者、研究法律者并未注意到这一点,他也总是不可避免地受到确定的前见的引导。"② 毫无疑问,解释者都存在"确定的前

---

① See Markus Dirk Dubber, Theories of Crime and Punishment in Germen Criminal Law, *The American Journal of Comparative Law*, Vol. 53, No. 3, 2005.

② 〔德〕托马斯·维腾贝格尔:《法律方法论之近晚发展》,张青波译,载郑永流主编:《法哲学与社会学论丛·二OO五年卷》(总第八期),北京大学出版社2005年版。

见",这种解释方法的极端化结果就是"文本一出,作者即死"。

不仅于此,这种解释观的结果还对文本本身的确定性提出了挑战,否认了法规范应当具有的确定性含义以及法律本身所蕴含的内在价值。

笔者认为,以规范为中心在刑法解释中主要表现为以下两个方面:其一,刑法的解释应从文本本身的确定性出发,这表现为法律的形式有效性。其二,刑法的解释必须遵循文本的内在有效性。否定了文本的有效性则法律的规范就失去了存在的基本意义;否定了实质有效性则法律规范就脱离了"基础规范",法律存在的正当性就会受到质疑。

以上分析可以在许多方面得到印证。依照富勒的理论,法规范具有内在道德和外在道德,必须在程序上符合程序自然法和实体自然法,而法规范的程序性价值即法的内在道德无疑对外在道德具有确认和证明作用。因此,法律内在道德的八项原则基本上可以替换为法律概念性理解中对文本的形式有效性依据,如对规范理解的普遍适用性、公开性、不溯及既往、协调性、稳定性等。① 譬如,法律的解释涉及了法律规范的协调性的问题,这实际上就是一种大家共同认可的形式有效性的表征,在许多时候被表述为体系性解释的方法。我国《刑法》第 17 条第 3 款规定:"已满十四周岁不满十八周岁的人犯罪,应当从轻或者减轻处罚。"言下之意即对该年龄段的犯罪人不得适用死刑。但是,由此便会导致与第 49 条第 1 款——"犯罪的时候不满十八周岁的人……不适用死刑"——的内容相重复。基于满足文本存在的独立性、必要性和周延性的需要,对于符合上述两条规定的犯罪人只能是在无期徒刑的基础之上再从轻或减轻处罚为宜。此外,程序规范性的原则中也涉及了实质有效性的问题,譬如"可为人遵守"原则。当一个法律"规定人们无法做到的义务,实现不可能实现的事情"时,对于规范的解释就要从法律的实质有效性角度出发。

(二) 特殊价值依据:合刑法的目的性

由于法律文本解释的形式有效性问题在合规范性问题上已经得到解

---

① 具体内容可参见〔美〕富勒:《法律的道德性》,郑戈译,商务印书馆 2005 年版。

决,因此刑法解释的合刑性问题主要涉及刑法解释的合目的性问题。

从深层次看,罪刑法定原则作为刑法最为基础的原则,其意旨在于,从限权的要求以及否定积极能动的国家刑权力四处出击的消极角度,实现对国民预测可能的稳定性的维护和对被告人人权的保障。罪刑法定的偏向和侧重点就在于时刻保持对于国家刑权力的压力,使得权力保持克制,而如果仍然强调在司法上通过刑法解释的技术手段来尽可能地探求所谓刑法文本可能的含义(事实上无异于"无限"扩大刑法文本的含义),实际上就等于是在积极地扩大国家刑权力特别是司法权,这与刑法的目的性要求是相悖的。

罪刑法定原则从消极防范的角度提出对国家刑权力特别是入罪权的限制,强调恪守国家刑罚权的宽容和谨慎,实质上也是对刑罚人道性的彰显。刑法的人道性与法定性是灵与肉的关系,如果刑法的解释超越了人道性的标准,则其正当性就会丧失;如果除却了刑法的适用,人道性将无法得到根本的显现。所以,人道性和法定性构成了对国家权力控制的两重标准,以此防止司法积极能动地出现恣意的结果,防范基于功利而导致重刑的回潮。如果仅仅坚持罪刑法定原则的形式化内涵,那就有可能得到的只是法律专属主义的外壳,而未能把握住罪刑法定彰显的保障人权实质以及人道性的要求,刑法将失去灵魂。

立法与司法各守其位、各司其职,罪刑法定内蕴的司法遵循立法的逻辑延伸首先是坚持法律专属主义,这在一定意义上是恪守形式解释的刑法立场。所以,在理论中许多学者坚持倡扬形式理性优于、先于(而非取代)实质理性的刑法理念。在司法实践中,"罪刑法定原则就要求司法人员只能在形式判断的基础之上才能做实质判断,而不能将实质判断优先于形式判断"①,由此展开了形式解释与实质解释的争论。但是,问题在于,罪刑法定主义并不能等同于法律专属主义,而是要符合更高的安定性的需求,只不过安定性是以刑法的基本精神为前提。譬如,罪刑法定原则是指"法无明文规定不为罪",而非法律规定了就一定要定罪。

———————
① 陈兴良:《当代中国的刑法理念》,载《国家检察官学院学报》2008年第3期。

(三) 本体性的要求：刑法解释的合宪性

从刑法角度来看，合宪性解释的意义在于适用规范冲突时作为帮助确定刑法规范解释结果的最后结论。

就法规范层面而言，宪法无疑位于最高的位阶。《宪法》第5条第4款规定："一切国家机关和武装力量、各政党和各社会团体、各企业事业组织都必须遵守宪法和法律。一切违反宪法和法律的行为，必须予以追究。""序言"中也申明："本宪法以法律的形式确认了中国各族人民奋斗的成果，规定了国家的根本制度和根本任务，是国家的根本法，具有最高的法律效力。全国各族人民、一切国家机关和武装力量、各政党和各社会团体、各企业事业组织，都必须以宪法为根本的活动准则，并且负有维护宪法尊严、保证宪法实施的职责。"这确认了宪法的最高效力，作为下位的任何法律都不得违背宪法的基本规定和基本精神。从解释角度来看，无论是就形式有效性还是实质有效性而言，合宪性解释无疑处于最高位阶。

所谓合宪性解释，主要是针对一个法律规范基于不同的解释方法存在着不同解释结论的可能，其中一些解释可能存在着违宪的结果，一些解释可能存在着合宪的结果，应当选择符合宪法规定和精神的解释结果。合宪性解释的地位显然存在一定的共识。"法律体系就像一个金字塔……最上层为宪法，其次是各基本法，再其次是各单行法，以下是众多的法规……宪法的阶位最高，它决定了整个法律体系的基本的原则，基本的价值判断，这些基本的原则和基本的价值判断，一定要在整个法律体系当中得到贯彻。由此决定了阶位较低的法律不得与阶位较高的法律相抵触，所有的法律法规不得与宪法的规定相抵触。这是现代法制的一个基本原则。"[1]以此为根据解剖合宪性解释，尽管是从传统的位阶角度来解释的，但实际上已经涉及解释的终局性和权威性的问题，尤其是合宪性解释的宪法地位的问题，只不过在归类时遇到了麻烦。于是，有学者认为："合宪性解释属于法律解释，自然应纳入法学方法论框架加以考量。然而，应

---

[1] 梁慧星：《裁判的方法》，法律出版社2003年版，第137—138页。

当将其看作独立于传统的文义、系统、历史和目的解释之外的解释方法，还是应当将其归入系统解释或目的解释中一种或两者兼属，此类本体论问题有其理论价值，但如果不能以实践加以检验，或者不能超越教材类文献深入到有针对性的资料中去，那么不妨暂时搁置。"①

之所以产生这些问题，除了对宪法司法化讨论的争议之外，很大一部分原因仍然是前述的将解释方法与位阶勾连在一起。真正的以解释效力作为位阶的标准恰恰注定了合宪性解释不再是一种简单的法学方法论问题，而是独立于各种解释之外的一种终极性的解释规则。对此，宪法学者们已经开始注意到这样的问题："合宪性解释已经从最初的法律解释方法转化成了法官的宪法义务，转化剂是权利双重理论。"②这样一种强制性的效力不是一个解释方法的范畴所能够含摄的。笔者认为，如果说这种认可基本权利条款具有普遍效力的理解放置于某些部门法中可能会存在一些不同的回应，则在刑法的适用过程中，丝毫不用怀疑犯罪嫌疑人、被告人的基本权利遭受来自公权力的压迫时适用基本权利条款抗制公权力的压力的必要性。因此，将合宪性解释从一个技术性的、最后的解释方法转变为具有更高正当性和合法性基础的适用依据显然非常有意义，从纯技术性的法解释方法层面提升到具有更高正当性基础的宪法层面、落实解释法律的基本义务显然也十分必要。这与宪法学者弘扬合宪性解释的路径显然是不谋而合。

拉伦茨认为，合宪性解释是"在依字义及脉络关系可能的多数解释中，应优先选择符合宪法原则，因此得以维持的规范解释"③。合宪性解释在刑法中的适用不仅仅是因为宪法中对宪法效力的规定，而且也是刑法的基本要求，因为我国《刑法》第1条开宗明义地规定："根据宪法……制定本法。"不难想见，刑法的制定依据是宪法规定，刑法的解释合理性依据自然也来源于宪法的规定。这种规定也决定了合宪性解释的地位。在刑

---

① 黄卉：《合宪性解释及其理论检讨》，载《中国法学》2014年第1期。
② 张翔：《两种宪法案件：从合宪性解释看宪法对司法的可能影响》，载《中国法学》2008年第3期。
③ 〔德〕卡尔·拉伦茨：《法学方法论》，陈爱娥译，商务印书馆2003年版，第221页。

法领域,理所当然的结论就是:"合宪性解释是对其他解释方法结论的最后检验,违反宪法的解释结论不应被采用。"①如果说许多解释方法只是路径,合宪性解释则是结果合法性的最终依据。

合宪性解释为刑法的适用提供了终极性的结论。在刑法规定违反法的安定性的时候,宪法的规定为刑事案件的最终解决提供了一个终极性的解释性依据。在一些国家刑事案件的裁决过程中,不仅解释了刑法规范适用的合理性与合法性,而且对一些明确却过度的规定进行了修复,甚至可能对宪法本身的发展具有促进作用和互动作用。美国"肯尼迪诉路易斯安那州案"的裁决就十分典型。

在该案中,上诉人肯尼迪因强奸其8岁的养女而被指控为加重型强奸行为(aggravated rape)的被告。经过路易斯安那州的陪审团审理之后,依据该州批准的强奸12岁以下儿童处以死刑的明确规定②,肯尼迪被判处死刑③。该裁判参照了美国另外5个州相似的法律规定,加之儿童极易成为侵害目标的现实,因而适用死刑并不过度。这就是解释合刑性的思路。但是,肯尼迪试图在宪法第八修正案的框架下,从合宪性角度摆脱死刑的判决。最终,联邦最高法院怀特法官、斯泰沃特法官、布莱克门法官和斯蒂芬斯法官的结论是:强奸罪适用死刑是明显违背均衡的,并且是十分过度的处罚(disproportionate and excessive punishment),由此死刑的适用应该被第八修正案"禁止残酷的和非寻常的处罚"之规定所涵摄。④ 理由主要概括为以下两个方面:(1)第八修正案不仅禁止残忍的处罚,也禁止过度的处罚。⑤(2)现实表明只有乔治亚州批准对成年妇女强奸可适用死刑,且仅有两个州规定只有在被害人是儿童的时候,可以适用死刑。而在乔治亚州,从1973年之后,90%的罪犯都没有被适用死刑。⑥ 因此,依据宪法的比例原则,法官认为,尽管强奸罪是十分严重的犯罪,但死刑

---

① 苏彩霞:《刑法解释方法的位阶与运用》,载《中国法学》2008年第5期。
② See La. Stat. Ann. §14:42 (West 1997 and Supp. 1998).
③ See Kennedy v. Louisiana (No. 07-343) 957 So. 2d 757.
④ See Coker v. Georgia, 433 U.S. 584 (1977).
⑤ Ibid.
⑥ Ibid.

极其严重且是无可挽回的,而相对于谋杀者,强奸犯并没有对生命造成损害。① 美国第八修正案的内容是发展变化的,是被"标志这一成熟社会的发展的进化水准"(the evolving standards of decency that mark the progress of a maturing society)所重新审视。

其实,通过多年以来的司法实践,适用死刑的问题在美国已不完全是一个合宪性解释的问题,而是一个标准如何被严格限缩在加重情节方面的问题(可以说是合宪性解决之后又回到了合刑性领域)。即使在多数没有废除死刑的地区,死刑也基本上被限定在最严重的并且与剥夺他人生命有关的一级谋杀等犯罪中,其中起到确定性标准作用的是 2002 年的"林诉亚利桑那州案"。在该案中,联邦最高法院再次明确:"如果要判处死刑,陪审团必须要找到至少一个超越合理怀疑死刑适用资格的合适要素。"② 这与我国刑法中关于死刑的限制有着异曲同工之妙,只不过我国的刑事司法实践中更换了一种方式防止死刑的过度性,而没有上升到合宪性层面。

我国的死刑废止实际上是从司法限制死刑的适用展开的,而且一开始就直面故意杀人罪这一最为敏感的领域。从 1999 年开始,无论是会议纪要还是后来最高司法机关条文化的刑事政策,都对因为婚姻家庭纠纷引发的被害人有过错的案件提出一个均衡性的标准,以此防止死刑(立即执行)的过度适用。尽管一些具体依据被最高人民法院隐藏在指导性案例的字里行间而没有明示,但显然不无合理意义。因为无论是否谅解抑或是累犯显然都是一个合法性标准的问题,与最终是否适用死刑立即执行都没有必然关系,只有杀人行为罪大恶极③才是唯一的适用条件。从罪刑阶梯角度来说,杀人行为的恶劣程度在许多时候是显而易见的。基于感情纠纷引发的故意杀人行为以及基于被害人过错出现的杀人行为显然不属于极端的杀人行为,所以无论是从宪法的比例原则的避免过度要求

---

① See Coker v. Georgia, 433 U.S. 584 (1977).
② Ring v. Arizona, 536 U.S. 584,597(2002).
③ 1997 年《刑法》将死刑适用条件从"罪大恶极"改述为"罪行极其严重",形式上看似乎严谨了,但笔者认为内容其实空洞化了。

还是从法律的平等适用角度而言,都不适合适用死刑立即执行的方法。但是,问题在于,我国死刑的适用因为没有介入合宪性解释的方法,未能从宪法依据角度来寻找依据,而只是从应然性的角度和观念性的角度来支撑,这实际上并不牢靠。因为没有宪法的保护,往往很难获得制度的免疫,往往面临着来自政策变化甚至突发事件的冲击。此外,因为缺乏法律位阶的演绎,导致一些成果往往是零散的,很难变得体系化,对后续的发展难以提供有力的支持,或者说难以形成一个不断自洽的体系。这些桎梏和缺陷已经在近些年所出现的死刑案例纷争中暴露,只不过在政策的支配或者公共利益的名义下通过威权的方式加以盖棺定论了。

四、宪法性的基本权利之于刑法适用的作用

宪法性的法律文本规定了公民享有的首要的、根本的、具有决定性意义的权利。基于刑法视域所界定的合宪性解释具有以下特征:(1)是一种基于法律位阶而形成的解释,其核心在于追求基本权利的保障,外在表达为法律的安定和统一,与通常所言的四大解释方法——文义、历史、体系、目的方法——并非并列的关系,而是两种不同的分类,因而在合宪性解释中同样也会涉及这四种方法的使用。(2)是一种对刑法的适用所进行的解释,或者可以说是一种宪法的具体适用途径,虽然并不能等同于德国违宪审查的合宪性概念,其基本职能在于强调基本权利在刑法中的公认性和基础性。(3)根本的宗旨在于解释刑法而不是对宪法进行解释。宪法一些预设的前提从刑法角度来看是先验的,尽管在此过程中可能会因为宪法规定的空缺性而形成对宪法实质性的解释。(4)解释的不当至多归结为对判决的影响,而不归结为对法官的责任。

在刑事领域,合宪性解释的价值首先表现在两个方面:一是合理界定解释的边界,为刑法的解释提供一种终极性的结论;二是证明解释本身的合宪性。此时,宪法参照文本以及对宪法的解释就显得十分重要。这两个方面的重要性归因于宪法与基本权利的关系。"罪刑法定原则时至今日,仍然能够作为刑事立法和刑法解释学的指导原理而长盛不衰、蒸蒸日

上，主要是因为在民主主义、自由主义之类的形式原理之上，还有更高层次普遍原理即'实质的保障人权的原理'做支撑。"①具体来说，基本权利具有以下几方面特征：

其一，宪法性权利往往表现为个体性和公共性的一种结合。权利无疑都具有个体性，但是许多个体性的权利天然与公共性联系在一起。因此，在一个要求公共决策透明的社会，个体的权利与公共利益的实现有着密切的关系。日本学者美浓部达吉认为："就私人所有的权利方面看，单一的权利已可一面对抗其他一般私人，同时又可对抗国家。当其为对其他一般私人的权利时，具有私权的性质；而当其为对国家的权利时，却具有公权的性质。"②然而，这只是针对权利的两面性而言的，每项权利的针对性显然存在着较大区别。"从权利与法律制度的依赖关系来看，所谓'私权'是不依赖于法律制度的创造，而来源于社会交往活动，'私权'为权利主体的'自主权'，可以自由加以处分，因此'私权'表现为一种'市民权'；而'公权'的存在纯粹是制度的产物，因此'公权'是权利主体不能自治的，不可放弃的，不能随意处分的，'公权'的实质是一种'公民权'。'公权'与'私权'如果从权利目的来考察，'公权'更多的是侧重于保障权利主体'意志'的实现，因此可以视为'意志权'；'私权'主要是以权利主体的利益为核心的，所以'私权'又可以视为'利益权'。"③譬如，表达自由与其说是私权，毋宁说是一种公权利——满足了对公权力的一种监督。因此，在刑法限制表达自由的时候，犯罪对象的权力属性与权利属性的不同势必会对行为构罪产生实质性的影响。

其二，宪法性权利的设定并非在于其权利的基本性。对于一般的个体权利，当权力和社会能够居中评价的时候，权利任何一方的力量相对较为均衡，往往就不构成宪法性权利，成为宪法性权利往往是因为权利本身的柔弱性和易被侵犯性。当犯罪嫌疑人处于公权力的囹圄中时，即使有

---

① 〔日〕曾根威彦：《刑法学基础》，黎宏译，法律出版社2005年版，第12页。
② 〔日〕美浓部达吉：《公法与私法》，黄冯明译，中国政法大学出版社2003年版，第158—159页。
③ 莫纪宏：《现代宪法的逻辑基础》，法律出版社2001年版，第299页。

来自律师的帮助，但是相对于权力而言仍然是不平衡的。所以，在解释的时候，必然要做出一定的有利于被告的理解。此外，基于"义务警员"的现象，被告人往往与公众存在着潜在的对立性，往往因为被定位于"损害"而导致权利保护不力。

譬如，在 2012 年修正的《刑事诉讼法》中，"可以"一词共计出现 192 次，涉及刑诉法条文共 127 条，占全部条文总数（共 290 条）的 44%。但是，这并不意味着都要作出同样的解释。"'可以'一词的过度使用，可能遮蔽了'权利'的本质，影响到诉讼参与人对权利的正当行使；'可以'一词的表意模糊性，可能混淆权利的不同类型，进而影响到诉讼参与人对权利的正确行使；'可以'一词表意授予公权力时，容易混淆职权与职责，可能导致公权力滥用裁量权。"①作出不同解释的依据在于：首先，"可以"的语义附着于不同的语句中其内涵必然具有不同的属性。其次，由于公权力与个人权利处在一种不平衡的环境中，因此将"可以"付诸权力或权利后面势必会作出一种不同的理解。"可以"在有时候是一种选择权的表示，有时候又是一种授权的表示，如《刑事诉讼法》（2012 年修正）第 171 条第 1 款就规定："人民检察院审查案件，可以要求公安机关提供法庭审判所必需的证据材料；认为可能存在本法第五十四条规定的以非法方法收集证据情形的，可以要求其对证据收集的合法性作出说明。"这样的规定只能说明检察院在特殊情形下被授予了一种权力，并不意味着检察院的选择权，否则就意味着对报告人基本权利保障的懈怠。最后，这也是结合上下文分析的结果。在不涉及基本权利的时候"可以"规定往往会以一种选择权的面目出现。譬如，《刑事诉讼法》（2012 年修正）第 171 条第 2 款规定："人民检察院审查案件，对于需要补充侦查的，可以退回公安机关补充侦查，也可以自行侦查。"再如，第 188 条第 1 款规定："经人民法院通知，证人没有正当理由不出庭作证的，人民法院可以强制其到庭，但是被告人的配偶、父母、子女除外。"这也属于授权性规范，而不是选择性规范。只

---

① 万毅：《刑事诉讼法文本中"可以"一词的解释问题》，载《苏州大学学报（法学版）》2014 年第 2 期。

有特殊身份者才存在例外的可选性。

相对而言,被害人权利在形式上也是一种权利,但显然不属于基本性的权利,自然也不是刑事法保护的重点。近些年来,无论是实务界还是理论界,都十分热衷于讨论被害人权利与救济的问题。这本身不无意义,但并不能证明被害人权利就是一种基本性的权利。被告人权利的基本性是一种平衡的结果,而对于被害人权利的张扬在多数时候往往有助于控诉,从而助长权利的失衡。正是因为这样,德肖维茨认为:"除非被主张的权利在防止严重恶行上的确不可或缺,否则多数决仍应居于优势地位。权利若过度增生,不仅将使经验已验证其价值的基本权变得平凡,也将危及民主制度的治理。不能防止恶行的权利,不能算作权利。"①作为宪法基本权利的权利尤为如此。

其三,宪法性的权利具有绝对性。这里的绝对性可以表达为:(1)这些权利是不可谈判和让渡的,不可以通过多数决的方式来解决,也不能通过政治权衡的方式予以剥夺。(2)绝对性并不意味着权利不会受到限制。只是这种限制必须是明确且具有个别性的,而不是针对整个权利本身而言的,并且这种限制本身就应该受到限制。譬如,《欧洲人权公约》第10条第1款规定:"人人享有表达自由的权利。此项权利应当包括持有主张的自由,以及在不受公共机构干预和不分国界的情况下,接受和传播信息和思想的自由。本条不得阻止各国对广播、电视、电影等企业规定许可证制度。"第2款规定:"行使上述各项自由,因为负有义务和责任,必须接受法律所规定的和民主社会所必需的程式、条件、限制或者是惩罚的约束。这些约束是基于对国家安全、领土完整或者公共安全的利益,为了防止混乱或者犯罪,保护健康或者道德,为了保护他人的名誉或者权利,为了防止秘密收到的情报的泄漏,或者为了维护司法官员的权威与公正的因素的考虑。"这种表述方式是最为常见的对表达自由的归纳,简单来说就是——人人都有表达自由的权利,但必须受到一定限制。如果对于"限

---

① 〔美〕艾伦·德肖维茨:《你的权利从哪里来?》,黄煜文译,北京大学出版社2014年版,第145页。

制"本身不进行限制,则基本条款往往成为一种空谈,表达自由将无法得到实现。

在刑事程序中这一点表达得更为显著。欧洲人权法院从1959年建立迄今,已经做出上千例的裁决,其中十分之一的判例与《欧洲人权公约》第10条有关,不仅维护了人权与权力的平衡,而且在不断进行新的探索,反映出人权法院的整体性立场和整体性法理。其中,1976年汉迪赛德案件的判决最为显著:"表达自由构成民主社会的根基之一,构成社会进步和每个人的发展的基本条件之一。它受制于第10条第2款,不仅适用于人们乐于接受或视为无关紧要的'信息'或'观念',而且适用于那些冒犯、惊扰国家或任何人群的'信息'或'观念'。这是多元、容忍和思想开放的要求,没有这些就没有'民主社会'。这意味着,在这一方面加置的所有'形式''条件''限制'或'刑罚',都必须与所追求的合法目的适成比例。"[1] 在卡斯特尔案的判决中,欧洲人权法院又认为表达自由对于不同派别具有特殊价值,因而指出:"在民主制度中,政府的行为或使命必须密切关注的不仅是立法和司法机构,而且还有新闻出版界和公众舆论。此外,政府所占有的支配地位,使得它在诉诸刑事程序时必须表现出节制,特别是在可以利用其他手段回应反对者或新闻出版界的不适当攻击和批评时,尤其如此。"[2]

五、合宪性解释原则对于刑法适用的引导

比例原则是在宪法性权利基本保护的基础上形成的,从一开始就源自权力分配的重整。最早的比例原则主要是针对执法权,比如著名的"十字架山案"。该案发生在1882年的德国柏林。在柏林市郊的"十字架山"上,有一座庆祝胜利的纪念碑,柏林警察局以要使所有市民抬头就能看见纪念碑为由,发布了一条建筑令,规定该山区周边居民所建房屋高度不得

---

[1] 张志铭:《欧洲人权法院判例法中的表达自由》,载《外国法译评》2000年第4期。
[2] 同上。

妨碍柏林市民眺望纪念碑的视线。某居民对此不服，提起了诉讼。经过审理，普鲁士高等法院判决该禁令无效，警察局败诉。"十字山判决"历史性地指出：警察局的建筑禁令并没有得到法律授权，以促进居民福祉为由制定的此项措施实属不必要，国家对公民基本权利的干涉只能在具备必要性的前提下方可进行。德国学者福莱纳尔将此案的原理，形象描述为公权力绝对"不得以炮击雀"，德国学者奥托·梅耶则在1895年出版的《德国行政法》中最早提出了"警察权力不可违反比例原则"。1923年，他又在该书第3版中提出，"超越必要性原则即违法的滥用职权行为"。如今，比例原则已经在许多国家宪法性法律中多有体现，而且不再局限于警察执法权为限。2012年修订的《德国基本法》第2条规定："一、人人有自由发展其人格之权利，但以不侵害他人之权利或不违反宪政秩序或道德规范者为限。二、人人有生命与身体之不可侵犯权。个人之自由不可侵犯。此等权利唯根据法律始得干预之。"《加拿大宪章》第1条规定："宪章上开列的权利与自由，只服从在自由民主社会中能够确凿证明正当的并且由法律规定的合理限制。"《日本宪法》第13条规定："全体国民都作为个人而受到尊重。对于谋求生存、自由以及幸福的国民权利，只要不违反公共福利，在立法及其他国政上都必须受到最大的尊重。"在现实的司法实践中，比例原则也已成为近乎共识的宪法性原则。这也为合宪性解释的运用提供了一个很好的方法论。

一般认为，比例原则包含以下几种派生原则：（1）适当性原则，又称"合目的性原则"。国家所采取的必须是有助于达成目的的措施。（2）必要性原则，又称"侵害最小原则"或"最小侵害原则"。如果有多种措施均可达成目的，国家应采取对人民侵害最小者。（3）狭义比例原则，又称"衡量性原则"。国家采取的手段所造成人民基本权利的侵害和所欲达成目的之间应该有相当的平衡（两者不能显失均衡），即不能为了达成很小的目的而使人民蒙受过大的损失。也就是说，合法的手段和合法的目的之间存在的损害比例必须相当。"狭义比例原则"也不是毫无标准，至少有三项重要的因素需要考虑："人性尊严不可侵犯的基本准则；公益的重要性;手段的适合性程度。"①近几年来,我国刑法学界有些学者也开始关注比例原则在刑法学中的作用。譬如,有观点认为:"比例原则对刑法的运用至关重要,因为它为评判刑法运用的正当与公平提供了一个客观标准,不仅在规范刑事立法和刑事司法方面发挥重要作用,而且对保护公民基本权更具重要意义。"②也有观点认为:"把比例原则作为罪刑关系配置的基本原则,刑事立法应该考虑刑法上的可罚的违法性,在刑法解释中强化合目的之法律解释方法。"③然而,这些诠释还是从比例原则与刑法学的谦抑原则、罪刑法定原则契合的基础上展开的,主旨在于强调比例原则对于刑法发展的意义,基本上没有从合宪性解释角度对刑法的适用展开论述。即使提及刑法解释,也只是将合宪性作为目的性解释的一个标准来加以认定。"对刑法规范的目的的探寻,也要接受宪法规范的指引,并要与宪法目的和价值保持一致,从这个角度看,刑法规范的目的解释应向宪法规范看齐。"④"当把目的解释理解为一种解释理由时,它必须受到合宪性解释的制约;当把目的解释理解为一种解释方法时,它必须受到文义解释的制约。"⑤这样的结论自然是正确的,但是对于比例原则之于合宪性解释的关系显然没有提及,只是有了一个方向,却没有设定路径。

(一)刑法适用的适当性

我国《宪法》第33条中规定:"国家尊重和保障人权。任何公民享有宪法和法律规定的权利,同时必须履行宪法和法律规定的义务。"将尊重和保障人权写进了宪法后,刑事实体法与程序法也追随申明。这为刑法的具体适用和解释提供了一种新的方法论。也就是说,刑法适用目的从过去注重单纯的防卫社会开始走向防卫社会与保障人权并重。这是比例原则的适当性的要求。权利与义务的对称关系主要表现在民事法中,刑

---

① 黄学贤:《行政法中的比例原则简论》,载《苏州大学学报》2001年第1期。
② 陈晓明:《刑法上比例原则应用之探讨》,载《法治研究》2012年第9期。
③ 姜涛:《追寻理性的罪刑模式:把比例原则植入刑法理论》,载《法律科学》2013年第1期。
④ 时延安:《刑法规范的合宪性解释》,载《国家检察官学院学报》2015年第1期。
⑤ 苏永生、宋伟卫:《刑法合宪性解释的含义及具体运用》,载赵秉志、张军主编:《刑法与宪法之协调发展》(上卷),中国人民公安大学出版社2012年版。

法则更为注重权利与权力的关系。"尊重"与"保障"的义务主体是国家,因而完全可以理解为:"一是表明国家对人权的基本立场和宪政理念的提升,即以人权的实现为国家权力运作的价值取向,而不再仅单纯地追求社会秩序的稳定性;二是国家权力要受到合理的限制,防止国家公共权力对人权的侵犯,从而从国家根本法的角度约束公权对人权的侵害。"①在刑法领域,这种妥当性原则为我们提供了另外一种思考的路径,因为其所追求的合目的性已经演化为一种对权利的尊重和对权力自身的约束。以例为证:

2000年10月5日,被告人叶文言驾驶与叶文语、林万忠共同购买的车进行非法营运,后被苍南县灵溪交通管理所查扣。10日晚,叶文言驾车与叶文语、王连科、陈先居、叶启惠合伙作案,将价值9.2万元的轿车偷开走,销赃得款2.5万元。2001年1月8日,被告人叶文言、叶文语以该车被盗为由,向灵溪交通管理所申请赔偿。经多次协商,获赔11.65万元。在案件审理过程中,辩护人认为被告人等行为属于诈骗罪而不是盗窃罪,但最终法院认为:"被告人叶文言、叶文语、王连科、陈先居、叶启惠以非法占有为目的,结伙窃取已被交通管理部门扣押的车辆,而后骗取赔偿款,其行为均已触犯刑律,构成盗窃罪,且数额特别巨大。被告人王连科还伙同陈先孝等人多次窃取他人财物,其盗窃数额应予累计。各辩护人关于本案构成诈骗罪的意见,与事实和法律不符,不予采纳。"最高人民法院给出的裁判理由是:"本人所有的财物在他人合法占有、控制期间,能够成为自己盗窃的对象。"但是,最高人民法院同时又认为:"当然,本人所有的财物在他人合法占有、控制期间,能够成为自己盗窃的对象,并不意味着行为人秘密窃取他人占有的自己的财物的行为都构成盗窃罪。是否构成盗窃罪,还要结合行为人的主观目的而定。如果行为人秘密窃取他人保管之下的本人财物,是为了借此向他人索取赔偿,这实际上是以非法占有为目的,应以盗窃罪论处。相反,如果行为人秘密窃取他人保管之下的本人财物,只是为了与他人开个玩笑或逃避处罚,或者不愿将自己的财

---

① 焦洪昌:《"国家尊重和保障人权"的宪法分析》,载《中国法学》2004年第3期。

物继续置于他人占有、控制之下,并无借此索赔之意的,因其主观上没有非法占有的故意,不以盗窃罪论处。构成其他犯罪的,按其他犯罪处理。"①

这样的裁判理由显然自相矛盾。以是否具有索赔的故意来反推是否构成盗窃,显然不合逻辑。而认为不愿将财物置于他人控制之下而占有就不是非法占有,同样也是不合逻辑的。

问题直接被归结为刑法基本原理中本权说与占有权说之争,其核心内容则是私有财产的权属与公共秩序、公共政策之间的比例关系。该案例作为最高人民法院参考性案例,以盗窃罪结案也代表了实践中的处理方式和结果。不仅如此,在现实的理论中似乎维护权力管理秩序的呼声更高一些。其实这种将私人权属与管理秩序的权力进行对立是不妥当的,理由在于:其一,《宪法》第13条规定:"公民的合法的私有财产不受侵犯……国家为了公共利益的需要,可以依照法律规定对公民的私有财产实行征收或者征用并给予补偿。"而行政机关所扣押的物品毫无疑问属于公民的合法财产,其特定的状态只是为了实现诸如缴纳罚款的义务、事故处理的便捷以及证据的固定等,并不能构成公民财产的合法性及所有权的贬损。如果说以前更为强调公共管理权的至上性,那么在宪法修正之后,司法权在运用或解释过程中应当遵循比例的协调和妥当性的要求。相较于修宪以前的规定,新的规定显然完全可以概括为一种权力"限制之限制"。其二,这里还存在着一个合目的性的问题。在许多情形下,行政部门依法扣押物品只是辅助行政措施顺利进行,至于其财产属性的改变并非权力所渴望,也就是说国家只是具有形式上的占有状态,而不实现占有的各种可期待结果。其三,行政相对人秘密取得被扣押的物品,即便行政机关的行政行为并没有受到本质影响,也没有直接丧失财产性的利益,同样可以保证一系列行政处罚的做出。其四,实质上这并非一宗私有权属与公共管理之间的比例权衡问题,而是一个妨害公共管理的行为与公

---

① 《叶文言、叶文语等盗窃案——窃取被交通管理部门扣押的自己所有的车辆后进行索赔的行为如何定性》,载中华人民共和国最高人民法院刑事审判第一庭、第二庭编:《刑事审判参考》(总第43集),法律出版社2005年版。

共管理的正当性之间的比例问题,就像行为人秘密取回被司法机关扣押的物证是妨害司法活动的行为而不是盗窃行为一样。其五,《刑法》第91条第2款规定:"在国家机关、国有公司、企业、集体企业和人民团体管理、使用或者运输中的私人财产,以公共财产论。"对于该条规定,显然从合宪性角度理解必然存在着"限制之限制"。也就是说,该条规定是对私人财产的一种限制(或者说是例外),但结合宪法比例原则的妥当性要求来看,所谓的"公共财产"只是对财产所有人之外而进行的限制(或者新的例外)。这里所说的"管理、使用或者运输",都有占有的含义,如果由国家或者集体占有之私人财产完全以公共财产论,那么由他人占有之财物以他人财物论,亦在情理、法理之中。"以公共财产论"或"以他人财物论"是针对所有权人以外的人而言的,并未改变财物的权属,意在强调占有人对该财物的保管责任。因为财产处于公共管理过程中,所以是相对于所有人以外的人而言,无论是管理行为还是责任承担,属于公共财产是毋庸置疑的。但是,对于所有人而言,仅仅因为管理、使用、运输等关系而将其视为公共财产显然不合适。因此,从妥当性原则角度而言,该案以此作为裁判理由是站不住脚的。其六,虽不构成对公共管理直接侵犯但有实施后续欺骗行为的,应当依照诈骗罪论处。从这一意义上而言,该案的辩护意见并非"与法律和事实不符"。

(二)解释合目的性的实现

所谓合目的性,可以理解为国家对公民基本权利进行限制的时候,必须基于合宪、合刑的目的。换句话说,如果刑法适用或者对于刑法规范的解释因不符合宪法、刑法目的而对公民权利进行了损害,就是违背了目的正当性。近年来,我国刑法学界对于刑法解释方法的争论方兴未艾,尤其是形成所谓的形式解释与实质解释的纷争之后,更是将解释方法的研讨引入了曲径,其中最为引起争论的莫过于目的性考察。

目的性本身就是一个贯穿法理的问题,而且往往以刑法为范例展开。德国刑法学者罗克辛认为:"一个正确的解释必须永远同时根据法律的字面文义和法律的目的来进行,仅仅满足其中的一个标准是不够的。"① 但是,合目的性似乎又是一个非常有弹性的"乾坤袋"。

刑法解释合目的性的界定开始于不同目的的比例分配——如何解决坚持维护公共秩序的目的与坚持罪刑法定原则的冲突,最终落实为如何通过罪刑法定原则透视类推性解释的运用,是否以及如何通过规范目的形成对目的性解释的制约,也构成了形式解释与实质解释的根本性分歧。有学者就认为:"目的论的扩张解释和类推解释在推理形式上并没有本质的差别","由于类推解释、反对解释仅仅是一种解释方法而已,重要的是通过解释得出结论的正确性(妥当性)"。② 多种目的冲突的解决既有赖于刑法原则的坚守,更需要合宪性的解释伸出援手,合宪性的比例为刑法解释的合目的性提供了一种决定性的标准。

近年来的刑法司法解释呈现出一个趋势,即追求公共政策至上性,整体防卫的意识明显增强。例如,2013 年 5 月 2 日发布的《最高人民法院、最高人民检察院关于办理危害食品安全刑事案件适用法律若干问题的解释》第 9 条第 2 款规定,"在食用农产品种植、养殖、销售、运输、贮存等过程中,使用禁用农药、兽药等禁用物质或者其他有毒、有害物质的,适用前款的规定定罪处罚",从而将《刑法》第 144 条的生产、销售有毒、有害食品罪的范围扩充到种植养殖过程中。最高人民法院对此的诠释是:"在食用农产品种植、养殖、销售、运输、贮存等过程中使用禁用农药、兽药等禁用物质或者其他有毒、有害物质的,应当以生产、销售有毒、有害食品罪定罪处罚。主要考虑到农药管理条例、兽药管理条例明令禁止使用禁用农药、兽药等禁用物质或者其他有毒、有害物质用于食用农产品生产。国家禁用物质具有严重危害性,有必要明确国家禁用物质即属于有毒、有害物质,凡是在食品中添加禁用物质的行为均应以生产、销售有毒、有害食品

---

① 〔德〕克劳斯·罗克辛:《德国刑法学总论》(第 1 卷),王世洲译,法律出版社 2005 年版,第 86 页。
② 参见〔日〕阿部纯二:《刑法的解释》,载中山研一等编:《现代刑法讲座》(第 1 卷),成文堂 1977 年版,第 114—116、118—119 页。

罪定罪处罚。"①将"禁用"等同于"有毒、有害",显然是一个典型的类推性解释。"有毒、有害"是针对人体损害而言的,"禁用"则是针对领域(如食品领域、化妆品领域等)限制而言的,二者只是部分交叉竞合的关系。此外,将原本只是使用禁用农药的行为论定为生产、销售有毒、有害食品罪,极大程度地提高了法定刑。这种牺牲规范的确定性和合宪性的解释方式,就是基于维护食品安全这一特定政策目的以及注重刑法威慑性效应思维的产物。

不仅司法解释,在具体案件认定时也经常会面临这样的问题,前面有关聚众淫乱罪认定的争论就是十分典型的实例。《宪法》第51条规定:"中华人民共和国公民在行使自由和权利的时候,不得损害国家的、社会的、集体的利益和其他公民的合法的自由和权利。"这就是比例原则的类似体现。问题在于:基本权利应当如何认定?损害的方式和程度应当如何理解?责任的追究方式应当如何确定?尽管对于性自主权是否如公民的表达自由等一样属于基本性的权利有不同声音,但从刑法意义上来说,性自主权的存在是无法否定的,因为刑法对单纯的自主性行为在一般情形下并不进行规制。问题的关键在于:损害的方式如何界定以及限制的理由是否充分?如果承认权利的存在,那么延续的问题便是:是否有必要加以限制和如何限制?显然,依照宪法规定,个人权利的行使只有在损害国家、社会、集体利益或者其他公民合法的自由和权利时,才具有可限制性,才可能涉及刑法制裁。

于是,上述司法解释和相关案件的认定都涉及一个公共管理权限的边界问题。人们在聚众淫乱罪对公共性秩序的损害这一点上早已形成共识,但在"司法实践中,人们常感到对本罪的犯罪客体不好理解,认为这类行为若发生在光天化日之下,公然进行淫乱活动,这时的犯罪客体是公共秩序比较容易理解,因为这种行为的公开性,足以引起一般人的羞耻感情,引起人们的憎恶。而实践中,聚众淫乱活动却多以暗地进行并且是互

---

① 许隽:《两高发布食品安全犯罪司法解释,首次明确非法添加法律适用标准》,载《人民日报》2013年5月4日。

相自愿的形式为常见,对于这种行为,人们往往认为其并未干涉他人自由、影响他人正常生活,因此,很难理解为破坏了公共秩序"①。在刑法学研究中,固有的结论通常认为,对公共秩序的破坏实质上就是对公共生活规则的违犯。这种公共生活规则主要有三类:(1)旨在保护人的安全和尊严,特别是保护老幼弱者的安全规则;(2)旨在调节公共场所秩序的纪律规则;(3)旨在维护日常生活中稳定联系和风尚习俗的交往规则。因此,对交往规则的破坏也属于聚众淫乱罪调整的范围。

但是,如果因为个别的交往规则与普遍性的交往规则不同,而将其认定为构成刑法秩序损害,则成为一个合宪性的问题。秩序由交往规则构成,但并非交往规则都成为一种秩序,尤其是刑法秩序。刑法对性自主权的限制在于对成为秩序的规则的保护,而不在于对普遍性规则的保护。从比例原则角度出发,笔者认为:其一,普遍性交往规则只是长期以来所形成的人们之间交往的规则,表现为人们之间关系的一种处理方式,其有序性只是相对而言的,且不能等同于秩序性。其二,即使因对一些普遍性交往规则的违背而引发了对秩序的侵犯,这种秩序本身并不必然表现为法秩序或者并不必然表现为刑法秩序。实践中曾有公安机关将"水葬"认定为侮辱尸体罪而最终被迫撤案的实例,原因就在于"水葬"虽然违背了"火葬"这一普遍规则,但这一个别规则本身并未构成秩序性损害;原因还在于"水葬"虽然不合俗、不合风化,但不能否认它也是一种丧葬行为。因此,这一个别规则不构成对死者名誉、尊严的法秩序损害,不构成侮辱尸体罪。其三,即使构成了对刑法秩序的违反,也只有形成了一种公共性的损害时才构成犯罪。公共性可能经常表现为成员的数量,但是成员的数量与公共性并不具有因果关系,我们不能说两人之间的婚外性行为就不属于公共秩序下的恶行,而三人之间的性行为就属于公共秩序下的恶行。其四,单纯将成员数量作为法秩序的标准,将一些违背治安管理处罚法的私密性行为认定为犯罪,会出现开篇所谈到的将嫖娼行为也认定为聚众

---

① 张翔、田伟:《"副教授聚众淫乱案"判决的合宪性分析》,载王利明主编:《判解研究 2011 年第 2 辑》(总第 56 辑),人民法院出版社 2011 年版。

淫乱罪，从而导致刑法目的标准的混同。其五，风化日益退出刑法保护的范围而成为一种公德领域或治安性法规调整的范围，这对刑法目的的理解本身也会产生潜移默化的影响。罗克辛指出："刑法没有贯彻一种特定的宗教或者意识形态这样的任务，刑法的任务应当是保护公民享有一种有保障的和平的共同生活，享有能够与这个目标相一致的最大限度的人身自由……因此，刑法的任务是保护法益。"[①]当前，法益说俨然成为主流，但是对于法益的理解已经有较大的不同，其主要原因在于对权力的警惕。行为的价值可以成为否定刑法规范适用正当性的依据，但不能成为规范适用合法性与否的依据，对于法益的内涵只能从法规范的特征本身来推究。笔者认为，对于法益的理解应当从两个层面来界定：作为犯罪构成的法益只能从刑法的具体规范来推导，作为立法目的的法益则仍然是从刑法目的来演绎。宪法性法益的目标是刑事立法的一种要求，同时也对刑事违法性的判断具有指引作用。

（三）解释的均衡性与罪刑关系的均衡性

就刑法的解释方法而言，共识性的四种解释方法其实不足以也不能自然促成法律正当性目的的实现。尤其在法律文义比较明确的情形下，多种解释方法的纷争反而导致分歧出现，有时甚至有将"清水搅浑"之嫌。[②] 同时，任何一种解释被固定到更高的位阶，在个别情形下都会导致解释的偏离或过度，从而导致结果均衡性的丧失。

文义解释具有基准的意义。依照字面理解，保证法律的适用忠实依照法律的文义，无疑是罪刑法定原则最为基本的要求，只有遵循了文义，法律的存在才具有意义。但是，就刑法层面而言，问题似乎并不是那么简单。规范的文义十分明确并不意味着公正的自然实现，刑法作为一种实

---

① 〔德〕克劳斯·罗克辛：《德国犯罪原理的发展与现代趋势》，王世洲译，载《法学家》2007年第1期。

② 如《刑法》第263条第6项关于"冒充军警人员抢劫"的规定属于加重情节。实质解释的结论鉴于刑法没有规定具有真实身份的军警抢劫可以加重处罚，故根据目的性诉讼将具有军警身份的人涵摄进"冒充"的射程。但延续的问题是这导致了对冒充军人招摇撞骗罪中"冒充"的理解陷入困境，从而不得不寻找新的方法来补漏。

在法，条文的明确性与合目的性并存的情形并非没有例外，甚至明确的条款与上位法抵牾的情形也并不罕见，尤其是条文的规定可能是明确的但又是过度的时候，进行合宪性的理解便显得十分重要。譬如，《刑法》第49条第1款规定"犯罪的时候不满十八周岁的人和审判的时候怀孕的妇女，不适用死刑"，从而将妇女是否可以适用死刑以是否"审判时"怀孕为标准。从文义角度来看，时间的限定十分明确，"审判"显然是一个刑诉法规定的确定性的概念。但是，这样的确定性是过度的。因为侦查阶段、审查起诉阶段怀孕与此并无本质区别。做出确定性的解释必然违反了宪法的比例原则和平等原则，对审判之前阶段怀孕的妇女适用死刑也显然是过度的，1997年《刑法》生效之后，最高人民法院将"羁押期间怀孕"视为"审判时怀孕"的解释推出后没有遇到任何障碍，尽管这突破了法律规定。①所以，"一个正确的解释因此必须永远同时根据原文文义和法律的目的，仅仅满足两者中的一个标准是不够的"②。从这个意义上来说，结合刑法的特殊价值，符合比例原则的目的性解释对于均衡的实现是十分重要的。"解释方法之桂冠当属于目的论之解释方法，因为只有目的论的解释方法直接追求所有解释之本来目的，寻找出目的观点和价值观点，从中最终得出有约束力的重要的法律意思；而从根本上讲，其他的解释方法只不过是人们接近法律意思的特殊途径。"③但是，目的性的内容必须有限定，结合了刑法特殊性价值的比例原则无疑为防止目的性解释的过度和恣意提供了很好的戒律。

在刑法领域，均衡原则除了用来防止解释方法因恣意而违反实质平等原则之外，在罪与刑领域，均衡也是一个历久弥新的话题，近期突出表现为量刑反制理论的异军突起。该理论认为实现罪刑法定原则的根本落脚点就在于实现罪刑均衡，进而强调量刑合理性和主体地位，如有论者主

---

① 当然，司法解释动机的合理性不能代替表达的不合理性。上海市某区法院曾适用"羁押"规避"审判"而对罪犯判处死刑，但判决最终被纠正。

② 〔德〕克劳斯·罗克辛：《德国刑法学总论》（第1卷），王世洲译，法律出版社2005年版，第86页。

③ 〔德〕汉斯·海因里希·耶赛克、托马斯·魏根特：《德国刑法教科书》，徐久生译，中国法制出版社2001年版，第193页。

张罪刑相适应原则应当取代罪刑法定原则成为刑法的最高原则,合理性原则应当作为刑法解释的根本原则。① 量刑反制论认为:"刑从罪生、刑须制罪的罪刑正向制约关系并非罪刑关系的全部与排他的内涵,在这种罪刑正向制约关系的基本内涵之外,于某些疑难案件中亦存在着逆向地立足于量刑的妥当性考虑,而在教义学允许的多种可能选择之间选择一个对应的妥当的法条与构成要件予以解释与适用,从而形成量刑反制定罪的逆向路径。"② 刑法中对于犯罪的认定长期以规范违反说为基础(尽管有时会改头换面),所以一直存在着实质解释的冲动,即从实质的合理性角度来注释刑法规范。上述观点就是实质解释论的延伸,更是对合宪性的轻视。

以刑罚为中心看起来似乎是为了实现均衡,但实际上未必能够达到目的,而且往往预示着通过特别个案的裁量推翻整体的公正标准。根据比例原则,定罪过程就是一个在法益主义与规范主义之间寻找平衡的过程,是一个公权力与个体权利达成平衡的过程。立法可以强调刑罚反制,而以刑罚为核心反推的罪名司法能动打破了这一平衡,将朴素的规范主义作为定罪的主要依据,忽视了法益保护的确定性。这也打破了权力与权利的平衡关系,导致目的性解释的兴盛。

当然,量刑反制理论并非一无是处,在特定的情形下,固有的平衡本身已经损害合宪性、合刑性或合规范性时,量刑反制显然具有一定的校正作用。譬如,比例原则的形式正当性要求的重要基础是法规范的实质平等性和禁止恣意。"平等原则说将比例原则看作平等原则的内在要求,强调'合理的差别对待'之实质平等诉求,因而需要比例原则来作为判断是否合理差别对待的一个基准。而就禁止恣意说而言,它实际上是对形式平等和实质平等的双重限制。"③ 对于差别对待的承认,必须是以防止权利

---

① 例如,陈忠林:《刑法解释的基本原则》、陈自强:《合理性原则是刑法解释的根本原则》,载四川大学刑事政策研究中心编印:《刑法解释暨刑辩学术研讨会论文集》(2014年7月),第23—27、128—132页。
② 梁根林:《许霆案的规范与法理分析》,载《中外法学》2009年第1期。
③ 门中敬:《比例原则的宪法地位与规范依据——以宪法意义上的宽容理念为分析视角》,载《法学论坛》2014年第5期。

或权力行使的恣意为标准,由此,在满足了法益被规范所重压的情形下,正如罪刑法定原则走向相对化一样,秉持了有利于被告原则的量刑反制是可以得到支持的。除此之外,量刑反制的思考至多只能是法官在解释罪名时参酌的依据之一,不具有对抗刑法规范解释的能力。这既是比例原则隐含的倾向,同时也和罪刑法定原则的消极性相适应。

第五章　民意在刑事司法中的解构

在建构和谐社会的背景中，在以人为本理念的指导下，司法过程日益开始注重对于民意的考察，司法机关也开展了一系列的改革和试点，推出了一系列举措。2009年4月13日发布的《最高人民法院关于进一步加强民意沟通工作的意见》明确要求各级法院加强与民意的沟通，并指出这"是坚持实事求是和群众路线的具体体现，是深入贯彻落实科学发展观的必然要求，是畅通司法民主渠道的重要举措"，能够"进一步推进司法决策民主化、科学化，更好地接受民主监督，深化司法公开、促进司法公正、提高司法公信，不断满足人民群众对人民法院工作的新要求、新期待"。2009年5月4日，最高人民法院还专门开通民意沟通电子邮箱，收集人民群众和社会各界对法院工作的意见和建议。截至2009年11月22日，共收到7641封邮件，属于对法院工作的意见和建议的邮件281封，共涉及5大类、31个问题，其中第3类是对审判工作的意见和建议，第5类是对民意沟通工作的意见和建议。① 同时，最高人民法院对网民所提上述31个问题分别进行了答复，其中涉及延长有期徒刑最高刑期、严惩酒后驾车的"马路杀手"等问题。在司法领域，民意问题正在进一步得到重视和强化。②

与此同时，各地也相应推出了各项改革举措，其中最为耀眼的是河南

---

① 参见边江:《最高人民法院31个解答认真回应网民"送上门的调研"》，https://www.chinacourt.org/article/detail/2009/12/id/387388.shtml，2010年5月22日访问。

② 事实证明，这些问题也成为推动刑法修正的重要因素。《刑法修正案（八）（草案）》以及全国人大常委会法工委原主任李适时在《关于〈中华人民共和国刑法修正案（八）（草案）〉的说明》中就有明确体现。

高院推行的"人民陪审团制度"。2009年2月,河南省高院刑一庭在公开审理一起社会广泛关注的死刑二审案件过程中,率先尝试邀请人民群众代表组成"人民陪审团",此举引起了社会各界的强烈反响,并逐步在全省范围内铺开。他们的自我评价是:"试行'人民陪审团'制度,拓宽了民意沟通表达渠道,让人民群众判是非、断曲直,揭开了刑事审判的神秘面纱,促进了司法民主化、大众化,也让社会公众了解了法院工作,了解了刑事审判,提高了人民群众对刑事判决的认同度。"①

由此可见,司法审判中对于民意的重视已经提高到了司法政策的层面,并且在实践中逐步被推广,进而成为司法改革的一项重要内容。在这样的背景之下,民意与司法的关系显然被赋予新的内涵,不再是散在的、个别化的。与此同时,民意本身所具有的层次性、情绪化、流变性特征决定了一旦处理不好最终会导致法律效果和社会效果的背离。如何界定民意以及如何定位民意与司法的关系,已经到了刻不容缓的地步,而民意在刑事司法过程中如何体现无疑最为引人注目。刑事案件由于涉及秩序性的内容,社会和民众也往往会倾注更多的关心,因此在定罪量刑过程中如何看待民意成为最具有实质性的问题。从程度上说,刑法所保护的是底线人权,其触及的是人最为基本的法益;从范围上说,它不仅仅关系到当事人的权益保障,不仅仅关系到被害人家属的抚慰和社会的稳定,还关系到法律正义的实现与社会公正的深层次表达。

一、在刑事司法领域如何解构民意

在司法领域中是否应该体现民意以及如何体现民意,理论中一直存在着纷争。何兵教授是赞同民意审判的代表性人物,在他看来民意判决代表了法律的"人民性",是法律力量之所在。② 顾培东教授在法理上对民

---

① 邓红阳:《河南回应陪审团制质疑:与英美陪审制有本质区别》,载《法制日报》2010年3月26日。

② 参见王玉瑞:《何兵:法律的力量从哪里来》,http://wyrl.fyfz.cn/blog/wyrl/,2008年12月28日访问。

意判决正当性进行了四个方面的法理论证:(1)公众判意不构成对司法独立的贬损;(2)公众判决是司法机关处置个案的重要参考;(3)吸收公众判意是司法公开化民主化的有益实践;(4)吸收公众判意是平衡法律资源配置的重要手段。① 孙笑侠等学者则提出了冷静审视民意的看法。② 张泗汉教授也认为:"面对这种多变且正误难辨的民意,无论其来势多么强烈,法官都必须冷静理性,严格接受法律规则约束,坚持依法办事,不应追随民意变化或民意的道德诉求来不断更改司法裁判。不能把国家的审判变成'媒体审判''舆论裁判';法官审案只能以事实为根据,以法律为准绳判断是非曲直。法官的判断应当独立进行,不应受制于媒体和被扭曲了的民意。"③周永坤教授则明确反对民意介入,认为民意与审判元规则存在实质冲突,对于民意应该予以排除。④ 以上这些分歧可谓泾渭分明。

(一) 从源流上来进行解构:民意与公意的分立

尽管在中国往往会出现实践先行的改革举措,但是理论的廓清仍然是十分必要的。所谓民意(public opinion),一般认为是指社会上大多数成员对与其相关的公共事务或现象所持有的大体相近的意见、情感和行为倾向的总和。⑤ 但是,这样的概念还是比较抽象或者说中性的。

从社会发展角度来说,人民群众是国家的主人,是历史的创造者,尤其是在人民主权的观念之下,人民利益的体现程度实际上就是一个社会发展文明程度的标志。"民意是一切社会机制赖以运行的基础,随着人类文明的发展,民意在社会生活和社会发展中起着越来越重要的作用,从一定意义上说,人类自觉活动构成的文明史,就是民意地位不断被认识和提高的历史。"⑥但是,这样的民意只是一个历史的、政治性的概念,不是一个

---

① 参见顾培东:《公众判意的法理解析——对许霆案的延伸思考》,载《中国法学》2008 年第 4 期。
② 参见孙笑侠、熊静波:《判决与民意——兼比较考察中美法官如何对待民意》,载《政法论坛》2005 年第 5 期。
③ 张泗汉:《司法改革重在审判独立》,载《中国改革》2010 年第 5 期。
④ 参见周永坤:《民意与审判元规则》,载《法学》2009 年第 8 期。
⑤ 参见李唯:《浅析民意与死刑存废的命运》,载《法制与社会》2007 年第 1 期。
⑥ 喻国明:《解构民意:一个舆论学者的实证研究》,华夏出版社 2001 年版,第 9 页。

实证性的概念。这是因为：首先，民意作为一种意愿，是一种主观意识，而意识又因为具有较强的能动性而显得不够稳定；其次，民众的概念是一个由个体形成的整体性概念，而个体的不同价值观决定了整体统一意志形成的困难性和难以考察性。

正因为如此，对民意在社会生活中所扮演的角色，西方历来存在不同的看法。从柏拉图直至黑格尔、李普曼等人都认为，社会决策和社会管理是一项非常复杂的事情，公众无论如何努力，限于其视野和经验，都不可能理解政府工作的全过程。他们的论点是：如果一个受过专门训练以处理当前社会事务的官员尚且不能理解和把握运作的全过程，那么普通公民又怎么会具备这种能力？而卢梭等人认为，民意是现代政府存在的基础，是高于形式宪法和法律的"真正宪法"。①

笔者认为，以上两种观点形似冲突，但并不是建立在同一平台基础之上，他们所谈的民意实际上是貌合神离。前者所谓的民意，实际上是具有一定实证性的民众在社会管理中的具体意见；而后者所谈的民意，实际上就是"公意"，是一个整体性的社会政治的概念。对于"公意"（general will），卢梭在《社会契约论》中尽管没有明确界定，但成为贯穿全书始终的一个重要内容，他将公意与众意、私意进行了区分："每个个人作为人来说，可以具有个别的意志，而与他作为公民所具有的公意相反或者不同。他的个人利益对他所说的话，可以完全违背公共利益。"②在阐明私意"随意性"的特点之后，他又说到众意："众意和公意之间经常有很大的差别；公意只着眼于公共的利益，而众意则着眼于私人的利益，众意只是个别意志的总和。"③他又由此推导出公意的一个模糊界定："除掉这些个别意志间正负相抵消的部分而外，则剩下的总和仍然是公意。"④在这里，公意成为某种意义上的公共利益，是高于个人利益的人们共同拥有的利益。

由此，公意和民意就可以作出区分，这一区分也将为法律与民意的关

---

① 喻国明：《解构民意：一个舆论学者的实证研究》，华夏出版社 2001 年版，"导言"第 1 页。
② 〔法〕卢梭：《社会契约论》，何兆武译，商务印书馆 2003 年版，第 24 页。
③ 同上书，第 35 页。
④ 同上。

系确立基本的前提。法律作为一种公意的体现,是人民主权的外化方式,也是赋予国家权力的一种方式和约定。法律所强调的理性、理智,是全体人民的共同意志。而法律中所谓的民意主要是针对具体案件民众所反映出来的一种态度,它不是一种政治学的概念,与其说它所反映的是一种对于案件的价值观,不如说它所反映的是一种情感意向。在一个公民社会没有形成的环境中,这种民意与公意往往差距甚远,因为这里的民意,与其说是民意不如说是被拷贝走样的意思。

公意是民主法制化下的术语,是政治制度化的要求①,公意也是法律正当性的基础。民众的意愿只有转化为公意,再由公意转化为法制才能产生作用。所以,有必要将司法民主与民主司法的概念相区分。首先,司法民主应当是我们司法改革的目标,这一目标是针对司法权被整体化而言。司法应是公意的具体体现,并且这种公意独立于其他权力。成为现代司法民众象征的陪审团制度就是典型说明,近年来盛行的陪审(参审)制度改革也可以说是这一体现。譬如,为使公民更好地参与司法,日本在法定合议案件特别是重罪案件(死刑、无期)的刑事诉讼中引入了普通民众参与的平民法官制度,由3名法官与6名"裁判官"共同组成合议庭认定案件事实、决定量刑结果。裁判员从日本选民登记簿中随机抽取候选人,这一点有英美的陪审员制度的影子,但总体上还是更多地借鉴了德国的兼职法官制度。日本自2009年8月引入这一制度以来,已有50个案件是以此方式审理的。被选中的公民出庭率很高,并且证据认定、案件合议过程都进展得相当顺利。到目前为止,亲自参审的裁判官和普通民众都对该项制度评价颇高。② 从这个意义说,河南省高级人民法院所进行的"人民陪审团制度"改革也可以算作司法民主的范畴,问题在于这种改革是否突破了法律,以及在实践中能否真正起到作用。③ 司法是一种制

---

① 参见张志雄:《民本与民主交织的公意、众意和民粹主义》,载《南平师专学报》2007年第1期。
② 参见〔日〕岛田仁郎:《日本司法改革与民众需求》,赵昕译,载《人民法院报》2010年1月8日。
③ 有学者认为,不管是从陪审模式选择上还是从功能定位上,不管是从陪审人员构成上还是从被告人权利保障上,不管是从适用审级上还是从配套措施上,这一改革都存在问题,进而指出改革应有宪法、法律依据,必须遵循常理。参见汪建成:《非驴非马的"河南陪审团"改革当慎行》,载《法学》2009年第5期。

度上的保障，是一种程序上的完善，是一种政治公意在法治中的体现，是法治机器的内在构成部分。其一，陪审（参审）作为一种法律制度化的结果，应该是民主意志的体现，尽管实际遴选的人员不一定能够代表公意，但这是制度具体设计的完善问题。而民意独立于司法体系外，却可能对司法运作产生影响。其二，司法民主体现的是一种程序性的内容，是一种制度安排，而民意则侧重于定罪与量刑这一环节，更关注实体性的处理结果。其三，作为体制内的公意不会与法律体系产生冲突，但是民意在很多时候与法制产生冲突，因为在完全合流的情况下，无须彰显民意，或者说民意是没有意义的，当民意显得有意义的时候往往是与规范相冲突的。

所以，以公意和民意的区别为出发点，不难发现在司法领域中我们所说的民意具有以下几个特点：

其一，民意是一种涉案民意或者说涉诉民意。广义的民意可以理解为两个方面的意思，即"公众意见"（public opinon）和"人民意志"（the will of people）。① 这里我们所说的民意是一种民众意见而不是人民意志，它是民众基于自身的利益对某一法律问题的意见表达，是一种"众意"。而与民意相冲突的法规范实际上应该是和人民意志相契合的。在刑事涉案领域，一些所谓的民意更是难以等同于公众意志。以联名信为例，有人在网络通过百度搜索收集了50个案例为样本进行分析，发现签名者多与当事人处于同一小型熟人社会，与当事人有亲缘关系的占14%，有地缘关系的占40%，有业缘关系的占14%，无关系的仅仅占4%。②

其二，民意形成的出发点往往是自我情感，在刑事案件中往往与自我安全感丧失的心态相关联。我国当前仍然处在社会转型时期，社会解构引起的分化组合不仅导致社会组织方甚至导致人的内心都出现了失范现象。社会诚信、权力公信遭遇巨大挑战，加上犯罪率的不断攀升，民众安全感意识和平等实现的忧虑不断被强化。民众对于刑事案件的发生也尤为敏感，在刑事案件中民意的反映也尤为强烈，譬如同样是贪污贿赂犯

---

① 参见周永坤：《民意与审判元规则》，载《法学》2009年第8期。
② 张建国、王庆廷：《直接民意与司法回应——以刑事个案中的联名信为切入点》，载《上海法学研究》2010年第2期。

罪,数额的巨大差异与最终的量刑不成正比让不平等感强化。例如,中国银行原副董事长刘金宝、深圳市公路局原局长黄亦辉因为贪污受贿上千万元而被判处死缓,同时期的广西南丹县原县委书记万瑞忠则因为贪污受贿几百万元而被判处死刑立即执行。① 让民意更难理解的是,许霆仅仅因为取款机故障取款 17.5 万元而在一审被判处无期徒刑。对上述处罚我们也许可以在法律的范围之内找到很多的理由,但在民意看来,这些理由往往是不具有说服力的。

其三,法治是一种专业化的活动,尤其是在刑事法治领域,专业化倾向更为明显,法律的运用也最有刚性。民意不是专业化的意志表达,因此其立场、角度、思维方式、结论和刑事司法存在较明显的分离,法律的权威性大打折扣,尤其在未经思想启蒙的洗礼以及缺乏思维独立性的环境中更是如此。所以,我们往往不难发现,"不杀不足以平民愤"针对的对象往往是所谓的"强势群体",如贪官、黑社会老大,而要求"法外开恩、刀下留人"的民意往往针对的是"弱势群体"。"民众见识并领教了太多刘涌式的强权真理,积压的民怨喷薄而出。这是民众对司法不信任催生的一种呼声。民众要求的是社会的公平正义而不是判某人死刑。"②

其四,刑事涉案民意是对公意的突破。民众的意志已经通过定罪量刑所依据的实体和程序得到体现,如果再强调涉案民意,从逻辑上来说实际上就是通过民众的意见来否定民众的意志。退一步来说,即使刑事法治没有体现民众意志,也不能通过满足所谓民意的方式来改变法制不合理的范式。因为允许考虑民意的结果就是法官的司法行为与法律的约束渐行渐远。即使民意不具有强制性,其影响是间接性的,是酌定情节,但酌定的结果就是:在审判不独立的情况下,科层化的权力具有选择和剪裁的能动性;在审判独立的情况下,则法官具有了选择和剪裁的能动性。无论如何,这都可能导致定罪量刑的不确定。

---

① 参见孙万怀:《论民意在刑事司法中的解构》,载《中外法学》2011 年第 1 期。
② 张芳英:《中国死刑的出路》,载《湖北社会科学》2004 年第 12 期。

其五，民众对刑罚高度关注的实质在于"义务警员"[①]倾向。基于受害的担心或者维护秩序的本能，民众会有评价冲动，常常会把自己视同为或者说把自己放在一个警察的地位对罪行进行评价，这就是"义务警员"倾向。在这一价值观的支配下，人们往往不把自己放在加害者的地位，而是站在受害者的位置来评判和议定其中的是非曲直，犯罪被视为一种危害社会的行为而不是蔑视权力的行为，"将惩罚犯罪视为一种地方利害的传统起到了动摇反对死刑的一个主要论点的作用——惩罚机构是一个对公民利益有潜在危害的政府部门"[②]。民众认为刑罚是社区的行为，是大众的行为，而非政府机构的行为。

（二）民意为何在定罪量刑过程中尤被重视

在刑事领域，民意之所以会被倍加重视，在根本上还是因为刑罚长期以来首先被作为一种秩序维护的结果。

邓小平同志曾说："旧中国留给我们的，封建专制传统比较多，民主法制传统很少。"[③]封建专制传统思维在当今中国社会仍然如影随形，如何摆脱封建专制传统的束缚，仍然是我们今天需要去破解的课题。

在传统礼教社会，法制的一个基本特征就是法律及其适用的伦理化。传统伦理被政治化后成为礼教，既成为法律适用的标准，也成为社会规范，而民意所反映的主要也就是一种礼教的内容，或者以礼教为基础。这就注定了民意在传统社会的重要作用，或者说注定了统治者往往会为了满足民意的需求而牺牲法制的正义性，甚至利用民意的方式来满足自己的一定需要。

封建法制传统的另外一个特征是人治精神下的人本观念，这渗透于传统法律的肌体和血脉中。人治精神导致法律在很多情形之下备而不

---

① 美国部分地区有私刑传统，在普通民众中形成了一种"义务警员价值传统"，并以义务警员司法表现出来。其实，义务警员的心理在民众心中普遍存在。

② 〔美〕富兰克林·E.齐姆林：《美国死刑悖论》，高维俭等译，上海三联书店2008年版，第130页。

③ 《邓小平文选》（第二卷），人民出版社1994年版，第332页。

用,人本观念要求统治者在定罪量刑的时候考察民意、体察民情。

封建法制传统的另外一个特征是法外规则盛行。"即使是法律制度最最完备的清代,国家的直接统治只及于州县。再往下,有各种血缘的、地缘的和其他性质的团体,如家族、村社、行帮、宗教社团等,普通民众就生活于其中。值得注意的是,这些对于一般民众日常生活有着绝大影响的民间社群,无不保有自己的组织、机构和规章制度,而且它们那些制度化的规则,虽然是由风俗习惯长期演变而来,却可以在不同程度上被我们视为法律。"[1]而这些民间规则又常常受到家族宗法制度、民族风俗、地方习惯的多重影响,长久地支配人心,维系着民间社会的秩序,成为民意形成的基础。譬如,在中国历史上,无论法律怎样规定,"大义灭亲"一直是一种受人赞许的行为,而在家族组织甚为发达的明清时代,父祖享有很大的权力,可以家法惩戒忤逆的子孙,即使扑责致死也往往不必承担任何法律责任。[2] 在现代法治中,习惯以及习惯法的效力已经被成文的规则直接否定,犯罪被看作一种制度的产物,国家成为行使刑罚权不容置喙的主体。然而,"大义灭亲"的行为尽管在刑法适用过程中会得到一种评价,但更大程度上仍然会得到来自民意的认同和同情,从而使得法律之内的事务成为法律之外的事情,民意的压力开始作用于司法活动,这种民意尽管与法治的意义具有同向性,司法机关也乐于考察"民意"及其"社会效果",这在实体结果上应该没有问题,但是问题在于当民意具有压力的时候,程序的公正性就会受到一些冲击。更为可能的是,当压力来自民意的时候,对于刑法的影响可能会超于法律自律本身的限度,迫使司法者超越应有的法律底线,如"文丽贤等人故意杀人案""董玉环出于激愤杀死其子案"等。在一些案例中,民意转化为更具有强制性的力量,甚至党政部门都会出面要求司法机关法外开恩,以下案例就属典型:山东省泰安市农民李玉国平日游手好闲,酗酒闹事,打骂家人。1994年1月,李玉国酒后再次殴打其母,谩骂其叔,后其父李洪泰召集另一子和兄弟,杀死熟睡中的李玉

---

[1] 梁治平:《在边缘处思考》,法律出版社2003年版,第2页。
[2] 同上书,第75页。

国。事发之后,该村群众联名上书,要求对被告人李洪泰从宽处理。最终,法庭结合案情和民意,判处李洪泰有期徒刑4年。

二、定罪量刑过程中排除民意的特殊性要求

(一)刑事司法的不可妥协性决定了民意在其中没有作用的空间

民意在定罪量刑中是否有作用空间实际上就是刑事司法是否具有可妥协性或者是否可以将刑法作用的领域部分让渡出来交给民意。譬如,在刑法规定不应判处死刑的时候或者规定比较模糊的时候是否因为叠加了民意就可判处被告人死刑,或者依法本应被判处死刑的罪犯是否可以因为叠加了民意而免于死刑。

在当前,和谐社会的建设是一项宏大的工程,但和谐化毕竟不是没有边界的。在刑罚领域,一个刑事案件涉及被告人、国家刑罚权、被害人以及公众意向——民意——之间的关系。被告人的行为最终被宽宥或被严惩也是常事,但这并不是一种无休止的容忍和妥协,毕竟公权力的边界需要维护,恢复性司法也是在公权力的框架下进行的,否则犯罪可能演变为一种私人之间或者个人与多数人之间的关系。这并非现代司法的特征,也并非公权力所愿意看到的;这违背了权力不可推定性的初衷,违反了权力约定的原理。譬如,在湖南"黄静裸死案"[①]中,尽管权力曾经作出了妥协,但最终还是选择了一种不妥协,这在一定意义上就是维护刑法边界的结果。在该案的发展过程中,死者母亲最初选择了在网上"申冤"的方式,网友甚至为死者建立了网上纪念馆"天堂花园",点击率也迅速突破百万次。"当黄静之死的种种'内幕'在虚拟空间风传时,现实中的人开始遭受

---

① 2003年2月24日上午8时左右,21岁的湖南湘潭市某小学女教师黄静被发现裸死在学校宿舍的床上。尽管湖南省市区三级公安机关均认定黄静系"病死",但黄静家人很快将目标锁定在黄静生前男友姜俊武身上,因为他在黄静死前的晚上留宿于黄静宿舍。姜俊武否认自己"强奸黄静",称自己当晚在取得黄静许可的情况下,实施了"特殊性行为"。他所说的"特殊性行为"是否构成强奸,是不是致黄静死亡的必然诱因,至今鲜有人给出最终答案——全国至少5家鉴定单位的尸检结论不一致,全国至少4位著名刑法专家的意见与法院判决不一致。

来自网民的舆论压力。到最后,湘潭地方公安机关只能选择妥协,其原因在于案子引起公安部高层重视并专门批示。于是,曾经明确答复黄淑华'不予立案'的湘潭警方正式将姜俊武刑事拘留,随后逮捕。当时,公认是网络舆论的力量使司法机关转变初衷"[①],妥协性表现无遗。2003年6月16日,《现代教育报》刊登了《病死?还是奸杀?——湖南湘潭青年女教师裸身猝死之谜》的报道并被广为转载,该案进一步为人所知。直到2007年12月,历经4年半的调查和审理,湘潭市中级人民法院最终采信了最高人民法院的鉴定,终审认定被告人姜俊武无罪。最终,司法过程还是选择了坚守。

那么,刑事司法为什么不具有妥协性并且应当选择坚守呢?这是由刑法所保护的社会关系所决定的。犯罪无非侵犯了两层关系:一是社会秩序,二是公民基本权利。所谓对于公民权利的侵犯,就是指犯罪行为往往是针对被害人个体权益,而所谓对于社会秩序或者说法益的侵犯,则是从面上来说的。犯罪行为固然作用于具体对象,但同时也是对法律这一社会契约的伤害,从更为广义的角度说,还构成对整个社会关系、公平信念的破坏。我们在考量正义的实现时,不仅要考量个别正义的实现,还要考虑到普遍正义的实现。这一普遍正义至少包括法律的形式正义和社会的实质正义。以死刑案件为例,死刑的判决绝不仅仅是为了复仇,而是为了体现一种报应正义,维护社会公平的基本价值,尤其是在立法仍然大量规定死刑、死刑在刑法公正体系中的作用仍然是举足轻重的时候,而对于死刑适用的专业化思维无疑尤为应当被强调。民意与被告方刑事责任的妥协看起来似乎维护了社会的稳定,甚至被冠以"减少死刑适用"的美名,但实际上是以牺牲整个法律的正义为代价,是以牺牲法律的尊严和权威为代价,其最终的结果是法律可以被任意解释。因此,如果允许这种妥协,或许从某一点上看可能还有一定合理性,但从整体来看,公平荡然无存。"只见树木不见森林"的法律思维本来就是我国司法判决的一个痼疾,如果杀人与死刑之间的因果关系再被虚化,死刑的标准将不再建立在

---

① 张少春、江晨:《湖南黄静案启示录》,载《东方今报》2006年8月14日。

客观危害和主观危险的基础之上,而是建立在公众意向的基础之上,法律的公平便失去了标准,司法权界也会不着边际。

有人可能认为,这种刑法与民意之间的妥协并不具有基础意义,至多只是在确定罪与刑的基础之上,在不引起质变的基础之上,对量刑的量作出些许变化,以满足公众情感的需要。但是,我们认为这不是事实。

1. 在许多现实案件中,民意的作用并不关乎量刑的问题,而是关涉罪与非罪,而这显然是实质性的

从宏观角度上来说,人类的认识活动总是通过事实判断和价值判断进行的。事实和价值是可以区分的,事实是理性的对象,价值是情感的对象,事实判断是关于对象"是"或"不是"的认识,价值判断是关于对象"应该"或"不应该"的认识。[①] 在刑法适用中,同样也包含着事实判断和价值判断两个部分。一般认为,在对犯罪事实的认定过程中,民意没有作用的空间,只有对于价值判断才有作用的空间。但是,问题在于刑事案件并不是事实确定之后就自动套用刑法条文了,无论是刑事诉讼的证据判断还是刑法适用的规范标准,都包含着价值因素,对于是否定罪问题同样也是一个价值判断过程,如果民意有存在的空间,则定罪的标准本身就不够确定了。

譬如,在足球"黑哨"龚建平受贿一案中,龚建平收受贿赂行为作为一个事实判断应该是十分清楚的,但在主体身份上存在不同看法,而主体身份问题既可以说是一个事实判断又可以说是一个法律判断。刑法理论界主流的看法是其主体不适格,因为我国刑法当时关于个人受贿犯罪只有两个罪名——受贿罪与公司、企业人员受贿罪,其中前者是指国家工作人员的受贿行为,后者则是指不具有国家工作人员身份的公司、企业人员的受贿行为。龚建平以职业联赛的裁判身份收受贿赂,其身份显然与以上两个罪名的主体身份不符。"包括高铭暄、王作富、赵秉志、程天权、卢建平在内的五位刑法学界权威专家为龚建平案出具的一份《法律论证意见书》中,一致认为,作为一个法律空白,依据刑法'法无明文规定不为罪'的

---

① 参见〔英〕休谟:《人性论》(下册),关文运译,商务印书馆1980年版,第505、508—509页。

原则,对龚建平应依法作无罪处理。"①然而,最终龚建平被检察机关以公司、企业人员受贿罪起诉,被法院以受贿罪定罪。

至少从形式上来看,以舆论为主导的民意的推波助澜对于该案的发展起到了重要作用。"这次司法介入足坛扫黑,是在各大新闻媒体,包括中央电视台的《新闻调查》《东方时空》以及《今日说法》等国家级媒体都已经反复报道足球黑哨事件后,高调行事的。关注这一事件的人都知道有许多足球裁判卷入了黑哨丑闻。此时司法介入黑哨事件,必然引起全社会的高度关注。"②同样地,也会形成强大的民意压力。

对此,有观点评价得比较中肯:"司法界不同于娱乐圈,不以吸引眼球为成功的标志,而是以公正司法为最低要求,关注的人越多,评判司法机关的行为是否公正的标准就越严格,要想让人认为实现了司法公正就越难。而此时,司法部门所掌握的证据却十分有限,也尚不清楚案外因素的干扰有多大,在远远没有作好公正司法的准备时,仓促介入,显然它在时机、证据收集及应对外部干扰的准备上都是不充分的。"③但是,这种审慎的态度在强大的舆论压力面前似乎微不足道。

受贿犯罪后续的立法变迁似乎也印证了定罪的不充分性。在龚建平被确定为受贿罪之后,刑法修正案对于公司、企业人员受贿罪的内容加以了修改,将犯罪主体从原来的"公司、企业人员"扩大至"公司、企业以及其他单位人员",从而将主体范围扩充,并将罪名随之修改为"非国家工作人员受贿罪"。不知这个修改是否为亡羊补牢,但至少可以反推龚建平案件的法律缺失。在行为时并无法律规定的不应当被定罪,事实上龚建平不仅被定罪了,还被判处了 10 年有期徒刑。

再如,在佘祥林案审理过程中有着这样一个细节:湖北省高院发回重审之后,本来存在着纠正的契机,但是民意的压力不断加剧,220 名群众联名上书,要求严判佘祥林,加之权力自我的偏袒,导致案件滑进了冤案

---

① 韩勇:《黑哨入狱:受贿罪还是商业受贿罪?》,http://www.fsou.com/html/text/art/3355790/335579024.html,2010 年 6 月 15 日访问。
② 文晔、唐磊:《龚建平没有带走的疑问》,载《中国新闻周刊》2004 年 7 月 22 日。
③ 同上。

的泥沼。从一定意义上可以说,民意成为一种冤案产生的推动力,或者说成为一个不合理体制的帮衬,司法独立在承受着来自权力的压力的同时,也承受着民意的冲击。"而正是在这种'民意'的幌子下,直至今天也没有人提出对张在玉娘家亲属这群始作俑者的法律责任追究,哪怕是道义上的谴责。"①

通过以上分析,我们可以发现,民意在很多时候并非不产生作用,恰恰相反,而是会产生实质性的影响。

2. 民意对于量刑的影响有些也是实质性的

曾经轰动上海的"5·29"大案就是一个较为典型的事例。该案的基本事实是:1992年5月29日,吴某及其三位亲属因为琐事当街剥下被害人衣服进行侮辱猥亵,后又抗拒执法。《劳动报》《新民晚报》《解放日报》《文汇报》等相继进行了相对较为冷静的报道。6月3日,"一份有50多位居民联合署名的揭发信寄往市人大、妇联、政法委,言辞咄咄逼人:法律能允许流氓对我们的姐妹施暴吗?随后市妇联主任邢至康、市妇女儿童保护委员会副主任杜玉英先后发表谈话,强烈要求司法部门从严从快惩处罪犯"②。6月25日,该案开庭审理,法院首次聘请了26名人民陪审员全部在旁听席上就坐,其中两名陪审员直接参与这起刑事案件的审理。"7月13日下午2时,中级人民法院再次开庭,将对6名被告人作出一审判决,究竟杀还是不杀,1300万市民关心的这个谜底终于揭开——审判长用浑厚的声音宣读判决:被告人吴某犯流氓罪,判处死刑,缓期二年执行,剥夺政治权利终身。"③

该案最终选择了死刑缓期两年执行显然不再是刑期量的变化问题。从某种意义上来说,与其说定罪是实质性的,不如说量刑是实质性的,刑法的动用最终无非是确定当事人的刑事责任,而刑事责任主要是通过承担特定的刑罚来完成的,定罪也是为了解决刑罚轻重问题。因此,量刑势必因带有实质性而受到关注。譬如,在许霆案中,刑罚从最初的无期徒刑

---

① 刘祖华:《警惕"民意"干预司法独立》,载《三湘都市报》2005年7月22日。
② 钱勤发:《一点水珠掀起轩然大波》,载《上海法治报》2010年6月4日。
③ 同上。

直至在民意强大压力之下通过报请最高人民法院批准的方式确定为5年徒刑，又何尝不是质的变化。如果定罪因其专业性而让民众无所适从，刑法的宣告刑则触动着民众敏感的神经。

(二) 刑事案件的专业化特征决定了民意的虚妄

与民法相比，刑法具有绝对的规范性要求，禁止伦理入法更为坚决，这就排斥了民意基础的可能性。具体来说，民法的基本原则与刑法的基本原则存在着较大的位差，刑法中的罪刑法定原则、平等适用刑法原则、罪刑均衡原则均体现出了刑法规范标准的至上性；而民法中的规范存在着较多的缓冲和柔化。原因具体表现在以下几方面：

1. 公平原则容忍民意在民法中的间接表达，而刑法则迥然相异

公平原则是民法中重要原则，这一原则实际上既是一个民法中至上的宏观标准，同时又是一个在民法规范穷尽之后的具有强烈伦理性的原则，支配了立法以及司法的过程。譬如《瑞士民法典》第1条规定，如果法官在制定法中不能发现相应的明确规定，则必须根据习惯法作出判决，而在没有相应习惯时，"则根据如果他作为一个立法者应采取的规定"。我国台湾地区"民法典"第1条也规定："民事法律所未规定者，依习惯，无习惯者，依法理。"也就是说，在民事规范穷尽之际，习惯和司法者所理解的法律就开始发挥作用。这里的习惯问题无疑和民意相互关联，因为习惯所认可的公平信念恰恰是民意形成的基础。

民法中的这一原则显然和刑法的刚性存在显著差异，根源在于：根据罪刑法定原则所要求的法律的法定化、规格化、明确化，司法者必须严格遵循法律规定的内涵，尽管存在着解释的权力，但是这种解释不能超越规范性的基本要求，否则就是被禁止的。所以，刑法以及刑法适用的要求是刑法规范的明确化，防止由于刑法的不确定性所导致的国家权力的随意性，刑法的确定性就是为了防止"权力"的滥用。而民法规范则具有较大的不确定性，也正是由于这种不确定性，往往会导致一种"合法"的权利滥用。因此，为了实现公平，甚至提出了禁止"权利"的滥用，市民社会的参与人在社会经济活动中应当遵循该项权利的设立宗旨，不得利用该项权

利从事损害社会或他人利益的行为。因为在市场经济社会，行为人出于追逐私利的需要，不可避免地会做出损害他人和社会公共利益的行为，从而使个人权利与社会利益之间存在尖锐的对立和矛盾。个体的利益和要求只有通过与其他个体的利益相结合，才能形成为国家和法律所认可的普遍的社会利益。

2. 公序良俗原则认可民意在民法中的间接表达，刑法则排斥习惯法

公序良俗原则是民法中的一个重要原则，且许多国家的民事立法都明确规定了这一原则。这主要是因为国家立法无法穷尽社会发展中的各种规范，所以以公序良俗为标准，弥补立法的缺损。① 所谓公序，实际上就是在社会公众认同下的公共秩序；而所谓良俗，是指善良风俗，是指民间社会长期以来所形成的没有进入法律视野的日常的社会交往范式。显然，这也是民意的来源。

在司法实践中，公序良俗原则也得到了适用。譬如，2001年在四川泸州发生"二奶"继承案（其实是第三者接受遗赠案），案中被继承者将自己的遗产赠与第三者，配偶方在其死后拒绝交付，被第三者方起诉。这本是一个非常简单的遗产继承纠纷，然而在当前社会第三者插足婚姻导致离婚率居高不下的社会背景下，以及恰逢2001年《婚姻法》修订激烈讨论的前后时期，经媒体的广泛报道后成为全国瞩目的一个案件。在这一案件的发展过程中，在经过媒体的频繁报道之后，最终舆论的倾向显然十分明显。最后，法院判决依据《民法通则》第7条"民事活动应当尊重社会公德，不得损害社会公共利益"的基本原则，认为被继承人的遗嘱虽然是其真实的意思表达，形式上也合法，但遗嘱内容存在违法之处，且被继承人与受遗赠人的非法同居关系违反了婚姻法的有关规定，被继承人的遗赠遗嘱是一种违反公序良俗和法律的行为，因此是无效的，判定"二奶"败诉。这样的判决显然和民意的主要倾向是一致的，民意的要求在判决中得到了体现。

---

① 不仅于此，公序良俗原则的地位是不断上升的，从最初作为契约自由限制发展至私法自治的最高原则，体现了法律的根本精神。日本学者我妻荣、芥川等甚至将维护公序良俗提升到了法制根本观念的高度。

违反良俗的行为主要包括反人伦的行为、有损人格尊严的行为、违反道德风俗的行为、有伤风化的行为，等等。这些行为都是建立在一定阶段所积淀下来的民众生活习俗上，因为较为广泛的认同而具有了正当性，有些显然是民法规范没有规定的，有些甚至是和民法规定存在冲突的。但是，因为建立在民众认同广度上，附着在民意基础之上，这一标准就取代了法律标准，而这在刑事案件中是不可想象的。此外，作为习俗审判依据的时候，法官虽然可以通过自身的价值观和认同度来确定良俗，但是毫无疑问，行为方式是否成为一个习俗或者说一个习俗能在多大程度上成为一个原则影响案件的判决，显然和民众的反应程度密切结合在一起。在上述继承案中，理论纷争十分强烈并且可能长期存在，法律标准也不足以左右法官作出裁决。在左右为难的情形下，良俗就成为评判的砝码。但是，这个砝码必须达到一定的重量才能促使法官下定决心。民意的倾向无疑决定了习俗的重量，决定了天平最终的倾向。而在刑事司法中，罪刑法定原则的确立决定了对习惯法的排斥，习俗或许会成为一种量刑的情节，但仅仅是一种酌定情节而已，对于刑事责任并不能产生决定性的影响。一旦习俗在刑法中具有决定性，尽管言必称公序良俗，但刑法的确定性就丧失了，刑法就开始滑向恶法的渊薮。

3. 基于上述民法与刑法基本价值的区别，在司法过程中又出现了一系列具体构造的显著差异，其中最显著的表现在证明规则上

追究法律责任的过程就是事实的证明和法律的适用问题。在刑法中，因为可能最终涉及被告人的自由乃至生命，所以慎刑成为一个主要特色，犯罪的证明标准自然十分严格，这与民事诉讼的规则差别明显。譬如，在英美国家中，刑事诉讼的证明标准被归结为排除合理怀疑（beyond reasonable doubt），民事诉讼的证明标准则被归结为盖然性优势（preponderance of probability）、优势证据（preponderance of evidence）等。

对于两者之间证明标准的差异，英国的丹宁勋爵1947年在 Miller v. Minister of Pensions 一案中作出了经典的阐述："在刑事案件中……排除合理怀疑的证明并不意味着连怀疑的影子都必须排除掉，如果法律允许幻想的可能性妨碍司法的过程，它就不能有效地保护社会。如果不利于

被告人的证据十分有力,而有利的可能性甚微,就应当以如下裁决来驳回这种可能性,'当然,它是可能的,但一点也不确实'。倘若如此,此案的证明即已达到了排除合理怀疑的程度,但任何小于此种程度的证明都不够充分";"在民事案件中……必须能达到合理的盖然性程度,但不必有刑事案件中要求的证明标准程度高。如果证据如同法庭所说:'我们认为是的可能性比不是的可能性高',则证明责任得到卸除,但如果可能性相同,则证明责任不能卸除"①。美国的哈兰大法官也指出:"虽然'优势证据'和'排除合理怀疑地证明'这两个术语在数量上是不精确的,但它们向事实发现者传达了关于其被希望对事实结论正确性具有的自信程度的不同观念。"②为什么刑事证明标准要明显高于民事证明标准呢?其中缘由一目了然。错误的刑事判决是对于底线人权的严重侵犯,也正是因为如此,哈兰大法官更是将排除合理怀疑标准上升到正当程序的高度,认为刑事案件中对于排除合理怀疑证明的要求是基本的程序正义的表达。

我国 2001 年通过的《最高人民法院关于民事诉讼证据的若干规定》第 73 条第 1 款规定:"双方当事人对同一事实分别举出相反的证据,但都没有足够的依据否定对方证据的,人民法院应当结合案件情况,判断一方提供证据的证明力是否明显大于另一方提供证据的证明力,并对证明力较大的证据予以确认。"这明确了民事证据证明标准的高度盖然性占优势适用原则。如何确立一方证据证明力的大小,要求法院结合具体情况,然而何为具体情况并不明晰,法官的能动性以及民众的意见便开始具有发挥的空间。例如,在一起借贷纠纷案件中,"原告李某持一张被撕成几半且泡过水后又粘在一起的借条,起诉被告欠其借款本金 2 万元及利息未还。被告答辩称已归还原告借款本息,借条已当着原告的面撕毁丢在自家的水槽里,原告于次日趁被告不在家,将借条捞起。对于借条被撕毁后丢失在被告家水槽里,并由原告于次日捞走的事实双方均无异议。原告主张的事实为:去被告家讨账未果,借条被被告抢走撕毁丢在水槽里,原

---

① 王学棉:《英美法系民事诉讼证明标准考察》,载《美中法律评论》2005 年第 1 期。
② 转引自廖明:《"排除合理怀疑"标准在英美国家的理解与适用》,载《证据学论坛》2004 年第 2 期。

告于次日趁机捞走,故被告并未偿还2万元借款本息。被告提出了另外一个版本的事实:原告去被告家结算欠款,被告还清原告借款本息,当面销毁借条后随手丢在自家的水槽里,后被原告偷偷捞走"①。双方提出了相反的主张,但均没有依据否定对方的证据。后承办人通过调查、走访当事人在当地的诚信程度来确定证据的盖然性优势,实际上民众的看法就影响到了法官的心证。这在刑事司法中同样是不可想象的。

在刑事证明规则方面,在屡屡发生冤案之后,中国的司法者也痛定思痛,致力于各种规则的完善。譬如,在赵作海案件得到纠正后不久,两院三部就通过了《关于办理死刑案件审查判断证据若干问题的规定》,对于死刑案件的认定作出了更加专业化的规定,其中对于违法证据、意见证据、证据复制、直接言词证据进行了规定或强调,尽管其中还存在着诸多不完善之处,但是至少有两点是明确的:其一,这说明了刑事案件证明要求日趋严格,而这是关闭冤案之门的锁链。可见,在认定犯罪尤其是死刑案件的时候,对于证据的重要性认识达到了一个新的高度,司法逻辑也在逐步由实质合理性转向形式合理性。其二,这强调了认定犯罪的基础就是证据本身,其他因素不应被强调,其他权力或声音也不应介入。

在这样的背景下,实体正义的追求固然没有被完全摒弃,但程序正义的要求被强化,并且不再局限于口头,而是落实为一种行动的规则。如果最终确实落到了实处,那么民意在这样的案件中还有多少生存空间呢?

4. 在刑罚权不能让渡给被害人的情形下,让渡给民意是无法想象的

在民事责任的追究过程中,民事权利诉求是可以放弃的,这实际上是一种让渡。权利人的这种主导性决定了法庭双方当事人之间存在放弃的可能,更存在妥协的空间,甚至在以定分止争为目标的思维中,这种妥协是被鼓励的,也正是因为如此,民事调解存在正当性基础。从另外一个层面上说,有时即使权利人的主张得到了法律的形式支持,但是因为涉及与社会信念的矛盾,其权利实现也受到了约束。这实际上是一种被迫的让渡。

---

① 李惊涛:《试论优势证据规则》,载《人民法院报》2005年8月24日。

在刑事诉讼中，在司法机关、被告人、被害人以及公众之间，公众显然是一个旁观者，确定刑事责任的主体理所当然是司法机关。近些年热衷于讨论刑事案件的和解，实际上就是能否将国家的刑罚权部分让渡出来交给被害人的问题。而民意如果产生作用，实际上就是刑罚权再度让渡给社会公众（尽管被害人的意愿和民意都是要通过国家刑罚权产生作用）。对此，笔者认为，鉴于轻微刑事案件的侵害性主要指向被害人个体的权益，对于整个公共秩序的影响轻微或者甚至可以忽略不计，所以国家权力无论是基于秩序的需要，还是基于修复社会关系的需要，都乐于看到当事人之间的和解。但是，对于重罪案件，由于犯罪主要表现为一种公共性损害，因此和解的理由就不再有说服力。因为如果允许私人之间的妥协，无疑是在容忍公共秩序被交易，所以被害人的谅解或仇恨并不应成为一种主导性因素。与此相应的是，其一，对于轻微刑事案件，民意有作用的空间，但这里的民意往往不具有可关注性；对于重罪案件，民意的作用则应被克制。其二，从逻辑上说，如果国家让渡刑罚权，首先应当让渡给哀矜之下的被害人，应当考虑被害人及其家属之间的痛苦与宽容对案件所造成的影响，这似乎是不言自明的。然而，通过以上论述我们可以发现，这种让渡存在着难以逾越的关隘。如果绕不过这道坎，则刑罚权让渡给民意显然就更不能想象了。其三，即使绕过了这道坎，还有一个问题——情感和意念之间毕竟有产生冲突的时候，将民众的意念凌驾于被害人的情感之上是否不容置疑？

三、刑事审判独立情形下民意才能被真正排除

（一）司法科层化所包含的民意认可

我国法律中并没有明确使用司法独立这样的范畴，只是在《宪法》第131条中隐约包含了"司法独立"的内涵。《宪法》第131条规定："人民法院依照法律规定独立行使审判权，不受行政机关、社会团体和个人的干涉。"党的十五大报告中提出："推进司法改革，从制度上保证司法机关依

法独立公正地行使审判权和检察权。"《法官法》第 1 条也开宗明义地规定:"为了全面推进高素质法官队伍建设,加强对法官的管理和监督,维护法官合法权益,保障人民法院依法独立行使审判权,保障法官依法履行职责,保障司法公正,根据宪法,制定本法。"根据以上规定或报告,可以得出以下结论:其一,我国法律的规定尽管包含着司法独立的理念,实际上毋宁表述为审判独立。其二,这里的审判独立不能等同于法官独立,其实质上是法院的独立。几乎所有的规定都将审判独立的主体限定在人民法院,甚至《法官法》第 1 条还明确将"保障人民法院依法独立行使审判权"与"保障法官依法履行职责"分开表述。所以,这里的审判独立实际上是法院的独立。其三,这种独立所强调的是审判权行使的一种排他性,并不具有司法独立的基本属性,加上长期以来形成的权力行政化倾向,因此审判活动就带有科层化、集权化的特征,作为个体的法官发挥作用的空间受到了极大限制,法院作为一个统一主体的作用被放大。法官的能动性最大程度地被克制,法院的能动性被扩展,整体意志的统一性制约了法官的独立性思考,行政化的权力作用相对较为突出。

在这样的背景下,司法公正面临着一系列问题,原因在于:第一,司法程序是为保证审判法官的客观判断和公正判决而设置的,因为司法过程是一个专业化的过程,专业思维在事实和法律之间架设直通桥梁,而对于案件细节的把握是砖石,这些在刑事案件中尤其被强化。第二,司法责任应当是个体化的。实际上,无论是在古代诉讼还是在现代诉讼中,法官的权责应当对应。只有赋予个体相应程度的权力,引导法官作出正确裁决的体系才能发挥作用,制约或制裁法官的一整套制度才能相匹配,问责体系才能彰显合理性。譬如,在赵作海冤案的纠正过程中,对于造成冤假错案的司法官员应当问责是当然的结论,但是问责的方式和程度不乏争鸣,现实中不乏为他们叫屈的声音。这实际上就是权责不对应所导致的问责体系紊乱的结果。

更为重要的是,司法行政化之后,整体性的价值观往往占据主导地位,从而导致法官个体的价值观受到压缩。而整体性的价值观往往诉诸某种政治性的诉求而不是诉诸案件本身的法律本意。法官缺少司法能动时,这一价值观的影响往往是超强而且是全方位的,而对于民意的考察正是政治性诉求的一个重要内容,就如同选举政治与民意的关系一样。以最高人民法院于 1999 年开始在全国开展的"争创人民满意的好法院,争当人民满意的好法官"活动为例,①应该说,法院作为一个司法机关将人民满意作为一项目标本身是没有问题的。这一政治性目标是一个带有终极性的目标,甚至可以说,严格遵守法律的规定就是让人民满意,因为法律是党领导人民制定的。同时,司法机关的行为关涉到众多与民众联系的环节,现实中确实存在诸多工作和适用法律的问题,使得司法形象受损。所以,这样的亲民说法本身并没有错。但是,如果将之落实为刑事司法过程本身甚至具体的办案思路,则面临着两个困境:其一,人民满意的标准是什么?民众的意愿是否就是人民的意愿?其二,人民的满意与法律的确定性之间产生冲突的时候,应当如何处理?在这些问题没有厘清或解决之前,民意介入就不具有正当性。

(二) 刑事审判独立与民意之间的对立大于协调

"法官受理性的支配,真正的法官是坚定的理性主义者"。司法者在判断案件的时候不可避免会打上自身价值观的烙印,在刑事审判中更是如此,因为其所遭遇到的是与生命和自由的博弈,这种博弈决定了司法的价值观往往具有非常重要的作用。譬如,我国台湾地区前法务主管部门负责人王清峰就因为价值观的驱使而拒绝签署诸多已经定谳的死刑判决,而继任负责人却反其道而行之。民意关注的仅仅是个案中的实体正义,往往是以日常思维看待和解决法律思维应当解决的问题。

在当前社会,民意的表达虽然是零散的或者说感性的,但是主要的方式还是趋同的,如联名信等具体方式,更多的是通过媒体表露出来,而且确实也对刑事审判产生了较大影响,新闻媒介对邓玉娇刺死官员案、蒋艳萍案、刘涌案、宝马车肇事案、许霆案等的穷追猛打,无不影响到法院的审

---

① 该活动的指导思想是:"以人民是否满意为标准,广泛深入地进行为谁执法、为谁服务的宗旨教育,从人民满意的事情做起,从人民不满意的事情改起,重点解决裁决不公、执行不力、形象不好等群众反映强烈的问题。通过开展这一活动,切实增强广大审判人员和其他工作人员的公仆意识、群众意识、服务意识……"

判。在刘涌案中，辽宁省高级人民法院二审改判刘涌死缓公布一个星期后，上海的《外滩画报》首先发表质疑，《北京青年报》《南方都市报》《南方周末》等报刊迅速跟进，互联网上评论如潮，之后才有最高人民法院的提审和改判。因此，不得不在司法科层化体制中来审视民意、舆论与司法独立之间的关系。

民意对于刑事司法的实质影响包括正面和负面两个层面，就正面来说，民意是对于法律规范性适用的一种赞同，是为说明刑事判决的正当性服务的，所以并无独立价值；就反面来说，当民意与司法过程和结果产生冲突的时候讨论这一命题才具有实质性意义。但是，无论是正面认同还是负面影响，都不能否定各自立场的不同。这些不同主要表现在以下几方面：

1. 价值取向不同

舆论往往追求的是实体的真实，而司法追求的是法律的真实。在大部分案件中，实体的真实与法律的真实并非完全相合。譬如，在龚建平案件中，被告人作为职业裁判收受贿赂得到了司法和舆论的共识，行为的有害性也得到了认同，但是依据刑法规定这种受贿行为很难入罪，于是冲突便产生了；在美国的辛普森案件中，民众和舆论确信被告人实施了杀人行为，甚至法官也相信实体事实的存在，但是基于证据，法律的真实存在着一定欠缺，于是冲突便产生了。

2. 推演的过程不同

司法过程是一种法律逻辑推演的过程，而舆论的形成往往是道德审判的结果，体现了非专业性特征，这种基于道德的同情往往是感性的。譬如，龚建平案件被广泛讨论伊始，颇有老鼠过街人人喊打之势，但是当最终龚建平成为当时唯一一名被贴上罪犯标签的人的时候，舆论更多给予的是哀矜。再如，许霆案件伊始，人们引用英国等西方国家的类似事例，证明许霆的行为不应该被追究刑事责任，甚至类比腐败犯罪分子所承担的刑事责任来说明重刑的不公，但是一旦许霆在法庭上开始"狡辩"（实际上是辩护权的正常行使），人们哑然失笑，一哄而散。

3. 舆论所了解的事实往往是零散的，甚至没有经过质疑或论证

同时，在传播过程中，舆论带上了传播者的个人价值观和倾向性，客

观性大打折扣。譬如,2009 年 12 月 14 日,《中国青年报》刊登了记者郑琳、庄庆鸿撰写的《重庆打黑惊曝"律师造假门"》一文披露李庄案,倾向性明显,一些用语极具煽情色彩,从而迅速在网上传播并广为人知。随着记者的"妙笔生花",一个只要钱不要法的"讼棍"形象活生生地呈现在公众面前①,一个"逐利"如过江之鲫的行业也呈现在人们面前②,对于李庄案公众也开始倾注极大的热情进行讨论。2009 年 12 月 23 日公布的《最高人民法院关于人民法院接受新闻媒体舆论监督的若干规定》明确规定,新闻媒体如果对正在审理的案件报道严重失实或者恶意进行倾向性报道,损害司法权威,违反法律规定的,将依法追究相应责任。

其实,舆论的这种"倾向性"报道并不鲜见,这也让人想起多年前的戴振祥投机倒把案③。在该案的审理过程中,《天津日报》发表了《畸形儿的出世——东方公司曝光》的长文,文章以文学手法描绘戴振祥及东方公司,说是"受社会怪胎现象与胎儿自身不健康及其所处的经济、文化环境和历史传统背景相联系的一个'畸形儿的出世'。这个畸形儿一经出世,就是个吃人的'狼外婆',张开了'血盆大口','按捺不住内心的欲火,下决心抓住利民道工程这棵摇钱树','不仅自己生活包括儿子上大学所有的

---

① 该报道中的一些语句令人瞠目结舌,譬如:"欣喜之余,李庄向京城同行发出信息:'够黑,人傻,钱多,速来'!""一位不愿意透露姓名的重庆政法干部告诉中国青年报记者,重庆打黑除恶一系列案件进入司法程序后,'到重庆代理涉黑诉讼'一时成律师界热门。许多北京律师如赶场般云集重庆,寻找开展'业务'和施行'潜规则'的机会。"

② 譬如,报道中说:"据资料,在刑事案件中,律师胜诉的比例仅有 5%,也就是 95% 是败诉。面对当事人的巨大诉讼投入,有多少律师在说明败诉原因之余会对当事人说'对不起'?当事人有苦难言,实际上造成了'第二次伤害'。律师的尴尬作为和滥用'潜规则',所造成的灾难全由国家和民众来承受。"

③ 戴振祥,原中国市政工程华北设计院(天津)土木工程师,兼任天津市图算学研究会副秘书长。1985 年春,他停薪留职与其他科技人员创办了"东方应用技术开发公司",未用国家一分钱,联络 30 多个单位集资联建住房,经营额达 3000 余万元,承接利民道工程,改造了 30 多年来未得到改造的大片宿舍,兴建大楼近 10 万平方米,使数千户居民摆脱恶劣居住条件,当时还被作为创举。一年后,当楼房已建到四层时,他却作为经济犯罪的大案要犯查处,公司被迫解散。1988 年 9 月 14 日,天津市中级人民法院以投机倒把罪判处戴振祥有期徒刑 4 年,戴振祥不服,提起上诉。1988 年 12 月 30 日,天津市高级人民法院就戴振祥投机倒把案作出终审裁定,驳回上诉、维持原判。1993 年 6 月 22 日,最高人民法院启动审判监督程序,裁定撤销天津市两级人民法院关于戴振祥投机倒把案的相关刑事判决和刑事裁定,并指令天津市中级人民法院对戴振祥投机倒把进行再审。天津市中级人民法院于 1993 年 11 月 10 日作出再审判决,宣告戴振祥无罪。

生活费都捞个绰绰有余',还把东方公司捐赠市政府 120 万元说成'捐个好听的名声,令人敬慕的社会地位……买自己要买的一切'。"①

此外,民意在认定事实的时候标准是漂移的。多数时候,舆论有罪推定的倾向较为明显,媒体往往倾向于采访并相信被害人及其家属或者侦查阶段的公安、检察机关,而这种相信实际上并没有说服力。这一确信与最终的审判结果产生冲突的时候,也不是基于法律层面的原因。于是,民意往往包含着一个巨大的逻辑谬误——相信公安机关的破案结果是正确的,相信审判机关的判决是错误的。譬如,在佘祥林案件中,一些民众包括舆论就认为佘祥林杀人了,因为案件被破获了。相信国家机关,所以宁信佘祥林杀人,但又不相信国家机关,所以宁信不判死刑不公。这样的逻辑印证了鲁迅先生《阿Q正传》中的最后一段点睛之笔:"至于舆论,在未庄是无异议,自然都说阿Q坏,被枪毙便是他的坏的证据:不坏又何至于被枪毙呢?"一个人不是因为坏而被判处死刑,而是因为被判了死刑所以肯定很坏。信与不信之间的竞合只是源于一种朴素的情感,因果关系被彻底倒置。

媒体的报道形成一种民意的力量,从而形成一种舆论压力,而这种舆论又对行政权力的认识产生了重要影响。当行政权力与司法权力纠结不清的时候,最终必然的结果就是司法妥协,而司法妥协的实质就是法律屈服。这里的法律屈服与其说是屈服于民意,不如说是屈服于科层化的权力。

鉴于行为自由所形成的舆论压力以及可能形成的对于民意的引导会诱发对于司法独立的干涉,1948 年,联合国《国际新闻自由公约草案·第三公约》把"妨碍法庭审判之公正进行"的新闻列为禁载。1994 年,世界刑法学会第十五届代表大会上通过的《关于刑事诉讼中人权问题的决议》第 15 条规定,公众传媒对法庭审判的报道必须避免产生预先定罪或者形成情感性审判的效果,如果预期可能出现这种影响,可以限制或禁止无线

---

① 张传桢、李志刚:《戴振祥冤案平反始末及其反思——建国以来法学界重大事件研究(十四)》,载《法学》1998 年第 7 期。

电台和电视台播送审判情况。1994年8月,《媒体与司法关系的马德里准则》(以下简称《准则》)的取向则是媒体自由优先于司法独立。一方面,《准则》第9—12条规定明确列举了法院限制新闻报道的法定目的:"因为对未成年人或者其他特殊群体进行保护的需要","为了防止对被告人的严重偏见","为了防止形成对证人的压力、对陪审员和被害人造成损害","因为国家安全的理由","民事案件中为了保护私人合法利益";另一方面,《准则》的实施策略明确强调:"尽管对于法官回答媒体的问题可以通过立法做出合理的规定,但法官不应当被禁止回答公众提出的与司法有关的问题。"但是,《准则》并不是一部生效的规则,至多只是一种参考。

鉴于两者的冲突,最好是设置隔离墙,这有两种途径:一种是"传媒禁区",规定媒体对于某些案件不能进行报道,舆论自然就无法形成,自然就谈不上民意;另外一种就是"无污染审判",譬如英美法系国家通过制度规定的"无污染陪审员遴选""封闭陪审团""异地审判"措施以及大陆法系国家的集中审理制度等。第一种做法显得非常快捷,但不是解决问题的常见方法,因为往往引起民意与法律冲突的案件并非都是应设置传媒禁区的案件,真正能够成为常态的方法就是保持司法独立于民意,尽量缩减民意作用的空间和机会。

四、宣告刑超越刑法的进一步考察——民意乎?权意乎?

民意作用的产生在许多时候是和公权力同向的结果,无论是所谓的"顺应"民意还是"引导"民意,民意的作用过程总是和权力杂糅在一起,有的时候甚至很难说是权力主导影响刑罚还是民意影响刑罚。

为什么会产生这样的状况?一个根本性的原因还是民意的信息源来自权力,并且倾向于认同这一信息的权威性。基于民意的权力信赖和权力依赖,民众对于官方所披露的信息往往不加怀疑也没有能力进行质疑,这是民意产生的基础。民意对于定罪和量刑的评判以这样的"信以为真"为基础,所以从源头分析,权力与民意是结合在一起的。在这个时候,与其说权力顺应了民意,不如说权力获取了民意的支持,促使民意对权力进一步的认同。譬如,在我国台湾地区关于死刑的争论中,法务主管部门负责人王清峰因拒绝签署死刑而在强大的民意压力下下台,似乎民意成为主流。最终新任法务主管部门负责人签署了死刑,似乎是顺应了民意。但是,事实上是掌握权力的一方由此也获得了更多的选票。民意得到了体现,权力获得了支持。更为重要的是,权力本身与权力个性化是存在区别的。尽管可能个性化的权力(如王清峰本人)对于死刑是排斥态度,但是整体化的权力似乎对于死刑是不予适用还是继续适用的态度是不明确的,是否有利于维护权力本身事实上成为一种作出选择的出发点。当权力支持死刑适用的时候,"民意主张保留死刑"成为一个有力的论据。英国学者胡德指出:"在对是否废除、保留或恢复死刑进行决策时,民意非常频繁地被引为主要因素之一。日本、苏联、中国、泰国以及其他一些地区的政府官员都宣称,支持死刑的民意力量使得对死刑的废除无法进行。"①而当国家对于死刑持有排斥态度的时候,尽管要求保留死刑的呼声高涨或者属于多数民意,国家依然会拒绝死刑的适用。因此,民意的作用实际上往往取决于权力本身所要索取的内容。譬如,在龚建平案被审结之后,足坛打黑行动并没有顺从民意的发展而深入下去,行动在不该停止的时候停止了。有关司法机关在处理完龚建平案后,突然在民意的热切期盼和等待中完全停止了对所有"黑哨"及相关活动的追诉,权意与民意分道扬镳。

不仅如此,在权力骑虎难下的时候,民意有时已经成为一种名义。让我们再回顾一下佘祥林案件:在决定佘祥林命运的关键时刻,姚岭村220名村民写的联名信被送到了湖北省高级人民法院,要求"从重从快枪毙佘祥林"。在审委会上,湖北省高院的领导明确表示:"以事实为根据,以法律为准绳,这是我们断案的出发点。法官不要考虑'民愤',法律也不能听从'民愤',省高院的法律文书不能被'民愤'左右。"1995年1月10日,湖北省高级人民法院签发了编号为"(1995)鄂刑一终字第20号"的《退查

---

① 〔英〕罗吉尔·胡德:《死刑的全球考察》,刘仁文、周振杰译,中国人民公安大学出版社2005年版,第475—476页。

函》，决定撤销一审判决，该案发回重审。可见，佘祥林案件中的民意问题最初是被审慎对待的，民意也被司法者所理性审视。因为刑事司法和民意立场的不同决定了妥协也较为艰难。但是，当第三方的权力介入之后，因为其与二者之间关系的非冲突性，其协调能力便显得游刃有余。佘祥林案件发展到后来也就印证了这样的逻辑。在多次退查之后，1996年12月15日，荆门市检察院认为佘祥林的行为不足以对其判处无期徒刑以上刑罚，将该案移交京山县检察院起诉。1998年3月31日，京山县检察院将此案起诉至京山县法院。1998年6月15日京山县法院以故意杀人罪判处佘祥林有期徒刑15年，附加剥夺政治权利5年。佘祥林不服提出上诉，同年9月22日，荆门市中级人民法院裁定驳回其上诉，维持原判。之后，佘祥林被投入沙洋监狱服刑11年。

从案件管辖级别的变化，我们似乎可以看出一些端倪。佘祥林案件最后的二审认定："1998年6月15日，京山县人民法院作出了（1998）京刑初字第046号刑事判决，以被告人佘祥林犯故意杀人罪，判处有期徒刑十五年，剥夺政治权利五年。被告人佘祥林不服，提出上诉，本院于1998年9月22日作出（1998）荆刑终字第082号刑事裁定书，裁定驳回上诉，维持原判。"根据《刑法》第232条的规定，故意杀人罪相对应的法定刑首先就是"死刑、无期徒刑或十年以上有期徒刑"，而根据《刑事诉讼法》（1996年修正）第20条的规定："中级人民法院管辖下列第一审刑事案件：（一）反革命案件、危害国家安全案件；（二）可能判处无期徒刑、死刑的普通刑事案件；（三）外国人犯罪的刑事案件。"①如果一个"杀人犯"被认定为故意杀人罪且没有任何从宽情节，显然首先选择的即应该是死刑或无期徒刑，也就是说应该由中级人民法院管辖进行一审，这也是荆州地区中级人民法院一审判处佘祥林死刑的原因。只是后来湖北省高院发回重审，司法程序已经处在进退维谷的情形下，作为第三方力量的政法委出面了。1997年10月8日下午，关于佘祥林案的协调会在京山县人民检察院五楼会议室召开。组织者为荆门市政法委，荆门市中院、荆门市检察院以及京

---

① 现行《刑事诉讼法》中该条内容有较大改动，且变为第21条。

山县政法委、京山县法院和京山县检察院的负责人均到席参加。荆门市中院出具的《关于发现佘祥林故意杀人一案判决错误以及依法纠错的有关情况》一文指出,此次协调会决定对佘祥林故意杀人一案降格处理,由京山县检察院向京山县法院提起公诉,对佘祥林判处有期徒刑。从而避开了高院作为二审环节,且由于不能判处死刑,又避开了复核死刑这一环节。这里面显然让人感到了消化案件的踪影,看到了权力协调的痕迹。实际上,在最终对于佘祥林案件的处理中民意已经不再重要,而是权意的肆意妄为,但仍美其名曰"顺应民意"。

在赵作海冤案中,整体化权力的意志作用也十分明显。1999年8月,柘城县公安局以故意杀人罪将案件移交柘城县检察院起诉。由于该案重大,同年9月28日,柘城县检察院起诉科将该案报送商丘市检察院起诉处审查。经审查后,商丘市检察院认为该案事实不清,证据不足,证据上存在重大问题:无名男尸没有经过鉴定来确定身份。同时,赵作海向商丘市检察院全部推翻了原来的供词,因此决定将案件退回柘城县公安局补充侦查。随后,商丘市检察院发现重大问题仍然没有解决,再次将案件退回。最后一次退卷是在1999年12月9日,之后检察机关没有再受理该案。2001年,全国进行大规模的刑事案件清理超期羁押专项检查活动。2001年7月,商丘市政法委曾经召开过一次联席会议,认为该案尸源问题没有确定,仍然不具备审查起诉的条件,因此仍然决定不予受理。"但是,到2002年8、9月份,公安机关在清理超期羁押专项检查活动中,(又)将这个案件提交商丘市政法委研究,通过商丘市政法委组织了一个专题的研究会。这个案件在这次会议上进行专题汇报,汇报过程中,经过大家集体研究,认为这个案件具备了起诉的条件。"①上述会议后,商丘市检察院受理了赵作海涉嫌故意杀人案。2002年11月11日,赵作海被提起公诉。对于这一点,商丘市检察院检察长王广军说:"我们检察院最大的错误,就是没有坚持自己的意见。"②由此可见,宣告刑超越刑法的原因更多是来源

---

① 《刑讯逼供,法到"病"除?》,http://news.cntv.cn/china/20100531/103899_1.shtml,2016年8月5日访问。

② 转引自李丽静:《河南将立案追查赵作海案责任人》,载《南国都市报》2010年5月11日。

于权力意志。

笔者并不否定民意的存在,但是在一个缺乏多元化民意形成的环境中,在一个缺乏民意的正确表达渠道的条件下,虽然民意也可能代表了部分人的真实意愿,但其并不具有全面性,也正是因为如此,如果顺从了所谓的民意,法律的内涵就会被扭曲。而在司法独立缺失的状况下,这种不全面的民意又反过来同样被扭曲,因为无论是法律还是民意,都缺乏真正的捍卫者。只有法官成为司法的实质主体,法院的克制服务于法官的能动,其他的权力受制于司法机关的能动,司法权力才有了捍卫法律的资本。

在民意一元化和法官缺少能动性的情形之下,整体化的权力又缺少克制,司法出于对一元化民意的惧怕,只能选择屈从。而最终常见的结果就是第三方的权力可能通过与所谓的民意达成一致,压制或顺应法律的正当行使,或者反过来,权力以法律的名义压制或顺应民意。不论如何,权力都成为一种主导,即便权力可能出于高尚的动机,有时确实也会产生一些好的结果,但潜在的危害是巨大的。冤案的屡屡发生已经证明了这一点。

更为重要的是,民意有时会和整体化的权力产生对立,在这个时候,如果民意能占据上风,或许还可能证明在整体化的权力和民意的互动过程中,民意是主导的。但是,事实往往不是这样,因为在这个时候,民意不是在为权力粉饰太平,而是在质疑权力适用的正当性本身,所以为了维护权力行使的"正确"性,民意的作用就会下降甚至不被重视。譬如,在王树红一案中,犯罪嫌疑人王树红于 2002 年 10 月 10 日以涉嫌"强奸杀人"被批捕,丘北县检察院向文山州检察院移送起诉。文山州检察院受理后,发现该案存在大量疑点:(1) 没有从死者身体提取的遗留物(精斑)和王树红血液(DNA)的对比鉴定(后比对结果发现不属同一人);(2) 关于作案工具的供述前后矛盾;(3) 王树红是否具有作案时间无法认定,关于此点,磨依村村民写有联名信,证实案发当日王树红在村里放牛。于是,文山州检察院以证据不足为由,先后两次把《提请逮捕书》退回丘北县公安局补充侦查。

即使在这样的事实面前,犯罪嫌疑人仍然被羁押,直到真凶落网不久后的 2003 年 7 月 1 日,王树红才被送回家。此时,他已被无辜羁押了 299 天。在这个案件中,联名信实际上已经不是简单的民意表达,而是带有证据的性质,但即便如此,信件仍然没有得到重视,归根结底,因为民意的指向与权力的指向发生了冲突,自然就不在考虑范围之内了。

五、坚守法律信仰

刑事司法过程是一个坚守罪刑法定和贯彻疑罪从无的过程,此时作为司法者坚守法律信仰无疑是非常重要的。《朱子语类》中指出:"大抵立法必有弊,未有无弊之法,其要只在得人。若是个人,则法虽不善,亦占分数多了;若非其人,则有善法,亦何益于事?"法制的完善只是字面上的,错案出现后固然需要制度的亡羊补牢,但人的因素也同样应当被强调。法学家伯尔曼认为,法律只有被信仰,才能得到切实的遵守。

如果说法律职业者与一般民众有什么不同,二者之间存在什么差别,那就是虽然二者都崇尚正义,但对于正义的解读路径不一样。法律职业者必须信仰法律。如果说刑事司法者与其他专业司法者呈现何种位差,那就是刑事司法者对于法律信守的程度要求更高,对于规范的忠诚和信守远远高于其他司法,忠诚和信守的难度也较高。在中国当前的刑事司法过程中,基于法官科层化的管理方式,司法官员的独立性受到限制,所以本章主要是从体制层面的校正来进行分析,并对权力个性化的跟进予以一定程度的宽容。但是,宽容并不意味着纵容,更不意味着认同,作为司法权的具体适用者,坚守法律底线、匡扶法律正义、忠于法律职守是司法良知的表达。作为个人的修养,法治卫道士的决心和法律殉道者的气节,仍然是一种终极追求。实践中(譬如在赵作海案中),在一些司法官员身上已经可以看出这一可贵的品质,虽然他们的行为尚不足以阻遏冤案的生成,但这种品质是弥足珍贵并且需要弘扬的。正义作家左拉的灵柩被安放到先贤祠中的时候,法国议长说:"人们可以找到一些敢于顶撞国王的人,但敢于顶撞群众的人却很少。当人们要求'赞成'时,他却抬头说'不'。"[①]作为刑事司法旁观者的左拉为了德雷福斯案件尚且如此,刑事司法过程本身坚持原则更是天经地义。

---

① 〔法〕亨利·特罗亚:《正义作家左拉》,胡尧步译,世界知识出版社1999年版,第311页。

第六章　刑事政策的司法化回归

2006年,中共十六届六中全会通过的《中共中央关于构建社会主义和谐社会若干重大问题的决定》(以下简称《决定》)正式提出了实行宽严相济的刑事司法政策。自此以后,宽严相济刑事政策成为刑事法治的重要政治指南,成为构建和谐社会理念在刑事法治中的重要体现,成为刑事政策研究和实践中的集中性话题。刑事司法文件中更是言必称宽严相济,最高人民法院还专门制定了《最高人民法院关于贯彻宽严相济刑事政策的若干意见》,对人民法院在刑事审判工作中如何贯彻落实宽严相济刑事政策提出了具体、明确的要求。相关理论研究也是如雨后春笋,方兴未艾。于是,实践中出现了这样的现象:似乎只要说某一刑法制度、某一刑法规范乃至某一刑事判决为宽严相济原则所统领,就具有了正当性和现实性。

这种"标签化"现象使得宽严相济刑事政策的"口号化"趋势日益严重,尤其在刑法学界,由于刑事政策研究停滞不前,对宽严相济刑事政策的解读往往流于形式。如何理解宽严相济刑事政策?应当在何种范围内以及何种程度上适用该政策?这些问题似乎从未被认真关注和系统考察。由此,对宽严相济刑事政策的"误解"变成了"正解"。这一政策的确定性也不断丧失,使得法治的正当性受损,并再次堕入"泛政策化"陷阱。①

---

① "泛政策化"的特点就是在强调政策的重要性时,将政策与法律、策略混同。它在实践层面表现为政策的策略化和政策的法律化,这种现象就构成了"泛政策化"陷阱。参见郑敬高、田野:《论"泛政策化"陷阱》,载《青海社会科学》2013年第2期。

一、刑事政策司法化研究的理论自觉

（一）刑事政策研究中基础概念的模糊致使研究的范围缺乏确定性和一致性

刑事政策的概念与范围是刑事政策研究中最基础的问题，但对其探讨长期以来存在着奇怪的现象：首先，刑事政策的概念因具有多层次性而显得支离破碎。对于什么是刑事政策，学者们的归纳大相径庭："至今几乎所有关于刑事政策的著述，找不到两个完全相同的刑事政策定义"①；"有多少个刑事政策研究者大概就有多少种刑事政策概念"②。我国长期以来习惯于"概念统一"的模式，刑事政策的概念和范围因为缺乏一个清晰的标准而导致研究日渐式微，这本身就是不正常的。其次，对刑事政策概念的归纳虽然呈现出杂陈样态，但总体上似乎并非无规可循，况且"支离破碎"的各种概念——无论是广义的还是狭义的——在现实中不仅没有引起多少混乱，反而让大家习以为常。于是，概念的分歧似乎变成了一个没有意义的问题，莫衷一是的前提也没有影响研究主题之间的和睦。尽管有些学者对此提出了质疑，但并没有掀起多少涟漪和回响。由此导致的结果是：争议的销声匿迹致使理论的发展停滞，和睦的产生致使落伍的观念仍然大行其道。

刑事政策是一个体系，如何对待犯罪既是一个具体司法适用的问题，也是一个综合治理的问题。只不过因为每个人的研究是在其修习的专业领域内进行的，所以刑事政策的内容必然有一个具体的出发点。在论述一个具体规范的时候，只能依据研究领域来确定其基础定义，认识到这一点，才便于将刑事政策在该领域的定位、作用界定清楚，从而为研究的深入打下基础，而不能弃之不顾。

---

① 储槐植：《刑事政策：犯罪学的重点研究对象和司法实践的基本指导思想》，载《福建公安高等专科学校学报》1999 年第 5 期。
② 曲新久：《形事政策的权力分析》，中国政法大学出版社 2002 年版，第 34 页。

在研究中也有个别学者对这一乱象进行了反思,并且以狭义概念作为论断基础,但是并没有产生实质影响(多因各自为战,缺乏集中关注和深究的环境)。于今而言,我国刑事政策学的研究基本上是由刑事法学者结合刑事法理论展开的,这决定了应当将研究范围限定在刑事法治专业的范围内。学者们的研究结论虽然不尽一致甚或南辕北辙,但一个共识性的平台是必须承认的,否则就有失学说存在的确定性和规范性。这种共识大体可以归纳为:其一,刑事政策研究必须以法学为论域进行,而非在犯罪学、政治学甚至社会学意义上进行;其二,必须承认法具有独立于政策的价值,这是法治社会的基本要求;其三,应当承认刑法的制定是以公意为要求的,承认法的"安定性""合目的性与正义"(拉德布鲁赫语)的存在,而且"安定性"的要求应当是第一位的。

(二)刑事法治过程被当作刑事政策的作用过程,理论的"解读性"特征明显

由于在传统的刑事政策研究中,在政策与法律的博弈过程中,政策总是占据上风,立法成为政策的现实化体现,因此刑法也自然和政策形成了一种竞合关系。这种惯性至今仍未被阻遏,也没有进行深刻的反思。学者们普遍认为:"刑事政策的分系统是指刑事惩罚政策和社会预防政策。刑事惩罚政策是指国家机关运用刑事法律与违法犯罪作斗争的一切手段、方法和措施,包括刑事立法政策、刑事司法政策和刑事执行政策。刑事立法政策是指在刑事立法中的策略、方针和原则,是刑事立法的灵魂。刑事司法政策是指导刑事司法实践的具体指导思想和策略原则。刑事执行政策是指导刑事执行实践的具体指导思想和策略原则"[①];"刑事政策不仅包括刑事立法政策,还包括刑事司法政策、刑事执行政策和刑事社会政策"[②];"在国际化、全球化的21世纪,借鉴、移植现代法治国家现今的刑法制度,确认和内化国际刑罚体系的罪行规范与刑罚制度,使我国刑法与法

---

① 严励:《广义刑事政策视角下的刑事政策横向结构分析》,载《北方法学》2011年第3期。
② 刘仁文:《论刑事政策的概念与范围》,载《中国人民公安大学学报(社会科学版)》2005年第1期。

治先进国家的刑法以及国际刑法接轨,应当更成为我国刑事立法政策考量的重点"①;刑事法学界达成了一种理论共识,即刑事政策的价值不仅体现在刑法适用过程中,更体现在整个立法过程中。问题在于,上述理论共识实际上是法治前时代的一种共识,但是在强大的思维惯性面前,没有被很好地反思。

"我国的刑事政策学与大陆法系国家的刑事政策学相比较,在内容上存在重大差别。这主要是因为政策这个词,在我国政治生活中广泛使用,并通常是指党的政策。这种政策往往是指政党为实现一定历史时期的路线和任务而规定的行动准则。而我国当前的刑事政策学基本上就是对这些现存的刑事政策的注释与解说。在这种情况下,所谓刑事政策学充其量不过是现行刑事政策之解释,而不能称其为一门独立的理论学科。"②这样的看法虽然是早期的,但由于当前对理论研究基础的忽视,仍显得非常有见地。不仅于此,也有一些年轻学者在著述中表达了类似的看法,但整体而言,由于在追求依法治国的过程中,支撑政策的背景和构造发生变化,传统逻辑沿袭的概念在现实中只会是歧路亡羊,渐行渐远。所延续的常规政策范围的划定并没有撑起一个新的学科,而是为非法治因素的卷土重来所利用。

长期以来,我国一系列刑事政策的运作过程几乎如出一辙,重复着同样的路,而学术研究总体上也在循环中往复。如今,尽管法治基础得到了巩固,法治的水平也提高了,但仔细分析可以发现,随着宽严相济刑事政策经历了从司法走向立法进而逐步贯彻到刑事的各个领域的过程,我们依稀有了似曾相识的一种感觉——最初的"严打"政策就是一个僭越立法的政策。

《决定》首次提出宽严相济政策的时候,是将其作为司法政策来对待的,而且司法实践中一直以此为圭臬。2010年2月发布的《最高人民法院关于贯彻宽严相济刑事政策的若干意见》中的"依法"要求,也说明了该政

---

① 梁根林:《刑事政策:立场与范畴》,法律出版社 2005 年版,第 261 页以下。
② 陈兴良:《刑法的人性基础》,中国方正出版社 1996 年版,第 373 页。

策的司法内涵。然而,由于刑事政策的基础概念没有被很好地厘定,加之学术研究长期以来呈现出被动"解读"现实的倾向,学界普遍认为宽严相济是一个整体性的政策,而缺乏学术严谨性的"领导讲话"又被视为政策的标杆。于是,在传统政策思维惯性的支配之下,宽严相济刑事政策开始渐渐蜕变为整个国家刑事法治的指南。相应地,这一政策成为指导现实立法的依据以及说明立法合理性的依据。《刑法修正案(八)》的草案说明以及修正案本身就是一个典型例证。从形式上看,这似乎有利于政策的一体化和指导的一体化,实质上却使得政策与法律的关系又一次失衡。而理论不仅没有进行有效的警示,反而有推动之势。

(三)现实中的改进是自发的,需要理论自觉,更亟待理论与实践的相辅相成

反思中华人民共和国成立以来刑法与刑事政策的定位,可以看到刑事政策研究还停留在一个散在的阶段,但在法治发展过程中,现实在尝试着完成自发性的转变,有时实践的自我修复甚至超越了理论的发展,只不过现实的前进更多因自发而易产生徘徊。

中国正在建构法治社会,这既是一个剧烈转型的过程,又是一个重新审视政策和法律关系的过程,政策凌驾于法律之上的年代已经过去,然而,理论的庇护所在风雨飘摇中似乎仍岿然不动。在我们仍然抱残守缺的时候,在我们还固守过去的理论基座的时候,旧的政策思维可以继续披着正当性的外衣出没于法律的街头巷尾。在我们仍习惯于对法律的实质作出习惯性解释的时候,对政策的研究必然难以跳出以前的窠臼。

现实的发展已经证明了政策的威性与规范的威性近乎于此消彼长的关系。从当代刑法学研究的进路来看,刑事法治的价值在于保障人权,而权力基于维护自身秩序的需要,必然致力于对犯罪进行最为有效的控制。由于与法律的价值目标存在着分离的倾向,刑事政策的发展与刑法的发展也必然体现为博弈和消长的过程。譬如,在某些特殊时期,当政策的力量被发挥到极致的时候,法制就名存实亡,法律及其对权力的制约特征就完全被否定,刑事法规完全演变为一种斗争的手段。尽管刑罚不可或缺

甚至被极度强化,但其实质已经脱离了刑法的初衷。"刑事政策与刑法的关系是一种复杂的关系,这是各国的通例。然而这种关系在中国表现得尤为复杂,也尤为紧张。"①这也注定了刑事政策学研究的一个重心就是审视刑事政策和刑事法制的关系问题。

在1997年《刑法》实施以前,由于罪刑法定原则并未被立法所承认,因此合法性的问题或者说违法性的问题并没有被作为刑法中最为重要的问题为理论界所重视,刑事司法乃至刑事立法一度被看作政策的运用过程。1979年《刑法》生效之后,随着"严打"刑事政策的逐步推开,不仅在司法领域贯彻,刑法立法也开始贯彻这一思想,这在早期的单行刑法(如《全国人民代表大会常务委员会关于严惩严重危害社会治安的犯罪分子的决定》《全国人民代表大会常务委员会关于严惩严重破坏经济的罪犯的决定》等)中有淋漓尽致的体现。此时,虽然法典化的脚步已经迈开,但政策与法律的关系尚未理清,理论也缺乏前瞻性,法律的制定和实施仍然深深浸淫在政策之中。政策有时甚至可以替代法律,在更多时候,理论上认为政策和法律在某种意义上是一体的——法律行为是政策的体现,政策是法律行为的指导。现在此看法仍然较为普遍。

但是,这并不意味着现实没有进步。随着刑事政策学研究的深入,学者们普遍开始对"严打"政策存在的问题进行质疑和反思,不仅进行撰文,而且在多种场合进行抨击和反思,这客观上推动了政策的自我反省。实际上,在"严打"后期,"依法"严打成为基本的要求,这是对"改法"严打政策错误的一种自发纠正,借此实践完成了"严打"政策从整体的政策向单纯的刑事司法政策的回归。但是,刑事政策学的研究并未就此形成理论自觉,没有对刑事政策与刑事法制的关系进行及时的总结和深化,而是专注于对新的政策正当化的解读。在失去了批判的对象后,在不经意间就忽略了对批判武器的更新。

---

① 卢建平主编:《中国刑事政策研究综述》,中国检察出版社2009年版,第13页。

(四）另一种理论风险——刑事政策与法治化的结合

在刑事法治领域，现实风险的产生是因为刑事法治活动被逐渐收编到政策的旗帜之下。譬如，对于《刑法修正案（八）》，许多观点将其特点归结为"凸显刑事立法的刑事政策化"。认为刑事政策的政治性、灵活性和易变性较强，不具备法的规范性、统一性和稳定性，过分强调刑事政策在刑事司法实践中的作用，虽然有可能获得一时的能动司法之功效，但是从长远计不利于法治国家的建设。刑法是刑事政策不可逾越的藩篱，将行之有效的刑事政策内容上升为刑事立法，直接体现在刑法条文之中，有利于发挥法的规范性、统一性和稳定性作用，有利于推动刑事法治的发展。这些看法可以被归结为"刑事法治政策化"。

据此，立法的制定被界定为刑事政策贯彻的结果。现实中的许多研究确实也是由此推演的，研究成果普遍认为刑法中从宽的规定都是以宽济严的体现，从严的规定都是以严济宽的体现。因此，所有的法律规定都可以说是刑事政策的表达，制定法律的根据也就可以被归结为刑事政策。这令人感到匪夷所思。这样导致的结果是，权力与人权保障之间的对抗性似乎消弭无形，刑法的人权保障功能与防卫社会功能之间似乎就再也没有冲突了。权力的标准似乎成为普适性的标准，逻辑关系被倒错——政策具备了法律的安定性和正当性，法律则具备了政策的主动性和功利性。

法律与政策合体的解读方式实际上是一种倒退，这种倒退的结果就是刑事立法对政策过度回应。实际上，早在"严打时期"，理论界就关注到了政策的主导对法律的安定性所带来的风险和倾向，力图寻找到一个折中的、合适的限定，在防止政策违背罪刑法定原则、违背法治原则的同时，又可以发挥政策的主动性，于是另外一个概念——"刑事政策法治化"应运而生。2003年12月，在北京大学法学院举行的"刑事政策与刑事一体化"学术论坛上，刑事政策法治化的问题就成为一个焦点话题。陈兴良教授认为我国的刑事政策法治化已成为一个必须选择。他认为，随着刑法不断修正引发的认识分歧，刑事政策法治化的问题被不断重提，刑事政策法治化是依法治国的必然要求,应把刑事政策限定在刑法的框架内,推动刑事政策法治化,促进刑事政策内容和形式的合法化。这样的结论看似将政策规范化了,有利于防止政策过度扩张,实则隐含着另一种风险——一旦处置不当将导致政策入法,产生与"刑事法治政策化"同样的后果——刑事立法中充斥着政策的身影。这种回应虽然具有一定的合理性,出发点也不无道理,但如果刑事立法过度地关注政策,就会表达为一种泛法治主义的现实立法。

笔者认为,应当对刑事政策与刑事法制的关系进行反思,应该正视法律与政策之间的紧张关系,做出理性的选择,而不是试图弥补两者之间的区别,进而取消某一方的独立存在。刑事政策正是因为主动性、灵活性、便捷性才具有存在的价值,法律则是因为安定性、被动性、克制性才能彰显其特点。所以,无论是"刑事法治政策化"还是"刑事政策法治化"都不可行,刑事政策遵循合法性要求是必需的,尤其是在刑事司法领域,政策是难以法治化的,合法性要求才是最有力的规则约束。

我国社会在相当长的一个时期内仍处于社会主义初级阶段,这就决定了处于不断发展之中的现行刑法也需要不断完善、不断周延。刑法具有明显的"过渡性"特征,稳定的因素被削减也是正常的,但并不意味着这可以成为刑事政策法治化的依据。二者并不具有因果性,法律的变革是基于社会关系正当性的内在需求,而内在需求并不必然等同于政策需求,尽管有时内在需求和政策需求存在吻合。法律不应成为权力主导的政策直接作用的结果。

总体而言,我国当前的刑事法治被打上了深刻的政策烙印,刑事政策学的研究成果十分丰富,研究的方向和内容也精彩纷呈,其中不乏一些力作和有洞察力的观点。但是,与此同时我们也应看到,由于习惯于追随政策的步调,缺乏独立的体系和主旨,介入的门槛比较低,因此成果参差不齐,研究方法大多比较陈旧。相对于对刑事法学的研究,因为缺乏基础样本的共同性和针对犯罪问题的直接性,尽管刑事政策学的研究成果众多,但显得比较散乱,如何做到从政策中突围和在理论中自觉是每一个研究者应当思考的问题。

二、对宽严相济刑事政策初衷的背离

对于宽严相济刑事政策的误解同时存在于理论与实践中。理论研究的不足使其无法为实践提供有效的思想储备,而实践的"自我放任"又使得理论好似"海市蜃楼"。最终,新的政策依照旧的惯性渐行渐远,直至逐渐背离政策初衷。

(一)关于宽严相济刑事政策基本内涵和范围的理论争议

宽严相济刑事政策出台之后,在理论上,关于政策的基本内涵和范围曾有不同看法。

一些学者一开始就注意到《决定》提及的宽严相济刑事政策是"司法"政策,并认为文本原意是严肃的、权威的,不应被随意解读,应基于文理来理解。譬如,高铭暄教授就提出:中央文件的正式提法,尤其是《决定》只说它是刑事司法政策,而没有说它是基本刑事政策。① 周道鸾教授也提出:宽严相济刑事政策不是最近两年才提出的,现在用宽严相济刑事政策代替惩办与宽大相结合的刑事政策,有欠准确。② 以上观点是从原旨主义或体系性解释的基本原理来解读该政策的范围,显然具有可取之处。对此,笔者也曾明确指出:宽严相济刑事政策是一项刑事司法政策,但在当前的理论探讨中,往往忽视了这一点,认为这项政策包括法网的严密性等内容。这实际上提高了政策的位阶,仍然没有摆正政策与法律的关系。宽严相济刑事政策应当是在法律给定的框架内,在依法办案的基础上,体

---

① 参见高铭暄教授在"和谐社会与中国现代刑法建设——纪念新刑法典颁行十周年学术研讨会"上的发言,http://www.criminallawbnu.cn/criminal/info/showpage.asp?showhead=&ProgramID=1230&pkID=11582,2008 年 8 月 5 日访问。

② 参见周道鸾教授在"和谐社会与中国现代刑法建设——纪念新刑法典颁行十周年学术研讨会"上的发言,http://www.criminallawbnu.cn/criminal/info/showpage.asp?showhead=&ProgramID=1230&pkID=11582,2008 年 8 月 5 日访问。

现国家对社会形势的判断,在轻重严宽中做出选择。①

然而,相反的观点似乎更加有力。其中,一种观点反对"司法政策说",而坚持"基本政策说"。譬如,马克昌教授生前曾认为:宽严相济刑事政策应是一项基本刑事政策,因为刑事司法政策和刑事立法政策是相辅相成的,无法割裂开来;同时,也不能因为中央文件上说是刑事司法政策,就认为它只能是刑事司法政策。② 刘仁文研究员也认为:从根除"严打"遗毒,为刑事和解、社区矫正等改革措施提供法律依据、强化其合法性的需要来看,也宜于将宽严相济作为新形势下的一项基本刑事政策。③ 更多的观点则依照习惯性的理解,理所当然地将宽严相济刑事政策视为基本刑事政策,如认为宽严相济刑事政策是我国现阶段惩治和预防犯罪的基本刑事政策,它的提出是对刑法工具论的扬弃,目的不仅在于通过贯彻这一政策来维持社会治安,还在于保持社会的稳定与良性运行,以利于和谐社会的构建。④ 宽严相济刑事政策在刑法中表现为"非犯罪化、非司法化、非监禁化和轻刑化",在"刑事处理上侧重严密、严厉和严肃"。⑤ 与此同时,与学界缺乏共识的状况相反,在司法实务部门看来,宽严相济刑事政策是刑事司法政策。

上述争论显然非常有意义,它有助于廓清宽严相济刑事政策的作用领域、法治与政策的关系,也是确立立法正当性理念的一次契机。总体来看,这些争论实际上涉及几个基本理论问题:其一,宽严相济是否仅限于司法政策?对政策制定者发布的纲领性文件是否可做扩张性理解,理由何在?其二,何为基本刑事政策?如何理解刑事政策的范围?对前者的

---

① 参见苏惠渔、孙万怀:《新中国成立60年刑事政策精神演进的特征》,载赵秉志等主编:《新中国刑法60年巡礼》(上卷:历程暨反思),中国人民公安大学出版社2009年版,第52页。
② 参见马克昌教授在"和谐社会与中国现代刑法建设——纪念新刑法典颁行十周年学术研讨会"上的发言,http://www.criminallawbnu.cn/criminal/info/showpage.asp?showhead=&ProgramID=1230&pkID=11582,2008年8月5日访问。
③ 参见刘仁文:《宽严相济的刑事政策研究》,载《当代法学》2008年第1期。
④ 参见彭凤莲:《新中国成立60年基本刑事政策的演进》,载赵秉志等主编:《新中国刑法60年巡礼》(上卷:历程暨反思),中国人民公安大学出版社2009年版,第60页。
⑤ 参见罗开卷:《论新中国成立60年刑事政策精神的演进》,载赵秉志等主编:《新中国刑法60年巡礼》(上卷:历程暨反思),中国人民公安大学出版社2009年版,第67页。

回答依赖于对后者的界定,而后者在理论上未有定论。其三,惩办与宽大相结合的刑事政策与宽严相济刑事政策是什么关系？前者是否已经被后者替代？

(二) 实践中宽严相济刑事政策向"基本刑事政策"的转变

《决定》中指出:"依法严厉打击严重刑事犯罪活动,着力整治突出治安问题和治安混乱地区,扫除黄赌毒等社会丑恶现象,坚决遏制刑事犯罪高发势头。实施宽严相济的刑事司法政策,改革未成年人司法制度,积极推行社区矫正。"解读该《决定》可以发现,这一纲领性文件确立的宽严相济刑事政策建立在以下几个基准之上:(1) 宽严相济刑事政策是司法政策,这是《决定》所明示的;在缺乏充足的理由时,明确的原旨不能被随意扩张;(2) "严厉打击严重刑事犯罪"并没有被包含在宽严相济刑事政策的范围内;"严厉打击严重刑事犯罪"仍然是应有之义,只不过犯罪治理不再是单极性的;(3) 宽严相济刑事政策的提出是对"严打"政策的纠正,是从以前的单极化政策向平衡化政策的过渡;《决定》将宽严相济与改革未成年人司法制度、积极推行社区矫正放在同一语境脉络中,说明宽严相济的核心在于"以宽济严",也就是说平衡中有一定的价值选择,而这也符合相关政策的历史发展特征;(4) 对严重刑事犯罪的打击必须"依法"而行,不能超越法律;而宽严相济又是司法政策,由此印证了无论是"严打"还是宽严相济都应当是司法政策,而非立法政策;(5) 从《决定》中推导不出惩办与宽大相结合的刑事政策被替代这一结论。

《决定》出台前的早期实践也遵循、契合了上述思路,但在《决定》出台后的政策发展过程中,却表现出逐渐背离《决定》精神和规范性要求的倾向。

宽严相济刑事政策较早是在 2005 年全国政法工作会议上提出的。时任中共中央政治局常委、中央政法委书记罗干在会议上指出:"充分发挥政法机关在构建社会主义和谐社会中的职能作用,更加注重运用多种手段化解矛盾纠纷,更加注重贯彻宽严相济的刑事政策,更加注重发挥专群结合的政治优势,更加注重执法规范化建设,更加注重全民法制教育,促进社会和谐稳定。"①虽然最初提出时宽严相济刑事政策并没有被明确限定在司法领域,但通过解读讲话精神可以发现,它是在政法工作会议上提出的,而政法机关的工作是适用法律而不是立法,政策的司法特征不言而喻。

随后,在2006年十届全国人大四次会议的相关工作报告中,也多次强调了宽严相济刑事政策的司法政策特性。譬如,最高人民法院工作报告在介绍2005年刑事审判和执行工作的情况时指出:"贯彻宽严相济的刑事政策,对罪当判处死刑但具有法定从轻、减轻处罚情节或者不是必须立即执行的,依法判处死缓或无期徒刑";并且强调在2006年的工作中,会"坚持宽严相济的刑事政策,对犯罪情节轻微或具有从轻、减轻、免除处罚情节的,依法从宽处罚"。最高人民检察院工作报告同样指出:"全国检察机关在过去的一年认真贯彻宽严相济的刑事政策,坚持区别对待,对严重的刑事犯罪坚决严厉打击,对主观恶性较小、犯罪情节轻微的未成年人、初犯、偶犯和过失犯,则慎重逮捕和起诉,可捕可不捕的不捕,可诉可不诉的不诉。"可见,宽严相济刑事政策的另外一个特点是对"严打"刑事司法政策的中和,这也间接证明了该政策的司法特性。

在2006年第五次全国刑事审判工作会议上,罗干同志指出:"要正确分析我国目前各种犯罪产生的原因、规律和特点,更加注重贯彻执行'惩办与宽大相结合'的基本刑事政策,充分发挥政策的感召力,分化瓦解犯罪分子,促进罪犯改过自新,有效预防和减少犯罪。坚持区别对待,根据罪刑法定、罪刑相适应和适用法律人人平等的原则,依法准确惩罚犯罪,该严则严,当宽则宽,宽严相济,罚当其罪。"②不难看出,此时宽严相济刑事政策仍然被视为惩办与宽大相结合的基本政策的下位政策,这与其司法政策的特性正相契合。同时,上述讲话还强调,宽严相济刑事政策在实施过程中必须遵循刑法的基本原则。这也说明该政策主要在司法过程中使用,是在坚持法律效果的基础上考量社会效果。

---

① 转引自李薇薇:《罗干强调深入开展平安建设》,载《解放日报》2005年12月7日。
② 转引自高铭暄:《宽严相济刑事政策与酌定量刑情节的适用》,载《法学杂志》2007年第1期。

然而,由于长期以来理论上对政策和立法关系的解读未能与时俱进,仍然习惯性地认为刑事政策包括立法政策、司法政策、行刑政策等,因此当实践中提出新的政策时,仍然沿用固有思维进行判断。尤其当某一政策被写入党的纲领性文件之后,将其从具体政策上升为总体性政策,又似乎理所当然(党的纲领性文件作出的每一个决定都应当是全局性的、基本性的)。后来的实践也证明,宽严相济刑事政策确实在渐渐被理解为整个国家刑事法治的指南。譬如,2010年发布的《最高人民法院关于贯彻宽严相济刑事政策的若干意见》指出:"宽严相济刑事政策是我国的基本刑事政策,贯穿于刑事立法、刑事司法和刑罚执行的全过程,是惩办与宽大相结合政策在新时期的继承、发展和完善,是司法机关惩罚犯罪,预防犯罪,保护人民,保障人权,正确实施国家法律的指南。"可见,此时在最高司法机关看来,宽严相济刑事政策已经成为基本刑事政策,刑事立法是其重要的体现领域。

当然,最终完成向立法政策的转变是在《刑法修正案(八)》的制定过程中。2010年9月,全国人大常委会公布了《刑法修正案(八)(草案)》及其说明,对修法的根据予以明示:"根据宽严相济的刑事政策,在从严惩处严重犯罪的同时,应当进一步完善刑法中从宽处理的法律规定,以更好地体现中国特色社会主义刑法的文明和人道主义,促进社会和谐。"[①]同时,据此对刑法进行了一系列调整。上述说明透露出的结论是,宽严相济刑事政策不仅是刑事司法政策,而且是刑事立法中具有重要指导意义的政策。

(三) 政策成为法的正式渊源所产生的流弊

从宽严相济刑事政策提出迄今,对于政策与立法关系的讨论因为缺少一般法理学的研究,使得我们往往以国家理论代替法律理论、以政策解释代替法律分析、以一般哲学原理代替法学自身的研究,并热衷于对法律

[①] 《关于〈中华人民共和国刑法修正案(八)(草案)〉的说明》,http://www.npc.gov.cn/wxzl/gongbao/2011-05/10/content_1664846.htm,2012年12月5日访问。

做政策解读。① 然而,在法理学界,近几十年来一直对政策入法抱有极大警惕:政策的存在"不仅替代了法律,遏止了法律的成长,支配着法律,使法律成为政策的仆从,而且给法律本身带来消极影响,使法律政策化";"政策的种种效应是法律难以实施的重要原因之一。不适当削弱政策的权威,法律的权威就难以建立,不减少政策的适用范围和影响,法律的作用就难以发挥"。②

宽严相济刑事政策的立法化是重新将政策作为法的正式渊源的过程。这导致刑法的工具性特征再次被重视,并最终落入"泛政策化"的窠臼。具体而言,宽严相济刑事政策立法化的后果就是政策立法化或立法政策化被认为具有合理性;刑法的谦抑性原则被忽视,立法者更加希冀通过刑法来解决一些刑法无法解决的问题或者其他法律可以解决的问题。同时,在司法中,罪刑法定原则进一步被忽视,突破刑法理念、原理和规范的做法不乏其例,如"量刑反制"现象、罪名的"司法口袋化"等。除此而外,政策立法化背景下刑事政策主导刑事立法、司法还有如下几方面具体表现:

1. 立法过程的权力主导特性日益明显

立法过程往往是能动和保守相互制衡的过程。然而,在权力主导的立法过程中,由于权力受自身政策功能定位——维护秩序——的指引,往往有能动立法的倾向。"回顾从1979年到《刑法修正案(七)》的刑法改革之路,我们会发现,在犯罪圈的划定与刑罚量的调整方面,我国的刑事立法一直在延续着传统的权力刑法思维,即着眼于权力统治与强化社会管理,以'秩序'为价值中心,试图将犯罪预防与治理的所有细节纳入权力的控制范围之内。"③这种以权力为主导频繁修法的方式也导致了"全国人大常委会到底有没有权力修改刑法总则"这一争议的出现。有学者建议:为

---

① 参见张文显主编:《世纪之交的中国法学——法学研究与教育咨询报告(1990—2005)》,高等教育出版社2005年版,第235页。
② 参见蔡定剑:《历史与变革——新中国法制建设的历程》,中国政法大学出版社1999年版,第265、269页。
③ 周振杰:《〈刑法修正案(八)〉与刑法思维的转换》,载《山东警察学院学报》2011年第3期。

保证刑法修正的合法性与正当性,建议今后在刑法修正案中,只要涉及刑法总则的一些规定,最好能够提交全国人大审议和表决。全国人大作为我国的最高立法机关,由其修正刑法条款更具有代表性和正当性。① 也就是说,只有充分注重立法的内在规律和正当性依据,才能更加充分地在法律中体现普遍性特点,淡化权力的主导性。

2. 立法的程序性和稳定性要求日益不受重视

在注重政策立法化或立法政策化的氛围下,势必会较少顾忌立法的程序性和稳定性要求,法律的频繁修改成为常态。近年来,刑法的修订过程给人的感觉是:哪个领域的社会矛盾激化,就在哪个领域祭起刑法的大旗。自1997年《刑法》修订以来,截至2014年,除了一部单行刑法之外,全国人大常委会先后通过了8个刑法修正案。平均两年左右修改1次,修改的条文已经多达79条,占据全部条文的17.5%,占分则条文的22.5%。2011年《刑法修正案(八)》更是修改了50个条款,甚至开始大量修改总则条文。

具体来说,在立法过程中,为了配合某个领域的治理政策,不顾刑法体系的协调性,越俎代庖,直接将刑罚置于首当其冲的位置。譬如,2005年《刑法修正案(五)》规定了窃取、收买、非法提供信用卡信息罪。然而,当时在《信用卡业务管理办法》(1996年由中国人民银行发布)中,连窃取、收买、非法提供信用卡信息的民事责任都还没有规定,其他的非刑事法律中也没有规定民事或行政法律责任。② 再如,由于"拒不支付劳动报酬的现象在我国呈现愈演愈烈之势,该行为不仅对劳动者及其家庭的生存造成了巨大威胁,而且引发群体性事件或个人极端事件,成为影响社会稳定的重要隐患,具有严重的社会危害性"③,因此《刑法修正案(八)》规定了拒不支付劳动报酬罪。这事实上是将民事、行政方面的法律问题上升为刑事方面的问题,这一规定突破了我国刑法二元化的立法模式。也正

---

① 参见吴情树:《刑法修正的权限之辨》,载《法制日报》2012年2月29日。
② 参见胡启忠:《金融刑法立罪逻辑论——以金融刑法修正为例》,载《中国法学》2009年第6期。
③ 姜涛:《劳动刑法研究三题》,载《法学评论》2010年第3期。

因如此,该罪名在司法实践中的效果非常差,判决付诸阙如。为了改变这一局面,厘清界限,最高人民法院在2013年专门发布了《最高人民法院关于审理拒不支付劳动报酬刑事案件适用法律若干问题的解释》。其实,产生这一问题的根本原因在于,在可资利用的非刑罚手段还没有穷尽,在民法、劳动法等很多领域尚未完善的情况下,试图通过入罪化来解决问题。且不说这样的立法是否符合二元化的立法模式和刑事可罚性的基本要求,如果欠薪可以入刑,那么可能导致同样严重后果的欠债行为似乎也不乏入刑的理由。除了上述罪名之外,诸如刑法修正案新增的骗取贷款罪、危险驾驶罪,在入刑前后遭遇的争论莫不与此有关。

此外,在个罪法定刑的修订过程中,基于政策因素形成的立法也不乏其例。譬如,"经同中央纪委、最高人民法院、最高人民检察院等部门研究认为,鉴于这类犯罪社会影响恶劣,为适应反腐败斗争的需要"①,《刑法修正案(七)》将巨额财产来源不明罪的最高法定刑由5年有期徒刑提高到10年。笔者认为,这一立法只是单纯地满足了"义务警员"仇视犯罪的情感需要,即使该罪的最高法定刑提高到15年乃至无期徒刑,相信也不会遇到多少阻力,因为与贪污罪、受贿罪的法定刑相比,还存在巨大的落差。理论上也确实有人曾提出类似的建议。② 但是,冷静分析后就会发现,从立法原理看,严苛的法定刑与单纯拒不说明来源的行为显然并不匹配;从实践效果看,巨额财产来源不明罪基本上与贪污罪或受贿罪并用,鉴于我国当前贪污贿赂犯罪的量刑设置,该罪原有的较轻法定刑基本不可能留下轻纵罪犯的空间。所以,巨额财产来源不明罪法定刑的加重至多只是体现了政策影响下立法的激进性,而不会真正产生多少效果。

---

① 《刑法修正案(七)草案全文及说明》,http://www.npc.gov.cn/zgrdw/huiyi/lfzt/xfq/2008-08/29/content_1447399.htm,2014年5月18日访问。

② 譬如,"将无期徒刑规定为法定刑的最高刑,这种情况下有期徒刑作为选择,主要考虑的是严惩的目的。在我国的司法实践中一般无期徒刑服刑者在两年之后减为有期徒刑,实际上等于有期徒刑二十二年,所以既是为了体现严惩也是为了有更多的刑罚可供选择,将无期徒刑列为该罪的最高刑罚对该罪而言是合理的选择"。参见吴宏文:《巨额财产来源不明罪存在的问题及修正》,载《人民法院报》2002年4月1日。

三、在追根溯源中合理定位宽严相济刑事政策

法治应该是时代精神和民族精神结合的产物,尤其是刑事法治,更是与民族精神密不可分。传统中国的法治以"中正"为核心,讲求和谐、中庸,讲求执两用中,这是古代"宽猛相济"政策的基本依据。当今的宽严相济刑事政策也可以从中找到其文理渊源和历史渊源。

(一)宽猛相济:宽严相济刑事政策的文理与历史渊源

中国古代长期奉行"宽猛相济"的政策,在论及当代宽严相济刑事政策的历史渊源时,人们一般也都以此为历史渊源。"宽严相济在我国法律文化上有深厚的历史渊源。早在先秦时代就有'刑罚世轻世重''宽猛相济'的政策,经魏晋、隋唐以至明清一直沿袭不断。"①因此,虽然宽严相济刑事政策的提出在新的时代背景下有其特定的含义,但考察其文理,可以发现与历史渊源不无关系。当然,这里需要说明的是,由于古代对法律之本质的看法与当代截然相反,刑法并没有被系统地解读为限权法,因此宽猛相济是一种各类观念杂陈的现象。但是,这并不意味着当代的研究者不能对之进行一些有针对性的研究,以从中汲取养分。

1. "当宽则宽,当严则严"是法律应有之义

宽猛相济的历史渊源可以溯及西周,西周治策不同以往的最大特征是:提出了"天命有德""以德配天""明德慎罚"的观念;主张敬德保民、恭行天命,对权力施以道德的强化和约束,对民众也注重以道德教化的方式使之臣服;适用刑罚时将刑法的威吓作用与道德的教化作用结合起来,而

---

① 马克昌:《宽严相济刑事政策的演进》,载《法学家》2008 年第 5 期。另参见赵秉志等主编:《宽严相济刑事政策与和谐社会构建》,中国法制出版社 2009 年版;蒋熙辉:《宽严相济刑事政策与刑事法治改革》,载《中共中央党校学报》2008 年第 3 期;陈国庆:《和谐社会需要贯彻宽严相济的刑事政策》,载《法制日报》2007 年 2 月 6 日;卢建平、郭丽蓉:《宽严相济的历史溯源与现代启示——以刑罚改革为中心》,载卢建平主编:《刑事政策评论》(2006 年第一卷·总第 1 卷),中国方正出版社 2006 年版;张亚平:《宽严相济刑事政策方略研究》,中国检察出版社 2008 年版;狄世深:《宽严相济刑事政策的理性分析》,载《北京师范大学学报(社会科学版)》2009 年第 4 期。

不一味强调重罚的作用。由此，形成了"礼刑结合"的治策特色，确立了一系列至今仍无法完成精神超越的刑事准则，比如三刺、三宥、三赦之法。《周礼·秋官·司刺》云："一宥曰不识，再宥曰过失，三宥曰遗忘。一赦曰幼弱，再赦曰老耄，三赦曰蠢愚。""三刺"制度则体现了程序的审慎，在今天仍被一些学者标榜为司法民主的体现。"周王立三刺以不滥，弘三宥以开物。"①

刑罚的适用以"中道"为理念，所以刑法排斥过分宽纵和过于严厉。西周牧簋铭文中就有"不中不刑"的记载，《尚书》中类似的记载就更多。譬如，《尚书·周书·吕刑》云："明启刑书胥占，咸庶中正"；"观于五刑之中"；"士制百姓于刑之中"；"明于刑之中"。可以说，"刑中"是《吕刑》全篇的基本宗旨，只有信守"中道"才会实现司法公正。具体来说，"中道"就是适用刑法时在宽严之间选择一个适当的标准。这一思想可谓泽被后世，成为儒家刑法理念的重要内容。明代丘浚在《大学衍义补》中说："帝王之道，莫大于中。中也者，在心则不偏不倚，在事则无过不及。帝王传授心法，以此为传道之要，以此为出治之则。""天下之理，惟有一中，中者无过之及，宽严并济之道也。"②刑罚之重是天然的，把握"中"——宽的尺度——才最为重要：过宽会导致"遂相率而趋于纵驰"③；宽久必懈，宽久无威。

2. 宽猛之间的"相济"具体表现为刑罚如何适用

《左传》中的一段论述是宽猛相济最直接、最经典的表达："仲尼曰：'善哉！政宽则民慢，慢则纠之以猛。猛则民残，残则施之以宽。宽以济猛，猛以济宽，政是以和。'"④从这段论述不难看出，所谓"相济"是以既存的蓝本为基础进行调和。后世无论法家、儒家，还是儒法结合，在社会治理以及刑罚的适用过程中，总是结合律令、世事，"虑逝世之变，讨正法之

---

① 《隋书·刑法志》。
② 《清高宗实录·卷十四》。
③ 同上。
④ 《左传·昭公·昭公二十年》。

本，求使民之道"①，在宽与严之间权衡，"治天下之道，贵得适中，故宽则纠之以猛，猛则济之以宽……朕兹当御极之初，惟思宽严相济"②；"宽大非宽纵之谓，严厉非严刻之谓，要惟不张不弛、无怠无荒，大中至正，庶可几郅隆之上理"③；"办理事务，宽严适当，若严而至于苛刻，宽而至于废弛，皆非宽严相济之道"④。

总而言之，以"中正"为特征的宽猛相济是以既存政策和规则因刚硬而难以适应社会现实为前提的。一方面，在刑法的严苛面前，对犯罪予以宽容、体恤，既维护了法律的稳定性，也满足了社会现实的需要；另一方面，所谓的"猛"主要表现为刑罚的刚硬性，而非对法律规定的突破。所以，在社会治理和刑罚适用过程中，如何解读规则和变通规则就成为十分关键的问题。因为单纯依靠刚硬的法令并不能满足社会现实的需要，只有做出合理的治策对之予以接济才是正途。但是，这样的"接济"也存在一定的风险，若用之不当，则"古经废而不修，旧学暗而不明，儒者寂于空室，文吏哗于朝堂"⑤。

3. 宽猛相济的适用依据、标准和尺度具有灵活性，易产生分歧

宽猛相济作为一项应世而变的接济性政策，涉及对以前政策和规则的审定、反思以及对新政策的评估、把握，因而具有高超的艺术性，因时而异，甚至因人而异；过宽或者过严都会走向反面。以赦为例，有人认为："数赦则奸生，恐流弊转甚。"有人则认为："废赦何以使人自新？"对此，唐代白居易的判词也曾有过论证："刑乃天威，赦惟王泽。于以御下，存乎建中。上封以宥过利淫，倖门宜闭。大理以荡邪除旧，权道当行。皆推济国之诚，未达随时之义。何则？政包宽猛，法有弛张。习以生常，则起为奸之弊，废而不用，何成作解之恩？请思砭石之言，兼泳蓼萧之什。数则不可，无之亦难。"⑥由此不难看出，对废弛和苛刻两个极端的担忧一直是

---

① 《商君书·更法》。
② 《清高宗实录·卷四》。
③ 《清高宗实录·卷三》。
④ 《清高宗实录·卷八》。
⑤ 《论衡·卷十二·程材篇》。
⑥ 《白氏长庆集·卷四十九》。

人们挥之不去的心病。尽管如此,在笔者看来,就整体而言,浸淫于儒家思想的治策理念其实暗含着这样的原理:高高在上的权柄和律令天然地与严厉和苛刻为伍,所以为政者的宽容、宽和应当成为必要的缓冲和接济。

4. 宽缓是以对猛政的纠偏面目出现的

在儒家思想中,宽和是为政的美德之一。"子张问仁于孔子。孔子曰:'能行五者于天下为仁矣。'请问之,曰:'恭、宽、信、敏、惠。恭则不侮,宽则得众,信则人任焉,敏则有功,惠则足以使人。'"① 宽和、宽容是能够使民众顺服的重要手段,《说苑·政理》中说:"政有三品,王者之政化之,霸者之政威之,强国之政胁之,夫此三者各有所施,而化之为贵矣。夫化之不变而后威之,威之不变而后胁之,胁之不变而后刑之;夫至于刑者,则非王者之所得已也。"宽和作为为政美德,作为对刑罚弊端的纠偏,在历代判决中也多有体现。譬如,宋代胡石壁在"欠负人实无从出合免监理"案中裁决认为,"今观其形容憔悴如此,不惟不当留禁,杖责亦可复施?合免监理,仍各于济贫米内支米一斗发遣"②,字里行间充满对罪犯的哀矜和宽容。《新序》曰:"臧孙行猛政,子贡非之曰:夫政犹张琴瑟也,大弦急则小弦绝矣,是以位尊者,德不可以薄,宫大者,治不可以小,地广者,制不可以狭,民众者,政不可以苛,独不闻,子产相郑乎,其抡材推贤,抑恶而扬善,故有大略者,不问其所短,有德厚者,不非其小疵,其牧民之道,养之以仁,教之以礼,因其所欲而与之,从其所好而劝之,赏之疑者从重,罚之疑者从轻。"③

5. 宽缓根植于普适性伦理

"四方有败,必先知之,此之谓民之父母矣。"④ 在中国古代,权力者常被定位于类似家长的角色。这在很多时候被国人引申为一种特权,但又未尝不可以引申为一种天然的责任和义务。因为在伦理规范中,父母给

---

① 《论语·阳货篇》。
② 《名公书判清明集》。
③ 《艺文类聚·卷五十二》。
④ 《礼记·孔子闲居》。

予孩子的更多是爱和保护,而不是索取、虐待和特权。"臣闻刑以助教,德以闲邪,先王慎於好生,大易诫於缓死。今陛下母临黔首,子育苍生,孚佑下人,克配上帝。然有东南小浸,荆蛮远郊,虽圣德泣辜,尚用防风之戮;天心罪己,仍劳淮甸之征。其有诖误闾阎,胁从井邑,陛下愍孤孀於海淮,恤困穷於江汉,舍从宽宥,此陛下之恩也。"①"刑在必澄,不在必惨;政在必信,不在必苛。"②用刑在于清明而不在于惨烈,施政重在立信而不在于苛刻。"《春秋》之义,立法贵严,而责人贵宽,因其褒贬之义,以制赏罚,亦忠厚之至也。"③立法虽必严厉,责人却贵在宽和,这是中国古代长期贯彻的基本理念。

(二)对"严打"政策的纠偏:宽严相济刑事政策的现实渊源

宽严相济刑事政策的提出既是弘扬中国古代的法治传统,更是对"严打"政策的纠偏。1979年《刑法》颁布实施之后,最为引人关注的刑事政策莫过于"严打"。一般认为,大规模的严打整治斗争有三次:其一,1983年,中共中央发布《关于严厉打击刑事犯罪活动的决定》,将流氓团伙分子、流窜作案分子、杀人犯、拐卖妇女、儿童等7类严重刑事犯罪作为打击对象,而这些都是当时意识形态和社会体制下最为严重的刑事犯罪类型。这次运动的特点为"三年为期,三个战役"。其二,1996年,中共中央决定在全国统一开展为期3个月的"严打斗争",为实施"九五"计划和2010年远景目标纲要创造良好的社会治安环境。其三,2001年,根据中共中央、国务院的部署,全国范围内开展了声势浩大的严打整治斗争。这次"严打"确立了以下几类重点打击对象:(1)黑社会性质组织犯罪以及其他危害社会治安的恶势力犯罪;(2)爆炸、杀人、抢劫、绑架等严重暴力犯罪;(3)盗窃等严重影响群众安全感的多发性犯罪。同时,这次"严打"还规定各地区可以在此基础上结合当地实际,明确打击重点。

尽管大规模的严打整治斗争是三次,但"严打"政策无疑是这段时期

---

① 《全唐文·卷二百二十四》。
② 同上。
③ 《古文观止·刑赏忠厚之至论》。

内的主导性刑事政策。在这一过程中,"宽缓"的要求虽然偶有提及,但完全作为点缀出现。尽管现实中"宽缓"不可或缺,但某些所谓的政策宽缓,很多时候是为配合严厉而出现的,只不过是严厉的另外一种表现形式。譬如,"严打"时期对自首的从宽化理解,实际上是为配合完成"严打"任务而提出的。由此,"严打"成为以严厉为主要内容的单极化刑事政策。

但是,这种极端化的刑事政策随着时间的推移逐渐为人所诟病,并被不断反思:"严打"是特殊时期的特殊政策,还是常态政策?"严打"是基本刑事政策还是具体刑事政策?"严打"和惩办与宽大相结合的政策是何种关系?"严打"是否实现了预期效果?正是这些问题在现实中不断被总结和反思,才为后来定位宽严相济刑事政策提供了前提和理论、实践准备。

第一,"严打"经历的是一个自发的从基本政策向具体政策位移的过程。这一实践中的自我纠偏证明了该政策的司法性特征,为合理解读宽严相济提供了参照。早期"严打"政策在立法、司法等多个领域均有体现,而后期"严打"政策倾向于在刑事司法实践中依法进行。譬如,1983年中共中央发布《关于严厉打击刑事犯罪活动的决定》,严打整治成为刑事政策的重心。而"严打"的发起既有现实环境的因素,也有考量到法律本身不适应的因素,因此该政策一开始就被最直接地定位于立法领域罪名的扩展和刑罚的刚猛。再如,在为配合政策需要出台的《全国人民代表大会常务委员会关于严惩严重危害社会治安的犯罪分子的决定》等单行刑法中,劳改逃跑犯、重新犯罪的劳改释放分子和解除劳教的人员以及其他通缉在案的罪犯被作为司法与执法的重点打击对象;后来专门通过的《全国人民代表大会常务委员会关于处理逃跑或者重新犯罪的劳改犯和劳教人员的决定》,以单行刑法的方式将"严打"的内容法律化。但是,在2001年开始的"严打"中,这种"改法"严打的方式已经被纠正,"依法"严打的宗旨被确立。"严打"从一个包含立法、司法、执法等方面的基本的宏观政策,开始转向司法、执法领域。

第二,随着"严打"向具体政策回归,其和惩办与宽大相结合的基本刑事政策的关系开始协调化。实际上,即使在"严打"初期,宽大的政策也被多次强调,只不过此时它只是"严打"的附庸,缺乏独立性。例如,1985年最高人民法院工作报告提出:"对具有自首或检举揭发、确有立功表现等从宽情节时,依法从宽处理,务必政策兑现。对判决生效以后,罪犯在检举揭发其他犯罪分子的罪行时,同时交代本人余罪可以不予加刑。主动交代出重罪、罪该处死的,可以不判死刑,检举重要案犯立功的,依法予以减刑,对多年流窜作案的要犯,只要自动归案或其家属、亲友动员归案,均可依法从宽处理。"而到了"严打"后期,由于"严打"和惩办与宽大相结合政策的关系被理顺,宽大的要求开始被真正关注。譬如,在2001年开始的"严打"期间,上海地区在执行这一政策的同时,就十分注意贯彻宽大的方针,上海市高级人民法院等部门先后通过了《关于处理自首和立功具体应用法律若干问题的意见》《关于严打整治期间对在押、收容人员兑现宽严政策的通告》。此外,在执行和贯彻政策主旨的同时,司法机关已经开始注意到"严打"作为具体政策和宽大作为整体政策的联系与区别。也就是说,"严打"作为和惩办与宽大相结合并不抵牾的具体政策,和后者处于不同的位阶。只不过当刑法领域一味强调从严时,惩办与宽大相结合就容易在具体刑罚领域被忽视。所以,即使"严打"有即时的合理性,也注定了只能是短时期内的政策。从长期来看,宽严相济才是司法、执法领域的中正之道,和宽大与惩办相结合的基本政策相协调、相衔接、相匹配。

第三,单极化刑事司法政策的弊病也决定了其必然为宽严相济刑事政策所取代。在贯彻"严打"政策的年代,严厉打击犯罪毫无疑问是主线。譬如,"严打"政策制定实施以后,重刑判决的数量表现出以下几个特征:(1)重刑判决——5年以上有期徒刑、无期徒刑、死刑——在全部判决生效案件中的百分比,始终稳定在一个较高的并且较为接近的水平。在加大"严打"力度的个别年份,重刑比例甚至还有所提高。(2)在集中力量"严打"并且重刑比例提高后,犯罪指数会有所下降,但在重刑持续一段时间之后,整个犯罪指数又会上升。譬如,1985年至1987年,全国法院判决的罪犯人数在32万人左右,但在1988年以后,全国法院每年判决的罪犯人数迅速增加到了45万人以上。根据相关年份的最高人民法院工作报告,1996年判处的罪犯人数为61万余人,2003年为93万余人,2005

年为84万余人。这引发了人们对"严打"的质疑,认为"严打"似乎并没有效地降低犯罪率。"严打具有短时间内压制犯罪的效应,这是不容否认的。但严打的效果不能持久地维持,这也是一个客观事实。"①与此同时,长期执行"严打"政策也导致立法出现了重刑化的倾向,进而导致重刑思想不断蔓延,回归均衡性政策势在必行。

第四,由于在较长的一段时期内,"严打"政策是通过立法来支撑的,而"严打"的立法成果在很大程度上已经为现行刑法所吸收,因此在司法过程中,不能再一味从严。这也为将宽严相济定位为刑事司法政策提供了制度框架性前提。

四、宽严相济刑事政策的法律逻辑和形式逻辑

改革开放以后,我国刑法立法与法律适用的规范性获得了空前重视,政策应当被限定在法治的框架内几近成为一种共识。但是,这并不意味着我们完全厘清了其中的关系。具体到宽严相济刑事政策,罗干同志在2005年全国政法工作会议上是这样界定的:"宽严相济就是指对刑事犯罪区别对待,做到既要有力打击和震慑犯罪,维护法制的严肃性,又要尽可能减少社会对抗,化消极因素为积极因素,实现法律效果和社会效果的统一。宽严相济是我们在维护社会治安的长期实践中形成的基本刑事政策。在和谐社会建设中,这一政策更具现实意义。我们要立足于当前社会治安实际,审时度势,用好这一刑事政策。"②他认为,宽严相济刑事政策是维护社会治安的基本刑事政策,是对惩办与宽大相结合政策的继承与发展。其中,继承是基本的,发展则体现在它是依据构建和谐社会的理念提出的,是把宽放在第一位,这和惩办与宽大相结合政策把惩办放在第一位有所不同。原来的惩办与宽大相结合政策是在解放初期镇压反革命的背景下提出的,当时宽大是以惩办为前提的,离开了惩办也就无所谓宽

---

① 陈兴良:《宽严相济刑事政策研究》,载《法学杂志》2006年第2期。
② 转引自马克昌:《"宽严相济"刑事政策与刑罚立法的完善》,载《法商研究》2007年第1期。

大。但是,在现在的"宽严相济"中,宽是第一位的,这个"宽"是围绕"和谐社会"提出的。对此,可以进行这样的解读:其一,宽严相济刑事政策是对"严打"政策的修正,而且宽和成为首要要求,这一修正显然是本质性的修正。其二,"严打"政策后期实际上已经被局限在刑事司法领域,作为增量因素出现的宽严相济刑事政策,自然也应当被理解为刑事司法政策。其三,宽和因素的增加,既可以"有力打击和震慑犯罪,维护法制的严肃性",又可以"尽可能减少社会对抗,化消极因素为积极因素,实现法律效果和社会效果的统一"。将法律效果与社会效果相提并论,显然包含着这样的原理:仅仅有严肃、明确的法律规范有时并不能产生良好的社会效果,必须结合社会现实来适用法律,在遵守法律的基础上对法律做出符合社会现实的解读。

不可否认,法律既然是针对现实的,就总会将一些政策落实为法律规范。需要注意的是,这样的落实只能说是法律体现了某些政策性内容,而不能直接认为法律规范是政策指导的产物。政策入法需要经过法律规范的正当性检验,是经过多方博弈作为立法共识而出现的。因此,刑法尽管往往体现了刑事政策的某些精神和思路,但显然是刑事政策直接作用的结果,这是因为:

第一,立法须遵行正当性(广义合法性),而政策须遵循合法性(狭义合法性)。立法自身的品质决定了其只有体现人类整体的文明成果才具有正当性,只有体现了共识性观念才具有合理性。这显然已经与刑事政策的内容没有多少关联,二者更不能同日而语。当政策因为其权力属性和利益的特定性随着时代发展而变更时,法律还在那里。人们或许无法记住刑事政策的古今兴亡,却趋同于对法治的追求。就狭义合法性而言,一般来说,政策必须遵循法律,政策破法将贻害无穷。具体到刑法,与其他法律相比,刑法更应具有稳定性,更应忌讳朝令夕改,更应注重遵守和保护社会长期形成的规范,更应注重接纳业已形成的共同的法律文明成果。这才是刑法正当性的基础,而不能基于政策需要违背这种正当性的要求。在这方面,我国当代的刑事立法显然有着极为深刻的教训。譬如,在溯及力问题上,从旧兼从轻原则为1979年《刑法》和1997年《刑法》共同申明。但是，在政策入法的时代，单行刑法却规定了从新原则和有条件的从新原则。这些规定一方面违背了立法的正当性要求，违背了法律的内在道德标准，另一方面也突破了政策本身的合法性底线。

　　第二，立法源于分配正义的平衡，而政策由权力主导。"立法是分配正义的平衡之艺术。立法原本就是要在权力与权力、权力与权利的矛盾焦点上，找出最佳的结合点。对公权力而言，有授权就有控权，公权力不是无限的，不是为某一部门独霸的，不是不受制约的；对公民私权利而言，公民的权利起点，就是公权力的终点。"[①]也就是说，立法是一种博弈活动，是平行四边形中合力形成的结果。以权力为主导的政策，实际上应该是立法过程中的一方力量，而不是独霸力量。也就是说，政策不应直接成为立法的指南。"从政策博弈转向立法博弈，是权益分配机制的重大变革，也是呈现于此刻中国大地上有关分配正义的重要事实。过去中国的公权力表现为一种高度一元化状态，最高权力的指令构成了全体行动的纲领，社会听命于政治，而政治一统，基本谈不上所谓博弈问题。近二十年来，多元利益和多元主体的形成，逐渐造成了由利益博弈来担当正义分配的机制之势，表现为从政策博弈向立法博弈的转型，其实质是利益博弈的法制化。"[②]这样的态势在其他领域的立法中已经呼之欲出（包括刑事诉讼法的修改），但是，在刑法立法中政策的主导性作用似乎仍然十分明显。我们很难希冀立法者主动改变，但至少在刑法理论上他们不应固守成规，而应树立立法博弈的信念。只有这样，才能彻底摆脱刑法工具论的束缚，才能防止刑法对政治权力亦步亦趋。

　　第三，立法具有稳定性，而政策具有功利性。法律追求的是人道、公平、平等等人类社会的基本价值，由此决定了立法是保守的，其外在表现之一就是立法的稳定性要求。朝令夕改表面上是对法律稳定性的侵犯，实际上是对法律基本价值的忽视。这些保守性和稳定性在刑法中很大程度上表现为刑法的谦抑性：超越刑法的基本属性和规定去追求惩治犯罪

[①] 艾文波：《立法博弈必须保障民众话语权》，载《检察风云》2006年第14期。
[②] 许章润：《从政策博弈到立法博弈——关于当代中国立法民主化进程的省察》，载《政治与法律》2008年第3期。

的效果,为法治理念所不容。相反,政策具有功利性,只要某种手段能够控制犯罪,该手段就对权力者具有吸引力,就有被权力者在一定情形下使用的可能。尤其在特定时期,甚至针对特定的、严重的突发事件,政治权力都可能在匆忙间祭起刑法的大旗,对谦抑、人道、公正等刑法价值形成冲击,从我国盗窃罪死刑存废的变迁中就可以看到这样的现象。1979年《刑法》对盗窃罪并未设置死刑,但是,随着"严打"的展开,政策的功利性要求使得盗窃罪的死刑有了存在的"正当性"。1997年《刑法》最初的意见稿中也曾取消死刑,但最终经过一定的技术性处理或者说作为妥协的结果,死刑并未被废止,只是附加了严格的条件。直至2011年发布《刑法修正案(八)》,才最终彻底废止了盗窃罪的死刑。从一定意义上说,立法的反复就是立法的正当性、稳定性诉求与政策的功利性之间的博弈,以及政治权力与理论的合理要求之间的对立、妥协和协调过程。当然,在遵守法律基本价值的前提下,刑事政策也可以适当地突破法律的稳定性要求。简单地说就是:政策"不可法外示威,但可法外施恩"。但是,"法外施恩"必须有严格限定,即必须是立法严重违背人道和伦理精神之时。这也是"拉德布鲁赫公式"的要求:法的安定性要受到更高的价值的约束。[①]

第四,惩罚性是刑罚的基本属性,这种惩罚性建立在一般人和一般社会行为规范的基础之上,而政策往往针对部分群体和部分特殊行为而言,所以,刑法总体表现为一种不宽容。"惩罚的不宽容依然成为人类社会维持现代社会运转不可或缺的一种社会形式,是一种社会防范和约束各种'过错'的重要手段。"[②]但是,对于社会现实,因为情景的变化和特殊的时代需求,必须对之予以具体的诠释。由此,宽容往往成为必要的补充和修正手段。刑法立法一般并不热衷于具体的个案、个别人或短时期内的具体事件,而是着眼于整体性的正义(只不过有时以具体事件为契机)。这决定了它在功能发挥上排斥个体的特殊需求,所针对的都是类型化的行为,并以刑罚报应为基本属性。与立法不同,司法过程是针对个别化事

[①] 参见孙万怀:《刑事立法过度回应刑事政策的主旨检讨》,载《青海社会科学》2013年第2期。
[②] 李振:《社会宽容论》,社会科学文献出版社2009年版,第69页。

由,其宽容性可以通过政策性的指导来实现。这正如前文所引:"《春秋》之义,立法贵严,而责人贵宽。"

第五,最后需要提及一个非常重要的但被忽视的立法变化。1979 年《刑法》第 1 条就制定刑法的依据明确指出:"……以宪法为根据,依照承办与宽大相结合的政策,结合……制定。"而 1997 年《刑法》第 1 条被修订为:"为了惩罚犯罪,保护人民,根据宪法,结合……制定本法。"直接删去了政策作为立法依据的表述,是否意味着立法者曾经有意识地回避政策的法律化倾向?

因此,从应然的角度来说,刑事政策主导立法的惯性思路显然有被深刻反思的空间。立法由刑事政策主导的思路不仅陷入了政策立法化的误区,导致立法过度回应政策,而且会出现"泛法治化"的倾向,反倒忽视了法治的真谛。不仅如此,从形式上来说,将宽严相济刑事政策作为立法政策来对待,还会出现一系列形式逻辑困境,实际上是使政策与法律的关系再一次失调:

第一,当宽严相济被解读为立法政策时,就意味着法律规范本身的形成已经是宽严相济作用的结果。那么,在司法过程中是否还有继续通过宽严相济刑事政策来调整犯罪处遇的必要?如果在司法中继续贯彻这一方针,则会出现多方面的悖论:其一,对犯罪进行了政策方面的重复评价。宽严相济的本质是"相济",是对基本规范的修正,既然立法中已经做了调适,那司法中似乎就没有变通的必要了,否则可能导致处罚结果宽上加宽(或严上加严)。譬如,如果将《刑法修正案(八)》中已满 75 周岁的人一般不适用死刑的规定理解为宽严相济的体现,则司法实践中是否还有必要结合各种情节,再次根据宽严相济刑事政策作出从宽处罚的规定?其二,可能导致政策走向虚无。虽然立法依据政策做出了新的调整,但司法可能利用政策让这种调整归于虚无。譬如,如果立法对某类行为进行了从严(或从宽)规制,则司法可能根据社会形势和宽严相济刑事政策进行从宽(或从严)的反向规制。再如,《刑法修正案(八)》在盗窃罪中增设了"入户盗窃"等情形。如果将这认定为以严济宽的体现,再对入户盗窃的既遂等问题作宽和化的解释(实质上属于再次以宽济严),则政策贯彻的前后思路似乎出现了内在冲突。反过来说,如果对该问题作严厉化的解释,则在立法从严的前提下,司法似乎又没有必要再这么做。其三,理论上可能会存在这样的推论:立法划定了"宽"与"严"的范围和限度,司法中可以继续宽严相济,因此,立法上的宽严相济与司法中的宽严相济并不矛盾。这样的推论实质上在印证本章的结论:因为立法中的"宽"或"严"本身就是立法"中道""中正"的体现,不存在相济的问题,"相济"只体现在司法中。

第二,宽严相济本质上是一种和谐化政策,是对刚性规定的中和化策略,而立法的缘由是复杂的,有其内在的规律和需求,并非宽严相济所能涵盖。譬如,《刑法修正案(八)》废除了13个非暴力性经济犯罪的死刑,实际上就有多方面的原因:其一,随着人类法治文明的进步,死刑存在本身不再具有合理性。因此,减少死刑适用是大势所趋,尽管政策主导者可能并不情愿,但不得不考虑。其二,死刑与非暴力性经济犯罪不具有对等性,这已近乎共识。而对共识性认识的遵循势必逼迫刑法做出改变,尽管权力主导者对此并不完全认可,但不排除有时会被迫做出某些妥协。[①] 其三,这些罪名在司法实践中适用死刑的情形已经比较罕见,死刑存在的意义不大,即使废除也不会引发严重的观念冲突,易为权力者所认同、所乐见。同时,这也只不过是对司法实践正当性的认可而已。以上这些因素显然都和宽严相济刑事政策关联不大,甚至不是权力者的主动追求,而是法治发展的历史阶段使然。如果将这些因素都并入宽严相济的旗帜下,就会有损立法的合法性价值,立法本身的独立性依据也会随之丧失。毕竟,较之以前的(或原有的)规定,所有新的立法规定不是宽和了,就是严厉了。如果都以宽严相济为依据,不仅会陷入立法政策化的泥沼,也是一种毫无实际意义的解读。

第三,宽严相济的基本含义与立法的特点不相符合。宽严相济刑事政策的核心是"相济","相济"表现为对既存基本规范的修正或兼济,需以

---

① 事实上,《刑法修正案(八)》对一些死刑的废除,确实给人的感觉是一种妥协。譬如,同是金融诈骗罪,立法只是废止了部分罪名的死刑而不是完全废除。再如,对于"审判时已满75周岁的人不适用死刑"的设定,"草案"的初衷是绝对不适用死刑,但最终还是拖了一条"尾巴"——"以特别残忍手段致人死亡的除外"。

基本规范的有效存在为前提。也就是说,宽严相济的概念本身就意味着宽(严)本身是存在的,只不过通过严(宽)做出适当变通,从而才存在"济"的问题。如果旧的规范已经被新法修改,"相济"的基础就消失了。从这个意义上来说,宽严相济刑事政策与西方所谓的两极化政策是不同的。前者追求的是接济和协调,后者强调的则是极端化。所以,如果将立法作为政策的体现,则两极化的提法显然比宽严相济的提法更为合理。但是,在刑事司法或刑法适用的过程中,基本的法律规范是存在并有效的,只不过基于社会形势的发展变化,考虑到实现社会效果的需要,刑法规范的适用可以依据政策在一定范围内进行延展和限缩。但是,这并不是确立全新规则的过程,更不是取代旧规则的过程。

最后需要说明的是,上述论述既是对宽严相济刑事政策的定位进行正本清源的结果,也是合理定位政策与立法关系的必然要求。但是,这只是完成了前提性的工作,并不代表法律公正的最终实现。在贯彻宽严相济刑事政策时,还存在政策合法性与合理性的判断问题。在立法正当性的框架下,宽严相济刑事政策的贯彻必须遵循法律的基本精神、因应法律的基本准则,这样立法与司法之间才能形成良性互动。

第七章 实体的具体检视 I：以危险方法危害公共安全罪之口袋化

从道路交通秩序领域到市场经济秩序领域、公民个人权利领域、社会管理秩序领域，以危险方法危害公共安全罪的触角已经越伸越长。从交通肇事到生产经营非食品原料、"碰瓷"、偷窃井盖，危险方法的行为方式可谓五花八门，以危险方法危害公共安全罪越来越显示出口袋罪的特征。产生这一结果固然有罪名本身的因素，但根本原因有三个方面：一是对于刑事政策的不合理解读，二是对于社会效果内容的片面阐释，三是无视罪名的确定性内容。这实质上是忽视了政策与规范之间的关系，过分关注结果的危害性而淡化了行为规范内容和主观心态。只有在司法中切实坚持罪刑法定原则，才不至于使以危险方法危害公共安全罪成为口袋罪。

一、以危险方法危害公共安全罪成为口袋罪的症候

2009年11月25日，《人民法院报》《法制日报》《新民晚报》等多家媒体在显著位置刊载了一起刑事案件的宣判：2009年11月24日，根据最高人民法院执行死刑的命令，石家庄市中级人民法院对三鹿刑事犯罪案犯张玉军执行死刑。该中级人民法院于2009年1月21日作出刑事判决，认定被告人张玉军犯以危险方法危害公共安全罪，判处死刑，剥夺政治权利终身。后河北省高级人民法院于2009年3月26日裁定驳回张玉军上

诉,维持原判,并依法报请最高人民法院核准。① 另据报道,该案的事实为:2007年7月,被告人张玉军在明知三聚氰胺是化工产品不能供人食用,人一旦食用会对身体健康、生命安全造成严重损害的情况下,以三聚氰胺和麦芽糊精为原料配制出专供在原奶中添加以提高原奶蛋白检测含量的含有三聚氰胺的混合物(俗称"蛋白粉"),后购买了搅拌机、封口机等生产工具,购买了编织袋,定制了不干胶胶条,陆续购进三聚氰胺192.6吨,麦芽糊精583吨,雇佣工人大批量生产、销售"蛋白粉"。张玉军生产、销售的"蛋白粉"又经赵怀玉、黄瑞康等人分销到石家庄、唐山、邢台、张家口等地的奶厅(站),后被经营者添加到原奶中,销售给石家庄三鹿集团股份有限公司。②

同日,《新民晚报》还刊载了另外一起刑事案件:2009年8月28日上午,上海市的周先生驾驶一辆桑塔纳轿车由南向北行驶,在距离十字路口约100米处时,行驶在快车道的他发现前面有辆车停着。周先生注意了一下反光镜,发现后面虽有一辆车,但离得较远,于是他打了方向灯准备变道。当变到慢车道车身刚拉直时,感到车子一震,他发现后面的那辆车撞了上来。对方车上下来了两名男子,要求周先生赔偿。周先生拨打了报警电话。交警赶到现场查看后,认定是周先生违章变道,应负事故的全部责任。经过协商,周先生赔付对方1000元。就在这之前的两个月内,上海市嘉定、长宁、松江等区连续发生了多起类似的交通事故。警方经初步梳理及串并案件,发现与上述索赔人有密切关联,其具有故意制造交通事故骗取赔偿款的重大作案嫌疑。随后,6人团伙涉嫌以危险方法危害公共安全罪被批捕。③

以上两起案件看起来风马牛不相及,但最终确定的犯罪性质相同,即都被认定为以危险方法危害公共安全罪。这不禁又使人联想到孙伟铭

---

① 参见董智永等:《"三鹿"刑事案罪犯张玉军耿金平被执行死刑》,载《新民晚报》2009年11月25日。

② 参见韩元恒、丁力辛:《"三鹿奶粉案"两案犯张玉军耿金平昨日伏法》,载《人民法院报》2009年11月25日。

③ 参见徐蕾蕾等:《两个月"碰瓷"80余次获利8万,6人团伙涉嫌以危险方法危害公共安全罪被批捕》,载《新民晚报》2009年11月25日。

案。对于该案的性质,在最高人民法院召开的新闻发布会上,最高人民法院审判委员会专职委员黄尔梅明确指出:"被告人孙伟铭长期无证驾驶,多次违反交通法规,在醉酒驾车与其他车辆追尾后,为逃逸继续驾车超限速行驶,先后与4辆正常行驶的轿车相撞,造成4人死亡、1人重伤。其主观上对他人伤亡的危害结果明显持放任态度,具有危害公共安全的故意。行为已构成以危险方法危害公共安全罪。"①

由此我们可溯及各地对偷窃井盖按照以危险方法危害公共安全罪处理的"首起"案例:2005年7月,冯福东因盗窃了15个窨井盖,被成都市高新区检察院以以危险方法危害公共安全罪起诉,并被法院首次以此罪名当庭判处有期徒刑3年。另据2005年9月15日《南国今报》刊载:"昨日,柳州市柳南区检察院批捕偷盗井盖的犯罪嫌疑人梁立将、周正圆,二人涉嫌的罪名是以危险方法危害公共安全。据悉,这是该市首次以此罪名批捕嫌犯,将对打击日益猖獗的偷盗井盖行为起到威慑作用……据柳南区检察院检察官介绍,以前对偷井盖的行为大多以盗窃罪论处,威慑力不足,这也是偷盗井盖现象日益猖獗的原因之一。检察官称,偷盗井盖者即使没有直接故意,但他们对有可能发生的事故持放任态度,属间接故意,从其危害性来看,应以以危险方法危害公共安全罪论处。"②2005年5月,北京市海淀区检察院以涉嫌以危险方法危害公共安全罪批捕了两名在北京盲人学校门口盗窃井盖者。业内人士指出,以此罪名指控井盖窃贼在北京尚属首例。此外,郑州、嘉兴、温州、铜陵的法院都曾以以危险方法危害公共安全罪对盗窃窨井盖的窃贼作出判决。武汉市政法机关也曾

---

① 《最高法:四川省高院对孙伟铭案量刑判决适当》,http://www.chinanews.com/gn/news/2009/09-08/1855462.shtml,2009年9月8日访问。

② 该案的具体事实为:38岁的梁立将和19岁的周正圆均为柳江县农民,8月14日凌晨2时至5时,他们乘坐覃光龙的一辆"高顶篷",先后两次从柳江县到柳州市区,沿西环路、潭中西路西段行进,一路偷盗人行道上的铁质井盖。当日天亮后,市政、电信、网管等部门和单位发现井盖被盗,均向公安机关报案。而柳江县警方则根据群众举报,将梁立将和周正圆抓获,并从其存放赃物处查获当天凌晨被偷的31只井盖,其中10只已被砸碎。公安人员审讯梁立将时,问他是否想到偷盗井盖的后果,他回答:"如果有人跌下去,肯定是蛮要紧的。"

向媒体通报,对盗窃窨井盖者,将以以危害公共安全罪定罪量刑。①

我们甚至还可以溯及肖永灵案:2001年10月,被告人肖永灵通过新闻得知炭疽杆菌是一种白色粉末的病菌,国外已经发生因接触夹有炭疽杆菌的邮件而致人死亡的事件,遂将家中粉末状的食品干燥剂装入两只信封内,分别邮寄给上海市人民政府某领导和上海东方电视台新闻中心陈某。同年10月19、20日,上海市人民政府信访办公室工作人员陆某等人以及东方电视台陈某在拆阅上述夹带有白色粉末的信件后,造成精神上的高度紧张,同时引起周围人们的恐慌。经相关部门采取大量措施后,才逐渐消除了人们的恐慌心理。上海市第二中级人民法院对本案审理后认为肖永灵的行为构成了以危险方法危害公共安全罪,公诉机关指控的罪名成立。上海市第二中级人民法院于2001年12月18日以(2001)沪二中刑初字第132号刑事判决书认定肖永灵构成以危险方法危害公共安全罪,判处有期徒刑4年。② 该案曾在理论界引起轩然大波,后来刑法修正案增加的投放虚假危险物质罪则证明了肖永灵的行为既不属于危害公共安全,也不是危险方法。

从以上现实案例及其司法定性可以发现,以危险方法危害公共安全罪的触角已经越伸越长。本罪虽然是一种与放火、爆炸、决水、投放危险物质罪并列的犯罪,但是后果的类似性,再加上"其他"概念的模糊性、公共安全内容的模糊性、主观故意内容基本理论理解的模糊性,越来越具有口袋罪的嫌疑。

然而,行为的翻新只是症候,并不是成为口袋罪的依据,而是口袋化

---

① 同一时期开始按照以危险方法危害公共安全罪处理的案例还有:2004年9月,河北石家庄市井陉县石某被判处有期徒刑3年;2004年10月29日,杨军和徐富贵被四川郫县法院以危害公共安全罪和盗窃罪分别判处有期徒刑3年6个月、2年6个月;2005年4月,河北3名青年因偷井盖分别被判处3年、2年(缓刑2年)、1年6个月(缓刑2年)的有期徒刑;2005年4月23日,山东省威海市环翠区检察机关以危害公共安全罪对两名盗窃窨井盖者提起公诉;2005年3月8日,吴淑华、王振东被江苏省苏州市平江区法院分别判处有期徒刑3年3个月和3年。最让人吃惊的是,2004年12月29日下午5时30分,江苏淮安人胡某在杭州市秋涛北路皇冠大酒店西北侧的公共通道上盗走道路上的窨井盖一只,并在逃跑途中被抓获。2005年4月,杭州市江干区法院审理认定其犯有以危险方法危害公共安全罪,判处胡某有期徒刑3年6个月。

② 参见游伟、谢锡美:《"罪刑法定"原则如何坚守——全国首例投寄虚假炭疽杆菌恐吓邮件案定性研究》,载游伟主编:《华东刑事司法评论》(第三卷),法律出版社2003年版,第256页。

的结果,关键在于适用罪名的理由是法律的规范性至上还是规范的政策性至上。

在对上述案例或者裁决的解读过程中,均可以发现浓厚的政策倾向。譬如,在张玉军案中,最高人民法院认为:"被告人张玉军为谋求非法利益,置广大人民群众的身体健康、生命和财产安全于不顾,大量生产、销售专供往原奶中添加的含三聚氰胺的混合物蛋白粉,经逐级分销后被添加到原奶中。奶制品生产企业使用被添加含有三聚氰胺混合物的原奶生产的婴幼儿奶粉等奶制品流入市场后,对广大消费者特别是婴幼儿的身体健康造成严重损害,导致众多婴幼儿因食用遭受三聚氰胺严重污染的婴幼儿配方奶粉引发泌尿系统疾患,造成多名婴幼儿致病死亡,并致使公私财产遭受了重大损失,其行为构成以危险方法危害公共安全罪。张玉军犯罪情节极为严重,犯罪手段极其恶劣,社会危害性极大,应依法惩处。"①

以上裁决理由并不是从以危险方法危害公共安全罪构成的角度做出的结论,而是从后果的类似性做出的结论:首先,"置广大人民群众的身体健康、生命和财产安全于不顾",固然与以危险方法危害公共安全罪造成的结果相当,但是不能反过来说造成这样结果就构成本罪,刑法中的许多重罪都可以说必然对于不特定人的身体健康、生命安全造成严重损害,如生产销售假药罪、生产销售有毒、有害食品罪。其次,犯罪手段、犯罪情节的严重与恶劣与否只是对犯罪行为的量刑轻重产生影响,并不对犯罪的性质产生影响。也就是说,不能仅仅依据后果严重就依照本罪论处。

然而,最高人民法院对于后果类似性的认同在上述案件中均得到了体现。譬如,在"碰瓷"案件中,"检察官表示,犯罪嫌疑人多次在交通要道上故意撞击被害人车辆,造成交通事故的假象,事实上很可能使被害人的车辆失控,危及其他不特定的多人的人身或财产安全。这种以危险方法危害公共安全的'碰瓷'行为,也是司法机关严厉打击的违法犯罪行

---

① 韩元恒、丁力辛:《"三鹿奶粉案"两案犯张玉军耿金平昨日伏法》,载《人民法院报》2009 年 11 月 25 日。

为"①。将造成严重结果的"可能性"作为一种犯罪的认定依据,无疑也是回避法律确定性的说法。

因此,难怪在偷窨井盖案被以危险方法危害公共安全罪定罪之后,有人这样喻古讽今:"百姓随迁临安,无以为业者众,某日某外来迁徙人员窃西湖边大街青石板砖一块,为捕快所抓,衙门以其行为有碍交通安全重判三年牢刑。百姓皆赞当朝法纪严谨,实乃百姓之福。一时间,临安得誉为天下乐居之地。太史公曰:窃砖隐害之巨,固不须提,然冒重刑而窃不值之物,焉知为何?"②难怪在开车冲撞被以危险方法危害公共安全罪论处后,有人发出这样的慨叹:"就是这样的'民意',这样的不独立,这样的审判,这样的重典,竟也赢得了相当多的掌声,其中甚至不乏某些专家和法律人士将其张目为'司法创新''法意与民意的交集'的说辞。是否有点夸张过头了呢?"③

二、以危险方法危害公共安全罪口袋化的社会背景——刑事政策价值取向的不同解读

从上述所罗列的一系列被确定为以危险方法危害公共安全罪的案件来分析,无论是从规模还是从级别,这一症候的出现实际上已经不仅仅是一个个的个案所折射出来的问题,而是明显地带有政策作用的痕迹。所以,必须首先对于当前的宽严相济刑事政策作出正确的解读,才能合理定位司法具体认定罪名的得失利弊。

2009年10月,时任最高人民法院副院长张军在出席吉林全省法院刑事审判工作会议时提出,要以社会主义法治理念为指导,贯彻落实好宽严相济的刑事政策,促进刑事案件质量有更大的提高,促进和谐社会建设。

---

① 徐蕾蕾等:《两个月"碰瓷"80余次获利8万,6人团伙涉嫌以危险方法危害公共安全罪被批捕》,载《新民晚报》2009年11月25日。

② 《富家公子撞死人还不当回事,有当事人照片》,http://bbs.tianya.cn/post-funinfo-1455599-1.shtml,2009年5月11日访问。

③ 司振龙:《"重刑主义"取向当喊停》,http://www.fjsen.com/r/2009-08/27/content_1091470.htm,2009年8月27日访问。

张军提出，对于疑难案件的处理，在定性存在争议、难以确定的情况下，要善于依据刑事政策，从服务大局的角度出发来考虑处理问题，追求法律效果与社会效果的统一。社会效果是评判案件裁判最终效果的标准，是确保刑罚功能发挥的基础，必须努力兼顾两个效果，努力追求积极的案结事了。①

这样的观点曾经在学界引起了不同的反响，笔者认为，至少可以从以下三个方面分析：

其一，对于"定性存在争议、难以确定"应该如何理解。在刑事案件中，对于犯罪的性质存在争议应该说是司空见惯、不足为奇的事情，也正是因为如此，才会出现现代的诉讼模式。而法庭解决的首要问题也是案件的性质争议问题。争议有大有小，无非是为最终裁决提供一种参考。而最终的裁决无论选择哪一种结果，其首先都应该是以法律规范为依据做出的一种理解和选择，而不是依据社会效果。如果仅仅从社会效果来加以考虑，实际上就是在追求刑罚与行为客观社会危害性的平衡。这往往会忽视与主观恶性的对应，会忽视刑法的确定性。譬如，在上述最终被确定为故意以危险方法危害公共安全的案例中，自始至终存在着不同的观点，包括学界也存在不同评论，但这并不重要，重要的是大家都有一个共同的基点，即从法律基本规范的内涵和内在逻辑出发进行释评，而不是从社会效果去考虑。社会效果并不是没有发挥作用的空间，社会效果虽不是评判案件裁判最终定性的标准，但对于量刑甚至死刑都有一定的意义。因此，笔者认为，从这个意义上说，在孙伟铭等案件的最高人民法院新闻发布会上，最高人民法院刑事审判第五庭庭长"法律规定，死刑要考虑主观恶性、社会后果等多种因素。其中，社会后果严重只是判定的一个方面"的阐释是合理的，但社会效果仅仅涉及量刑问题，而不涉及定性问题。

其二，如果仅仅依据社会效果来确定案件的性质，会使刑事责任不仅

---

① 参见周立权：《落实宽严相济刑事政策 切实保障案件质量》，http://news.sohu.com/20091026/n267742004.shtml，2009 年 10 月 26 日访问。

失去了法律规范的确定性,而且也失去了刑事政策的确定性。譬如,过去的严打政策虽然作用、效果乃至合理性本身都被质疑,但至少其标准是确定的、统一的。但是,社会效果的政策标准使得政策标准的基本确定性也失去了。所以,就会出现案件在同样的法律条件下,在不同时空中,性质变得捉摸不定的情况。

其三,社会效果内容较为艰深,不是简单的个案民意问题。所谓法律的社会效果,是指社会大众依据社会发展的现状对司法活动的一种主流评价,是公众从传统道德、文化、审美情趣、观念等社会生活的各个范畴对司法活动所作的主导性评判,通过法律的实施,使法的本质特征得以体现,实现法的秩序、自由、正义、效益等基本价值的效果,从而使法律作用于整个社会关系的过程得到社会大众的肯定。最高人民法院原副院长李国光在2002年全国民商事审判工作会议上的报告中阐述:"审判的法律效果是通过严格适用法律来发挥依法审判的作用和效果;审判的社会效果则是通过审判活动来实现法律的秩序、公正、效益等基本价值的效果。"

笔者认为,所谓的社会效果是融合法律效果的一种综合功能显示,它与法律效果本身并不属于同一个位阶。社会效果并不如我们大部分人所认为的那样,是一种非专业性的灵活处理问题的方式方法,而是一种综合了构成要件的符合性、行为的违法性质、刑法的基本理念以及社会的和谐构建等内容的结果。只有能将法律条文本身、法理基础、社会的正义融会贯通的司法者,才能真正理解法律所追求的社会效果的本意。在考察社会效果的时候,至少必须牢牢把握以下两个基点:

第一,法律的规范性基础。从宏观层面上说,立法本身就是一种适应和满足社会发展需要的结果,已经体现了社会需求。虽然法有穷情无限,但是从整体社会意义上说,立法应该是体现了社会效果的最大化。如果简单将个案的所谓民意视为正义的表达,实谓只见树木不见森林。

第二,政策的指导性作用。法律条文作为一种空缺性结构,必然需要一定的政策指导。但是,对于政策的理解应当定位准确,社会效果要符合刑事政策的需要,刑事政策不能违背法律的基本确定性。最高人民法院原副院长张军在谈社会效果的时候,首先就提出要贯彻落实好宽严相济的刑事政策。于是,问题的症结便落实到了对于宽严相济刑事政策之不同理解的层面。

2006年10月,中共十六届六中全会审议通过的《中共中央关于构建社会主义和谐社会若干重大问题的决定》中第一次提出"实施宽严相济的刑事司法政策",由此宽严相济刑事政策成为一项重要的刑事政策组成部分。宽严相济,就语义上的分析,主要包括以下内容:所谓"宽",是指宽大、宽容;所谓"严",应理解为严格、严厉;所谓"相济",是指相互接济,互为补充,宽中体现严的成分,严中包含宽的因素,一般解释为"当宽则宽,当严则严,以宽济严,以严济宽"。实质上,"当宽则宽,当严则严"并不是政策的内容,更不是宽严相济的组成部分,"济"才是本质。具体来说,宽严相济刑事政策的基本特征包括以下几方面内容:

第一,宽严相济刑事政策主要表现为一项刑事司法政策。

根据政策的明达,宽严相济刑事政策最初被表述为一项刑事司法政策,但后来"司法"一词被莫名其妙地删了,这实际上造成了适用的混乱。在当前理论探讨中,往往也忽视了这些区别,认为这项政策包括法网的严密性等内容,实际上是提高了政策的位阶。作为一项司法政策,应当是在法律给定的框架之内,在依法办案的基础之上体现国家权力对于社会刑事判断的需要,在轻重严宽中找到平衡。在涉及公共损害的犯罪中,刑事司法政策的特征显得更为明显和突出。这一方面是因为此类犯罪对于整个社会稳定的影响更为直接和明显,更具有公共性;另一方面是因为对于公共损害犯罪的打击力度和方式更能体现政策的公共性。

第二,更为重要的是,作为司法政策,宽严相济刑事政策所包含的应有之义就是以法律作为标准。

刑事政策与刑事法律的问题看似简单,但实际上对于这一关系的认识发展有着曲折复杂的过程。1979年《刑法》制定之前,立法活动都曾经有短暂的"繁荣",凸现了刑法的应时性。但是,这一"繁荣"并不是真正的繁荣,原因在于两个方面:其一,这只是百废待兴的特定时期的需要,缺少一种稳定性、普遍性的政策;其二,这一"繁荣"多是以运动型的方式展开,这固然有其特定的历史原因,有一定必然性,但其中隐藏着法律虚无主义思潮的暗流。政策代替刑法、刑法继承性被否定以及固有刑事司法体系被否定的后果在极"左"思潮甚嚣尘上之时得到充分释放,最终导致法律被彻底抛弃。法律以及其对权力的制约特征完全被否定,法律的规范性完全被漠视。1979年《刑法》制定之后,严打政策成为重要的刑事政策,曾经在立法、司法等多个领域均有体现。1997年《刑法》实施以后,严打政策已经演变为法律适用过程。也就是说,严打整治必须依法而行,落实到刑事实体法领域,严格按照刑法的具体规定、有效的司法解释以及法律的基本原则。严打政策由"变法"严打逐步演变为"依法"严打,后来宽严相济刑事政策被界定为一种司法政策,更是历史的选择,同时也是对于刑法规范的尊重。

所以,我国刑法的发展实际上是一个对于政策和规范的关系认识逐步廓清的过程。法律标准是基础,政策体现在规范的基础之上。但是,依法绝不仅仅表现为最终选择法律的条文作为蓝本,绝不仅仅在于以刑法的罪名和法定刑为工具,而是必须表现为按照具体法律条文构成要件的符合性来定罪量刑。要做到这一点,显然还有很长的一段路程要走。宽严相济刑事政策的提出,实际上就是将案件建立在符合条文规定的基础之上,把权力限制在合法限度内,体现政策的价值取向,而绝不是不考虑法律规范性,仅仅基于社会效果、基于危害后果及其程度的相似性,而予以打击和制裁。譬如,在本章开篇提及的张玉军案中,被告人明知三聚氰胺是化工产品不能供人食用,仍然将之加工成"蛋白粉",倒卖给原奶经营者,造成严重危害后果。在刑法中,"为谋求非法利益,置广大人民群众的身体健康、生命和财产安全于不顾"的非法生产经营行为有很多罪名,绝不能仅仅因为后果的公害性就套用以危险方法危害公共安全罪的罪名。如果这样,所谓"依法",也就是仅仅考量了按照法律的形式来处理,仅仅考量了客观的报应,而无视构成要件的符合性,其结果就是把以危险方法危害公共安全罪变成了"口袋罪"。

第三,宽严相济刑事政策的核心是从宽而不是从严。

宽严相济的提法本身并不新颖,甚至可以说是中国传统刑法思想中的重要内容。譬如,《左传》曾有这样的记载:"宽以济猛,猛以济宽,政是以和。"在之后的历史发展中,这种思想被不断地发扬光大。如果将其放置于具体的社会历史现实中进行比较分析,会具有一定新的意义。笔者认为,在中国当前司法中,将宽严相济作为一项刑事司法政策加以体现,实际上是一种理论取代。广义严打政策——依法严打政策——宽严相济的司法政策,其发展脉络应该说是比较清楚的。

从这一转变分析,宽严相济刑事政策是对过去的从严政策向均衡政策的纠正,从这个意义上甚至可以说它是刑事政策宽和化的体现。具体来说,宽严相济刑事政策的主线不是当宽则宽,更不是当严则严,而是以宽济严,以严济宽。具体来说,以严济宽是指对于比较轻微的犯罪要考虑其中严的因素,但毕竟是在法律的框架之内,轻罪无论如何不可能体现实质性的严厉性,宽严相济最核心的就是以宽济严,这是一种比较典型的新的变化和解说,和过去的严打政策体现的严厉倾向相比较是一个重大变化。可以说,宽严相济刑事政策就是对于刑法宽和化的回归。正是在这一前提下,类似于刑事和解等制度才具备了基本的理论前提。

所以,宽严相济刑事政策的核心绝对不是"当宽即宽,当严即严",更不是轻轻重重,因为"重重"俨然就是重刑的进一步体现。然而,以危险方法危害公共安全罪成为口袋罪俨然体现了这一重刑倾向,与宽严相济刑事政策存在着相悖之处。譬如,偷窃井盖行为围绕着盗窃罪与以危险方法危害公共安全罪展开,"碰瓷"事件围绕着敲诈勒索罪与以危险方法危害公共安全罪展开,开车撞人事件围绕着交通肇事罪与以危险方法危害公共安全罪展开,"蛋白粉"事件围绕着生产伪劣产品罪和以危险方法危害公共安全犯罪展开。毫无例外的是,司法最终都是选择以危险方法危害公共安全罪,因为其刑罚要严厉得多。

重刑倾向显然是对社会效果的误读,而这种误读又源于对于社会心理的迎合。作为一种社会心理,重刑倾向本无可厚非,也具有普遍性和合理性。这与民众普遍的政通人和的美好希冀也相一致。

问题在于,这种情绪一旦影响司法机关裁决,最终的结果往往是以放弃或者忽视规范的公正性和确定性、以牺牲刑法的基本原则为代价。而这种裁决所显示的这种选择,又反过来迎合了非理性的社会心理,助长了重刑倾向的蔓延。

  2010年2月8日出台的《最高人民法院关于贯彻宽严相济刑事政策的若干意见》(以下简称《意见》),对人民法院在刑事审判工作中如何更好地贯彻落实宽严相济的刑事政策提出了具体、明确的要求。《意见》中规定,依法从重处罚的情形是危害国家安全犯罪、恐怖组织犯罪、邪教组织犯罪、黑社会性质组织犯罪、恶势力犯罪、故意危害公共安全犯罪等严重危害国家政权稳固和社会治安的犯罪,尤其是极端仇视国家和社会,以不特定人为侵害对象,所犯罪行特别严重的犯罪分子。这里明显将"危害公共安全罪""以不特定人为侵害对象"作为从严的内容之一。但是,这里需要注意两个问题:其一,法律因为其正当性获得了合法性,政策则因为其合法性获取了正当性。政策的贯彻必须以罪刑法定原则为圭臬,必须以法律的规范性为前提。不能仅仅因为追求社会效果而牺牲了法律效果。其二,以危险方法危害公共安全罪作为一种严重危害公共安全的犯罪,从严惩处并无不妥。但是,必须合理界定该罪的规制范围,不能因为法律规范字面的抽象性而将本不应纳入以危险方法危害公共安全罪的行为硬塞入规制范围。因此,这一问题就此也就演化为司法对于规范的理解问题,刑事司法政策也外化为一种解释方法的问题。

  对此,有学者提出了司法犯罪化的问题,并认为"司法上的犯罪化应是趋势"[①],其核心理由在于:其一,凶恶犯罪、重大犯罪不断增加,国民的体感治安恶化,必然要求扩大处罚范围。况且,以往较弱的"市民的安全或保护的要求",现在通过媒体更直接、更强烈、更及时地反映至立法机关与司法机关,国家对公民的刑法保护,成为一项公共服务内容。所以,即使刑法文字没有变化,司法机关也可能为了保护公民利益,而实行犯罪化。在当今社会,社会生活的复杂化与犯罪的高科技化,使得许多犯罪行为一旦得逞,便会造成不可估量的侵害结果,不能等待造成严重侵害结果后再处罚,而必须对法益进行提前保护。所以,我国的司法机关有必要对于部分原本并未作为犯罪处理的预备行为,作为犯罪行为来处理。其二,

---

  ① 张明楷:《司法上的犯罪化与非犯罪化》,载《法学家》2008年第4期。

随着行政管理加强,行政犯会越来越多,而且行政犯的法益侵害性也越来越明显。譬如,违反交通管理法规的行为所造成的法益侵害日益严重。司法机关必然不断地重新考虑行政犯与行政违法的界限,对以往仅以行政违法论处的行为以行政犯论处。同样,由于社会生活事实的变化,司法机关必然重新审视一般违法行为与传统犯罪之间的界限,对以往的部分一般违法行为实行犯罪化。譬如,以往车辆较少,城市的外来人员少,盗窃窨井盖的行为所造成的法益侵害显得并不严重,所以之前一般没有作为犯罪处理。但是,随着车辆的增加、人口的膨胀,盗窃窨井盖行为所造成的法益侵害程度明显加重,所以现在一般以犯罪论处。其三,适用刑法的过程也是解释刑法的过程。在具有罪刑法定主义观念的前提下,如果解释能力低下,不能发现刑法用语可能具有的含义,必然导致原本构成犯罪的行为也不能受到应有的处罚。

上述这种司法犯罪化的观点实际上为刑事司法中的罪名口袋化提供了理论基础。不仅于此,上述观点也恰恰是以危险方法危害公共安全罪为实证。

在刑法的解释方法上,一直存在形式解释与实质解释的争论。在我国,由于刑法中对于犯罪的认定长期以危害性作为基础,因此一直存在着实质解释的冲动,即从实质的合理性角度来注释刑法规范。上述观点实际上就是一种实质解释论的延伸,或者说已经超越了实质解释论。因为解释的触角已经延伸到了立法领域,已经形成了实质性的法官造法,而司法犯罪化只不过是另外一种表达方式而已。往更深层次探究,这实际上已经对于法律的成文化初衷构成了某种挑战。

之所以得出这样的结论,是因为实质解释论并未脱离基本的规范性,正如有学者所指出的,有必要纠正这样一种错误的认识倾向:"实质的犯罪论和刑法解释论就意味着对形式正义和刑法安定性的反动。"[1]在罪刑法定原则许可的范围内,在必要的时候我们应当进行实质的解释,绝对的形式解释论是我们当前的大敌。有学者更是指出:"在现代法治国家,在

---

[1] 梁根林主编:《刑法方法论》,北京大学出版社2006年版,第364页。

罪行法定已经成为各国宪法原则与刑法基本原则的情况之下,也根本不存在脱离刑法构成要件的规定而纯粹基于所谓实质的可罚性而擅自出入人罪。换言之,根本不存在像纯粹形式的犯罪论那样纯粹的实质解释论,现代刑法理论所言的实质解释论,都是指在对行为成立犯罪与否的形式的判断中要考虑实质上是否值得处罚的问题。"①

然而,司法犯罪化的观点显然已经脱离了实质解释论的轨道。首先,从成文法诞生伊始,就存在着犯罪的变化性与刑法的滞后性之间的矛盾。即使社会发展到今天,这对矛盾也并没有消除,甚至形式也没有新的变化。所以,司法犯罪化的观点并不能找到新的现实理由。恰恰相反,在中国,罪刑法定原则写入刑法也仅有 20 多年时间,罪刑法定原则本身的司法化尚不尽如人意,现实司法的主要矛盾不是罪刑法定司法化过度,而是落实得不够。在这样的背景下提出司法犯罪化,无疑是为司法权的扩张提供了理论武器。其次,无论是以前的单行刑法的立法方式还是当前通行的刑法修正案的修法方式,虽然存在对法律稳定性冲击的可能,但这种法律的明定化与司法犯罪化导致刑法的不确定性相比,消极后果要小得多。更为重要的是,通过立法或修法的方式实际上避免了司法权对立法权的侵蚀,防止了成文法被曲解。再次,司法犯罪化论者根本理由是强调法益被侵害,以法益受侵害为标准,而所谓的法益又是通过犯罪化的方式被解释进去的,这实际上是将法益的内涵等同于社会危害性的标准了,其显性事例就是司法犯罪化所认为的:"随着车辆的增加,人口的膨胀,盗窃窨井盖行为所造成的法益侵害程度明显加重,所以现在一般应以犯罪论处。"于是,理论在游荡了一圈之后,又回到了非罪刑法定的时代。最后,司法犯罪化观点的一个基本要求就是司法官员必须提高"解释能力",然而,能力"低下"或者"提高"的标准是什么呢?如果这些标准不明确,而司法官员有拥有将刑法没有规定的行为加以"犯罪化"的权力,那么在司法权很难做到中立的时候,谁能够保证出入人罪的结果不出现呢?谁能够保证重刑思想不肆无忌惮呢?在这个时候,即使是司法犯罪化论者也认

---

① 刘艳红:《犯罪论体系:范畴论抑或目的论》,载《中国法学》2008 年第 1 期。

为:"在司法上的犯罪化成为主流趋势的时代,司法机关同时应避免重刑主义,应当积极地推进刑罚的轻缓化。换言之,随着社会的发展,虽然刑法的处罚范围可能越来越宽,但刑罚的处罚程度应当越来越轻。"①但是,这样的呼吁已经在司法犯罪化的"潮流"中显得底气不足。

三、对于规范主义抛弃的必然结果是罪名的口袋化

尽管以危险方法危害公共安全罪是概括性的"其他危险方法",尽管对公共安全的范围存在着不同看法,但还是具有基本规范性的,正是司法实践对于这些规范性的抛弃,导致本罪成为口袋罪。

(一)间接故意的规范内容决定了以危险方法危害公共安全罪范围的局限性

1. 间接故意与危害结果之间的关系问题

无论是偷窨井盖的行为还是"碰瓷"行为,乃至生产销售"蛋白粉"的行为,都有一个共同特征,即行为人仅仅实施了符合一个犯罪构成的行为,却在产生了一个直接的危害结果的同时,又都对公共安全产生了一定危害或风险,这也是司法实践选择危害公共安全犯罪的理由。

以偷窨井盖的案例为例,司法的基本理由通常是相同的。譬如,检察机关认为:"被告人主观上具有危害公共安全的间接故意。盗窃窨井盖的直接目的虽然是牟利,并非直接追求伤害不确定人群的人身、财产安全,但是他们作为成年人,明知自己盗走窨井盖后,相关部门不可能及时添补,可能使行人、车辆通行时发生危险,他们却仍故意放任了这种结果的发生。明知危害公共安全的结果可能发生,却放任这种结果发生,属于间接故意犯罪,符合刑法以危险方法危害公共安全罪对主观要件的要求。以危险方法危害公共安全罪侵犯的客体是公共安全,即不特定多数人的生命健康、重大公私财产以及正常的生产、生活、工作安全,客观上表现为

---

① 张明楷:《司法上的犯罪化与非犯罪化》,载《法学家》2008年第4期。

行为人实施了某种危害或者足以危害公共安全的行为。偷盗窨井盖表面上看仅仅是一般的盗窃行为,但是该行为侵犯的客体却并非仅是公私财产所有权。由于马路上的'血盆大口'导致的车祸、人身伤害,全国各地屡见不鲜,因此偷盗窨井盖的行为,不仅使公私财产遭受了损失,更严重的是给不特定多数人的生命和财产安全带来了隐患,直接危及公共安全。这与盗窃罪仅仅侵犯公私财产所有权具有本质的区别。"[1]审判机关的看法类似,譬如在同样类型的案件中,有报道援引了法官的说法:"由于马路上的窨井没盖会时刻危及行人的生命安全,因此危害性特别大,在定罪量刑时要特别予以考虑。被告人在实施盗窃时,主观上有放任道路上过往的行人、车辆发生危险的故意,客观上也有使过往的行人、车辆发生危险的可能性,行为已危害了公共安全,构成以危险方法危害公共安全罪。"[2]在孙伟铭开车撞人案件中,最高人民法院的结论寓意也与上述观点基本相同。

由此,在上述一系列依照以危险方法危害公共安全罪的案例中就出现了一个逻辑:因为行为人所实施的偷窨井盖、"碰瓷"等行为有导致公共安全受到损害的风险,而行为人对此是有认识的,是明知的,对于后果是一种放任的态度,所以构成间接故意的以危险方法危害公共安全罪。

这一逻辑似是而非,关键就是在没有发生实害性结果的情形下如何理解间接故意的犯罪性。实际上,2004年以后,从各地纷纷出现"首例"偷窨井盖行为被以危险方法危害公共安全定罪的案例开始,实践中就有不同观点。譬如,成都市成华区法院刑庭庭长就提出,盗窃罪和危害公共安全罪犯罪客体不一,盗窃窨井盖的行为很难认定为危害公共安全罪。因为任何行为都有可能危害公共安全,是否达到犯罪需要考虑,必须看社会危害是否达到一定危害程度。[3] 理论中更是有不同的看法。

所谓间接故意,是指行为人明知自己的行为可能发生危害社会的结果,并且放任这种结果发生的心理态度。所谓放任,是指行为人对于危害

---

[1] 大卫、王浩:《再偷窨井盖 小心关三年》,载《杭州日报》2005年1月26日。
[2] 赵倩:《激辩 偷窨井盖该当何罪》,载《天府早报》2004年12月21日。
[3] 同上。

结果的发生,没有充满希望、积极地追求,但也没有阻止、反对,发生与否都无所谓。一般认为,间接故意包括三种情况:(1)为了追求一个合法的目的而放任一个危害社会的结果发生;(2)为了追求一个非法的目的而放任另一个危害社会的结果的发生;(3)在突发性案件中不计后果、动辄捅刀子的情形。无论是碰瓷还是偷窨井盖,形式上似乎都符合这一要求,对于非法牟利、勒索钱财持有直接故意的心态,对于公共安全造成的损害则是一种间接故意。

单纯证明存在间接故意,还不足以认定行为构成犯罪,危害后果发生与否十分重要。间接故意犯罪之所以不存在未遂,一方面是由其犯罪构成主客观要件的特点决定的,即间接故意犯罪在主观上表现为不一定要造成特定的结果,这种放任心态所包容客观危害的多样性与不稳定性,与犯罪未遂要求的"未得逞"无法相提并论;另一方面则取决于犯罪未遂的主客观特征,即在间接故意放任心理的支配下,客观上无论是否出现实际的危害结果,都是间接故意犯罪在主观上所"容忍"的。此为通说观点。[①]在间接故意犯罪中,行为人意志上的放任心理决定了其对于犯罪结果发生与否持无所谓的态度,而行为的危害结果的发生又仅仅具有或然性、不确定性。也就是说,如果危害结果没有发生,根本谈不上违背本意,因为其对于结果发生本身并没有积极地追求。所以,对于间接故意犯罪而言,结果发生与否是犯罪成立与否的依据,而不是犯罪既遂与否的依据。在上述"碰瓷"和偷窨井盖案件中,如果没有导致公共安全实际危害结果的出现,行为人又没有一种对于这一结果的积极追求态度,就不属于间接故意的以危险方法危害公共安全罪。当危害结果出现的时候才成立犯罪,而现实中判决的大量上述犯罪,大多没有出现这样的后果。

---

① 参见苏惠渔主编:《犯罪与刑罚理论专题研究》,法律出版社2000年版,第231页。当然,也有看法认为:首先,从规范意义上说,间接故意犯罪与直接故意犯罪并无质的区别,没有理由仅处罚直接故意的犯罪未遂,而不处罚间接故意的犯罪未遂;其次,直接故意的犯罪人与间接故意的犯罪人可以成立共同犯罪,在共同犯罪未遂的情况下,没有理由仅处罚直接故意的犯罪人而不处罚间接故意的犯罪人;最后,司法实践中确实存在行为人放任结果发生而没有发生,且值得科处刑罚的情况,虽然犯罪结果并未出现,难以判断行为人在主观上是否放任结果的发生,但这只是证据认定问题,而不是否认间接故意存在犯罪未遂的理由。参见张明楷:《刑法学》(第三版),法律出版社2007年版,第278页。

2. 间接故意犯罪与过失犯罪的界定问题

这在孙伟铭案件中显得尤为重要。该案一审判决认定孙伟铭属于间接故意,有如下的证据:孙伟铭无驾驶证,且案发前存在多次违章行为;案发时,孙伟铭无证驾驶、醉酒驾车、超速行驶;孙伟铭案发前具有肇事逃逸的情形。而醉酒的人犯罪,应当负刑事责任。最高人民法院《关于醉酒驾车犯罪案件法律适用问题新闻发布稿》针对上述案件也指出,"行为人明知饮酒驾车违法、醉酒驾车会危害公共安全,却无视法律、醉酒驾车,特别是在肇事后继续驾车冲撞,造成重大伤亡,说明行为人主观上对持续发生的危害结果持放任态度,具有危害公共安全的故意";"醉酒驾车放任危害后果的发生,造成重大伤亡,构成以危险方法危害公共安全罪的,按照《刑法》第115条第1款的规定,应处10年以上有期徒刑、无期徒刑或者死刑"。应该说,上述观点无论是说理还是结论都不是十分明确。这是因为,首先,"驾车冲撞"这一表述至多只是说明了行为的方式,并不能作为区分故意和过失的标准,其主观可以是故意,也可以是过失,不一定就是放任。其次,"醉酒驾车放任危害后果的发生"的表述也不明确。放任后果的发生当然是间接故意,但是"放任"的标准是什么?是不是"醉酒驾车"就可以等同于后果的发生了?

之所以会产生这些疑问,根本原因在于主观心态的界定必须是一个结合具体案情判断的结果,一般不是简单罗列几个程式化的标准就能够解决的,何况上述这些标准并不具有直接证明性。无论是"醉酒驾车"还是"肇事后继续驾车冲撞",都只是一个客观行为状态的说明,与其案发时的主观状态并不存在必然的因果联系,也并不意味着孙伟铭不具备驾车的技能。孙伟铭对交通规则的所谓"漠视",只能说明他对违反交通规则是故意的,而不能证明案发时他对违反交通规则而造成的损害后果是放纵的。同时,依据刑法规定,醉酒不影响刑事责任能力,醉酒的人犯罪应当被追究刑事责任。但是,这并不意味着影响主观罪过。对此,最高人民法院也已经注意到,指出不判决罪犯死刑的重要理由之一就是"犯罪时被告人驾驶车辆的控制能力有所减弱"。可惜的是,这用错了地方。"控制能力"问题不是刑事责任的轻重问题,而是主观的认知与意志问题。也就是说,由于醉酒,实际上行为人对于车辆的控制力降低,而控制能力的降低更多的时候是与"过于自信"

的内容联系在一起。

间接故意与过于自信过失的区别在多数场合下是一个证据证明的问题，必须从行为人知识水平、认识能力、行为的时间、地点、对象、力度、使用的工具来证明行为人是否有根据相信危害结果不会发生。譬如，在孙伟铭案中，应该通过一系列细节来佐证其轻信能避免：孙伟铭购车以来，未曾发生过交通事故；虽事发前饮酒，但他仍具有一定的意志和判断力，且还将其父安全地送到火车站，发生冲撞是因其车与白色微型车发生刮擦，为避让其他车辆及行人，才越过道路中心黄色双实线。至于醉酒、无证等因素，至多只能证明他对于违反交通运输管理法规的明知，不能证明对于结果的放任态度。

（二）危险方法的规范内容决定了危险方法的有限性

如果我们把飙车、醉驾、"碰瓷"、偷窃井盖乃至生产销售伪劣产品行为都扩大解释为"其他危险方法"，那么危险方法的外延将无限扩大，最终评判是否属于危险方法的标准只剩下一条，那就是危害结果的危险性。如果这样，又会反过来导致危险方法失去了确定性的内涵，这是本罪成为口袋罪的根本原因。

1997年《刑法》第114条对危险方法犯罪采取的是列举加概括性规定的表述方法。按照该规定："放火、决水、爆炸、投毒或者以其他危险方法破坏工厂、矿场、油田、港口、河流、水源、仓库、住宅、森林、农场、谷场、牧场、重要管道、公共建筑物或者其他公私财产，危害公共安全，尚未造成严重后果的，处三年以上十年以下有期徒刑。"也就是说，"其他危险方法"是一种列举式立法的兜底性条款，但这不意味着兜底性条款就可以随意理解。因为兜底性条款与所列举的罪名方式应该具有同质性，所谓"其他危险方法"，应该是在情节、程度上与放火、决水、爆炸、投毒等危险程度相当，只不过与后者相比不具有常发性罢了。换言之，不是所有危害公共安全的行为都可以定"以其他危险方法危害公共安全罪"的，否则，刑法分则就可以以一个"以危险方法危害公共安全罪"囊括所有危害公共安全罪的罪名，就不会根据对危害公共安全的程度分为各种轻重程度不同的、具体的危害公共安全罪罪名了。

分析危险方法的有限性必须从危险方法的基本属性入手。所谓"以危险方法",是指用"危险"的方法。也就是说,方法本身就存在着高度的风险。对此,有学者提出,危险方法的特征包括方法本身的危险性(广泛的杀伤性、破坏性)、方法的独立性(无须借助于特殊的外部条件)、危害的相当性(与放火、决水、爆炸、投放危险物质等行为的危害相当)。[①] 无论如何,从刑法的规定可以看到,危险方法中"危险"程度的参照物是放火、决水、爆炸、投放危险物质等方法,而不是任何程度的危险性方法。《刑法》第 115 条明确规定了"致人重伤、死亡或者使公私财产遭受重大损失"的严重后果,这是从同质角度而言的。从程度层次而言,构成《刑法》第 114 条危险犯的条件是"足以造成严重后果",但这里的"严重后果"是什么呢?第 115 条对此有明确回答,即"致人重伤、死亡或者使公私财产遭受重大损失"。也就是说,方法是足以造成这种后果的,只不过因为意外之因,后果没有发生而已。如果一种危险方法不足以产生这种后果而没有发生后果,或者后果的发生是其他原因所导致的,就不能视为"危险方法"。一些观点认为,"作为对犯罪实施处罚的根据,要求危险的盖然性(当然,这种说法的前提是承认危险是建立在可能性基础上的,即不能仅仅考虑危险的有无,而应当考虑从单纯可能性到高度盖然性的各种不同程度的危险状态)达到何种程度,是需要解决的主要问题"[②];"作为可罚性的危险应当是一种被筛选后的高概率危险,即具有高度盖然性"[③]。但是,高度盖然性仍旧不是一个明确的概念。有学者将"危险已被现实化、客观存在且有确定的指向对象"[④]当作高度盖然性应包含的基本含义之一,这种看似有道理的说法其实是将危险的有无与从危险转化为实害的可能性混为一谈了。危险被具体化和确定化只是表明危险从可能变为了现实,即危险客观存在了,但客观存在的危险不一定就能导致危害后

[①] 参见张耕主编:《刑事案例诉辩审评——交通肇事罪》,中国检察出版社 2006 年版,第 137 页。
[②] 〔日〕野村稔:《刑法中的危险概念》,载〔日〕西原春夫主编:《日本刑事法的形成与特色——日本法学家论日本刑事法》,李海东等译,法律出版社、成文堂联合出版 1997 年版,第 273 页。
[③] 于同志:《驾车"碰瓷"案件的司法考量——兼论具体危险犯的可罚性判断》,载《法学》2008 年第 1 期。
[④] 同上。

果的发生,而这里的高度盖然性说的恰恰是已经存在的危险导致危害结果发生的可能性,因而两者是不同的。更为重要的是,这种类型化分析所导致的结果是:要么将某种方法完全排除出去,要么将某种方法完全吸收进来,是比较武断的。我们认为,"高概率的危险"只是确定一种方法是否属于危险方法的前提,在实际认定中还要具体分析。危险方法的内涵是在没有意外阻却的时候或者说在正常的事物发展逻辑状态下,结果是肯定发生的。反过来说,如果没有意外阻却事由,也没有发生结果,则行为人所适用的方法就不是此处的危险方法。所以,无论是在生产"蛋白粉"案例中,还是在某些"碰瓷"案件中,其行为具有危险性,但是显然不能被囊括到本罪的"危险"方法中。

口袋罪之所以出现,最主要的原因就是忽略了"其他"行为与爆炸等所列举行为的同质性,将其他危险方法的外延无节制扩大。口袋罪之所以形成,最重要的原因是通过强调结果的危险性,从而否定了行为的规范性。还是以偷盗井盖为例,该类犯罪在2004年前多以盗窃罪论处,但盗窃罪系数额犯,成立与否取决于行为人所偷盗井盖的价值是否达到定罪的数额标准,这便导致有相当一部分的偷盗井盖行为因不符合该数额要件而难以受到刑事追究。据报道,1991年至2002年,西安市每年都有数以千计的井盖被盗,共造成3人死亡、百余人受伤,年均经济损失超过1000万元,而2004年更是发展到两个月内被盗井盖多达3156个的严重程度。[①] 鉴于此,司法机关开始重新寻求遏制犯罪行为的司法途径,而在罪名适用环节,以危险方法危害公共安全罪替代盗窃罪成为"合适之举",其原因不仅在于本罪不存在数额标准等特殊要件的限制,更在于本罪出现具体危险犯即可予以刑事追究,而偷盗井盖行为即使尚未实际造成人身伤亡的侵害结果,亦可认为衍生出了这种足以危害公共安全的危险状态。概言之,坚持"结果危险性"之立场得以使偷盗井盖成为"其他危险方法"。车辆碰瓷案例曾经多以诈骗或敲诈勒索罪处理,而2007年北京法院定性为以危险方法危害公共安全罪的判

---

① 参见倪建军、王欣:《西安两月丢失井盖3000多个》,载《检察日报》2004年3月18日。

例,被认为是"开全国之先河"。①

支撑口袋罪理论依据的是"结果危险性"的观点。该观点否定方法的同质性,因为其认为即使是列举的几类犯罪中也并不具有同质性。"放火、决水、爆炸以及投放危险物质的行为方式并不具有'相似性',至多可以发现放火、决水、爆炸三种行为具有某种共性即'直接危险'的属性,不需要借助外力因素。也就是说,从引发危害公共安全结果的机制来看,放火、决水、爆炸可以直接造成结果,而投放危险物质既可能直接造成结果,也可能需要借助外力因素才出现结果,如在供不特定人群饮用的水井中下毒,这就使得'危险'的共性只能从行为的结果来加以确定。在立法机关未就'其他危险方法'作出明确解释之前,将那些具有社会危害性而需要刑罚惩罚,并且刑法分则没有明文规定的所有危害公共安全行为解释进来,具有实质的合理性。"②

"结果危险性"的观点存在着以下几方面问题:

其一,刑法中的因果关系都是行为所产生的直接结果(偶然因果例外),不考量直接危险或危害会使行为与结果脱节,造成因果关系无所适从。譬如,在"蛋白粉"案件中,张玉军生产含有三聚氰胺的"蛋白粉"是行为,销售是结果,致人死亡则是原奶经过销售直至变成奶制品销售后才出现公害性后果。如果张玉军构成以危险方法危害公共安全罪,那么奶农以及三鹿奶粉集团相关责任人员呢?这些相关责任人员是否至少构成过失以危险方法危害公共安全罪?如果在生产有毒原奶或奶粉过程中被查处,是否就符合《刑法》第114条危险犯的规定?生产有毒、有害食品罪等很多伪劣产品犯罪后果严重的是否可以按照投放危险物质罪论处?大而化之,国家工作人员在明知是紧急赈灾款物的情况下,仍然利用职务之便实施侵吞、挪用行为,致使不特定或者多数灾民因得不到救助而重伤、死亡的,倘若按照"结果危险性"的观点,则亦应作为以危险方法危害公共安全犯罪而非贪污、挪用特定款物等犯罪处理,但这种结论显然难以为常人所理解和接受。

---

① 参见于同志:《刑法热点裁判与规则适用》,人民法院出版社2008年版,第4页。
② 刘树德、于同志:《刑事审判前沿问题思考》,北京大学出版社2008年版,第309页。

其二,"直接危险"是否可以否定"行为危险性"的理由本身就存在问题。"直接危险"是指行为会直接导致公共危险,但并不是必然导致。这是由危险犯的特征所决定的,投放危险物质罪也不例外。所谓"直接",实际上是一个危险的概率高低的问题,是间接和直接的区别问题。或许投放危险物质行为危险的概率相对低一些,但并不代表不具有直接性,因为其行为危险的可能性仍然是强烈的。换个角度说,即使有些行为更具有"直接风险",但也不一定按照危险方法论处,因为还要考虑因果关系、特殊法条的因素。

其三,刑法中的行为并非完全是客观的,其还与行为人主观态度联系在一起。因为在过失的状态下,行为可能具有高风险性,对于结果也有直接性。但是,如果行为人对结果持否定态度,则至多只是以兜底性的过失以危险方法危害公共安全罪处理的问题。甚至在涉及特殊法条时,兜底性条款也不能适用。

因此,以危险方法危害公共安全罪之所以成为口袋罪,不在于法律规范本身,而在于实践的理解,这就涉及解释方法的难题。在刑法分则中,关于"其他方法(手段、方式)"的表述分为两种类型:一是在"方法"之前设置特定修辞语的情形,如《刑法》第 204 条规定的"以假报出口或者其他欺骗手段,骗取国家出口退税款,数额较大的,处……",以危险方法危害公共安全罪所要求的"其他危险方法"即属此类。二是未在"方法"之前设置特定修辞语的情形,如《刑法》第 263 条规定的"以暴力、胁迫或者其他方法抢劫公私财物的,处……"。刑法理论认为,上述两种情形的解释有所区别。对于前者,应当适用体系解释的同类规则,即当刑法分则条文在列举了确定的构成要件要素之后,又使用"等""其他"概念时,对于"等""其他"必须作出与所列举的要素性质相同的解释。[①] 换言之,既然立法者在同一条文列举几种情况之后又跟随着一个总括词语,那么应当根据"只含同类"的法律解释格言来作出解释,"其他方法"仅限于未列举的同类情况,而不包括不同类情况。[②]

具体就以危险方法危害公共安全罪而言,根据同类规则,"其他危险方

[①] 参见张明楷:《刑法分则的解释原理》,中国人民大学出版社 2004 年版,第 28—29 页。
[②] 参见储槐植:《美国刑法》(第三版),北京大学出版社 2005 年版,第 20 页。

法"与同一条文列举的放火、决水、爆炸、投放危险物质等确定的行为模式具有共性特征,而这种共性正是由特定修辞语"危险"所决定的,并且同时涉及行为的自身属性与危害程度两个层面。在性质上,"其他方法"必须等同于放火、决水、爆炸和投放危险物质,即行为本身一经实施就具备了难以预料、难以控制的高度危险性;在程度上,"其他方法"又必须达到放火、决水、爆炸和投放危险物质所能产生的同等危险状态,即足以威胁不特定或者多数人的生命、健康以及重大财产安全。因此,采取窃取、骗取等相对"和平"的方式实施犯罪,原则上并不同时具备这种行为性质和程度上的危险属性,也就难以纳入"其他危险方法"之评价范畴。

四、罪刑法定原则的坚守——剔除刑法的戾气

在孙伟铭案件判决之后,零星的反对意见完全淹没在了支持的声浪中。多数刊发于纸质媒体的评论,亦旗帜鲜明地持赞成、赞扬态度,譬如,《扬子晚报》刊发评论文章《"成都醉驾"判死为公众安全加了道"防火墙"》,《半岛晨报》刊发评论文章《判孙伟铭死刑无伤法律公正》,《羊城晚报》刊发评论文章《醉驾凶犯判死:极具里程碑意义的案例》,等等。据此,有人认为,扑面而来的是一道道可怕的暴戾气息。① 笔者认为,用"暴戾气息"来形容并不为过。所谓"戾"的内在含义,无非可以解释为三点:一是严酷、杀心重。我们看看近些年来风头正劲的按照以危险方法危害公共安全罪处理的案例,无一例外体现为重刑结果,将过失认定为故意,将财产、经济犯罪认定为公共安全犯罪,可以说是追求一种后果的对应性。二是传染性。《诸病源候论》中指出:"人感乖戾之气而生病,则病气转相染易,乃至灭门。"以危险方法危害公共安全罪最初是一个有限定性的犯罪,却在一定功利目的之下不断散发,成了"流行之疫"。三是偏激性、乖张性。上述判决的结果实际上是以危险方法危害公共安全罪的外延不断扩充,这种偏激的处理结果使得罪名失

---

① 参见许斌:《可怕的暴戾》,http://blog.sina.com.cn/s/blog_476c3f550100els6.html,2011年12月1日访问。

去了内涵的确定性。而内涵确定性的丧失又会助长实际处理的乖张。

需要说明的是,以危险方法危害公共安全罪本身并没有明显的暴戾之气,只不过成为口袋罪之后,逐渐暴戾恣睢。这与其说是本身具有的,不如说是人为的。

"口袋罪"是一个非常形象而带有一定贬义的称谓。说它形象,是因为一个罪名可以囊括违法性质不同的犯罪行为;说它带有贬义,是因为罪刑法定观念深入人心之后,一个罪名被指斥为口袋罪,即意味着其与罪刑法定原则、尊重与保障人权相冲突。

1979 年《刑法》颁布之时,在立法观念及立法技术的历史局限下,在"宜粗不宜细"立法思想的指导下,投机倒把罪、流氓罪、玩忽职守罪因其指涉行为不确定和内容空泛,被喻为"三大口袋罪"。口袋罪的出现与国家的刑事法制观念息息相关,在一个刑罚功能扩张、重刑思想泛滥、国家权力扩张的年代,口袋罪无疑是有生存空间的。

1997 年《刑法》修订之时,"三大口袋罪"被分解,这是罪刑法定原则的必然要求。然而,世间无事完美无瑕,刑法也概莫能外。这表现为两个方面:首先,刑法的确定性永远是相对的,因为语言内容的抽象性,刑法规范的模糊性必然存在。其次,现实案件与刑法条文的契合实际上是司法者最终阐释的结果,而这个阐释的过程往往难以避免个性化色彩,往往会受到超越法律层面因素的影响,从而进一步助长口袋罪的出现。

以以危险方法危害公共安全罪为例,一种看法认为本罪本身就是一个口袋罪,并建议取消本罪。以其他危险方法危害公共安全罪都是作为放火罪、决水罪、爆炸罪、投毒罪(2001 年扩大为投放危险物质罪)的"尾巴"而存在的。从长远观点看,这些"尾巴"必须从立法上予以取消,因为如果立法者自己都无法明确说出哪些是危害公共安全的危险方法,又怎能去要求社会公众遵守这样的法呢?这是不公平的,因为公众无法据此来判断究竟何种行为构成犯罪,何种行为不构成犯罪。事实上,取消以危险方法危害公共安全罪这种口袋罪,也不会妨碍对有关犯罪的打击,因为可以分别将这类行为纳入相关的具体罪名去处理,如放火罪、决水罪、爆炸罪、投毒罪以及杀人罪、伤害罪、毁坏公私财物罪、重大责任事故罪、交通肇事罪等。反过来,假如我们保留这样一种罪名,其实就可以架空"危害公共安全罪"一章中的其他罪名,因为前面已经提及,它们的同类客体都是"危害公共安全"。①

笔者认为上述论说有一定道理,但是一个罪名之所以成为口袋罪,原因来自两个方面:一是条文规定的模糊性,二是司法实践的曲解。罪刑法定原则要求立法禁止模糊性,要求规范具有确定性,但罪刑法定原则更是一项司法原则,因为条文的确定性是相对的。例如,我国刑法中有很多"其他"字样的兜底性条款,"其他"内容的含糊性是列举式加概括式立法的通病,但是不采用列举式立法更容易导致出现口袋罪。因此,条文字面的含糊并不足以导致口袋罪的出现,是否成为口袋罪的关键在于司法中如何理解"其他"的范围,如何信守罪刑法定原则,如何根据条文的内在含义和逻辑进行解释。从这个层面说,罪刑法定原则是一项立法原则,但更应该是一项司法资源,以危险方法危害公共安全罪的现实境遇很大程度上是如何坚持罪刑法定原则的问题,如何对其内容进行解读的问题。正是司法实践无视本罪的规范性内容,从而导致本罪成为一种口袋罪。

罪刑法定原则还包含着这样一个问题,即刑法制裁手段的有限性或者说刑罚的谦抑性。犯罪产生和蔓延的原因十分复杂,遏制犯罪的发生也是一个系统工程,希求刑罚毕其功于一役也是不现实的。仍以偷窃井盖事件为例,此类现象多发动于利益驱使,因为最初的井盖是由铁浇注而成,具有一定的经济价值。"2005年浙江省各主要城市的所有小区道路、次要道路将全面推广复合材料新型窨井盖,以从根本上改变铸铁窨井盖不断被盗的现象……窨井盖大多是生铁所铸,在众多废铁中比较值钱,能卖6角钱一斤,一只井盖的重量达35公斤,可以卖42元。有时一个小偷一天能偷8只井盖,相当于336元。"②要想遏制这种犯罪行为,惩罚固然重要,但使盗窃犯无利可图才是根本。为此,后来的井盖开始改变质材,大多由水泥浇筑而成。然而,仍存在井盖不翼而飞的现象,因为盗窃犯将井盖中的水泥与钢筋剥离后出售钢筋获利。于是,有关部门继续采取措施,将井盖的制材更改为

---

① 参见刘仁文:《取消以危险方法危害公共安全罪》,载《新京报》2009年7月25日。
② 郑雪:《浙江:将用新型窨井盖解决井盖被盗难题》,http://news.sina.com.cn/c/2004-06-20/11552856721s.shtml,2004年6月30日访问。

塑料,使其本身的经济价值大减,但仍同样具有使用价值,结果是井盖失盗现象锐减。"复合材料窨井盖主材是树脂、玻璃纤维等,在加工过程中还能添加多种色彩。这些井盖没有回收价值,对以卖废品为目的的偷盗人员几乎没有吸引力。"[①]这一形象的事例说明,重刑并不足以遏制犯罪,犯罪收益的降低才是遏制犯罪的重要动因。此外,改善生存和生活环境、强化犯罪的查处、控制犯罪的销赃渠道等也十分必要,也能够很好地阻遏相关犯罪。将以危险方法危害公共安全罪口袋化,以牺牲刑法规范的确定性、突破罪刑法定原则为代价,实谓非理性选择。

---

① 郑雪:《浙江:将用新型窨井盖解决井盖被盗难题》,http://news.sina.com.cn/c/2004-06-20/11552856721s.shtml,2004年6月30日访问。

第八章　实体的具体检视 II:网络谣言与寻衅滋事罪之口袋化

网络诽谤司法解释对侮辱、诽谤等罪名的规定只是入罪标准的细化,而以寻衅滋事罪处理网络谣言则是一个突破,寻衅滋事罪所具有的口袋性特征使其能对网络谣言无所不包地一网打尽,导致刑法的规范性、协调性进一步丧失,致使公民的言论表达权已经受到个别化的实质损害,也导致司法实践处理程序和处理结果的飘忽不定。对待网络虚假信息的处理以及实践的偏差一方面是由于规范本身的问题,另一方面是由于对规范本身误读的原因。虚假信息应理解为没有根据的信息,应具备无根据性、具体性、可信性和关联性。公共场所实际上是一个空间的概念,尽管许多人将空间区分为物理空间和虚拟空间,但实际上只是将"空间"一词虚拟化理解,网络虚拟空间并不具有空间的基本属性。公共秩序是指公众生活的平稳和安宁,公共秩序严重混乱是指公众日常生活被迫中断或不能正常进行的状况。网络空间不是公共场所,网络空间秩序、道德秩序及国家形象都不属于公共秩序。对虚假信息的"明知"应是"确实知道",而不包括"可能知道"。对"恶意"的强调形式上有利于缩小犯罪圈,但现实可能导致削弱对明知的认定,无视构成要件的规范性要求。

一、争议是怎么展现出来的

根据有关报道:"当前互联网上制造传播谣言等违法犯罪活动猖獗,网络谣言已经成为一种社会公害,不仅严重侵害了公民切身利益,也严重扰乱了网络公共秩序,直接危害社会稳定,广大老百姓强烈呼吁要整治网络乱象。为回应百姓关切,公安部根据广大人民群众积极举报的线索,结合党的群众路线教育实践活动,部署全国公安机关集中开展打击网络有组织制造传播谣言等违法犯罪专项行动……一举打掉一个在互联网蓄意制造传播谣言、恶意侵害他人名誉、非法攫取经济利益的网络推手公司——北京尔玛互动营销策划有限公司,抓获秦志晖(网名'秦火火')、杨秀宇(网名'立二拆四')及公司其他2名成员。"①以此事件为标志,打击虚假网络信息的行动走向"前台",开始为公众所了解。为了配合行动的需要,2013年9月5日最高人民法院审判委员会第1589次会议、2013年9月2日最高人民检察院第十二届检察委员会第9次会议通过了《最高人民法院、最高人民检察院关于办理利用信息网络实施诽谤等刑事案件适用法律若干问题的解释》(以下简称《解释》),对利用信息网络编造、散布虚假信息的行为,分别从诽谤、寻衅滋事、敲诈勒索、非法经营犯罪方面进行全面规制。随后,各地公安机关纷纷行动,一时间硝烟弥漫。

然而,这样的打击行动一开始就伴随着巨大的争议,赞扬声自然是不绝于耳,行动对网络泥沙俱下、鱼龙混杂情状的清理也很有必要,但是运动式的执法一开始就没能很好地守住底线。违法的边界没有得到很好的遵守,运动突破规范的必然规律再次得到印证,作为受批评者的个别政府官员自己做自己的法官。② 基层执法中发生了多例偏差。比如,2013年8月,安徽省砀山县网民于和玉将当地一起10死5伤的特大交通事故说成"16死",竟然被当地警方以"造谣"的名义处以行政拘留,引发网友强烈质疑,最终当地公安也承认处罚不妥。同年9月更是发生了"张家川初中生发帖案",甘肃省张家川县一名16岁初中生杨某因为质疑当地KTV的一起死亡事件,被以涉嫌寻衅滋事罪刑拘。不久,在公众、媒体的强烈关注之下,发帖少年被释放。

---

① 《公安机关集中打击网络有组织制造传播谣言等违法犯罪》,https://www.mps.gov.cn/n2255079/n4180385/n4181417/c4214192/content.html,2013年8月21日访问。

② 此结论源于对新闻报道的这样一句话的另外一个角度的解读:"确定违法的边界还需要回归法律本身,不能由作为受批评者的个别政府官员自己做自己的法官。"

对此,针对国家整治网络谣言中的一些问题,国家互联网信息办网络新闻协调局负责人称:需要区分故意造谣和无意传谣的网民;对于不是故意传播虚假信息的,以批评、教育为主。同时,他还强调:各级党委政府始终把互联网作为联系人民群众的桥梁和纽带,充分重视并保障民众发表建设性的言论。最高人民法院也表示:对于《解释》的执行中出现的个别偏差非常重视,已经对地方法院进行指导,并提出严格要求。[1] 相关报道中还提出了一系列引人深思的思考:"像记者罗昌平在网络上实名举报国家能源局原局长刘铁男时,即被国家能源局回应是'纯属污蔑造谣',并表示'正在报案、报警,将采取正式的法律手段处理此事'。在政府部门出面否认并称举报者是造谣后,性质如何界定?是算'部分内容属实'进而予以宽容?还是听信'官谣'而将举报者列入'诽谤罪'起诉?因为这些网络举报很容易被网友关注,因而被点击、浏览次数达到五千次以上,或者被转发次数达到五百次以上的可能性极大,而如果当初以此规定被当作'情节严重'而列入诽谤罪,或许就没有了后面的刘铁男被移送司法机关处理。毋庸置疑,网络谣言、网络诽谤要打击,但在执法中,还需相关部门以宽容心态看待网络举报,特别是划清网络举报和网络谣言、网络诽谤的界限,从而保护、鼓励网络反腐。"[2]

为此,《人民日报》专门有个说法:"'经是好经,可惜让歪嘴和尚给念歪了'。'两高'司法解释明确了网络诽谤、寻衅滋事等不法行为的适用条件,对一些法律模糊地带做了清晰界定,具有很强的现实针对性。它既是'授权',也是'限权',目的是告别依靠个人意志、行政命令的管控,将'依法治网'进一步纳入'依法治国'的框架。但少数地方的少数执法者未能准确把握这一解释的精神实质,滥用法律赋予的权力,甚至将其作为拒绝舆论监督的手段。这样的做法无疑是十分错误的。"[3]"在不少公共事件中,我们看到一些地方先是自信满满,后是灰头土脸;先是无所忌惮,后是

---

[1] 参见《打击网络谣言需杜绝执法偏差》,载《新京报》2013年9月29日。
[2] 《打击网谣要给网络举报留足空间》,https://www.chinacourt.org/article/detail/2013/09/id/1081519.shtml,2013年9月10日访问。
[3] 范正伟:《依法治网要警惕"歪嘴和尚"》,载《人民日报》2013年9月25日。

紧急灭火,对党和政府的公信力造成伤害。究其原因,不外乎在'土皇帝思维'的左右下,要么无视法律、要么曲解法律。在这个意义上,依法行政是执法者自身守法、公正审慎的必然要求,这是提升执政能力的重要一步,也才是真正对党和政府的公信力负责。"①

我们已经习惯了"歪嘴和尚念经"这样的说法,然而果真仅仅是因为和尚"嘴歪"了吗?还是经本身就不完全是正的?抑或是不正的经给了和尚机会?

理论界似乎对此也存在不同的看法。转载得比较广泛的是这样一种观点:"法律规范是抽象的、一般性的语言表述,所以法律需要解释。当某一行为是否属于犯罪存在严重争议时,罪刑法定要求国家保障人权,司法机关不能轻易下结论说是犯罪;而保护国家、社会、公民利益不受犯罪侵害是刑法的任务,同样要求司法机关不能简单地下结论说属于'法无明文规定'的情形。司法解释规定,编造虚假信息或者明知是编造的虚假信息,在信息网络上散布或者组织、指使人员在信息网络上散布,起哄闹事,造成公共秩序严重混乱的,适用《刑法》第 293 条第 1 款第 4 项的规定,以寻衅滋事罪定罪处罚,兼顾了人权保障与保护社会,是一个较为科学合理的刑法解释。"②然而,有人对这种"较为科学合理的看法"似乎不以为然。"曲新久教授为此次两高有关寻衅滋事罪司法解释所作的三点辩护理由并不科学合理。由于我国并无违宪审查机制,因此在事关宪法规定的公民基本权利等问题上,刑法学界、有权机关以及社会公众理应对'罪刑法定'原则给予更多的珍视。"③

所有的评论与理论争辩如果不结合现实,都是空中楼阁。下面让我们来看看,实践中到底是如何念这本经的。

---

① 范正伟:《依法治网要警惕"歪嘴和尚"》,载《人民日报》2013 年 9 月 25 日。
② 曲新久:《一个较为科学合理的刑法解释》,载《法制日报》2013 年 9 月 13 日。
③ 仝宗锦:《对曲新久教授〈一个较为科学合理的刑法解释〉一文的评论》,http://blog.sina.com.cn/s/blog_70043df00101g43l.html,2013 年 10 月 13 日访问。

根据笔者不完全统计①,自 2013 年 1 月 1 日至 2013 年 10 月 10 日,经媒体报道,案情曝光的案件有 80 起,涉及相关人员 160 人。从内容上,造谣内容最多的为煽动公共安全谣言,占比 51%,紧随其后的是攻击政府谣言,占比 19%,以攻击企业或个人为造谣内容的占比 6%,以捏造、夸大灾害事故为造谣内容的占比 10%,以抹黑历史名人为造谣内容的占比为 4%,进行炒作的占 5%(详见图 8-1)。

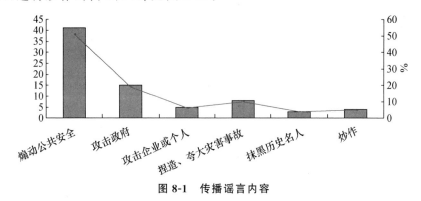

图 8-1　传播谣言内容

从传播渠道看,新兴移动互联网成网络造谣传谣新平台,有 5 起案件利用微信传谣,1 起利用手机短信传谣(详见图 8-2)。在微信、QQ 群、QQ 空间传播谣言与通过网络论坛传播谣言显然存在着一定的差异,其公共性特征显然不尽一致,但案件在处理过程中对此并没有予以充分重视。

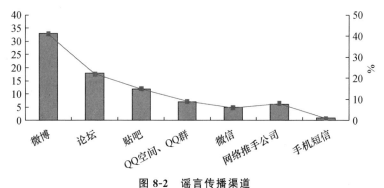

图 8-2　谣言传播渠道

---

① 统计数据部分来源于刑思悦:《打击网络谣言行动舆情观察》(载暨南大学舆情与社会管理研究中心、凯迪数据研究中心主编:《舆情观察 6:网络问政》,人民日报出版社 2014 年版),其余由笔者通过新华网、新浪网等网络媒体获取。

从目的看,媒体公开的 40 起案件当事人造谣的目的包括吸引关注(15%)、赚取粉丝(30%)、非法牟利(30%)、报复泄愤(5%)、发泄不满(12%)、寻开心(8%)(详见图 8-3)。目的的分析既涉及"恶意"的认定问题,又涉及行为人对是否属于虚假信息的注意义务问题。

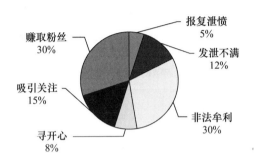

图 8-3　40 起案件当事人的目的

从处理结果看,80 起案件中有 9 起当事人被以涉嫌寻衅滋事罪刑事拘留,13 起当事人被以其他罪名(或涉嫌罪名不详)刑事拘留(1 起当事人后被释放),39 起当事人被以扰乱公共秩序为名行政拘留(1 起当事人后被撤销指控),19 起当事人被予以罚款训诫或其他行政处罚(详见图 8-4)。对处理结果的分析有利于我们从整体上把握刑法应对的现状和效果,也有利于我们准确对刑法和《解释》进行定位。

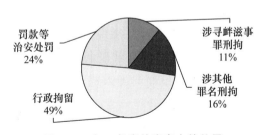

图 8-4　对 80 起案件当事人的处罚

《解释》共计 10 个条文,第 1—4 条是关于诽谤罪的。就其规定而言,在行为性质构成诽谤这一点上并没有太多的异议,至多不过是构罪的标准是否合理的问题。第 6 条涉及敲诈勒索罪的认定,其本身也并无多少异议。第 7 条涉及非法经营罪问题,而由于非法经营罪在现实中早已经成为口袋罪,而且其中一些散布信息的行为确实属于经营性的行为,因此其中纠葛显得并没有多少新意,现实中引起的反响不大。问题的主要争论集中在第5条关于寻衅滋事罪的解释以及由此衍生出的第7条的规定上。

所以,从形式上来看,《解释》似乎确实"较为科学合理",大部分的条款似乎也与法典亦步亦趋,但实践处理的过程和结果果真如此吗?

表 8-1　80起案件中涉嫌敲诈勒索罪的案件

涉案人员	涉案地点	造谣事件	涉案方式	造谣传谣渠道	造谣内容	主观目的
周禄宝	江苏	先后对20多个单位和个人实施敲诈勒索等	互联网	论坛	攻击单位或个人	非法牟利
樊宇肖、蒋文强	江苏	敲诈某企业	互联网		攻击企业	非法牟利
仲伟、窦玉刚	江苏	敲诈徐州经济开发区某机械有限公司、安徽淮北某项目公司	互联网	网络推手公司	攻击企业	非法牟利
鞠俊	江苏		互联网	网络推手公司	攻击企业	非法牟利
张才山	江苏		互联网	网络推手公司	攻击企业	非法牟利

首先,在上述案件的处理过程中,合理的处理方式确实存在,但非常有限。有些案件虽然是通过编造散布虚假信息的行为,但因为只是一种手段,目的旨在实施其他犯罪行为,所以在刑法适用过程中并没有太多的争议,如一些人通过利用互联网对被害人进行敲诈的行为显然本就没有多少争议,与司法解释本身的合理性问题并无牵连(详见表8-1)。此外,还有一些类似于散布虚假恐怖信息等的犯罪,认定为犯罪行为也没有多大争议,如四川成都的刘某、赖某在微博造谣"高新区奥克斯广场发生劫持公交车事件""听说那个人手里面有爆炸物"等虚假消息,引起市民恐慌,被以涉嫌编造、故意传播虚假恐怖信息罪刑事拘留。

其次,现实中实施诽谤的案件很多,这样的行为也成为《解释》规定的重点,但从现实处理过程或结果来看,这似乎并不是重心。与人们之前担心网络谣言可能会普遍涉及诽谤罪不同(80起案例中仅一起当事人以涉嫌寻衅滋事罪被刑拘,后以涉嫌诽谤罪被批捕[①]),网络谣言更多是与寻衅滋事罪相关。其中的个中原委是多方面的,有些是针对历史人物的,如"在网上歪曲'狼牙山五壮士'""炒作雷锋生活奢侈"等。由于死者是否可以成为诽谤罪的对象本身在刑法中就存在较大的争议,因此这类行为难以认定为诽谤罪。同时,由于诽谤罪属于告诉才处理的犯罪,公安机关在求刑资格上存在一定障碍,因此一般不按照诽谤罪处理。譬如,在网上编造"上海某区副区长、公安分局局长马某某贪污受贿20多亿、拥有60多处房产、包养情妇并杀害企业家黄某"以及"中标企业用非洲牛郎性贿赂中石化女处长"等消息的傅某,被刑拘是因为实施了"在网上编造、传播谣言,寻衅滋事,敲诈勒索,扰乱社会秩序"等相关行为,显然并不是以诽谤罪来处理的。

最后,从广义上讲,80起案例几乎全部符合"利用信息网络编造或传播虚假信息,扰乱社会秩序",符合《解释》第5条规定的网络型寻衅滋事罪的特征。网络谣言虽然涉及侮辱罪、诽谤罪、编造故意传播虚假恐怖信息罪、敲诈勒索罪等诸多罪名,但是在这些罪名都不能适用或者适用遇到困难时,寻衅滋事罪就可以无所不能地包罗万象,这就导致了办案机关更倾向以寻衅滋事罪处理,寻衅滋事罪的"口袋性"特征再次清楚地显现出来。

《解释》第5条规定:"利用信息网络辱骂、恐吓他人,情节恶劣,破坏社会秩序的,依照《刑法》第二百九十三条第一款第(二)项的规定,以寻衅滋事罪定罪处罚。编造虚假信息,或者明知是编造的虚假信息,在信息网络上散布,或者组织、指使人员在信息网络上散布,起哄闹事,造成公共秩

---

① 2013年8月23日,《新快报》记者刘虎被北京警方以涉嫌寻衅滋事罪为由刑事拘留,9月30日以涉嫌诽谤罪被批捕,而此前他曾实名举报国家工商总局副局长马正其涉嫌渎职罪。详见刘洋:《律师称刘虎系行使公民监督权 将做无罪辩护》,http://society.people.com.cn/n/2013/1012/c229589-23179074.html,2013年10月12日访问。此外,还有个别的商业信誉的案例,如湖南岳阳的罗某出于泄愤报复在网上散布某渔馆使用潲水油的谣言,使渔馆的名誉扫地,最终罗某涉嫌损害商业信誉、商品声誉,被当地警方刑事拘留。详见《湖南副局长散布渔馆使用潲水油辟谣2年后落网》,http://www.china.com.cn/news/2013-09/27/content_30146893.htm,2013年9月27日访问。

序严重混乱的,依照《刑法》第二百九十三条第一款第(四)项的规定,以寻衅滋事罪定罪处罚。"据此,《解释》规定了两种寻衅滋事罪(笔者称之为"网络型寻衅滋事罪"):第一种是利用信息网络辱骂、恐吓他人型;第二种是编造虚假信息,或者明知是编造的虚假信息在网络上散布型。现实中发生得最多的是第二种即所谓的网络造谣行为,为便于论述,本章以第二种网络型寻衅滋事罪为对象,对《解释》中关于寻衅滋事罪认定的若干问题进行探讨,以期有助于实践中的正确适用。

打击网络谣言虽然在这些年才成为社会热点,但对网络谣言进行处罚的行为其实早已存在,我们不妨以"金某造谣消防队雇凶杀人案"为例,对相应问题进行考察。

2011年3月10日,金某无意中听人说起,永嘉县枫林镇汤岙村有一起恶性雇凶伤人案,且资金可能来自市消防队。当天晚上8时许,他便以网名"aot"的身份在温州某论坛发了一条题为《真的骇人听闻:传永嘉县枫林镇汤岙村恶性雇凶伤人案资金来自市消防支队》的帖子,称市消防支队为征地建训练基地而雇凶伤害村民。帖子一发,瞬间引来众多网民跟帖,点击量达到4000多次。当地公安机关认为他在互联网上发布未经证实的消息,其行为已经构成虚构事实扰乱公共秩序,根据《治安管理处罚法》第25条第1款规定,作出给予金某行政拘留5日的处罚。金某不服,向法院提起行政诉讼,他提出了三点理由:第一,自己没有故意去扰乱公共秩序的意图;第二,"损害消防支队形象"并不能被称为扰乱公共秩序;第三,帖中所写事实是听别人说的,并无虚构事实、散播谣言的行为。对此,公安机关认为:金某明知道这种行为会扰乱公共秩序,仍然放任后果的发生,明显在主观上持间接故意;金某的行为使众多网民误认为市消防支队为达到征地目的而雇凶伤人,损害了市消防支队在公众中的形象,破坏公众对政府机关的满意度和安全感,足以被称为扰乱了公共秩序;金某在网络上传播的言论没有事实依据,帖中所称事实纯属虚构,金某的行为是散布谣言的行为。①

虽然这一案例发生在《解释》出台之前,但对于《解释》中关于网络寻衅滋事罪之规定的理解和适用有着重要参考意义,按照办案的思路,金某的行为在《解释》出台后完全可以构成寻衅滋事罪。因此,本案中所涉及的三个问题,也是网络型寻衅滋事罪在理解和适用中存在的问题,即:(1)虚假信息认定问题。从字面上理解,不符合客观事实的信息即为虚假信息,如此一来,上述80起案件均是虚假信息,但这样的结论显然会导致该罪的范围过于广泛。那么,应如何认定虚假信息?(2)公共秩序认定问题。笔者统计的80起案件中,58起行政案件加上9起涉寻衅滋事罪的案件,共有67案件都被以"扰乱公共秩序"为由追究责任,占84%。然而,公共秩序的具体内涵是什么?网络秩序、道德秩序乃至国家形象是否属于公共秩序?(3)主观罪过问题。无论是办案机关还是新闻媒体甚至是专家学者,在指责网络造谣行为时都会使用"恶意"一词,但是如下文所述,"恶意"本质上是一种目的。那么,这种目的是否是构成网络型寻衅滋事罪主观方面的必要条件?换言之,善意能否阻却本罪的成立?以上三个具体问题,也是网络型寻衅滋事罪认定过程中被广为关注的焦点问题。

二、信息虚假性的界定标准是什么

(一)虚假信息与谣言

"大部分日常社交谈话总是包含着谣言。日常生活中,我们与朋友聊天时,也充斥着各种有根据和无根据的小道消息。毫无根据的谣言是一种未经证实的、偶然性的废话,其目的不过是与朋友打发时光。"②所以,在社会中谣言实际上已经成为生活的组成部分,而且一些谣言似乎也无伤大雅。当然,谣言是社会生活的组成部分与谣言是否具有危害性是两回

---

① 参见陈东升:《是造谣惑众还是因言获罪 温州首起网络造谣案庭审交锋激烈》,载《法制日报》2011年11月19日。

② 〔美〕奥尔波特等:《谣言心理学》,刘水平等译,辽宁教育出版社2003年版,"原著序"。

事,而是否应当广泛进入刑罚视野又是另外一回事,理性对待谣言是我们尤其是公权力必须具备的基本素质。

与媒体报道及日常生活用语不同,《解释》中并没有用"谣言"一词,而是用"虚假信息"来表述日常生活中所指的"谣言"。问题在于,《解释》中所指的"虚假信息"与"谣言"是否是同一意思?

根据《现代汉语词典》,"谣言"是指没有根据的消息,而虚假信息是指与事实不符合的消息。① 没有根据的消息往往是与事实不符合的,但是有根据的消息也并不全都与事实相符。也就是说,有些消息是有根据的,但与事实并不完全相符,这类信息是虚假信息,但并不属于谣言。可见,"谣言"与"虚假信息"两个概念的内涵和外延并不完全相同:"谣言"肯定属于虚假信息,但虚假信息并不一定都属于谣言。换言之,虚假信息的外延比谣言更广。那么,能否据此认为《解释》中的虚假信息即指"与事实不相符合的消息"呢?笔者持否定态度。尽管《解释》中的"虚假消息"的范围要比"谣言"广,但仍应基于限制解释的立场,将"虚假消息"理解为"没有根据的消息",而不能理解为"与事实不符的消息"。理由有如下几点:

其一,遵循法律文理与原旨主义的要求。对立法的解释不能超出立法文字可能具有的含义,即使在原旨主义解释观那里或者目的性解释那里,超出含义的射程以及刑法协调性要求的解读都不能被允许。就网络虚假信息而言,刑事立法体系中只有 2000 年通过的《全国人民代表大会常务委员会关于维护互联网安全的决定》规定了利用互联网散布谣言的行为可以构成犯罪,其第 2 条规定:"为了维护国家安全和社会稳定,对有下列行为之一,构成犯罪的,依照刑法有关规定追究刑事责任:(一)利用互联网造谣、诽谤或者发表、传播其他有害信息,煽动颠覆国家政权、推翻社会主义制度,或者煽动分裂国家、破坏国家统一……"《解释》是对刑法及该决定的解释,其中的"虚假信息"是对该决定中的"谣"所作的解释,不能超出其本身所具有的含义,即不能将"没有根据的信息"类推理解为"与

---

① 参见中国社会科学院语言研究所词典编辑室编:《现代汉语词典》(2002 年增补版),商务印书馆 2002 年版,第 1419、1462 页。

事实不符的信息"。

其二,与行政法规协调的需要。刑法是补充法,设立犯罪时应当遵循"出于他法而入于刑法"的立法原则。在司法实践中,一种行为构成犯罪,实际上就是这种行为已经超越他法而进入到刑法之中,进而触犯了刑法的规定,因此任何犯罪行为都具有二次违法性的特征。《治安管理处罚法》第 25 条规定:"有下列行为之一的,处五日以上十日以下拘留,可以并处五百元以下罚款;情节较轻的,处五日以下拘留或者五百元以下罚款:(一)散布谣言,谎报险情、疫情、警情或者以其他方法故意扰乱公共秩序的;(二)……"此外,2000 年国务院公布的《互联网信息服务管理办法》、2003 年文化部发布的《互联网文化管理暂行规定》等规范性文件中,都有禁止"散布谣言,扰乱社会秩序,破坏社会稳定"的规定。而刑法作为这些行政法规的后置法,只以对前置法禁止的行为进行处罚。如果按照字面意思对虚假信息进行理解,就会产生行为人利用信息网络散布有一定根据但与事实不完全符合的信息时没有违反行政法规的规定却违反了刑法的情况。另外,刑法的过度卷入还会导致出现行政法与刑法重复评价的现象,这显然越俎代庖了。

其三,司法解释的性质与作用的要求。或许有人会问,既然"虚假信息"指的就是"谣言",为何《解释》没有使用"谣言"用语,而是使用了"虚假信息"一词呢?笔者认为,这是由司法解释的性质与作用所致的。司法解释的目的在于指导司法实践,要求用语具有明确性和可操作性,要尽可能避免产生歧义而产生需要对"解释"进行再解释的问题。事实上,在我国刑法中,"谣言"也被作为规范的语言使用,如《刑法》第 378 条规定的战时造谣扰乱军心罪和第 433 条规定的战时造谣惑众罪。"谣言"本身是一个中性词,仅指没有根据的信息,但是"造谣"含有贬义的色彩。日常生活中"谣言"通常与"造谣"联系在一起,在日常用语中也有了贬义的色彩。这种掺杂有主观成分的用语与刑法用语客观明确性的要求不符,在司法实践中往往导致案件的未审先判,同时考虑到与编造、故意传播虚假恐怖信息罪以及编造并传播证券、期货交易虚假信息罪协调,《解释》使用了客观化的"虚假信息"一词,但仍应将其限制解释为"没有根据的信息"。

（二）"虚假信息"应该是什么样的？

"虚假信息"是指没有根据的消息，编造、故意传播虚假恐怖信息以及编造并传播证券、期货交易虚假信息罪对信息不仅有性质上的规定，还有内容上的规定，《解释》仅对寻衅滋事罪中虚假信息的虚假性进行了规定，但对内容没有任何的要求，从而使之范围更加广泛。显然，虚假信息是虚假恐怖信息、证券期货交易虚假信息的上位概念，但刑法的谦抑性要求刑罚权不能无度地扩张，虚假信息应具备以下几种特性：

1. 无根据性

无根据性是虚假信息的本质特征，是指此信息本就是子虚乌有、毫无根据的，有一定事实根据但与事实并不完全相符的信息不属于虚假信息。例如，2013年8月23日，浙江上虞发生车祸，7人死亡，次日冯某在当地论坛发帖称"死亡9人"，警方以"虚构事实扰乱公共秩序"为名对其行政拘留5天。此处冯某散布的信息不符合事实，从字面上理解当然属于虚假消息，其行为也当然应受到处罚，但是如此理解显然令人难以接受。一方面，在社会生活复杂的今天，要求人们对信息的掌握达到与事实完全相符的精确程度是不现实的，如果没有完全掌握信息即不得传播又会妨害信息的传播和流通，在以信息为主导的现代社会是无法做到的。另一方面，即使冯某实际上知道死亡人数是7人，而故意发帖称死亡9人，这种信息的传播实质上也不会造成危害，因为毕竟该信息具有一定的事实根据：现实中确有车祸的发生并且有一定人数的死亡。实践中同样存在着不将此种信息认定为虚假信息的例子。上文提到的安徽省砀山县网民于和玉在个人微博上发帖，将一起10人死亡的车祸描述为16人死亡，被砀山县公安局作出行政拘留5日的处罚。5天后，砀山县公安局发微博称，此处罚不妥，已决定撤销对于和玉做出的行政处罚决定，并对于和玉及其家属表示歉意。相比之下，砀山县公安局的做法更值得肯定。虚假信息认定范围的扩大无疑会使网络的"寒蝉效应"无限扩大，使人们在网络上也只能"道路以目"了。

2. 具体性

虚假信息必须对信息的内容有明确的表述，消息是对已发生的事件的描述，对事件的时间、地点、内容等基本要素必须有具体的描述，笼统的"出事了"等言语不详的表述不能被称为消息。例如，2013年9月11日，朱某在微博上发帖称："银川出大事了！！！消息封锁的真快！！太恐怖了！"后朱某被银川市公安局处以行政拘留。这种缺乏事件具体情况，仅仅以"出大事了""太恐怖了"等语言描述的信息在本质上不具有信息的性质，而且也很难说这种信息会造成什么样的危害。当然，语言必须在一定的环境中才能具有实质的意义，如果结合具体的情况公众能够从描述中获知具体发生了什么事，从而引起公众反应的，即使没有事件具体内容的描述，也具备信息的具体性。

3. 可信性

可信性也称误导性，是指能够使公众信以为真。"流丸止于瓯臾，流言止于智者。"①从心理学意义上来说，"它们有深切的目的，有重要的感情上的目的。只是说者和听者通常无法表达出来，他们只知道这种流言对他们很重要。它似乎能不可思议地缓解他们不稳定的情绪和焦虑"②。许多谣言似是而非，并不是"智者"才能明辨，只不过一些谣言满足了人的某种心理而已。所以，谣言的可信性的问题是一个十分值得深思的问题，因为没有可信性的谣言似乎并不会引发危害性的后果，进而不具有刑罚的可罚性。事实上，虚假信息的危害不在于其虚假性，因为虚假性的东西本质上是无意义的，而在于使公众能够认识到该信息是真实的，可信性是虚假信息与情绪发泄式的过激言论的关键区别。例如，2013年7月21日，歌手吴虹飞在个人微博上发帖称"想炸建委"，该微博发布不久即被删除，吴虹飞后来也被北京警方处以行政拘留。吴虹飞"想炸建委"的言论只是个人情绪的宣泄，在没有其他事实或背景作为前提的情况下，没有人相信一个歌手会去炸国家机关，吴虹飞不久后删除微博的行为也说明她只是

---

① 《荀子·大略》。
② 〔美〕奥尔波特等:《谣言心理学》，刘水平等译，辽宁教育出版社2003年版，"原著序"。

一时的情绪激动,这种公众不会相信的信息不会对公众造成实质性的影响,更不会危害到公共秩序。现实中同样存在相反的例子,2013年9月30日,刘某因对某医院处理医疗纠纷不满,在微博上发布了"要炸地铁"等言论,10月1日被广州警方刑事拘留,因检察院不予批捕,最终警方以"情节显著轻微"为由撤案。事实上,类似的言论如果没有其他证据予以辅证,就会因不具有可信性而不属于虚假信息。

4. 关联性

关联性是指虚假信息与公众的实际生活有关联,能够使公众产生不良的反应或者做出错误的决定。首先,只有虚假信息与公共生活有关联,才会使人们的公共生活发生变化,否则不可能会扰乱到公共秩序。例如,如果有人在网络上发帖称"美国某个城市将发生恐怖袭击",那么即使该信息是虚假的,由于与我国公众的实际生活毫无关联,因此不会对我国的公共秩序产生影响。其次,虚假信息必须有引起公共秩序混乱的可能。"对违法构成要件的解释,必须使行为的违法性达到值得科处刑罚的程度"[①],虚假信息是违法的构成要件要素,不能一概认为凡是在网络上传播虚假的信息都符合《解释》中的虚假信息,在网络上散布虚假信息的危害性不在于其散布的行为上,而在于信息的虚假性上。但是,仅仅是通常理解的虚假信息也不足以说明刑罚的可罚性,在刑法规定的有关言论犯罪中,无论是煽动类犯罪还是编造传播虚假信息类,都对信息的内容有规定。例如,煽动分裂国家罪的内容必须是分裂国家的,编造、故意传播虚假恐怖信息罪的内容必须是恐怖的。虽然《解释》仅对网络上散布信息的外在性质作了规定,对于信息的内容并无规定,但是仍应将"可能扰乱社会秩序"作为虚假信息的内容性质来理解,具有这种内容性质的信息才具备刑罚的可罚性。

(三) 虚假信息认定的方法

如上所述,虚假信息不能从日常用语的角度去理解,只能从刑法规范

[①] 张明楷:《实质解释论的再提倡》,载《中国法学》2010年第4期。

的语言去理解认定,这是普通用语的规范化。然而,虚假信息的认定并不容易,特别是在实践中经常以行为人主观是否具有"恶意"来判断是否属于虚假信息,对虚假信息的认定甚至对公共秩序是否混乱的认定都最终归结到行为人是否具有"恶意"上。事实上,司法实践中也不缺乏结合主观对客观事物进行认定的例子,如对于《刑法》第267条携带凶器抢夺中"凶器"的认定,《最高人民法院关于审理抢劫案件具体应用法律若干问题的解释》规定:凶器是指枪支、爆炸物、管制刀具等国家禁止个人携带的器械或者为了实施犯罪而携带的其他器械。对于凶器的认定,该解释用了结合主观的方法。但是,笔者认为,对于虚假信息的判断不能结合主观来判断。首先,"恶意"本身并不具有实质性内容,只是评价者一种主观的判断,以这种主观的判断为标准出入人罪难免陷入原心定罪的泥淖。其次,结合主观对客观事物的判断本身就会增加司法实践的操作的困难,造成司法实践的不统一,司法实践中对于凶器的不同认定即为一例。笔者认为,对于虚假信息的认定,不能结合行为人的主观是否"恶意"认定,只能从客观上进行,具体可以按照如下步骤进行:

首先,确定该信息是属于事实性言论还是观点性言论。观点性言论是人的思想的表达;而事实性言论是对事实的陈述,需要具有事实的基本要素,如时间、地点等。问题在于求证性或者质疑性的言论,例如"娄庄命案"[①]中,行为人只是"听说娄庄发生了命案",微博中类似的信息往往以"求辟谣""求证"等方式发布,这种询问性的信息表面上看行为人本人也不能确定,但是语言在特定的环境中往往具有特定的意思,语言也只能在特定的环境中才能够被真正理解。因此,对于这类信息不能一概都认为不属于虚假信息,而应当结合行为人的身份、知识能力以及信息的内容、性质、发布的环境等因素综合分析判断,从一般人的角度出发判断是否属于虚假信息。

---

① 该案基本案情为:2013年8月26日,河北省清河县网民赵某在当地贴吧发帖《听说娄庄发生命案了,有谁知道真相吗?》。警方称该信息迅速被点击1000余次,严重扰乱了当地公共安全秩序,给予赵某行政拘留5日的行政处罚。详见《女子发帖"听说发生命案"被拘》,https://money.163.com/13/0902/10/97OR3TH800253B0H.html,2013年9月2日访问。

其次，是否具有引起社会秩序混乱的可能性。具有引起社会秩序混乱的可能性是虚假信息的重要特征，虚假信息本身即集中反映了散布虚假信息行为的危害性，也反映了网络型寻衅滋事罪的社会危害性。如果行为人所散布的信息根本不可能造成任何的公共秩序混乱，即与公众的生活没有丝毫关联，则即使所散布的信息是虚假的，并且行为人具有造成公共秩序混乱的故意，也只能属手段不能犯而不构成犯罪，否则就会像网上调侃的那样，李白也会因一句"飞流直下三千尺"而涉嫌造谣了。是否具有引起社会秩序混乱的可能性需要判断者站在一般人的立场，即站在公众的角度去判断公众会对此信息做出何种反应，这是对司法者素质和智慧的考验，是司法者无法逃脱的责任。

最后，判断信息有无根据。如果上述两个判断都得出肯定的结论，则要再看该信息有无根据。没有根据是虚假信息的本质特征，特别是对一些质疑性的言论，要分析判断其质疑是否合理，如果超出了合理质疑范围，轻率地得出与事实不符的结论的，不能视为有根据。例如，"胡斌替身谣言"案[①]中，只要从一般人角度得出的结论是合理的，就不应认为是虚假信息。有一定根据但又与事实不完全相符的信息，则要看它与事实不符部分的性质和可能产生的影响，如果与事实不符部分具有了独立的意义或者与事实不符部分才是引起社会公众反应的主要事实，即使该事实有一定根据，仍应认定为虚假信息。需要指出的是，在判断信息有无根据时还应考虑到信息传递过程中的"失真"现象，如果"失真"部分的内容与原信息在对公众的影响上具有同质性，则仍应认定为有根据的信息。例如，"江苏响水化工厂爆炸谣言案"[②]中，信息从"化工厂氯气泄漏"变成了"化

---

① 该案的基本案情为：2009年7月20日，胡斌因交通肇事罪被判处有期徒刑3年。次日，熊忠俊即在网上发布《荒唐，受审的飙车案主犯"胡斌"竟是替身》一文，以质疑的方式得出受审者不是胡斌本人而是替身的结论。随后，从7月23日至8月2日，熊忠俊又在互联网上连发8篇文章，提出各种"证据"以论证自己的结论。杭州警方以"捏造证据，误导公众舆论，扰乱公共秩序"为由，对熊忠俊处以10天的行政拘留。

② 该案的基本案情为：2010年2月9日，江苏省响水县刘某在某化工厂发现厂区车间冒热气，误以为有氯气泄漏，打电话告知朋友"有泄漏赶快逃"，最后一步一步扩散，并逐步误传为"化工厂要爆炸"，最终引起一场大规模逃亡事件，其中4人途中遇车祸死亡。详见李国民：《追究造谣传谣者，必须不枉不纵》，载《检察日报》2011年2月15日。

工厂爆炸",虽然与事实严重不符,但只要"化工厂氯气泄漏"是有根据的,就应当认定"化工厂爆炸"的信息也是有根据的,二者对公众造成的影响的性质是相同的。

三、"公共秩序严重混乱"究竟该如何理解

《解释》尤其注重将虚假信息与公共秩序联系在一起。"秩序"一词在《解释》中频繁出现,如"严重危害社会秩序""引发公共秩序混乱""造成公共秩序严重混乱"等,刑法理论中的争论也基本上聚焦于此。

"造成公共秩序严重混乱"是成立网络型寻衅滋事罪的结果条件,但如何认定"公共秩序严重混乱"并无规范标准,"听说娄庄命案""狼牙山五壮士"[①]等现实案件,显示出了实践中对公共秩序理解和认定的差异。公共秩序是否被扰乱在很大程度上还要靠办案机关的主观判断,而自从打击网络谣言的行动开始以来,"主观判断"所展现的差异已经非常清晰,擅断的案件也不乏其例。公共秩序的抽象性是导致这种情况的重要原因,要解决这一问题,首先必须将公共秩序予以具体化,确定公共秩序的内涵。

(一)公共秩序的具体内涵

寻衅滋事罪之所以被视为口袋罪而备受诟病,很重要的一个原因就是其结果条件的不明确性,"温岭虐童案""假和尚把妹案"起初都以寻衅滋事罪定性的现实案例是现实中对公共秩序理解混乱的真实写照。[②] 虽然《刑法》第293条对寻衅滋事罪罪状的规定中使用了"破坏社会秩序"的用语,但一般认为,寻衅滋事罪的客体是公共秩序而非广泛意义上的社会

[①] 该案基本案情为:2013年8月27日,张某在新浪微博发信息称,狼牙山五壮士实际上是几个土八路,当年逃到狼牙山一带后,用手中的枪欺压当地村民,致当地村民不满。后来村民将这5个人的行踪告诉日军,又引导这5个人向绝路方向逃跑。广州警方以"虚构信息、散布谣言扰乱公共秩序"为由,给予张某行政拘留7日的处罚。详见奚婉婷、龚璇:《男子网上造谣污蔑"狼牙山五壮士":几个土八路》,http://news.sohu.com/20130830/n385504329.shtml,2013年8月30日访问。

[②] 参见张训:《口袋罪视域下的寻衅滋事罪研究》,载《政治与法律》2013年第3期。

秩序。这是因为,社会秩序是抽象的概念,刑罚惩罚的根本目标就是保障社会秩序,任何犯罪甚至任何违法行为都会破坏社会秩序,这种抽象意义的社会秩序显然不适合作为具体个罪的客体。《刑法》分则第 6 章"妨害社会管理秩序罪"原本就带有兜底的性质,而就分则其他章节而言,或者是依照同类客体进行建构,或者是依据犯罪主体的身份进行建构(当然一定意义上也可以认定为特殊的主体身份与客体具有天然的联系)。相比之下,第 6 章所下属的罪名显然十分庞杂。刑法各章节罪名侵犯的法益显然迥然不同,譬如"妨害司法罪"与"制作、贩卖、传播淫秽物品罪"显然不存在任何关联性,将章名设定为"妨害社会管理秩序罪"显然是迫不得已之举。其实,未尝不可以说所有的犯罪都是违反了社会管理秩序。当然,正常的社会秩序又可以分为对公共的管理秩序和对个人的管理秩序。第 6 章第 1 节显然是针对公共的管理秩序,这从节名"扰乱公共秩序罪"可见一斑。

刑法理论一般认为,公共秩序是指社会公共生活依据共同生活规则而有条不紊进行的状态,既包括公共场所的秩序,也包括非公共场所人们遵守公共生活规则所形成的秩序。[①] 然而,公共秩序仍然是一个十分庞杂的概念。只要是进入公共领域的事物,都存在一个公共秩序问题。譬如,宏观的秩序可以包括法律秩序、环境秩序、公共安全秩序等,具体的秩序可以包括公共场所秩序、特种器材生产秩序、无线电管理秩序等。正如有学者指出:"公共秩序与社会秩序是十分抽象的概念,保护法益的抽象化,必然导致对构成要件的解释缺乏实质的限制,从而使构成要件丧失应有机能"[②],而不利于实践中的具体操作。秩序是一种事实,也是一种价值,秩序总与一定的规范相关联,规范是秩序的内核,是秩序的实际内容。[③]对规范的违反往往被视为对秩序的破坏,而刑法上"公共"的内涵"要以特定与否作为标志,即不特定是公共特性的本质要素,多数只是公共的常态

[①] 参见高铭暄主编:《新编中国刑法学》(下册),中国人民大学出版社 1998 年版,第 808 页。
[②] 张明楷:《刑法学》(第四版),法律出版社 2011 年版,第 935 页。
[③] 参见曲新久:《论社会秩序的刑法保护与控制》,载《政法论坛》1998 年第 4 期。

形式,一个人也可能形成公共境地"①。因此,只要违反规范的行为侵害了他人,即使是一个人,也会被认为破坏或扰乱了公共秩序,这正是实践中认定破坏或扰乱"公共秩序"的逻辑路径,也是寻衅滋事罪作为口袋罪不断扩张的重要原因。从深层次上分析,这种思维逻辑是"秩序维持论"的产物,秩序中心主义立场倾向于凸显社会秩序的重要性,而漠视或者忽略了民众的权益,包括不惜伤及某些个人权利,将某种行为(包括此种行为的连带行为及延伸行为)纳入刑事管制范畴。② 因此,作为寻衅滋事罪具体个罪客体的"公共秩序"必须更加具体化。

"权利保障论"要求从个人权利的角度去界定法益,社会和国家不应具备独立的利益,公共法益必须能够还原为个人利益。据此,笔者将公共秩序界定为"公众生活的平稳与安宁"。首先,"公共安全和公共秩序之中的'公共'概念,乃是相对于国家利益和个人利益的社会利益,利益之主体是社会公众,因而'公共'概念可以转换为刑法分则章节之下条文中的更为具体的概念——公众"③,公众是指不特定人或多数人。"秩序"在这里只能作为一种事实状态理解,即生活平稳安宁的状态,扰乱公共秩序就是打破了不特定人或多数人生活平稳安宁的状态。其次,从法条规定的寻衅滋事罪的罪状来看,无论是"随意殴打""追逐、拦截、辱骂、恐吓",还是"强拿硬要""在公共场所起哄闹事",所针对的对象都是不特定人或多数人。对象的不特定性使任何一个人都可能成为受害者,为了避免成为受害者,公众往往无法或不再正常进行日常生活,即公众生活的平稳与安宁被打破。最后,将"公共秩序"具体化理解为"公众生活的平稳与安宁",有利于限制寻衅滋事罪作为口袋罪无限扩张。寻衅滋事罪行为罪状的模糊性是其成为不断扩张的口袋罪的重要原因,在这样的情况下,如果结果的危险性或危害性本身也不具体明确的话,口袋罪的扩张会更加无拘无束。

如果将公共秩序界定为"公众生活的平稳与安宁",公共秩序混乱即

---

① 吴贵森:《刑法上"公共"概念之辨析》,载《法学评论》2013 年第 1 期。
② 参见张训:《口袋罪视域下的寻衅滋事罪研究》,载《政治与法律》2013 年第 3 期。
③ 曲新久:《论刑法中的"公共安全"》,载《人民检察》2010 年第 9 期。

指破坏了这种平稳与安宁的状态。具体来说分为两种情况:一是正在进行的公共生活因行为人的行为而无法正常进行;二是行为人的行为导致公众基于恐惧或其他心理而不再进行正常的生活劳动,如"河南汤阴挖肾谣言案"①中,谣言导致村民不敢出工,正常的劳动秩序受损。

需要指出的是,《刑法》第293条第4款规定了"造成公共场所秩序严重混乱的",而《解释》将公共场所秩序换成了公共秩序。从概念外延上说,公共场所秩序是公共秩序的一部分,将"公共场所秩序"扩展为"公共秩序",虽然对于实践具有一定的合理性(例如,农村的农田虽然难以说是公共场所,但造成不敢下田干活的行为仍属于造成公共秩序的混乱),但仍不免有"以解释之名,行立法之实"的嫌疑。

有论者指出,道德秩序属于公共秩序,认为针对抹黑雷锋、狼牙山五壮士的谣言就是造成了道德秩序的混乱。② 其实,与其说是导致了"道德"秩序混乱,不如说是导致了"思想混乱"。此外,实践中也常把国家机关形象作为公共秩序保护,例如上文提到的"金某造谣消防队雇凶杀人案"中的金某就是以损坏国家机关形象而被认定为扰乱了公共秩序。笔者认为,所谓的道德秩序、国家机关形象都不属于公共秩序。道德与法律的分离是现代法治社会的基本特征,法律往往只被允许保护最低限度的道德。价值观的多元化本身即意味着道德领域充满着各种价值的冲突和碰撞,道德领域有无秩序可言尚存争议。道德领域的问题属于思想领域的问题,对于他人价值观、思想产生影响并不涉及公共秩序的问题,因而依照对公共秩序的危害进行刑罚非难本身就缺乏说服力。譬如,通过诽谤方式导致被害人在公众心中的评价降低,这是一个信誉受损的问题,并不会

---

① 该案基本案情为:2013年8月10日,张某在汤阴县论坛上转发帖子称,"云南有一批犯罪分子来到河南作案,主要手段是在玉米地附近埋伏,等小孩或妇女通过时,拖去玉米地麻醉后挖肾、贩卖"。随后,这篇帖子在网络上被广泛转载,在当地一度引起恐慌,很多人胆战心惊,不敢下田劳作。当地居民称,"刚开始看了也不信,后来传得越来越多都不敢不信了"。张某称,"当时自己也没有想是真是假,因为自己也有孩子怕家里出事,也没细看内容就随手转发了,没想到引起这样的后果"。后张某被当地警方处以治安拘留。详见张彩霞、梁鹏:《河南"汤阴挖肾团伙猎獗"系谣言 16人被处罚》,http://news.sina.com.cn/c/2013-09-04/105228129557.shtml,2013年9月4日访问。

② 参见袁国礼:《教授谈网络谣言入刑:转发的转发也要计算在内》,http://news.sohu.com/20130910/n386245612.shtml,2013年9月10日访问。

直接损害到公众生活的平稳与安宁,因而不是一个涉及公共秩序的问题。在"金某造谣消防队雇凶杀人案"中,金某的行为即使导致了市消防队在公众心目中的评价降低,也不会妨害消防队履行职责,人们也不会因对消防队的评价降低而不再报火警,对公众的生活可以说毫无影响。

(二)虚拟空间不是空间,网络空间秩序不属于公共秩序范畴

在《解释》发布会上,最高院新闻发言人指出,信息网络是人们沟通交流的平台,是现实生活的延伸,是社会公共秩序的重要组成部分,具有很强的"公共属性",网络空间属于公共空间,网络秩序也是社会公共秩序的重要组成部分。"秦火火"等正是以严重扰乱网络秩序为由而以涉嫌寻衅滋事罪被刑拘。网络空间是否属于公共场所以及网络空间秩序是否属于公共秩序,是学界争论的焦点。

从传统观念理解,公共场所只能是现实中的场所。我国《公共场所管理条例》规定,公共场所是提供公众进行工作、学习、经济、文化、社交、娱乐、体育、参观、医疗、卫生、休息、旅游和满足部分生活需求所使用的一切公用场所及其设施的总称。《刑法》第291条聚众扰乱公共场所秩序、交通秩序罪以及2013年7月发布的《最高人民法院、最高人民检察院关于办理寻衅滋事刑事案件适用法律若干问题的解释》对公共场所作了列举,包括车站、码头、民用航空站、商场、公园、影剧院、展览会、运动场或者其他公共场所。无论是从普通一般人的理解,还是从现有规范性文件看,虚拟的公共空间都不属于公共场所。对此,有观点认为,"公共场所的概念做符合信息社会变化的解释是可以接受的,互联网各类网站、主页、留言板等网络空间具有公共场所属性。曾经的物化概念适应信息社会形势变化做信息化解释,以往的司法实践也有这方面的先例",并以《最高人民法院、最高人民检察院关于办理利用互联网、移动通讯终端、声讯台制作、复制、出版、贩卖、传播淫秽电子信息刑事案件具体应用法律若干问题的解释》中关于网络上视频文件等电子信息属于"淫秽物品"的规定进行类比,认为"'公共场所'是公众聚会、出入、交流的场所,既包括现实世界真实存在的'车站、码头、民用航空站、商场、公园、影剧院、展览会、运动场'等场

所,也包括互联网上开放性的电子信息交流'场所'"。①

从逻辑学角度来说,通过类比来证明一个事物的正确性,首先就要求类比的事物之间具有同质性。而前述两个司法解释,类比对象存在重大区别。首先,相对各自犯罪而言,淫秽物品是犯罪的对象,而公共场所是犯罪的空间。对象本身并不影响犯罪的性质,但在妨害社会管理秩序犯罪中,场所作为特定的时空,对犯罪的构成要件存在本质的影响。其次,如果将网络空间拟制为一种公共场所,显然制作淫秽视频文件的行为也应当是公共场所的一种秩序违反,有关淫秽物品的司法解释就失去了合理性本身。再次,刑法正当性的一个重要依据是体系的协调性,这也是体系性解释的正当性依据。而同一概念在侵犯同一类法益中的概念时应该作相同解释。根据《刑法》第291条聚众扰乱公共场所秩序、交通秩序罪的表述,其规定的"公共场所"只能是现实世界真实的物理空间,不包括信息网络空间中的"公共场所"。司法解释在同一类性质的犯罪中贸然突破,只能是短视行为,最终会导致刑法体系的混乱,这是只见树木不见森林的做法。最后,网络只是一个载体,如果导致网络空间秩序的混乱,则必然是对网络监管秩序的破坏。网络对公共秩序的影响只能是间接的,不能因为网络空间秩序具有公共性就将其等同于公共秩序。

必须说明的是,笔者并不否认网络空间具有公共性。如今,信息网络已经成为人们的一个生活平台,网络使信息的传播变得前所未有的方便和快捷,在虚拟的网络空间内,人们可以进行信息的交换和思想的交流,在这一点上,网络空间同现实空间类似。网络不仅使信息传播更加便捷,在"信息流瀑""群体极化"和"偏颇吸收"等心理学效应下,还使信息接受者更容易接受信息的内容,无论信息内容真实与否,都会被人们当作真实的信息接受,人们以所接受的信息为基础为或不为一定行为,从而严重扰乱公共秩序。但是,这对社会秩序的影响是间接的,所导致的危害性是发生在现实的公共场所中,网络虚假信息只是一个媒介。例如,神木"7.15"

---

① 参见曲新久:《一个较为科学合理的刑法解释》,载《法制日报》2013年9月13日。

群体性事件就是网络谣言引发社会危害的一个典型事例。① 这里存在着网络秩序的紊乱和现实秩序的紊乱,只有现实秩序发生紊乱时,才出现现实的危害结果,依照危害公共秩序犯罪处罚才具备了基础。

公共场所实际上是一个空间的概念,尽管许多人将空间区分为物理空间和虚拟空间,但实际上这是将"空间"一词虚拟化了。物理空间是真实的、客观存在的,网络空间则并不是真实的,而是虚拟的、人造的。空间本身就是一个物理概念,必须具有其物理属性,我们所生活的空间就具有三维属性。网络只不过综合了以前的纸质媒体功能、通讯功能、视频功能,正如我们不能说报纸、刊物、电视、电话是公共场所一样,网络也并不具有物理空间属性。因此,笔者得出以下几方面结论:

其一,网络的功能在于人们通过网络改变了人们与现实之间的关系,而不是拓展了空间。虚拟空间仍只具有工具属性,网络空间只是人的一种工具,人是使用工具的主体,而不会成为工具的一部分。对网络空间秩序的规制仍应以对现实社会产生影响为出发点,即以现实生活中的公共秩序作为保护的对象,网络秩序不能独立地成为刑法公共秩序性的法益。此外,从《解释》的标题看,也是对几种"利用信息网络实施"犯罪的解释,网络仍然只是工具。

其二,网络空间秩序不同于网络秩序,网络空间秩序是网络虚拟空间中形成的所谓秩序,而网络秩序是人们使用网络形成的现实的秩序。网络秩序属于"扰乱公共秩序罪"类罪法益中的公共秩序,是指互联网服务秩序,扰乱网络秩序的行为应是《刑法》第 285 条、第 286 条所规定的非法侵入、破坏计算机系统的行为,是对网络系统或设施的物理损坏,而在网络上散布虚假的信息显然不会造成这种损坏。

其三,散布虚假信息仍属于言论的范畴,言论自由是宪法赋予人们的

---

① 该案的基本案情为:2013 年 7 月 12 日,一条内容为"神木经济一落千丈,神木人民人人要账,三角债务你拖我拖,现任领导要跑神木不得解放,定于 15 日上午 10 时在广场集会"的信息在陕西省神木县的微博、贴吧等平台上热传。7 月 15 日,部分民众陆续到县政府聚集,形成群体性事件。7 月 16 日,官方表示此系网络散布谣言引发的一起群众聚集事件,4 名嫌疑人被当地警方拘留。详见唐述权:《陕西神木县侦破一网络谣言致群众聚集案 4 人被拘》,http://news.china.com.cn/2013-07/16/content_29439870.htm,2013 年 7 月 16 日访问。

基本自由，言论往往是思想的表达，只要内容不属于煽动国家分裂、民族仇恨、侮辱、诽谤等刑法禁止的言论，表达的内容就是不受限制的，也很难说具有秩序性，只有表达的方式遵循一定的规则，才能形成一定的秩序，所谓网络空间秩序只有在这一层面上才具有意义，散布虚假信息的行为显然不会损害这种规则。实体公共场所秩序的混乱会使不特定人遭受侵害或者使公众无法进出公共场所，公共生活稳定安宁的状态被破坏。但是，在网络上散布虚假信息的行为不会使人们直接遭受损害，人们不会被迫接触或者相信这种信息，也不会造成公众无法进入网络空间进行正常的网络生活，因此难以说对公众稳定安宁的生活状态造成了破坏。

其四，如果肯定网络空间属于公共场所、网络空间秩序属于公共秩序，承认网络空间公共秩序独立的法益地位，不仅在网络上散布虚假信息会构成寻衅滋事罪，在网络聊天室聊天也会构成聚众扰乱社会秩序罪以及聚众扰乱公共场所秩序、交通秩序罪等罪名，甚至我们似乎也找不到将虚拟空间里的杀人、抢劫等行为不认定为故意杀人罪、抢劫罪等的理由，而这显然是十分荒诞的。事实上，网络空间的行为只有对现实生活产生了对应罪名实质的影响的才能作为法律调整的对象，如对盗窃 QQ 币等网络虚拟财产的行为以盗窃罪进行处罚，就是因为虚拟财产与现实中的财产是相对应的，"虚拟财产已经不仅仅在网络中存在，它已经突破了网络空间的限制，开始和现实中的货币产生了联系"①。盗窃虚拟财产的行为在客观上导致了与盗窃罪一致的被害人实际财产的损失，而网络游戏中杀人的行为与现实世界并没有这种联系，也没有实际的致人死亡的危害结果发生，因此不能以故意杀人罪处罚。同理，在网络空间散布虚假信息的行为只有与现实世界产生了联系，在现实中产生了同质的现实后果，才能作为犯罪处理。

所以，刑法不能脱离一定的社会背景而存在，信息网络的迅猛发展使网络虚拟空间逐步开始成为与现实社会对应的"第二空间"。但是，"网络冲击了传统的道德观、法律观，而适应网络发展的新道德观尚未确立，由

---

① 于志刚：《论网络游戏中虚拟财产的法律性质及其刑法保护》，载《政法论坛》2003 年第 6 期。

于缺乏既定的、得到公认的道德规范,因此难以形成一部良法调整网络空间的行为,维护网络空间的良好秩序"①。对网络的管理进行一定程度上的刑罚应对是应当的,但绝不是通过一个对传统刑法随性延展的解释所能解决的。

四、"恶意"为什么会与"虚假信息"联系在一起

网络编造、传播虚假信息的性质论辩还涉及另一个问题,即如何看待"恶意"与编造、传播虚假信息的关系。例如,在山东企业"高压泵深井排污"事件中,相关部门就以"主观非恶意"为由不再追究发布该不实言论的人。②最高司法机关在发布《解释》的时候也指出:"一些不法分子利用信息网络恶意编造、散布虚假信息,起哄闹事,引发社会公共秩序严重混乱,具有相当的社会危害性,应以寻衅滋事罪追究刑事责任。"③那么,如何看待"恶意"与虚假信息的关系?何为恶意?不具有主观恶意是否就不构罪?

回答这个问题首先要明确"恶意"究竟所指为何。"恶意"一词并不是我国刑法的规范语言,只能从语言学的角度去理解。《现代汉语词典》对"恶意"的解释是"不良的居心、坏的意思"④,从语法上讲"恶意"是名词,"恶"是对"意"的修饰,"意"才是这个词组的中心。换言之,"恶意"所指的是人所具有的一种恶的"意思",意思在现代汉语中有四种基本的含义:一是指思想、心思;二是指意义、道理;三是指意图、用意;四是指情趣、趣味。

---

① 刘守芬、孙晓芳:《论网络犯罪》,载《北京大学学报(哲学社会科学版)》2001年第3期。
② 该事件的基本事实为:2013年2月,一位网友发微博称"山东省潍坊市许多化工厂酒精厂将污水通过高压水井排到1000多米的深水层",污染了地下水资源。此微博被凤凰周刊记者部主任邓飞转发后,短时间内即被转发2800余次,引起了众多网友的关注。山东省环保部门调查后确认微博所述内容不实,称邓飞在谣言的散布中起了重要作用。随后,又以邓飞主观非恶意为由否定该微博属于谣言,而是不实的传言,不再追究邓飞行为的责任。
③ 徐隽等:《两高:网上造谣扰乱秩序属寻衅滋事》,http://www.banyuetan.org/chcontent/zx/yw/2013910/63879.shtml,2013年9月10日访问。
④ 中国社会科学院语言研究所词典编辑室编:《现代汉语词典》(2002年增补版),商务印书馆2002年版,第329页。

在这里只能取第三种意思,"恶意"即坏的用意或坏的意图。意图作为刑法的规范用语用来表示犯罪目的。例如,《刑法》第 243 条关于诬告陷害罪的规定用了"意图使他人受刑事追究",刑法理论一般认为此处的"意图"是指目的,即诬告陷害罪必须以使他人受刑事追究为目的。因此,所谓的"恶意"实际上是指一种目的。在我国刑法理论中,通常认为犯罪目的是指犯罪人希望通过实施某种危害行为造成某种危害社会结果的心理态度,是犯罪人期望通过危害行为或者危害活动达到的危害结果的主观表现。基于此,可以明确的是"恶意"与刑法规范语言中的故意不同。我们通常认为,故意的意志因素即希望的心理状态本质上也是一种目的,这种目的是以刑法规定的犯罪结果为具体内容的。而"恶意"仅仅指一种坏的目的,仅有价值上的评价即"坏的",但没有具体的内容。

当"恶意"与虚假信息联系起来的时候,很容易让人联想到美国司法判例中认定是否构成诽谤的"事实的恶意"(actual maliace)原则。"事实的恶意"原则形成于美国联邦最高法院 1964 年 3 月 9 日在纽约时报诉苏利文(New York Times v. Sullivan)一案的裁决中。联邦最高法院指出:被告纽约时报虽然刊登了内容不实的广告,并且也的确对原告的名誉造成了一定的损害,但由于原告是一名"政府官员",他必须有"清晰的和令人信服的证据"(clear and convincing evidence)证明《纽约时报》事先知道广告内容是假的,但仍执意刊登;或者被告对内容有严重疑问,但毫不忌惮地疏于核查真相。布伦南(Willian Brennan)法官将此称为"事实的恶意"原则。

"事实的恶意"原则并非大法官们心血来潮的产物。实际上,早在 1931 年的尼尔诉明尼苏达州(Near v. Minnesota)一案,已经开始关注通过散布虚假信息对公众人物产生损害的问题。在该案中,联邦最高法院最终推翻了明尼苏达州最高法院的裁决,认为"批评政府官员的品质和行为必须在新闻媒介中受到公开争论和自由讨论",据此反对对批评政府官员公务的行为进行"事前限制"。首席大法官休斯(Hughes)认为:"一百五十年来,几乎从来没有法律试图对涉及官员渎职的出版施加事前限制,这一事实体现了一项深切承诺,应在于依据诽谤法提起诉讼,而非限制报纸的期刊出版。"① 当然，也有观点表达了对不受限制所导致的潜在风险的忧虑，如巴特勒法官认为，这"使各个社团的治安、稳定以及每个人的事业和私人事务暴露在旷日持久的错误和恶意攻击之下；任何将要倒闭的出版社都可能具有充分和能力，来制造并实现压迫、敲诈和勒索计划"②，但最终采取了事前限制和事后限制两分法的方法解决了这一问题。毕竟，社会对于公众人物的品性和行为有更高的要求，而公众人物由于其职务和身份关系也具有较为及时和强大的漂白能力。当然，对"事实的恶意"原则也存在不同的理解。譬如，在后来的博内特诉国家调查公司（Carol Burnett v. National Enquirer, Inc.）一案中，加州上诉法院就认为，作为损害性赔偿的恶意与纽约时报诉苏利文一案中确定的恶意不同，并不需要"清晰的和令人信服的证据"来证明恶意的存在，只需优势证据来证明即可。③

在当前发生的网络虚假信息案件中，许多都涉及传播报道或批评官员执行公务行为的言论，最高司法机关在发布《解释》的时候，特意附加了"恶意"一词作为限制寻衅滋事罪滥用的标准，显然与"事实的恶意"原则具有类似性，但是效果可能不尽一致，而其原因是多方面的。

在我国刑法理论中，除了作为故意意志因素的目的之外，还有一种不为故意所包容的犯罪目的。有学者将这种目的称为特定目的，即不是直接故意的因素，而是故意的认识因素和意志因素以外的，对某种结果、利益、状态、行为等的内在意向，它是比直接故意的意志因素更为复杂、深远的心理态度。④ 刑法理论中称之为主观的超过要素，是构成犯罪必备的要件。缺乏主观的超过要素可以阻却犯罪的成立。例如，在盗窃犯罪中，如果不能证明行为人具有非法占有的目的，就不能认定其构成盗窃罪。那么，"恶意"能否作为一种主观的超过要素而成为主观构成要件呢？笔者

---

① 转引自张千帆：《西方宪政体系》（上册·美国宪法），中国政法大学出版社2000年版，第400页。

② 同上。

③ See 143 Cal. Rptr. 206.

④ 参见张明楷：《刑法学》（第四版），法律出版社2011年版，第275页。

持否定态度。因为使用"恶意"对入罪进行限制存在以下几个消极性的因素：

其一，从构成要件意义上说，"恶意"本来没有生存空间。一般认为，寻衅滋事罪的行为动机（或目的）是出于寻求精神刺激。[①] 有论者认为："根据法益侵害说的观念，某种目的、内心倾向等是否是主观的超过要素，应取决于它是否说明了行为对法益的侵犯及其程度。如果某种目的、内心倾向对决定法益的侵犯及其程度具有重要作用，则即使在刑法没有明文规定的情况下，也可能将其解释为主观要件的内容。"[②]问题在于，"寻求精神刺激"与"恶意"之间似乎不能画等号。在刑法规定以及《解释》本身并未对利用信息网络寻衅滋事罪作出明确规定的情况下，"恶意"作为一个评判构罪的标准本身就可能不具有权威性，从而缺乏实践的指导性。

其二，"恶意"本身缺乏体系性支撑，与美国的"事实的恶意"存在着体系上的差异。"事实的恶意"原则在经过了尼尔诉明尼苏达州一案之后，已经推翻了事前限制原则，"风闻言事"的刑事可罚性已经衰减。也就是说，对于散布公众人物的虚假信息予以出罪已成为一种常态。"恶意"的形成作为一种入罪的标准实际上是个例外，其具体内容与基本价值并不相悖。而在我国刑法体系中，构成要件是刑罚不法的成立基础，其功能在于"对那些特征的概括，这些特征是对被禁止举止的典型不法性的描述和对特别的犯罪类型形式和形态的叙明"，"这些特征对于刑法角度上属于显著的不法起着成立、加重或者减轻的作用"。[③] 刑法中作为主观要件内容的目的都是有具体内容的，如"传播"的目的、"牟利"的目的等。而"恶意"只是一种坏的目的，被作为构罪的标准，显然缺乏体系的承继性，因为缺乏具体的内容，反而容易成为选择性执法的一个保护伞。简而言之，"事实的恶意"原则是在出罪的基础上寻找入罪的理由，而"恶意"的考量是在入罪的刑法中寻找出罪的要件；前者是正反合的逻辑演绎过程，而后者是一个走向对立的过程。

---

① 参见刘宪权主编：《刑法学》（第二版·下），上海人民出版社2008年版，第692页。
② 张明楷：《法益初论》（2003年修订版），中国政法大学出版社2003年版，第391页。
③ 参见〔德〕约翰内斯·韦塞尔斯：《德国刑法总论》，李昌珂译，法律出版社2008年版，第70—71页。

其三,"恶意"内涵的不确定反而可能为入罪提供便利。首先,是否具有恶意本身实质上是一个价值判断。在极端情况下,同样一种心态可能在一部分人看来具有恶意,另一部分人看来则缺乏恶意。其次,行为人的意图可能是多元的,可能是恶意与善意交织的。这时,如何选择便成为一个问题。最后,司法人员成为判断何为恶意、行为人是否具有恶意的审查者,由于恶意本身的模糊性,司法人员必然被赋予了较大的权限,可能使得原本没有恶意或者说具有多重意图的情形被确定为具有恶意,走向了讲求"恶意"的反面。例如,在"浙江余姚水库致死40人谣言案"中,当事人声称制造谣言的目的在于吸引人们关注余姚的灾情,这种目的是善意还是恶意,显然难以有统一答案。

其四,"恶意"的前提是"明知"信息的虚假性,这进一步削弱了强调"恶意"的本来意义。强调"恶意"可能还包含这样一种风险——降低对行为人明知信息虚假的认定标准。《解释》中规定,"明知是虚假信息"而予以散布的,同样构成网络型寻衅滋事罪。刑法中的明知有两种:第一种是总则中的明知即故意中的认识要素,第二种是分则规定的对特定要素的明知。《解释》中的明知显然属于第二种"明知",即特定的明知。问题在于,此处对虚假信息的明知需要到何种程度?网络信息的传播具有很强的流瀑效应,这种"信息流瀑"①使接触信息的人们倾向于相信信息的真实性,由于人们无法亲自证明信息的真实与否,因此对于信息的真实性会持有一定的怀疑。换言之,行为人仍不排除接收到的信息可能是假的,即对信息的虚假性有概括性认识。以上文提到的"河南汤阴挖肾谣言案"为例,人们起初并不相信网传的内容,但随着信息传播得越来越广,很多人虽意识到该信息可能是虚假的,但仍抱着"宁可信其有,不可信其无"的心态将该信息传播。显然,此时我们如果强调"恶意"的存在,势必会忽略对行为人明知信息虚假性的证明,从而做出对行为人不利的决定。譬如,雷锋"穿皮夹克、带着瑞士手表、穿着呢子裤"等是否为虚假信息本身就是一个众说纷纭的问题。雷锋生前的战友冷宽在为雷锋辩护时就说过:"这都是真实的,当时确确实实是这样

---

① 所谓"信息流瀑",是指一旦有人相信谣言,接着相信的人就会越来越多,少数人服从多数人的意见,形成像瀑布一般的强劲态势,进一步巩固了谣言的力量,使即使开始不相信谣言的人也逐渐变得相信。

子,为什么雷锋有这些衣物,雷锋是个人,他也不是神,他是一个普通的青年,他非常阳光,也热爱生活。"①在对相关案件进行处理的时候,是去证明行为人明知信息的虚假性重要呢?还是证明行为人存在"恶意"重要呢?

需要指出的是,虽然在其他犯罪中"可能知道"是"明知"的一种形式,但是不能作为网络型寻衅滋事罪中的"明知"。换言之,《解释》中的"明知是虚假信息"仅指"确实知道",这是由信息传播的特点决定的。在当今社会,我们不可能去确认所有信息的真假,出于对风险的防范,人们倾向于按照将接触到的信息视为真实地去行动,但内心未必完全相信该信息是真实的。心理学研究表明,人们在信息传播中的"情绪选择"是谣言成功传播与否的重要因素,越是能够激发人们厌恶、生气、恼怒等强烈情绪的谣言传播就越迅速、广泛,即使所传信息的内容是荒诞且经不起推敲的,这是人类本性使然。② 因此,将"可能知道"也作为本罪"明知"的一种,不仅是对行为人人格的审判,也是站在道德的制高点对人性弱点的审判。

马克思指出:"法律不是压制自由的手段,正如重力定律不是阻止运动一样……恰恰相反,法律是肯定的、明确的、普遍的规范,在这些规范中自由的存在具有普遍的、理论的、不取决于个别人的任性的性质。法典就是人民自由的圣经。"③社会的稳定不在于防民之口,而在于追随法律的基本精神,追求一种法律本身的秩序。为了追求一种社会效果而突破法律的基本规定可能会在短时期立竿见影,但这样的社会效果不具有可持续性。因为这毕竟是一个崇尚法治的时代,虚拟空间为我们带来了新的问题和挑战,但不能成为一种法治理念松动的理由。

也正是因为有这样的原因,罔顾法治与法理的运动式执法已经得不到广泛的司法支持和舆论狂欢了。实际上,许多地方司法机关在这次浪潮中或十分清醒、点到为止,或及时刹车、及时纠正,许多媒体也及时敲响警钟,呼吁理性回归,这应该是一个"比较科学合理"的做法。

---

① 转引自黄志强:《"普通青年"雷锋很时髦 照片有补拍但都是历史还原》,载《东方早报》2012年3月5日。
② 参见〔美〕卡斯·R.桑斯坦:《谣言》,张楠迪扬译,中信出版社2010年版,第98页。
③ 《马克思恩格斯全集》(第一卷),人民出版社1995年版,第71页。

第九章　实体的具体检视 III：有毒有害食品犯罪的量刑偏向与反制定罪

俗语道"民以食为天,食以安为先",食品安全直接关涉民众的生命与健康,一旦食品安全出现了问题,不仅会导致民生出现问题,而且会导致社会的心理恐慌,甚至会导致民众对政府管理信任感的降低。而在市场条件下,在经济高速发展的同时,由于规范的缺失以及监管的滞后,食品安全事件频发,深深触动着民众的神经,如何有效治理食品安全犯罪成为一个十分重要的话题。

一、问题的提出——打击态势与打击特征

2011年通过的《刑法修正案(八)》对涉及食品安全类的犯罪进行了全面的修改[①],这也体现了我国刑法对食品安全类犯罪所持的积极规制的态度。不仅于此,在现实司法过程中也体现了这样的态度。"2008年,全国法院共审结生产、销售不符合卫生标准的食品案件和生产、销售有毒、有害食品案件84件,生效判决人数101人;2009年共审结此类案件148件,生效判决人数208人;2010年共审结此类案件119件,生效判决人数162人;2011年1至10月已审结此类案件173件,生效判决人数255人。除此之外,还有大量的危害食品安全犯罪案件依照法律规定的生产、销售

---

① 《刑法修正案(八)》将原先《刑法》第143条规定的生产、销售不符合卫生标准的食品罪的罪名修改为生产、销售不符合安全标准的食品罪。同时,为了打击食品领域的渎职类犯罪,加强食品安全的监管力度,新增了有关食品监管渎职罪的条款。

伪劣产品罪,以危险方法危害公共安全罪,非法经营罪等罪名追究了刑事责任。"①"2012年1月至6月,全国法院共受理生产、销售假药、劣药案688件,审结549件,生效判决人数562人;受理生产、销售有毒、有害食品、不符合卫生标准的食品、不符合安全标准的食品案330件,审结276件,生效判决人数425人。"②2011年5月27日,最高人民法院再次发出通知,要求各级人民法院进一步加大力度,依法严惩危害食品安全及相关职务犯罪。"通知指出,食品安全关系人民群众切身利益,关系国计民生、社会稳定和中国特色社会主义事业长远发展。中央高度重视食品安全,中央领导同志多次作出重要批示,要求对违法生产、销售伪劣产品,严重扰乱市场,危及人民群众利益甚至生命的犯罪行为,务必依法严惩,公开审判,营造坚决打击危害食品安全犯罪行为的社会氛围"③。2011年11月24日,最高人民法院公布了4起危害食品安全犯罪的典型案例④,提供了具体的裁判样本。

在当前食品安全令人忧心忡忡的时候,祭起刑法的大旗,对食品安全犯罪进行打击十分必要,这也与宽严相济刑事政策的宗旨吻合,但是在贯彻刑事政策的过程中,也不应忽视合法性的要求。在此,笔者选取食品犯罪中最为严重的生产、销售有毒、有害食品罪为研究对象。通过对具体司法判例的研究发现,目前我国司法实践中对有毒有害食品犯罪行为在定罪和量刑方面存在很多特点,同时也存在很多不足。

笔者从北大法意上收集了相关40余起司法判例进行分析,其中判处10年以上有期徒刑、无期徒刑及死刑的有9例,约占总数的20%,其中8例为判处死刑或无期徒刑(具体参见表9-1);判处3年以下有期徒刑及拘

---

① 袁定波:《今年1至10月审结危害食品安全案173件》,http://news.cntv.cn/20111124/112338.shtml,2012年11月20日访问。
② 张先明:《最高人民法院要求保持高压态势 依法严惩危害食品药品安全犯罪》,http://fzzy.chinacourt.gov.cn/article/detail/2012/08/id/538700.shtml,2012年11月20日访问。
③ 《最高法再发通知:依法严惩危害食品安全及相关职务犯罪》,http://jingji.cntv.cn/20110528/101736_1.shtml,2012年11月20日访问。
④ 4个危害食品安全犯罪的典型案例分别是:刘襄、奚中杰、肖兵、陈玉伟、刘鸿林以危险方法危害公共安全案,孙学丰、代文明销售伪劣产品案,叶维禄、徐剑明、谢维铣生产、销售伪劣产品案,王二团、杨哲、王利明玩忽职守案。

役的共有 34 例,约占总数的 78%,其中有 16 例判处了缓刑、18 例没有判处缓刑(具体参见表 9-2、表 9-3);而判处 3 年以上 10 年以下有期徒刑的仅有 1 例,仅占总数的 2%①。上述统计结果显示,在有毒有害食品犯罪的量刑中存在两个极端,即对基本犯罪判处的刑罚较轻,大量使用缓刑,而对加重结果情节判处刑罚较重,频繁使用死刑,体现出了轻轻重重的政策倾向。

表 9-1 10 年以上有期徒刑、无期徒刑及死刑的案例

案名	裁判机关	案号	刑期
耿金平案	河北省石家庄市中级人民法院	(2008)石刑初字第 353 号	判处死刑
张玉军、张彦章案	河北省石家庄市中级人民法院	(2008)石刑初字第 353 号	判处死刑和无期徒刑(注:以危险方法危害公共安全罪定罪)
刘襄、奚中杰案	河南省焦作市中级人民法院	(2011)焦刑二初字第 9 号	判处死刑和无期徒刑(注:以危险方法危害公共安全罪定罪)
林烈群案	江西省赣州市中级人民法院	(1999)赣中刑初字第 103 号	判处死刑
李荣平、蒋红梅案	最高人民法院	(1997)刑复字第 7 号	分别判处死刑和无期徒刑
叶世有案	吉林省高级人民法院	(1996)吉刑终字第 58 号	判处有期徒刑 20 年
刘邦云、黄开洪案	四川省高级人民法院	(1994)川高法刑二终字第 232 号	判处两被告人死刑
陈应之案	最高人民法院	(1994)刑复字第 45 号	判处死刑
陈新国案	最高人民法院	(1994)刑复字第 257 号	判处死刑

① 该案为河南省孟州市人民法院判处的"钱顶柱、童仁宝销售有毒、有害食品案"。

表 9-2　适用缓刑的案例(3 年以下有期徒刑及拘役)

案名	裁判机关	案号	刑期
原见松案	河南省安阳市林州市人民法院	(2012)林刑初字第158号	判处有期徒刑1年,缓刑1年
陈彦杰案	河南省内黄县人民法院	(2012)内刑初字第13号	判处有期徒刑3年,缓刑5年
王绍刚案	河南省新乡市获嘉县人民法院	(2012)获刑初字第10号	判处有期徒刑1年,缓刑2年
岳学臣案	河南省新乡市获嘉县人民法院	(2012)获刑初字第5号	判处有期徒刑1年,缓刑2年
崔恒臣案	河南省新乡市获嘉县人民法院	(2012)获刑初字第9号	判处有期徒刑1年,缓刑2年
焦全庆案	河南省沁阳市人民法院	(2011)沁刑初字第296号	判处拘役3个月,缓刑6个月
魏如剑案	河南省焦作市解放区人民法院	(2011)解刑初字第351号	判处有期徒刑3年,缓刑5年
彭世战案	河南省夏邑县人民法院	(2011)夏少刑初字第87号	判处有期徒刑8个月,缓刑1年
李高峰案	河南省济源市人民法院	(2011)济刑初字第332号	判处有期徒刑1年,缓刑1年
郭喜运案	河南省孟州市人民法院	(2011)孟刑初字第246号	判处有期徒刑8个月,缓刑1年
任卫东案	河南省夏邑县人民法院	(2011)夏刑初字第172号	判处有期徒刑6个月,缓刑1年
黄宗斌案	福建省古田县人民法院	(2011)古刑初字第68号	判处有期徒刑1年6个月,缓刑2年
赵广明案	河南省内黄县人民法院	(2010)内刑初字第348号	判处有期徒刑3年,缓刑3年
余祖强、余珍凤案	福建省泉州市丰泽区人民法院	(2002)丰刑初字第22号	分别判处有期徒刑2年,缓刑2年
陈国祥案	河南省沁阳市人民法院	(2011)沁刑初字第307号	判处拘役6个月,缓刑1年
孙占其案	河南省沁阳市人民法院	(2011)沁刑初字第297号	判处拘役3个月,缓刑6个月

第九章 实体的具体检视 III:有毒有害食品犯罪的量刑偏向与反制定罪　279

表 9-3　不适用缓刑的案例(3 年以下有期徒刑及拘役)

案名	裁判机关	案号	刑期
蒲志保案	湖北省利川市人民法院	(2012)鄂利川刑初字第00001号	判处有期徒刑3年
朱发祥案	河南省新乡市红旗区人民法院	(2012)红刑初字第18号	判处有期徒刑6个月
杨树明案	河南省周口市川汇区人民法院	(2012)川刑初字第12号	判处有期徒刑2年
康本苏案	河南省新乡市红旗区人民法院	(2012)红刑初字第17号	判处有期徒刑8个月
孙国胜案	河南省开封禹王台区人民法院	(2012)禹刑初字第6号	判处有期徒刑1年
徐军伟案	河南省清丰县人民法院	(2011)清刑初字第107号	判处有期徒刑8个月
郑明立案	河南省兰考县人民法院	(2011)兰刑初字第295号	判处有期徒刑1年
黄丕伦案	广西壮族自治区贺州市八步区人民法院	(2011)贺八刑初字第43号	判处有期徒刑1年
张鸿科案	河南省孟州市人民法院	(2011)孟刑初字第245号	判处有期徒刑1年
杨群案	湖南省邵阳市邵东县人民法院	(2011)邵东刑初字第282号	判处有期徒刑1年
张西方案	河南省沁阳市人民法院	(2011)沁刑初字第295号	判处有期徒刑7个月
赵伟案	河南省商城县人民法院	(2011)商刑初字第81号	判处有期徒刑6个月
李保清案	河南省淇县人民法院	(2011)淇刑初字第44号	判处有期徒刑7个月
赵中亮案	河南省沁阳市人民法院	(2011)沁刑初字第306号	判处拘役6个月
靳君芳案	河南省安阳市林州市人民法院	(2011)林刑初字第563号	判处拘役3个月
吕孝义案	河南省沁阳市人民法院	(2011)沁刑初字第299号	判处拘役5个月
何×案	上海市闸北区人民法院	(2011)闸刑初字第457号	判处拘役6个月
贾铁山案	河南省扶沟县人民法院	(2012)扶刑初字第8号	判处有期徒刑7个月

同时,有毒有害食品犯罪中呈现出明显的"量刑反制"倾向,以致出现了为严惩犯罪分子,判处以危险方法危害公共安全罪的判例。譬如,在2008年的"三鹿奶粉"案件中,法院认定张玉军为谋求非法利益,置广大人民群众的身体健康、生命和财产安全于不顾,大量生产、销售专供往原

奶中添加的含三聚氰胺的混合物即"蛋白粉",经逐级分销后被添加到原奶中,对广大消费者特别是婴幼儿的身体健康造成了严重损害,导致众多婴幼儿因食用严重遭受三聚氰胺污染的婴幼儿配方奶粉引发泌尿系统疾患,并造成多名婴幼儿致病死亡,其行为构成以危险方法危害公共安全罪。① 再如,2011年11月,最高人民法院公布了四起危害食品安全犯罪,其中一起典型案例为"瘦肉精"案件:河南省焦作市中级人民法院一审判决、河南省高级人民法院二审裁定认为,被告人刘襄、奚中杰明知使用盐酸克伦特罗饲养生猪会对人体造成危害,且被国家明令禁止,仍大量非法生产用于饲养生猪的盐酸克伦特罗并销售,致使使用盐酸克伦特罗饲养的生猪大量流入市场,严重危害不特定多数人的生命健康,致使公私财产遭受特别重大损失,社会危害极大,已构成以危险方法危害公共安全罪。② 笔者认为,这两种行为均为生产销售有毒有害食品原料的行为,但是司法机关不考虑行为本身的性质及危害性是否满足"危险方法"这一内涵,仅出于行为所造成的巨大危害后果而认定其构成以危险方法危害公共安全罪,违背了刑法的基本原理,同时又恰恰体现了"量刑反制"这一思路。

二、有毒有害食品犯罪量刑中的轻轻重重倾向之质疑

(一)治理有毒有害食品犯罪中体现了轻轻重重的良性思路

通过对以上40余起判例的研究分析,笔者发现:一方面,在当前的打击态势下,对于社会影响比较大、危害后果比较严重的有毒有害食品犯罪,司法实践中具有明显的重者更重倾向。具体而言,因生产、销售有毒、有害食品犯罪被判处10年以上有期徒刑的9例判例中,被判处无期徒刑或者死刑的有8例,比例高达89%以上。此外,我国的相关刑事政策也充

---

① 参见《张玉军以危险方法危害公共安全案》,http://pkulaw.cn/case_es/payz_1970324837274771.html? match=Exact,2012年11月20日访问。

② 参见《刘襄等以危险方法危害公共安全案》,http://www.fajiawang.com/thread-32023-1-1.html,2012年11月20日访问。

分体现了对有毒有害食品犯罪的惩罚持高压态度。例如,2011 年 5 月 27 日,最高人民法院再次发出通知,要求各级人民法院进一步加大力度,依法严惩危害食品安全及相关职务犯罪,并明确指出,对于致人死亡或者有其他特别严重情节,罪当判处死刑的,要坚决依法判处死刑。另一方面,危害较小的有毒有害食品犯罪中体现了轻者更轻的倾向。具体而言,因生产销售有毒有害食品罪被判处 3 年以下有期徒刑及拘役的 34 例判例中有 16 例适用了缓刑,比例高达 47%。其中被判处缓刑的犯罪分子一般仅仅实施了生产销售有毒有害食品的行为,尚未造成危害后果;个别犯罪分子又主动投案,如实供述自己的犯罪事实,成立自首;认罪态度好,确有悔罪表现,具备了依法可从轻处罚或酌情从轻处罚的情节,因而针对这些社会危害性较小的犯罪适用了缓刑。通过以上分析,可以看出我国治理有毒有害食品犯罪中轻轻重重的量刑思路。

　　轻轻重重是西方国家秉承的一种刑事政策,又被称为两极化的刑事政策。正如有学者指出:"对于重大犯罪及危险犯罪,采取严格对策之严格刑事政策;对于轻微犯罪及某种程度有改善可能性,采取宽松对策之宽松刑事政策。如此之政策,亦称刑事政策之两极化。"[1]轻轻重重的刑事政策是在特定的社会背景下产生的,大致包括以下几点:

　　第一,对矫正刑现状的不满。两极化的刑事政策产生于 20 世纪 70 年代的美国,此前美国奉行的是矫正刑。但是,矫正刑会导致刑罚惩罚的异化。矫正刑打着预防犯罪的旗号,完全抛弃了报应刑的观念,最终没有达到预防犯罪的效果,反而导致放纵犯罪的结果。矫正刑导致的现状使得民众对其大为不满,在这种背景下轻轻重重的刑事政策登上了舞台。有学者指出:"矫正刑在理论上的缺陷和实践中的滥用,最终导致美国的刑事政策在 20 世纪 70 年代中期发生了转向,催生了美国的两极化刑事政策的诞生。"[2]

　　第二,刑法资源不足。矫正刑要求刑罚执行的过程中需要根据不同

---

[1] 许福生:《刑事政策学》,中国民主法制出版社 2006 年版,第 31 页。
[2] 黄华生:《"宽严相济"与"两极化"之辨析》,载《法学家》2008 年第 6 期。

类型的犯罪人对症下药,通过个别矫正达到预防犯罪的目的。美国有学者提出,为了达到预防犯罪的目的,应当将监狱改造成医院。① 但是,这必然会加大刑法资源的投入,一般民众对加大刑法资源的投入用于犯罪分子的改造存在不满。刑罚报应正义的缺失必然导致社会公平正义价值的颠覆,纳税人不愿意再投入更多的资源在犯罪分子的改造中,而有限的刑法资源又不足以实现矫正犯罪的效果,这种恶性循环导致社会上严惩罪犯的呼声越来越高。正如有学者指出:"20 世纪 70 年代中期以后,缺乏安全感的美国公众要求严惩严重犯罪的呼声日趋强烈,迫使这些国家通过加重刑罚来作出反应。强调惩罚要与犯罪的严重性相适应。"②

第三,犯罪数量猛增。20 世纪 70 年代,美国社会犯罪率上升,这导致了其刑事政策上的转变。③ 特别是在"9·11"事件后,美国政府的执政理念产生了剧变。在刑事政策上表现为被视为美国精神象征的个人自由理念在某种程度上发生了动摇,或者说美国政府和民众似乎要在个人自由与共同安全价值之间重新寻求一种平衡。④

2006 年 10 月 11 日,中国共产党第十六届中央委员会第六次全体会议上通过的《中共中央关于构建社会主义和谐社会若干重大问题的决定》(以下简称《决定》)中指出:"依法严厉打击严重刑事犯罪活动,着力整治突出治安问题和治安混乱地区,扫除黄赌毒等社会丑恶现象,坚决遏制刑事犯罪高发势头。实施宽严相济的刑事司法政策,改革未成年人司法制度,积极推行社区矫正。"解读《决定》可以发现,这一纲领性文件确立的宽严相济刑事政策是建立在以下几种基准之上的:(1) 对于严重刑事犯罪的打击并没有被包含在宽严相济刑事政策的范围之中。(2) 对于非严重刑事犯罪才存在一个宽严相济的问题。《决定》将宽严相济政策与改革"未成年人司法制度"和"积极推行社区矫正"放在同一语系中,说明了宽

---

① See Ernest van den Haag, *Punishing Criminals: Concerning a Very Old and Painful Question*, Basic Books, 1975, pp. 1122-1231.
② 黄华生:《"宽严相济"与"两极化"之辨析》,载《法学家》2008 年第 6 期。
③ See Jack McDevitt, et al., Improving the Quality and Accuracy of Bias Crime Statistics Nationally, *The JRSA Forum*, Vol. 18, No. 3, 2005.
④ 参见李晓明:《欧美"轻轻重重"刑事政策及其借鉴》,载《法学评论》2009 年第 5 期。

严相济政策的核心在于"以宽济严",也就是说宽严相济刑事政策是对以前"严打"政策的一种纠正。(3)宽严相济刑事政策是一个"司法"政策,这是《决定》所明示的,是不能随意扩张的。(4)对严重刑事犯罪的打击必须"依法"而行,不能超越法律;而宽严相济刑事政策又是一个"司法"政策。显然,《决定》只是针对特定领域而形成的一种刑事政策,而且也不能够会接为一种轻轻重重的政策。尤其是针对一种犯罪时采取不同的政策,显然也不是政策的应有内涵。对任何犯罪的打击都应当严格依照法律进行,对于严重的犯罪适用严厉的刑罚本就是刑法应有之义。

"2008年,全国法院共审结生产、销售不符合卫生标准的食品案件和生产、销售有毒、有害食品案件84件,生效判决人数101人;2009年共审结此类案件148件,生效判决人数208人;2010年共审结此类案件119件,生效判决人数162人;2011年1至10月已审结此类案件173件,生效判决人数255人。"① 由以上数据可看出,我国的食品安全案的数量和受刑罚处罚的人数是递增的,但并没有爆炸式的增长。关于矫正刑的弊端在我国并不存在,因为我国目前的矫正刑正处在初创阶段,《刑法修正案(八)》确立了对缓刑和判处管制的人适用社区矫正。由此可见,目前我国的现状与美国当时的社会背景存在极大的不同。但是,我国有学者大力推崇轻轻重重的刑事政策,甚至认为我国现行的宽严相济刑事政策就是轻轻重重的具体体现。譬如,有学者指出,宽严相济刑事政策是国际范围内轻轻重重两极化刑事政策的中国化。② 有学者认为,两极化的刑事政策在我国被称为"宽严相济"。③ 笔者认为,宽严相济的刑事政策与轻轻重重的两极化刑事政策存在很大差异,不能将二者等同视之,党的纲领性文件所制定的政策也是从宽和的视角来解读宽严相济的,所以宽严相济与轻轻重重不是一回事。即使从基本语义上来说,对于宽严相济刑事政策的

---

① 袁定波:《今年1至10月审结危害食品安全案173件》,http://news.cntv.cn/20111124/112338.shtml,2012年11月20日访问。
② 参见王顺安:《宽严相济的刑事政策之我见》,载《法学杂志》2007年第1期。
③ 参见梁根林:《欧美"轻轻重重"的刑事政策新走向》,载赵秉志主编:《和谐社会的刑事法治(上卷:刑事政策与刑罚改革研究)》,中国人民公安大学出版社2006年版,第554页。

理解也应当是:"严,就是要严厉打击严重刑事犯罪。对危害国家安全犯罪、黑社会性质组织犯罪、严重暴力性犯罪以及严重影响人民群众安全感的多发性犯罪必须严厉打击,决不手软。宽,就是要坚持区别对待,该宽则宽,对情节轻微、主观恶性不大的犯罪人员,尽可能给他们改过自新的机会,依法从轻减轻甚至免除处罚,宽大处理。"①陈兴良教授对宽严相济刑事政策作出了更为精辟的解释,他认为要想理解宽严相济刑事政策,必须对宽严相济刑事政策中的三个关键字——"宽""严""济"——加以科学界定。所谓宽,指的是刑罚的宽缓,可以分为该轻而轻和该重而轻;所谓严,指的是严格或者严厉。宽严相济刑事政策的核心在"济",这里的济是指宽与严之间的救济、协调和结合之意。② 通过上述分析可知,轻轻重重的刑事政策与宽严相济的刑事政策存在极大的差异,两极化刑事政策要求对重罪和轻罪分别采用更加严厉和更加宽缓的政策,轻轻重重是相互分立的两极。而宽严相济并非宽与严之间的两极分化,而是要求两者有机的结合,严厉与宽缓互济、互补。

(二) 有毒有害食品犯罪量刑中必须以坚持罪刑均衡原则为依据

1. 有毒有害食品犯罪中基本情节适用轻刑时应防止过轻

在笔者收集的 40 余起案例中,因生产、销售有毒、有害食品罪被判处 3 年以下有期徒刑及拘役的共有 34 例,占总数的 78%;同时,34 例案例中有 16 例适用了缓刑,比例高达 47%。可见,我国司法实践中对于有毒有害食品犯罪的基本情节普遍地适用了轻刑,但同时适用缓刑的比例过大,体现了"轻者更轻"的倾向。笔者认为,对基本情节适用轻刑虽然是合理的,但应防止过轻。理由有以下几点:

第一,有毒有害食品犯罪中缓刑的适用有滥用的倾向。缓刑是我国刑法确立的重要刑罚制度之一,是惩罚与宽大相结合的基本刑事政策在刑法运用中的具体化。③ 在我国,适用缓刑必须根据犯罪分子的犯罪情节

---

① 黄华生:《"宽严相济"与"两极化"之辨析》,载《法学家》2008 年第 6 期。
② 参见陈兴良:《宽严相济刑事政策研究》,载《法学杂志》2006 年第 2 期。
③ 参见刘宪权主编:《刑法学》(第二版·上),上海人民出版社 2008 年版,第 351 页。

和悔罪表现,确认宣告缓刑对所居住社区没有重大不良影响,确认对其适用缓刑确实不会再危害社会。① 笔者对上述 16 例适用缓刑的案件进行了分析,发现仅有 10 例具备自首情节且认罪态度良好,确有悔罪表现,依法可适用缓刑。但是,另外 6 例中除了具备有毒有害食品犯罪的基本情节之外,犯罪分子完全不具备悔罪表现,不符合缓刑适用的实质条件,对其适用缓刑是不恰当的。比如福建省泉州市余祖强、余珍凤案②,两被告人对检方的指控作了无罪辩护,且在开庭后对案件事实有翻供现象,可见被告人完全没有悔罪表现,更没有从轻处罚情节。但是,法院最终以被告人余珍凤以书面形式较为深刻地表达了悔意为由对其适用缓刑,这是完全没有根据的,是不妥当的。又如河南省新乡市崔恒臣案③,被告人明知饲喂添加有盐酸克仑特罗("瘦肉精")饲料的生猪对人体有害,仍然使用"瘦肉精"饲养生猪,对我国的食品安全、人民生命健康造成重大威胁,其行为已构成生产有毒、有害食品罪。但是,获嘉县法院完全未考虑被告人的悔罪表现以及对其适用缓刑是否不再会危害社会等因素,仅依据被告人如实供述了罪行就对其适用了缓刑。由此可见,司法实践中有毒有害食品罪中缓刑的适用有滥用的倾向。因此,笔者认为,在有毒有害食品犯罪中适用缓刑时要充分结合缓刑适用的实质条件,考虑犯罪分子的基本情节和悔罪表现,不得滥用。

第二,对基本情节的刑罚适用时应以罪刑均衡原则为依据。有毒有害食品犯罪是具有严重社会危害性的犯罪行为,刑罚是对犯罪行为的否定性评价。罪刑均衡原则是确定刑罚程度的基本原则,是人们朴素的报应正义理念的具体体现。罪刑均衡原则的标准在于,刑罚应当与犯罪性质相一致;刑罚应当与犯罪情节相一致;刑罚应当与犯罪人的人身危险性相适应。此外,在罪刑均衡原则下应当防止极端轻刑主义倾向。《刑法》第 144 条规定:"在生产、销售的食品中掺入有毒、有害的非食品原料的,或者销售明知掺有有毒、有害的非食品原料的食品的,处五年以下有期徒

---

① 参见陈兴良主编:《刑罚总论精释》,人民法院出版社 2010 年版,第 915 页。
② 福建省泉州市丰泽区人民法院(2002)丰刑初字第 22 号判决书。
③ 河南省新乡市获嘉县人民法院(2012)获刑初字第 9 号判决书。

刑,并处罚金……"可见,刑法对有毒有害食品犯罪的基本情节规定了最高5年的有期徒刑,相对于生产销售不符合安全标准的食品罪、生产销售不符合标准的医用器材罪等一些商品类犯罪基本犯罪情节最高3年有期徒刑的规定来说,该罪基本情节的最高法定刑明显要偏重些。同时,《刑法修正案(八)》也取消了原来有毒有害食品罪基本情节中的拘役刑。可见,有毒有害食品犯罪作为行为犯,其社会危害性比较大,我国刑法对其基本情节也设立了较重的刑罚。因此,在有毒有害食品犯罪基本情节的刑罚适用上应坚持罪刑均衡原则,根据犯罪人的不同犯罪情节,充分考虑行为的社会危害性和行为人的人身危险性,防止刑罚过轻。

2. 有毒有害食品犯罪的加重情节追求重者更重的时候应当慎重

通过上述案例分析,因生产、销售有毒、有害食品罪被判处10年以上有期徒刑的9例判例中,被判处无期徒刑或者死刑的有8例,比例高达89%,体现了我国司法实践中具有明显的重者更重倾向。此外,2011年5月27日,最高人民法院再次发出通知,要求各级人民法院进一步加大力度,依法严惩危害食品安全及相关职务犯罪,并明确指出,对于致人死亡或者有其他特别严重情节,罪当判处死刑的,要坚决依法判处死刑。2012年1月9日发布的《最高人民法院、最高人民检察院、公安部关于依法严惩"地沟油"犯罪活动的通知》要求,准确把握宽严相济刑事政策在食品安全领域的适用,并明确指出:"在对'地沟油'犯罪定罪量刑时,要充分考虑犯罪数额、犯罪分子主观恶性及其犯罪手段、犯罪行为对人民群众生命安全和身体健康的危害、对市场经济秩序的破坏程度、恶劣影响等。对于具有累犯、前科、共同犯罪的主犯、集团犯罪的首要犯罪分子等情节,以及犯罪数额巨大、情节恶劣、危害严重,群众反映强烈,给国家和人民利益造成重大损失的犯罪分子,依法严惩,罪当判处死刑的,要坚决依法判处死刑。"可知,我国目前对有毒有害食品犯罪惩罚的时候,实际上是要求罚当其罪、罪刑均衡,对于"罪行极其严重的"才适用死刑,这符合立法的基本要求。但是,对于那些情节可以视为罪行极其严重,一定要审慎对待,把握严格的法律标准,不能因为"群众反映强烈"就强调重者更重,不惜动用重刑乃至死刑。因此,笔者认为,在有毒有害食品犯罪的加重情节量刑时

追求重者更重应当慎重,原因有如下几点:

第一,罪刑均衡原则是量刑的基本原则,量刑过程中应当注重罪与刑的均衡。质言之,量刑的基础是罪名的社会危害性。对一个罪名社会危害性的评价应当是全面的,社会危害性主要包括客观危害和主观恶性,其中客观危害主要是行为对社会秩序的危害程度。生产、销售有毒、有害食品罪属于经济类犯罪,作为行政犯的经济类犯罪是禁止恶,与作为自体恶的自然犯相比社会危害性要小。从主观恶性而言,生产、销售有毒、有害食品罪中行为人主观上主要是以牟利为目的,之所以在食品中添加有毒、有害物质,是因为这种犯罪行为能够带来商业利益,其对危害结果的发生是持放任的、否定的态度。因此,在罪过形式上,犯罪人对消费者的死亡只能是间接故意,相对于直接故意其主观恶性要小很多。此外,在间接故意的案件中,犯罪人间接故意的程度也有所不同,即对危害结果发生的放任程度有高有低。例如,在三鹿奶粉案件中,三鹿集团的负责人田文华发现"问题奶粉"后,紧急召开会议并决定"调集三聚氰胺含量 20mg/kg 左右的产品换回三聚氰胺含量更大的产品,并逐步将含三聚氰胺的产品通过调换撤出市场"[①]。可见,田文华主观上对可能发生的危害后果的放任程度与不采取任何补救措施的完全放任存在着恶性上的差异,尽管不能由此得出司法机关最终认为"其并不明知危害后果"的结论,但显然其主观态度的恶性并非罪大恶极。

第二,将"群众反映强烈"作为加重量刑的标准不妥当。罪刑均衡原则要求影响量刑轻重的要素只能是犯罪人的人身危险性以及实施的犯罪所体现的社会危害性,"群众反映强烈"作为民意的体现不应作为量刑的依据。笔者认为,在司法领域中涉案民意形成的出发点往往是自我情感,在刑事司法的定罪量刑中应当排除民意的影响。因为刑事司法的不可妥协性决定了民意在其中没有作用的空间,并且刑事案件的专业化特征也决定了民意的虚妄,在刑罚权不能让渡给被害人的情况下,让渡给民意是无法想象的。如果向民意妥协,虽然看起来暂时地维护了社会的稳定,但

---

① 石家庄市人民检察院石检公刑诉(2008)271号起诉书。

实际上是牺牲了法律的尊严和权威，最终也就是牺牲了法律的正义。此外，在现代社会网络发达的情况下，何为真正的民意很难辨别。目前，网络舆论已成为民意最重要的表现方式，但网络舆论所传的事实往往是松散的，甚至没有经过质疑或论证，传播过程中不可避免地又带上了传播者的个人价值观和倾向性，客观性大打折扣，极有可能误导民意。比如，2010年12月25日，浙江温州乐清市蒲岐镇寨桥村原村委会主任钱云会被工程车碾压致死，引起数百村民与警方发生冲突。随后网络上"因捍卫百姓权利被谋杀""浙江乐清一村主任遭撞死，传被5人按住碾死"的谣言一度在网上扩散，"钱云会事件"随即传播、蔓延、升温，仅一两天就"爆棚"到舆论普遍热议的程度。此后当地公安机关经过再三调查，证明钱云会死于交通事故。可见，不实的网络舆论极具误导性，最终可能误导民意，我们应当更加冷静客观地看待民意。

第三，将累犯、前科、共同犯罪的主犯、集团犯罪的首要分子作为严惩的依据并不妥当。累犯是法定从重处罚情节，但是不能基于累犯而提高对犯罪惩罚的法定刑档次。前科并不是法定从重处罚情节，而共同犯罪中的主犯、集团犯罪中的首要犯罪分子在1997年《刑法》中已经不再作为从重处罚的情节了。因此，在罪刑均衡原则要求下应当明确量刑的具体标准，不应当将犯罪的社会危害性与行为人的人身危险性之外的因素考虑到量刑中。

三、有毒有害食品犯罪定罪中"量刑反制"的偏好及其否定

（一）有毒有害食品犯罪定罪中呈现出明显的"量刑反制"倾向

在三鹿奶粉案件中生产"奶蛋白"的张玉军、张彦章等和河南"瘦肉精"案件中的刘襄等，被判处的罪名均是以危险方法危害公共安全罪。没有认定为生产、销售有毒、有害食品罪的原因在于，行为人实施的是生产"奶蛋白"和"瘦肉精"这种添加物的行为，对象上不符合生产、销售有毒、有害食品罪，但是考虑到行为人明知其生产的"奶蛋白"和"瘦肉精"一经使用会危害到不特定多数人的生命健康权，仍然实施生产、销售行为，最

终导致重大的危害后果,应当按照以危险方法危害公共安全罪论处。该案件提供了一个值得思考的方向,即假如行为人生产的是有毒、有害的食品原料,并出售给食品生产商进行添加,是否就应当定为以危险方法危害公共安全呢?

笔者认为,将生产、销售有毒有害食品原料的行为认定为以危险方法危害公共安全罪是错误的,理由有如下几点:

第一,以危险方法危害公共安全罪是指使用与放火、决水、爆炸、投放危险物质等危险性相当的其他危险方法,危害公共安全的行为。① 在性质上,此罪是放火、决水、爆炸等罪的兜底性罪名;在犯罪构成上,此罪具有开放的构成要件。在认定该罪名之时,不仅要看结果上是否对不特定多数人的生命健康财产等造成损害,还要看行为上是否达到与上述危险方法危险性相当的程度。所谓"相当",仅指行为性质而不包括行为后果,因为能够造成严重后果的行为何止千万,如果以后果相当来评价危险方法,则就此失去了此罪作为刑法规范的确定性机能。② 因此,生产、销售有毒有害食品原料的行为虽然造成了危害大多数人生命健康的后果,但是从行为性质上看,生产、销售有毒有害食品原料的行为不能等同于放火、决水、爆炸和投放危险物质等行为,即行为本身并不具有难以预料、难以控制的高度危险性,若以危险方法危害公共安全罪来认定该行为并判处刑罚,在学理上是难以令人信服的。

第二,这里需要澄清的认识误区是以结果来推定行为、进而影响定罪的危害性,这种逻辑推理是本末倒置的错误思维形式,生产、销售有毒有害食品原料的行为被认定为以危险方法危害公共安全罪时法院的理由往往都犯了这类错误。正如在三鹿奶粉案件中,法院认为张玉军等人将"蛋白粉"销售给石家庄三鹿集团股份有限公司等奶制品生产企业,对广大消费者特别是婴幼儿的身体健康、生命安全造成了严重损害。国家投入巨额资金用于患病婴幼儿的检查和医疗救治,众多奶制品企业和奶农的正

---

① 参见高铭暄、马克昌主编:《刑法学》,北京大学出版社2000年版,第384页。
② 参见于志刚、李怀胜:《提供有毒、有害产品原料案件的定性思路》,载《法学》2012年第2期。

常生产、经营受到重大影响,经济损失巨大。可见,法院认定张玉军等人构成以危险方法危害公共安全罪的理由是张玉军的行为对广大消费者的身体健康和生命安全造成了严重损害这一结果,而忽略了对其行为本身性质及危害性的分析,是以结果影响定罪的体现。

因此,笔者认为,对于生产、销售有毒有害的食品原料的行为认定为以危险方法危害公共安全罪是典型的"量刑反制"。从犯罪流程上看,行为人是基于主观恶性支配行为,在行为的作用下产生危害结果,所以行为是结果发生的原因,结果不可能决定行为本身的危害性程度。针对生产、销售有毒有害食品原料的行为适用以危险方法危害公共安全罪,是走入了以结果来推定行为的危害性的误区,将已推定的行为的社会危害性作为量刑的标准,然后通过裁量之刑来制约罪名的认定,这严重违背了刑法的基本原理,同时又恰恰体现了"量刑反制"这一思路。

(二)"量刑反制"削弱了有毒有害食品犯罪定罪的确定性和规范性的标准

梁根林教授较早开始使用"量刑反制"的称谓,在讨论许霆案件时,他提出:"刑从(已然的)罪生、刑须制(未然的)罪的罪刑正向制约关系是否就是罪刑关系的全部与排他的内涵,抑或在这种罪刑正向制约关系的基本内涵之外,于某些疑难案件中亦存在着逆向地立足于量刑的妥当性考虑而在教义学允许的多种可能选择间选择一个对应的妥当的法条与构成要件予以解释与适用,从而形成量刑反制定罪的逆向路径。"[①]关于量刑反制定罪,学界存在肯定说与否定说之争。肯定说的主要观点是:第一,通过认定刑事责任的有无和高低来认识行为的实质,这是刑法的基本逻辑;第二,先定罪后定量的顺序推导不出正确定性是刑法的实质;第三,正确认定罪名,判断具体犯罪构成的形式差异性只有手段性意义,最终目的是以恰当的方式和形式评价犯罪的危害性,服务于刑事责任的量定。[②] 否定

---

① 梁根林:《许霆案的规范与法理分析》,载《中外法学》2009 年第 1 期。
② 参见高艳东:《量刑与定罪互动论:为了量刑公正可变换罪名》,载《现代法学》2009 年第 5 期。

说的主要观点是：第一，倘若先确定应当适用的法定刑再确定罪名，要么使法定的构成要件丧失定型性，要么对案件作出不符合事实的认定。第二，弱化罪名的重要性，即在某个案件事实符合法定刑较重的犯罪构成时，为了判处相对较轻的刑罚就认定法定刑较轻的犯罪，这容易违反罪刑法定原则。第三，在更多的情形下，弱化罪名重要性的做法不利于量刑的公正。绝大多数犯罪的法定刑都是适当的，因而在绝大多数案件中，都不可以弱化罪名的重要性，否则反而导致量刑的不公正。第四，除了畸重畸轻的情形外，对于犯罪人判处几年徒刑合适，是不能凭借对案件最基本情况的了解得出结论的。①

笔者认为，量刑反制的现象在现实司法中已经不局限于疑难案件中的"逆袭"，而是有泛化的倾向。这导致定罪与量刑关系的畸形异化，将定罪和量刑的因果关系反转，违背了刑事法治理念，应当被摒弃。

首先，量刑反制违背了罪刑关系。刑法主要解决两大问题，即定罪问题与量刑问题。定罪与量刑是紧密相连、先后有序的两个问题，定罪后才能量刑，司法实践正确的处理方式是根据刑法的规定先认定行为人实施的行为构成何种犯罪，确定罪名以后再根据刑法规定的该罪的法定刑认定行为人的宣告刑。正如有学者提出的："定罪为量刑提供相应的法定刑，是量刑得以存在的先决条件，也是防止重罪轻罚和轻罪重罚的基本保障。"②而主张量刑反制的学者指出："判断罪名的目的，是以恰当的方式和形式评价犯罪的危害性、服务于量刑。刑法解决的是行为人刑事责任有无和大小的法律，其他所有中间过程，都服务于这一终极目的。"③笔者认为，上述学者的对"定罪与量刑之间是手段与目的关系"的理解，完全没有理解定罪与量刑这一关系的灵魂，原因在于没有吸收刑事法治的合理内核。量刑反制为了追求所谓的"个案正义"，也不能违背基本的罪刑关系、脱离案件的具体事实而根据应判处的刑罚来选择罪名，因为"不同的罪名对应的是不同的犯罪构成，而不同的犯罪构成来源于对截然不同犯罪事

---

① 参见张明楷：《许霆的刑法学分析》，载《中外法学》2009年第1期。
② 赵廷光：《论定罪、法定刑与量刑》，载《法学评论》1995年第1期。
③ 高艳东：《量刑与定罪互动论：为了量刑公正可变换罪名》，载《现代法学》2009年第5期。

实的法律概括和提炼,出于量刑的目的更换罪名,否定了整个案件的事实,使定罪与量刑的逻辑关系产生根本性的错位"①。此外,定罪与量刑的合理配置归根结底是人类实践经验的产物,罪刑关系不合乎比例的情况虽然在所难免,但是应该通过刑法立法的完善和刑法解释来解决,而非通过擅自改变定罪与量刑之间的关系定位。若强行如此,必然把司法置于风险境地。因此,量刑反制现象不仅颠倒了定罪在前量刑在后的顺序,而且量刑还影响到了定罪,违背了罪刑关系,应当予以摈弃。

其次,量刑反制违背了罪刑法定原则,易造成刑事司法混乱。罪刑法定原则是刑法的基本原则,根据罪刑法定原则的要求,行为人实施的行为是否构成犯罪、构成何种犯罪、应当承担何种刑罚惩罚,都应当由刑法明文规定。质言之,"法无明文规定不为罪,法无明文规定不处罚"。量刑反制违背了罪刑法定原则,在量刑反制中定罪并不是刑法的明文规定而是行为应当承担何种处罚。质言之,行为人应当承担多重的处罚成为定罪的依据,应当判处多重的刑罚影响到了罪名的认定。同时,量刑反制定罪论主张"量刑为目的,定罪为手段",认为量刑才是最终目的,为了量刑的公正可以在诸多手段中做出最优选择,其中包括改变罪名。这明显违背了罪刑法定原则,因为刑法条文已经确定,其应成为法官进行定罪量刑的依据,而在没有法律依据和罪名争议的情况下变更罪名,明显违反了"罪刑法定"的题中之义。此外,架空罪刑法定原则的量刑反制定罪易造成刑事司法的混乱。有学者指出,量刑反制定罪将增加法律判决的恣意性,并丧失法律规范的预见性。② 仍以以危险方法危害公共安全罪为例,同行为不同罚的现象也屡屡出现:同样事实和情节的交通肇事行为,有的地方定性为交通肇事罪,有的地方则定性为以危险方法危害公共安全罪;同是"碰瓷"的行为,有的地方定性为敲诈勒索罪,有的地方则定性为以危险方法危害公共安全罪。因此,量刑反制定罪将社会危害性标准作为量刑标准,再通过量刑反制来影响到定罪,导致了对行为量刑与定罪的混乱。这

---

① 曹坚:《"以量刑调节定罪"现象当杜绝》,载《检察日报》2009 年 12 月 21 日。
② 参见于志刚、李怀胜:《提供有毒、有害产品原料案件的定性思路》,载《法学》2012 年第 2 期。

严重违背了罪刑法定的原则,同时容易造成法官在追求量刑公正时忽视法律规定,导致刑事司法的混乱。

最后,量刑反制是重刑主义思想的残余。量刑反制体现了重刑主义倾向,因为在量刑反制中一般都是根据刑法规定应当判处的刑罚不能满足公众报应的需求,所以需要寻找一个更重的罪名进行处罚。比如,上述三鹿奶粉案件中,公众认为张玉军的行为导致婴儿死亡,具有严重的社会危害性,应当对其进行严惩,所以适用了以危险方法危害公共安全罪论处。再如,酒驾未入罪之前很多人就主张对于醉酒驾驶导致数人死亡的案件应当按照以危险方法危害公共安全罪论处,司法实践中,确实将数例酒驾致数人死亡的案件判处了以危险方法危害公共安全罪。这种重刑思想是过度报应思想的具体体现,古典刑事学派认为刑罚的本质在于报应,报应刑与原始社会同态复仇的本质区别在于,现在的报应存在法律的约束,我们只能在法律规定的范围内进行刑罚的报应。在现代文明社会中,应对过度报复思想、重刑主要思想予以摒弃,而量刑反制反映出来的重刑主义思想残余同样应受到清算。这里需要注意的是,虽然在量刑反制案件中一般都是加重犯罪人的刑罚处罚,但是有时量刑反制也可能成为犯罪人逃脱法律制裁的工具,就如上述三鹿集团董事长田文华最终因为量刑反制而被判处了轻罪名一样。

各地司法实践部门都针对食品类犯罪做出了相关的规定,这些规定体现了重刑主义和量刑反制的倾向,而量刑主义和量刑反制的本质是刑法工具主义。下面以2012年9月28日发布的《浙江省高级人民法院、浙江省人民检察院、浙江省公安厅关于办理危害食品、药品安全犯罪案件适用法律若干问题的会议纪要》(以下简称《纪要》)为例。《纪要》第2条第1款规定:"在生产、销售的食品中掺入国家行业主管机关明令禁止使用的非食用物质,或者销售明知掺有国家行业主管机关明令禁止使用的非食用物质的食品的,以生产、销售有毒、有害食品罪追究刑事责任。"笔者认为,国家行业主管部门命令禁止使用的非食品物质与有毒有害物质不是同等概念,《纪要》之所以这样规定,是为了便于刑事侦查,从快打击犯罪。《纪要》第2条第2款中规定:"对于有确实、充分的证据证实行为人在食品中掺入国家行业主管机关明令禁止使用的非食用物质的,对涉案食品不需由鉴定机构出具鉴定意见。"这同样是出于从快打击犯罪的需要。这种刑法工具主义倾向与刑法的基本原理相悖,上述从快打击食品犯罪的目的可能会导致对行为定性的错误,如果国家明令禁止添加的非食用物质经过鉴定不是有毒有害物质,那么行为可能会被定为生产、销售不符合安全标准的食品罪或者生产、销售伪劣产品罪。《纪要》第 9 条规定,生产、销售有毒有害食品销售金额 5 万元不满 50 万元的,为《刑法》第 144 条规定的"其他严重情节";生产、销售假药、有毒有害食品或不符合安全标准的食品,造成恶劣社会影响的,也属于"其他严重情节"。《纪要》中将对社会造成的恶劣影响作为量刑的标准,而且是作为重刑标准,这与法律的宗旨存在着一定的偏差。

目前,司法部门认为,刑法出现的这一偏向,本质上是刑法实用主义和重刑倾向的体现。具体而言,我国有毒有害食品犯罪在量刑中存在轻轻重重的两极化和量刑反制定罪的现象,而两极化的刑事政策与量刑反制思想本质上又是重刑主义思想的残余。这表明我国刑法在打击有毒有害食品犯罪中有重刑主义的倾向。

笔者认为,在有毒有害食品犯罪中不能秉承重刑主义,而且在现代法治国家中也应当摒弃重刑主义思想,不论是从报应刑的角度还是从预防刑的角度。正如有学者指出的:"高度的封建专制统治,形成了以国家为主,以刑法工具论为基础,以重刑主义为主体的刑法思想。重刑主义就像一个无法摆脱的幽灵,一直在国人的心中游荡。在建设社会主义法治与和谐社会的今天,我们必须认真反思并彻底地根除重刑主义这一幽灵。"[①]

"诛杀亦可谓不少矣,而犯者相踵。"[②]"本欲除贪赃官吏,奈何朝杀而夕犯?"[③]在预防犯罪中应当从犯罪学的角度出发,探究发生该种犯罪的根源,从社会治理的角度消除这种罪恶之源,如此才能达到一劳永逸的效果。从我国目前的食品安全问题看,笔者认为,目前我国食品领域的刑事

---

① 胡学相、周婷婷:《对我国重刑主义思想的反思》,载《法律适用》2005 年第 8 期。
② 《明史·列传·卷二十七》。
③ 《国初事迹》。

立法基本上符合社会现状,想要通过重罚来达到预防食品领域犯罪的目的并不能从根本上解决问题。大量食品安全问题的出现与有关行政监管部门的行政不作为以及社会管理的失范有密切联系,刑法上的越位既会导致行政不作为的蔓延,也会导致社会管控手段的严苛,不利于法治社会的建设。

第十章　形式的具体检视 I：指导性案例中的规则建构

2011年1月5日,《法制日报》发表了一篇长文《案例指导制度规定：一个具有划时代意义的标志》,对案例指导制度的铺开进行了深度报道："大家一致认为,以前在公报上的案例或者在媒体上公布的案例只是发布,由最高人民法院审委会讨论后发布的指导性案例,其意义当然完全不同,与会代表对这个制度出台给予了高度的评价。"① 甚至有学者认为："指导性案例的《最高人民法院关于案例指导工作的规定》在我国司法审判活动当中是一个重要的里程碑式的事情。"②

显然,案例指导制度被赋予了很高的期望值。③ 但是,它能否承担起这样的负荷或者说能否带来新的效果？是否展现了生命力？是一个归于沉寂的过程还是厚积薄发的过程？刑事指导性案例是否应当附着太多的社会功能？在制度实施几年之后的今天,似乎有必要进行回顾并进行初步的检点。

---

① 蒋安杰:《案例指导制度规定：一个具有划时代意义的标志》,载《法制日报》2011年1月5日。
② 同上。
③ 各界将案例指导制度的意义归纳得极高并且非常宏大,包括：(1) 规范已有的案例实践；(2) 弥补成文法、司法解释的局限；(3) 约束法官的自由裁量权；(4) 总结推广司法经验；(5) 节约司法资源,提高司法效率；(6) 增强法律的确定性和可预测性；(7) 创新和完善司法业务指导方式；(8) 提高审判质量；(9) 统一司法理念和法律适用标准；(10) 促进司法公正；(11) 提高司法队伍整体素质和能力；(12) 丰富和发展中国特色社会主义司法制度；(13) 深入推进"三项重点工作"的需要；(14) 提高司法的公信力和权威性；(15) 为法律的确定性、成文法和司法解释的局限、宣传法治提供范例,为法学教学和研究提供素材。参见张志铭:《中国法院案例指导制度价值功能之认知》,载《学习与探索》2012年第3期。

一、是谁而鸣——制度设定的初衷、争议及对现实的启示

即使在成文法传统盛行的国家,案例也是法学研究问题的基础,失去了这一基础,研究就会成为无源之水。应用型法律(如刑法)理论中绝大多数争议的出现都是围绕着具体案例展开的。长期以来,我国司法机关也一直较为注重对案例的归纳总结,注重案例的示范意义。最高人民法院早在1985年就开始在《最高人民法院公报》上刊登具有指导意义的案例,最高人民法院于1992年设立中国应用法学研究所的主要任务之一就是编纂《人民法院案例选》。后来,最高人民法院又编辑了《中国审判案例要览》,以供全国法院裁判案件时参考。1999年,由最高人民法院刑庭编纂的《刑事审判参考》尽管明确只是一种"参考"价值,但不容小觑。它不再拘泥于宣传教育和简单比照,说理的相对精细对司法实践和理论发展产生了潜移默化的影响。

作为一项改革举措,案例指导制度的探索一直方兴未艾。案例指导制度推出以前,天津市高级人民法院推出了"判例指导制度",成都市中级人民法院推出了"示范性案例制度",郑州市中原区人民法院推出了"先例判决制度",不一而足。体现为一种整体性改革措施的是《人民法院第二个五年改革纲要(2004—2008)》,该纲要第13条规定:"建立和完善案例指导制度,重视指导性案例在统一法律适用标准、指导下级法院审判工作、丰富和发展法学理论等方面的作用。"《最高人民法院关于案例指导工作的规定》于2010年11月15日通过,在此之前,共计发布了7个刑事案例。

案例指导制度实行伊始就被作为一项去除沉疴的重大措施。之前尽管有指导性案例的存在,"但也要看到,由于缺乏明确的制度规范和相关工作机制,导致这些典型案例的选取主要局限于疑难案件,案例指导功能单一;整理发布主体分散,典型案例发挥作用的范围十分有限;缺乏针对全国范围、在更高层面上的统合研究,大量有指导价值的案例难以进入最高检察机关决策视野,不利于及时指导执法办案;还有的地方发布的类似

案例对法律存在不同的理解和适用,造成执法上的困惑和混乱"①。因此,确立全局性的指导案例似乎可以起到通盘考虑、整齐划一的效果。最高人民法院也确实是这样期望的:"人民法院的指导性案例是正确适用法律和司法政策,切实体现司法公正和司法高效,得到当事人和社会公众一致认可,实现法律效果和社会效果有机统一的案例。所以,指导性案例一定是反映司法公正、受到人民群众称赞、经得起历史和实践检验的案例,它是案例中的精品案例、模范案例,是法官审判执行工作应当参照的楷模,是宣传法治活生生的实例,是树立法治和司法权威的典型,是理论研究的生动素材,是体现司法智慧与审判经验的载体。"②

对于案例指导意义的研究并非毫无意义,其涉及我们如何选择案例、选择什么样的案例的问题。而这一研究从被归纳为上述意义甫始,质疑的声音就不绝于耳。

(一) 意义之争

1. 质疑之一——能够真正实现"同案同判"?

"同案同判"成为近年来时兴的一个话语,减少或杜绝"同案不同判"相应成为司法目标,也出现了案例指导、量刑指导等新的举措。然而,"是否准确适用法律作出恰如其分的裁判,一个前提是法官对案件事实进行全面解读,以确定事实的'法律意义';另一个前提是对拟适用的法律规范之精神做出精确的把握,进而找到规制事实的法律规则。如果具备这种能力并做到这一点,法官通过法律发现、法律解释、漏洞填补等司法裁判技术,仍然可以实现令社会所接受的同案同判。相反,如果法官在这些方面能力不足,那么即便给予相关的指导性案例,他也无法确定手头案件与指导性案例之间究竟是否具有案件事实或法律适用上的类似性,进而无法确定是应该参照前例还是排除前例。可见,在未能提高法官法律适用能力的情况下,参照案例判决可能会避免法官机械适用法律或司法解释,

---

① 蒋安杰:《最高人民检察院研究室主任陈国庆——检察机关案例指导制度的构建》,载《法制资讯》2011年第1期。
② 同上。

但却会陷入一种新的误区——机械适用指导性案例，对貌似相同而实质不同进而应当做出不同处理的案件，由于把握和理解不准确而生硬参照案例，导致'不同案同判'，这同样与统一司法背道而驰"[①]。

应该说以上观点是有一定道理的。霍姆斯法官认为，法律的生命不在于逻辑而在于经验。而在笔者看来，司法的过程是一个逻辑推演向经验过渡的过程，在法律规则推演的尽头就是一个经验判断的过程。如果说判例是一种规则，则在规则使用的末端同样还存在一个经验判断的问题，也正是因此才会出现一系列的例外需要通过判例来解决。"判例法填补和补充了制定法的不足，在制定法沉默之处，判例法能够起到及时的填补和补充作用。判例法不同于制定法的一个显著特征是：判例法对法律行为的规范方式是从特殊到一般，即法官从具体案件中抽象出一般原则，然后形成约束其他类似法律行为的一般法律规范；制定法的规范方式则是从一般到具体，即先由立法者构想出可能发生的法律行为，然后通过法官将一般原则适用于具体的案件。可以想象，由于各种因素的影响，立法者对法律行为的预测可能是有失周全的，有时甚至完全缺乏必要的预见。这样，就会产生一种法律的欠缺和法律的漏洞。通过判例的创设，法官可以在司法实践中完善法律的不足和填补法律的漏洞，从而使整个法律体系更加严密与和谐。"[②]

由此似乎形成了一个悖论：判例的出现本身是为了同案同判，似乎也提供了相同的标准，但判例本身又在不断出现突破性的结果。于是，同案同判的追求成为一个无法定型的模型，成为一个司法的童话，美好却充满梦幻。

在"同案"的语境下，也不一定得出同判的结果；在"不同案"的语境下，却可能得出相同的结果。这是因为，法律总是一个哈特所说的空缺结构。在填补空缺结构的时候，法官会结合自身所理解的法律精神、时代精神和价值观作出判断。尤其是在当前的刑事司法实践中，在强调"量刑反

[①] 王洪季：《案例指导制度的反思与探索》，http://article.chinalawinfo.com/ArticleHtml/Article_45076.shtml#m29，2017年11月1日访问。作者时任天津市河东区人民法院院长。
[②] 李浩：《英国判例法与判例规避》，载《比较法研究》1995年第1期。

制"以及将罪刑相适应原则无限拔高的法官那里,由于降低了罪的确定性要求,一个确定的概念甚至会引发一个不确定的结论,或者相反。

归根结底,原因在于对何为"同案"的理解不同。所谓案不同,包含着两个方面的含义:一是案件的相同性往往是不确定的,一些细节的不同是否影响案例的类比也往往不够确定;二是同样的法律事实在不同时期或不同地域往往不可能做出相同的评判,尤其是在案例指导说理不够细致的时候,不确定性愈发明显。譬如,在指导性案例中,尽管确立了他人在立案以前代为支付劳动报酬的不影响定罪的原则,但这里的"他人"仅仅是指指导性案例中的上级承包方,还是指所有的"他人"?如果仅仅是指指导性案例中的上级承包方,则案例的指导性会缺乏普遍性意义。如果包含了所有的"他人",则会导致即使近亲属等代为归还的也不影响定罪的后果,而这将使指导性案例缺乏公正性可言,裁判过程中究竟是参照指导性案例的"裁判理由"还是"裁判要点"甚至都是一个问题。

2. 质疑之二——提高司法效率?

从表面来看,比附援引似乎比较简明直接,指导性案例的可参照性将使法官在处理类似案件时节省时间和精力,从而提高司法效率。[①] 但是,这其实只是一种臆想。相对司法解释而言,指导性案例并不能提高多少司法效率。其一,司法解释往往解决了一类问题,解决了一类案件的认定,尽管个别时候不够明确,但整体而言,标准是齐整的。而指导性案例首先是针对个案的,往往难以统一类型或同一性质案件的不同标准。其二,越是抽象有时反而越有利于适用,不容易被诘难,而越是具体越需要谨慎,也越容易被诘难。在指导性案例的适用方面,参照性的案例与被参照的案例是否可以比附往往需要费许多周折。首先必须考虑两个案例的类似性,其次要比较使用问题的相同性,此时分歧出现的概率会非常高。如果说作为类型化规则的司法解释本身的分歧还不够明显,则作为比附案例的分歧往往较为突出。毋庸讳言,指导性案例的运用过程比司法解

[①] 参见康为民:《案例指导制度的价值与功能》,载《法制资讯》2011年第5期。作者时任湖南省高级人民法院院长。

释的运用过程要复杂得多,自然谈不上效率的提高。

对此,一名法官的结论是:"即便对于一线法官而言,参照案例也未必能够提高工作效率。法官办案过程中是否参照案例以及参照哪一个案例并非一个易为的判断。查询案例需要花费时间,而对查找到的案例进行研读,与手头案件进行比对以确定其参照性,从中汲取裁判规则、把握裁判要旨,则需要大量的时间。此外,在案例越来越多的情况下,如果同一个手头案件可能存在多个相关的指导性案例,那么在多个案例之间进行比较和取舍需要花费更大的精力,做这些工作并不比翻阅法学理论著作和司法解释更省时。"①

3. 质疑之三——约束法官自由裁量权,促进司法公正?

笔者认为,指导性案例制度的推出与促进司法公正之间没有必然的联系。人们往往容易将某一新的制度与公正联系在一起,其实这是一个似是而非的逻辑。更恰当的表述是,合理地运用案例指导制度才有利于促进司法公正。此外,将拘束法官裁量权与促进司法公正联系在一起,也是一个似是而非的逻辑。法官自由裁量权的丧失可能会导致案件的裁判结果标准整齐划一,但这种整齐划一与司法公正根本不是一回事。因为我们无法保证或根本无法做到标准的公正合理,标准的整齐划一也并不必然导致结果的公正性。

正如不能将法律专属主义等同于罪刑法定主义一样,我们不能把指导性案例本身等同于公正。指导性案例的合理性诉求才最具有实质性的意义,如前所述,案例指导制度的推广固然明确了类似案件的参照标准,固然可能限制法官权力,但西方判例法的出现本身就是一种对法官造法的认可,是对自由裁量权的充分弘扬。尽管我们现在总是强调指导性案例与西方判例制度存在诸多差异,但在笔者看来,这只是形式上的,二者之间其实并无实质的不同。"事实上,这些使用、规避判例的技巧早已被普通法系法官所发明且熟练运用。可见,自由裁量权并不会因为实行案

---

① 王洪季:《案例指导制度的反思与探索》,http://article.chinalawinfo.com/ArticleHtml/Article_45076.shtml#m29,2017年11月1日访问。作者时任天津市河东区人民法院院长。

例指导制度而被限制,恰恰相反,在奉行遵循先例的判例法国家,法官的自由裁量权要更大一些。"①

案例指导制度推出伊始,就在实践中不断遭到质疑。一种观点认为,案例指导制度有些不伦不类:"指导性案例虽然是最高人民法院精选后发布的,但并不是最高人民法院自己审理的案例,其中有些案例甚至是基层人民法院审理的。下级人民法院审理的案件经过最高人民法院发布之后便作为比审理该案之法院级别更高之法院的'指导',这种带有'上级遵从下级'意味的案例指导制度似乎有违司法判例制度的原理。此外,这些指导性案例是最高人民法院'制作'或'改编'的,并非'原汁原味'的判例。虽然这种做法可以提高指导性案例的水平,但是也不符合司法判例的生成规律。"②确实,这两个问题是案例指导制度的一个严重的痼疾,时时影响着判例的权威性和可遵循性。在二审终审制的司法体系中,最高人民法院所直面的案件不仅数量少,而且往往不具有典型性,从下级人民法院选择案件成为不得已之举。如何遴选案件以及案例是否可以由最高人民法院"改编",就会令人颇费思量。因为下级人民法院的判决不是基于成为指导性案例的目的而做出的,指导性特征往往不一定突出或不够明显。如果对判例进行改编,事实上就已经不能再称之为"案例指导",而应是"案例解释"了。

既然上述这些意义只是形式上的,那么寻找案例指导意义就需要另辟蹊径,以为设定指导性案例提供指导。

(二) 一个缺乏实质意义却又成为热点的问题——关于拘束力的问题

判决的拘束力依附于判决效力以及判决主体的统一性,裁判的权威性决定了判决的拘束力。上级人民法院的判决意见和理由之所以对下级人民法院具有拘束力,是因为它处于上诉审和申诉审的地位;裁判主体的

---

① 王洪季:《案例指导制度的反思与探索》,http://article.chinalawinfo.com/ArticleHtml/Article_45076.shtml#m29,2017年11月1日访问。作者时任天津市河东区人民法院院长。

② 何家弘主编:《外国司法判例制度》,中国法制出版社2014年版,"前言"。

同一性决定了对先例的遵循，其基本原理在于同一主体不应作出前后自相矛盾的判决，否则裁判就失去公正性、权威性和可遵守性。所以，拘束力是客观存在的，只不过大家没有关注，或权力怠于行使而已。

指导性案例的拘束意义更是不言而喻的。然而，这似乎成为一个争论的热点问题。这主要涉及何为类似案例、何为相同案例的问题。

对此，最高人民法院官员的理解是："参照就是参考、遵照的意思，即法官在审判案件时，处理不相类似的案件时，可以参考指导性案例所运用的裁判方法、裁判规则、法律思维、司法理念和法治精神。处理与指导性案例相类似案件时，要遵照、遵循指导性案例的裁判尺度和裁判标准。"2010年发布的《最高人民检察院关于案例指导工作的规定》第15条指出："指导性案例发布后，各级人民检察院在办理同类案件、处理同类问题时，可以参照执行。"同样确定为"参照"，但与最高人民法院规定的"应当"参照不同，最高人民检察院对指导性案例的参照效力规定为"可以"。据此，人们又说，"可以"意味着一种可选择性，意味着不选择比附案例也是一种选择。如果这样理解，则意味着拘束力的丧失，而这显然并非确立者的初衷。

对此，至少可以从两个方面进行理解：一是"可以"并非都是一种选择性的词语，或者说"可以"一词并非只有一种理解，含义根据其所对应的词语或话语而定。2010年发布的《最高人民检察院关于案例指导工作的规定》第16条指出："在办理同类案件、处理同类问题时，承办案件的检察官认为不应当适用指导性案例的，应当书面提出意见，报经检察长或者检察委员会决定。"这一"例外排斥"①的规则确立意味着除此情形外，指导性案例的指导性是带有强行性的。二是最高人民检察院推出的案例指导作用的范围易受限制，一旦最高人民法院的指导案例与最高人民检察院的指导案例"撞车"，检察官们使用法院的案例实属正常，此处规定为"可以"赋予了检察机关回旋的空间。

---

① 有观点将此称为"背离报告制度"。参见王军、卢宇蓉：《检察案例指导制度相关问题研究》，载《人民检察》2011年第2期。

总而言之，无论是参考还是遵照，无论是"应当"还是"可以"，无论是事实拘束力还是法律拘束力，纷争聚讼于指导性案例效力缺乏实质性意义。如果判例的效力受到了质疑，指导性案例的存在就失去了意义。

如果非要指称效力，则面临的主要问题可能是：我国当前的案例指导制度因为体制性的缺陷而采取了遴选的方式。这意味着可能有大量的没有被选中的上级人民法院的指导性案例处于尴尬的状态，而甚至可能出现这些案例与被遴选的案例存在实质性冲突的情形。

面临的问题更可能是："一般而言，这些典型案例是最高司法机关业务部门编辑的，缺乏专门机关的周密论证，因而会出现所谓典型案例学理依据不充分甚至不同案例相互矛盾的情形，这在客观上也制约了这些典型案例的指导效力。"①此时，与其说这是一个效力问题，毋宁说是一个指导性案例设定之合理性的问题，而这恰恰是接下来所要论证的。

二、如何避免武断化的刑事个案指导与刑事案例指导制度的武断化

案例指导旨在确立判例的权威性和参照性，但是如果判例本身就是武断的，缺乏事实与规范的推演过程，缺乏充分的说理，则个案的比附只能是一种威权的游戏而不是权威的模范。如果满足于一种形式而忽略了制度内容的合理性，则会影响制度的生命力，甚至最终会导致案例指导制度热闹之后归于沉寂。

案例指导的前提是判例的公开。"如果说案例指导制度是我国司法判例制度的雏形，那它与行之有效的司法判例制度还有很大差距。那么，如何完善我国的司法判例制度呢？我们要完善法院判决意见的公布制度，因为法院判决意见的全面系统的公开是司法判例制度的基础。"②然而，司法文书的公开只是一个前提或者说只是一个形式，在当前司法判决

---

① 李友根：《指导性案例为何没有约束力——以无名氏因交通肇事致死案件中的原告资格为研究对象》，载《法制与社会发展》2010年第4期。
② 何家弘主编：《外国司法判例制度》，中国法制出版社2014年版，"前言"。

中,缺乏说理或说理不清仍具有普遍性,这严重削弱了案件的参考性或参照性。

然而,仅有公开是不够的,尽管我国司法机关近些年来在裁判文书的公开方面出台了一系列富有成效的举措,但就刑事裁判文书而言,说理的严重欠缺使得裁判文书只是一种对处罚结果的宣示,这样的指导性案例必然会加剧实务与理论的纷争。如果指导性案例也呈现出类似的样态,必然导致宣示意义大于指导意义。

作为已经精选出的指导性案例,是否有所改观呢?从最高人民法院公布的7个刑事案例来看,弊病依然存在。

1. 只是做出一种判决宣示,实际上并无真正指导意义

表现最为典型的是2014年6月23日公布的"胡克金拒不支付劳动报酬案"(指导案例28号),法院生效裁判认为:"被告人胡克金拒不支付20余名民工的劳动报酬达12万余元,数额较大,且在政府有关部门责令其支付后逃匿,其行为构成拒不支付劳动报酬罪。被告人胡克金虽然不具有合法的用工资格,又属没有相应建筑工程施工资质而承包建筑工程施工项目,且违法招用民工进行施工,但这不影响以拒不支付劳动报酬罪追究其刑事责任。本案中,胡克金逃匿后,工程总承包企业按照有关规定清偿了胡克金拖欠的民工工资,其清偿拖欠民工工资的行为属于为胡克金垫付,这一行为虽然消减了拖欠行为的社会危害性,但并不能免除胡克金应当支付劳动报酬的责任。"

该指导性案例被归结为两个裁判要点:(1) 不具备用工主体资格的单位或者个人(包工头),违法用工且拒不支付劳动者报酬,数额较大且经政府有关部门责令支付仍不支付的,应当以拒不支付劳动报酬罪追究刑事责任。(2) 不具备用工主体资格的单位或者个人(包工头)拒不支付劳动报酬,即使其他单位或者个人在刑事立案前垫付了劳动报酬的,也不影响追究该用工单位或者个人(包工头)拒不支付劳动报酬罪的刑事责任。就第一个裁判要点而言,指导性阙如。2013年1月16日发布的《最高人民法院关于审理拒不支付劳动报酬刑事案件适用法律若干问题的解释》已经对拒不支付劳动报酬罪所涉及的术语、定罪量刑标准、单位犯罪等问

题明确了适用标准,其中第 7 条已经确认:"不具备用工主体资格的单位或者个人,违法用工且拒不支付劳动者的劳动报酬,数额较大,经政府有关部门责令支付仍不支付的,应当依照刑法第二百七十六条之一的规定,以拒不支付劳动报酬罪追究刑事责任。"指导性案例似乎成为司法解释的附庸。就第二个裁判要点而言,主要是为了解决立案前垫付劳动报酬对刑事责任的影响问题。对此,上述司法解释第 6 条第 1 款规定:"拒不支付劳动者的劳动报酬,尚未造成严重后果,在刑事立案前支付劳动者的劳动报酬,并依法承担相应赔偿责任的,可以认定为情节显著轻微危害不大,不认为是犯罪;在提起公诉前支付劳动者的劳动报酬,并依法承担相应赔偿责任的,可以减轻或者免除刑事处罚;在一审宣判前支付劳动者的劳动报酬,并依法承担相应赔偿责任的,可以从轻处罚。"该指导性案例显然将"垫付"排除出了第 6 条的"支付"的范围。但是,这个结论显然是武断的,武断的原因是未分具体情形,武断的结果是"即使其他单位或者个人在刑事立案前为其垫付了劳动报酬"也不影响对刑事责任追究的结论。

我们知道,拒不支付劳动报酬罪的适用之所以在实践中遇到重重阻力,就是因为司法人员担心用之不慎会导致刑事责任替代民事责任。如果无视各类垫付劳动报酬的行为的差别,显然是非常不合理的。

仔细分析,似乎指导性案例也可以包含并非一概定罪的意思。如果说裁判要点依附于判决而不具有独立性,则需要回归"裁判理由"的原旨。判决之所以认为"垫付"不应该影响刑事责任,主要是因为工程总承包企业只是出于道义和社会责任等方面的原因"按照有关规定"(判决书并未明示)代为垫付,垫付行为与被告人没有任何关联性。这是否意味着如果被告人亲友筹措资金代为垫付会出现不同的责任承担方式?

于是,指导性案例的一个根本性问题出现了——"参照"是针对案例的类似性本身还是针对裁判要点本身?如果参照的是案例本身,则实际上相同的情形是非常少见的;如果参照的是裁判要点,则可能会因为裁判要点的以偏概全而导致司法的不公正,甚至会导致债务清偿了但被告人仍然需要承担完全的刑事责任的局面出现。这一不合理现象的出现起源于裁判文书说理性的缺乏,落足于裁判要点说理性的缺乏。

2. 案例缺乏针对性的说理，导致指导性的意义被限制

其中，最具有典型意义的是关于婚恋纠纷引发的故意杀人犯罪的处罚问题。在最高人民法院已经公布的7个刑事指导性案例中，有两例属于此类问题。"王志才故意杀人案"的裁判要点是："因恋爱、婚姻矛盾激化引发的故意杀人案件，被告人犯罪手段残忍，论罪应当判处死刑，但被告人具有坦白悔罪、积极赔偿等从轻处罚情节，同时被害人亲属要求严惩，人民法院根据案件性质、犯罪情节、危害后果和被告人的主观恶性及人身危险性，可以依法判处被告人死刑，缓期二年执行，同时决定限制减刑，以有效化解社会矛盾，促进社会和谐。""李飞故意杀人案"的裁判要点是："对于因民间矛盾引发的故意杀人案件，被告人犯罪手段残忍，且系累犯，论罪应当判处死刑，但被告人亲属主动协助公安机关将其抓捕归案，并积极赔偿的，人民法院根据案件具体情节，从尽量化解社会矛盾角度考虑，可以依法判处被告人死刑，缓期二年执行，同时决定限制减刑。"

以上两个案件的裁判要点将多个问题糅杂在一起，缺乏规整的表述，导致十分笼统。不知究竟是对民间矛盾是否适用死刑立即执行的示例、指导，还是对限制减刑适用的示例、指导，抑或是对被害方谅解与死刑适用关系的否定。

下面让我们来对以上两个案件的情节进行归类分析：

表10-1 案件情节简述

案由	王志才故意杀人案	李飞故意杀人案
从宽情节	婚恋纠纷	民间矛盾（与恋爱相关）
		亲属配合抓捕
	平时表现好	顺从归案
	如实供述、认罪态度好	如实供述、认罪态度好
	赔偿被害方经济损失	代为赔偿被害方经济损失
从严情节		累犯
	被害方亲属不予谅解	被害方亲属不予谅解

笔者认为，关于民间矛盾引发的杀人案件的死刑限制可谓最高人民法院近些年来在死刑适用领域做出的杰出贡献。指导性案例对限制死刑的高度重视，有利于下级人民法院确立明确的标准，也有利于防止被学者

们讥讽的"司法软骨病"的出现,防止下级人民法院将判处死刑可能引发的社会矛盾上移。

但是,上述两个指导性案例显然有许多要点让人不明就里,该如何类比成为一个难以把握的事情。通过对比列表,似乎有助于问题的发现和解决。对比后我们似乎至少可以得出这样的结论:(1)只要是婚恋或民间矛盾引发的犯罪(结果似乎也应该是直接关联性的),被告方认罪态度好并愿意赔偿损失的,就不应该判处死刑立即执行;(2)被害方亲属不予谅解甚至要求严判不是适用死刑立即执行的理由,而是限制减刑的理由;(3)至于累犯,不应该成为裁判是否构成死刑立即执行还是缓期执行的理由,而是是否予以限制减刑的理由。这似乎与《刑法修正案(八)》的规定相吻合,但不排除也会引发一些争论,毕竟累犯存在着恶性程度的区别或者说前罪严重程度的区别。(4)刑事和解与是否判处死刑立即执行没有关联性,即使被害方不予谅解的,仍然可以判处死缓。这实际上是反对重罪(尤其是死刑案件)和解,与刑诉法关于刑事和解的规定相协调,也与笔者一贯的主张一致。①

然而,以上诸多结论在指导性案例中并没有明示,而是笔者结合两个指导性案例比对和推测出来的。这种推测结论本身是否能够被认可,需要比附案件的法官的进一步推测。这也间接说明了指导性案例的说理性和归纳性存在着亟待完善之处,指导性案例绝非公布了案例就万事大吉,如果比附的过程令人一头雾水,必然会导致案例的指导性归于沉寂。

3. 案例结论明确,但因缺乏说理导致结论存在着诸多可商榷之处

2013年1月31日发布的"王召成等非法买卖、储存危险物质案"(指导案例13号)的裁判理由认为:氰化钠虽不属于禁用剧毒化学品,但系列入危险化学品名录中严格监督管理的限用剧毒化学品,易致人中毒或者死亡,对人体、环境具有极大的毒害性和极度危险性,极易对环境和人的生命健康造成重大威胁和危害,属于《刑法》第125条第2款规定的"毒害性"物质。裁判要点对此进行了认可:"国家严格监督管理的氰化钠等剧

---

① 具体观点参加孙万怀:《死刑案件可以并需要和解吗?》,载《中国法学》2010年第1期。

毒化学品，易致人中毒或者死亡，对人体、环境具有极大的毒害性和危险性，属于《刑法》第125条第2款规定的'毒害性'物质。"然而，这显然比裁判理由的结论更模糊①。

裁判理由中将毒害性物质限定为"限用的"剧毒化学品而不是所有的剧毒化学品，将一般毒害性物质从该罪名中加以排除，将非限用化学品（如果有的话）从该罪名加以排除，不无称道之处，但内涵本身并未厘清。

该问题的争议起源于一个司法解释所引发的争论，即《最高人民法院、最高人民检察院关于办理非法制造、买卖、运输、储存毒鼠强等禁用剧毒化学品刑事案件具体应用法律若干问题的解释》仅仅明确了毒鼠强等五类禁用剧毒化学品（由此引发了毒害性物质范围的争论）。参与起草该司法解释的官员在《〈关于办理非法制造、买卖、运输、储存毒鼠强等禁用剧毒化学品刑事案件具体应用法律若干问题的解释〉的理解与适用》一文中，对司法解释的背景以及如何理解毒害性物质与有毒化学品之间的关系进行了说明："在起草过程中，有关部门建议把所有335种剧毒化学品、至少把34种在不同情况下禁止使用的剧毒化学品囊括进来，本解释初稿也曾考虑了这种意见。但是，由于剧毒化学品之间毒性差别很大，成人致死量有的不到1毫克，有的高至3克，因此很难对其制定一个统一的定罪量刑标准。而本解释列举的'禁用剧毒化学品'只有5种，其毒性大体相当，非法制造、买卖、运输、储存这些剧毒化学品行为的社会危害性也相当，对其制定统一的定罪量刑标准在司法实践中可行性较强。同时，实践中常见、多发的这类案件，绝大多数涉及的也是这5种剧毒化学品，涉及其他剧毒化学品的很少，司法实践迫切需要解决的也是涉及这5种剧毒化学品案件的定罪量刑标准问题。因此，本解释将'禁用剧毒化学品'的范围限定为毒鼠强、氟乙酰胺、氟乙酸钠、毒鼠硅、甘氟等5种剧毒化学品。"②

应该说这样解释是比较慎重的，其弦外之音就是罪刑的协调性不要

---

① 这也给了我们一个启示：进行比附的时候更应该参照的是"裁判理由"，而非"裁判要点"。
② 熊选国、任卫华主编：《刑法罪名适用指南——危害公共安全罪》，中国人民公安大学出版社2007年版，第171页。

被轻易破坏,即从完整意义上来说,纳入范围必须符合以下标准:一是禁用性,二是毒性相当,三是比较常见。实践中之前也不乏将该罪对象限定为禁用剧毒化学品的成例。2005年7月14日,浙江省高级人民法院《关于非法制造、买卖、运输、储存液氯如何定罪处罚的请示》(浙高法〔2005〕163号)指出:"《中华人民共和国刑法》第一百二十五条第二款规定的非法制造、买卖、运输危险物质罪总的毒害性物质应为禁用毒害品。液氯虽列入了《剧毒化学品目录》(2002年版),但非国家明令禁止使用的剧毒化学品,故非法制造、买卖、运输、储存液氯不适用刑法第一百二十五条第二款,如果违反有关管理规定,在生产、储存、运输、使用液氯过程中发生重大事故,可按刑法第一百三十六条规定以危险物品肇事罪定罪处罚。"浙江省高级人民法院这份指导性文件的出台,具有与前述司法解释出台相类似的原因。2003年11月3日,浙江省温州市平阳县发生一起液氯爆炸事故,造成2人死亡、100多人中毒,其中6人重度中毒,大量家禽、牲畜死亡,大片田野的蔬菜等农作物枯黄;2004年5月8日上午,浙江省温州市龙港镇一废品收购点发生液氯泄露事件,4000多名群众被迫大转移,并造成了重大经济损失,原因类似,结果也相同。"液氯"虽然排在《剧毒化学品目录》(2002年版)序列中的第84号,但浙江省高级人民法院十分谨慎,明确否定依照买卖行为定罪,强调通过责任事故的方式追究责任。可以说是对相关司法解释的一种补足,是对刑法协调性的遵循。

具体来说,该罪所涉的"毒害性"化学品范围应当包括2003年6月24日国家安全生产监督管理局、公安部等8个部门联合发布的《剧毒化学品目录》(2002年版)中的10种"国家明令禁止使用的剧毒化学品"、5种"国家明令禁止使用的农药"和17种"在蔬菜、水果、茶叶和中草药材上不得使用的农药"。2003年7月18日,农业部、公安部等9个部门发出《关于清查收缴毒鼠强等禁用剧毒杀鼠剂的通告》,列举了毒鼠强、氟乙酰胺、氟乙酸钠、毒鼠硅、甘氟等5种"禁用剧毒杀鼠剂"。这5种"禁用剧毒杀鼠剂"与前述5种"国家明令禁止使用的农药"有3种相同。上述化学品均属于在不同情况下禁止使用的剧毒化学品,共计34种。

最高人民法院指导性案例的最大问题在于没有明确所依据的化学品

目录。《剧毒化学品目录》(2002年版)规定了受限范围,所谓"受限范围",是指该剧毒化学品受到中国政府的限制范围,主要包括:(1)第一类:国家明令禁止使用的剧毒化学品;(2)第二类:国家明令禁止使用的农药;第三类:在蔬菜、果树、茶叶和中草药材上不得使用的农药。① 由此可见,所谓的受限实质意义上是指被禁止而不是被限制。《中国禁止或严格限制的有毒化学品名录》提及了"严格限制",虽然后来增加了硫化汞、朱砂(辰砂),但是经过补充之后的范围仍然十分有限,两批目录共计也只有34类。该目录主要是针对进出口有毒化学品而言,能否作为该罪对象的范围并不确定。笔者认为,在没有实害性结果或紧迫危险性的情形下,还是应当根据针对的是公共安全还是违背市场秩序来确定责任。如果具有经营资格者的特定行为不属于危害公共安全,则同样的行为对于无资格者而言就只能是一个非法经营的行为而已。

该指导性案例还有另外一个裁判要点,"擅自购买或者出售毒害性物质的行为,并不需要兼有买进和卖出的行为",明确了擅自购买的行为可以构成该罪。在一个需要说理的时候,指导性案例却只给了这样一个武断的结论。这个结论是具有普遍性,还是仅仅针对该罪名或该类案件?刑法中的买卖型犯罪非常得多,如非法买卖外汇罪、非法买卖制毒物品罪、非法买卖枪支、弹药、爆炸物罪、非法买卖国家机关公文、证件、印章罪等,有些虽没有写明"买卖"但性质类似,如强迫交易罪、利用未公开信息交易罪,还有些将买卖行为分开定罪,如拐卖妇女儿童罪与收买被拐卖的妇女儿童罪。所以,买与卖的性质在许多时候是不同的,今后将如何应对?

4. 案例具有典型性且说理具有针对性但不够充分

2014年6月23日发布的"臧进泉等盗窃、诈骗案"(指导案例27号)对盗窃罪与诈骗罪的界定进行了区分:"行为人利用信息网络,诱骗他人点击虚假链接而实际通过预先植入的计算机程序窃取财物构成犯罪的,以盗窃罪定罪处罚。"该案的基本案情是:被告人臧进泉和郑必玲在得知

---

① 需要说明的是,2012年新版《剧毒化学品目录》没有显示这一规定。

金某网银账户内有款后，即产生了通过植入计算机程序非法占有金某钱款的想法。随后，二人在网络聊天中诱导金某同意支付1元钱，而实际上制作了一个表面付款"1元"实际支付305000元的假淘宝网链接，金某点击后，其网银账户内的305000元即被非法转移到臧进泉的注册账户中。裁判理由认为："臧进泉、郑必玲获取财物时起决定性作用的手段是秘密窃取，诱骗被害人点击'1元'的虚假链接系实施盗窃的辅助手段，只是为盗窃创造条件或作掩护，被害人也没有'自愿'交付巨额财物，获取银行存款实际上是通过隐藏的事先植入的计算机程序来窃取的，符合盗窃罪的犯罪构成要件。"

上述案件涉及实践和理论中一个缺乏定论且莫衷一是的问题，又因为盗窃、诈骗的方式五花八门，其中的联系千丝万缕，所以通过司法解释的方式解决有些困难。此时，指导性案例的作用就可以充分体现出现。本指导案例因此也具有典型性。不仅如此，本指导案例的制作还具备了一定的说理性，其设定了"自愿"和"交付"这样的一个区分盗窃与诈骗的标准，对于实践具有很强的指导意义，为理论研究提供了很好的范本，促进了理论与实践的互动。"聚沙成塔，集腋成裘"，判决的说理为理论提供了土壤和标靶，而理论为裁判提供了支持和反思的武器。

案例的典型并不意味着说理的充分，本指导案例所提供的理由实际上还是比较简陋。"自愿""交付"与"处分的意思"是什么关系？被害人的行为究竟是一种"自愿"的交付还是根本就没有交付？在笔者看来，被害人并不存在一个针对305000元的交付行为，只是通过"付款1元"的方式在不自愿的情形下"交付"（或者说认可）了一个"窃取程序"。

三、案例指导应侧重于例外性、补充性与平衡性

最高人民法院为指导性案例确立了以下范围：(1) 社会广泛关注的；(2) 法律规定比较原则的；(3) 具有典型性的；(4) 疑难复杂或者新类型的；(5) 其他具有指导作用的案例。最高人民检察院则设定了以下范围：(1) 涉及的法律适用问题在现行法律规定中比较原则、不够明确具体的

案件;(2)多发的新类型案件或者容易发生执法偏差的案件;(3)群众反映强烈、社会关注的热点案件;(4)在法律适用上具有指导意义的其他案件。由此可见,指导性案例被附着了太多的意义,承载了太多的社会责任。事实上,许多社会广泛关注的、群众反映强烈的、热点性的、新类型的、具有典型性的案例公布,尽管具有社会意义,但其本身可能并无多少新意,在法律适用中被过多使用反而可能冲淡了案例指导的本身价值。法律规定比较原则的、疑难复杂的案例才属于案例指导的重点。

从一定程度上来说,指导性案例的制定甚至比立法或司法解释的制定更为困难。因为它是一个"个案——类型化"的过程,而不是个"类型化——个案"的过程,从形式逻辑角度而言,演绎的方法得出的结论往往不具有争议,而归纳的方法往往会引来诘难。指导性案例就是一个由个别化的案例推及一般性结论的过程。因此,判例的意义在于新标准的推出,往往是对规则的补充和例外突破,甚至观念的变更。

在重视判例的国家,一些影响深远的理论以及里程碑性的结论往往就是以判例为突破口。美国第五宪法修正案规定了反对被迫自证其罪的权利,但这只是一种原则性的规定,在具体适用中如何启动或被限制并未明确。此时,通过判例明确就显得很有针对性。1965年的格里芬诉加利福尼亚州案(Griffin v. California)的判决进行了补充,指出即使被告人没有主张反对被迫自证其罪的权利,仍然会受到该权利的保护。"检察官或者法官就被告人拒绝作证的行为向陪审团作出评论'是纠问式刑事司法制度的残余'(a remnant of the inquisitorial system of criminal justice),这是第五修正案所不允许的。"[①]另一个更为知名的判例就是1966年的米兰达诉亚利桑那州案(Miranda v. Arizona)的判决:"如果一个人在讯问过程中暗示他希望保持沉默,讯问必须停止。"[②]该案确立了米兰达规则。后来,美国联邦最高法院在明尼苏达州诉墨菲(Minnesota v. Murphy)一案中通过交锋和论证,提出了权利主张的例外——该项权利通常不会自动生

---

① Griffin v. California, 380 U.S. 609, 615(1965).
② Miranda v. Arizona, 378 U.S. 436, 473 (1966).

效。① 判例的影响性是广泛的,规则的影响性是长远的。

规则不断补充和突破造就了新的理论体系,"事实的恶意"就是一个在判例中逐步形成的一个非常重要的原则。该原则形成于美国联邦最高法院1964年3月9日在纽约时报诉苏利文一案的裁决中。美国联邦最高法院指出:被告纽约时报虽然刊登了内容不实的广告,并且也的确对原告的名誉造成了一定的损害,但由于原告是一名"政府官员",他必须有"清晰的和令人信服的证据"证明《纽约时报》事先知道广告内容是假的却仍执意刊登;或者被告对内容有严重疑问,但毫不忌惮地疏于核查真相。而早在1931年的尼尔诉明尼苏达州一案中已经开始关注通过散布虚假信息对公众人物产生损害的问题。当时,联邦最高法院推翻了明尼苏达州最高法院的裁决,"批评政府官员的品质和行为必须在新闻媒介中受到公开争论和自由讨论",据此反对对批评政府官员公务的行为进行"事前限制"。首席大法官休斯(Hughes)认为:"一百五十年来,几乎从来没有法律试图对涉及官员渎职的出版施加事前限制,这一事实体现了一项深切承诺,应在于依据诽谤法提起诉讼,而非限制报纸的期刊出版。"当然,也有法官表达了对不受限制所导致的潜在风险的忧虑,如巴特勒法官认为:"使各个社团的治安、稳定以及每个人的事业和私人事务,暴露在旷日持久的错误和恶意攻击之下;任何将要倒闭的出版社都可能具有充分和能力,来制造并实现压迫、敲诈和勒索计划。"②最终法院采取事前限制和事后限制两分法的方法解决了这一问题。③ 此外,对"事实的恶意"还涉及证明力的问题,在后来的博内特诉国家调查公司一案中,加州上诉法院就认为,作为损害性赔偿的恶意与纽约时报诉苏利文一案中确定的恶意不同,并不需要"清晰的和令人信服的证据"来证明恶意的存在,只要优势证据来证明即可。④ 上述这些案例构成了对"事实的恶意"认定的体系,从而也

---

① See Minnesota v. Murphy, 465 U.S. 420, 425, 427(1984).
② 转引自张千帆:《西方宪政体系》(上册·美国宪法),中国政法大学出版社2000年版,第400页。
③ See 283 U.S. 697(1931)[EB/OL].
④ See 143 Cal. Rptr. 206.

促进了理论的研究和观念的变更。

　　具有指导意义的判例的生成基本都围绕着争议性的或者说例外性的案件而展开,由此也带来了对规则的进一步补充和突破。尤其是突破,实际上是建立一种新的规则或新的理解的贯彻,而不只是为了说明一个规范使用的规范性。《欧洲人权法院案件受理标准实践指南》就是叙述了基本规定之后通过一些针对性的案例进行补充性说明。譬如,在"申诉状态"一节就有这样的表述:"8. 范围:当宣称某缔约国违反公约的行为处于该缔约国管辖权内时,任何个人都可依据公约第 1 条(参见 Van der Tang v. Spain 案,§53)寻求救济。受害人无须具体指明哪项权利遭到侵害(参见 Guzzardi v. Italy 案,§61)。9. 适格权利主体:任何个人或法律实体都有权提出个人申诉,其国籍、居住地、民事地位和法律能力状况在所不问,如被剥夺亲权的母亲(参见 Scozzari and Giunta v. Italy 案,§138)、未成年人(参见 A. v. the United Kingdom 案)、没有监护人许可的无法定行为能力人(参见 Zehentner v. Austria 案,§§39)等。任何广义上的非政府组织,即除了行使政府权力的组织外,都可以行使个人申诉的权利。有关不行使政府权力的公共实体的案件,可参见 Holy Monasteries v. Greece 案和 Radio France and Others v. France 案(裁定);有关在法律和经济上独立于国家的实体的案件,可参见 Islamic Republic of Iran Shipping Lines v. Turkey 案和 Unédic v. France 案。然而,对于市政当局[参见 Ayuntamiento de Mula v. Spain 案(裁定)]或者享有行使公共职能权力的市政当局的部门[参见 Municipal Section of Antilly v. France 案(裁定)],是无法基于第 34 条提出申诉的。10. 第 34 条的个人申诉不包括对公约条文抽象的违反。申诉者应仅因国内法的某个条文与公约规定相抵触而提起诉讼(参见 Monnat v. Switzerland 案,§§31-32),同时公约也不支持公益诉讼。"

　　案例还具有建立一种新的平衡的功能,体现一种观念的更新。常言道:"法有穷而情无限。"法律的稳定性需要更高正义标准的矫正原理、罪刑法定原则的出罪功能,甚至我国刑法但书条款的适用等往往不可能表达为一种类型化的司法解释,此时判例的作用就彰显出来。《欧洲人权公约》就是不断通过判例完成理念的更新的,其第10条第1款规定:"人人享有表达自由的权利。此项权利应当包括持有主张的自由,以及在不受公共机构干预和不分国界的情况下,接受和传播信息和思想的自由。本条不得阻止各国对广播、电视、电影等企业规定许可证制度。"第2款规定:"行使上述各项自由,因为负有义务和责任,必须接受法律所规定的和民主社会所必需的程式、条件、限制或者是惩罚的约束。这些约束是基于对国家安全、领土完整或者公共安全的利益,为了防止混乱或者犯罪,保护健康或者道德,为了保护他人的名誉或者权利,为了防止秘密收到的情报的泄漏,或者为了维护司法官员的权威与公正的因素的考虑。"这种表述方式是一种最为常见的对表达自由的归纳,简单来说就是——人人都有表达自由,但必须受到一定限制。但是,如果对于"限制"本身不进行限制,则基本条款往往成为一种空谈,表达自由将无法得到实现。欧洲人权法院从1959年建立迄今,已经做出近千例的裁决,其中十分之一的判例与《欧洲人权公约》第10条有关,不仅维护了人权与权力的平衡,而且不断进行新的探索,反映出人权法院的整体性立场和整体性的法理,这是非常值得深思和借鉴的。1976年Handyside案件的判决最为显著:"表达自由构成民主社会的根基之一,构成社会进步和每个人的发展的基本条件之一。它受制于《欧洲人权公约》第10条第2款,不仅适用于人们乐于接受或视为无关紧要的'信息'或'观念',而且适用于那些冒犯、惊扰国家或任何人群的'信息'或'观念'。这是多元、容忍和思想开放的要求,没有这些就没有'民主社会'。这意味着,在这一方面加置的所有'形式''条件''限制'或'刑罚',都必须与所追求的合法目的适成比例。"[1]在Castells案的判决中,欧洲人权法院又认为,表达自由对于不同派别具有特殊价值,因而指出:"在民主制度中,政府的行为或使命必须密切关注的不仅是立法和司法机构,而且还有新闻出版界和公众舆论。此外,政府所占有的支配地位,使得它在诉诸刑事程序时必须表现出节制,特别是在可以利用其

---

[1] 张志铭:《欧洲人权法院判例法中的表达自由》,载《外国法译评》2000年第4期。

他手段回应反对者或新闻出版界的不适当攻击和批评时,尤其如此。"①

这些裁判理由已经脱离了个案的色彩,而上升为一种基本理念和原则性的内容,对政法法治体系的指导意义十分长远。一方面充分说明了判例的魅力和不可替代性,充分发挥了判例的作用;另一方面为我们如何制作指导性案例提供了借鉴。

在我国的司法实践中,也并不是没有比较成功的、具有突破性的观念性变革和具有指导意义的实例,王勇故意杀人案②的判决就是一个典型案例。该案的被害人董德伟无理纠缠并打伤被告人王勇的父亲,被告人从而与被害人争吵、厮打,并用刀当场杀死被害人。被害人董德伟打伤被告人王勇父亲,与被告人王勇杀死被害人董德伟的行为是紧密联系的。被害人无故纠缠被告人父亲,并致被告人父亲头皮血肿、胸壁软组织损伤,属于有严重过错。据此法院认为,虽然被告人王勇用菜刀对被害人董德伟头部、面部等要害部位连砍数刀,致其死亡,手段残忍,后果严重,但亦可以酌情从轻处罚。③ 有关裁判理由指出:王勇故意杀人案是以被害人有明显过错而对被告人适用死刑缓期执行的一个范例,对于此后司法实践中根据被害人的明显过错对被告人正确适用死缓具有参考价值。到了2009年,最高人民法院选择19个严格执行死刑政策依法不核准死刑的典型案例,印发给中高级人民法院,要求组织刑事法官和审判委员会委员进行学习讨论。其中大多也是故意杀人案,并对依法不核准的理由都作了具体说明,指导案例已经系统化。④

不仅此,从王勇杀人案的判例到19个不核准死刑的典型案例,还促成了政策和观念的变更。1999年10月,也就是王勇故意杀人案发生之后,最高人民法院发布的《全国法院维护农村稳定刑事审判工作座谈会纪

---

① 张志铭:《欧洲人权法院判例法中的表达自由》,载《外国法译评》2000年第4期。
② 参见中华人民共和国最高人民法院刑事审判第一庭:《刑事审判参考》(1999年第3辑·总第3辑),法律出版社1999年版。
③ 同上。
④ 《法制日报》曾连续刊发了其中5起案例,得到了法学界、实务界和舆论热烈而良性的回应。这5篇文章分别是:①《法官跨三省调解马涛案起死回生》(7月28日);②《死刑复核如女人绣花般精细》(7月29日);③《死刑复核考验法官群众工作能力》(7月31日);④《冯福生死伴着死刑复核环节跌宕》(8月3日);⑤《如何保住一条命又不影响稳定》(8月4日)。

要》规定:"对故意杀人罪是否判处死刑。不仅要看是否造成了被害人死亡结果,还要综合考虑案件的全部情况。对于因婚姻家庭、邻里纠纷等民间矛盾激化引发的故意杀人犯罪,适用死刑一定要十分慎重,应当与发生在社会上的严重危害社会治安的其他故意杀人犯罪案件有所区别。对于被害人一方有明显过错或对矛盾激化负有直接责任,或者被告人有法定从轻处罚情节的,一般不应判处死刑立即执行。"2010 年 4 月,最高人民法院刑三庭在《在审理故意杀人、伤害及黑社会性质组织犯罪案件中切实贯彻宽严相济刑事政策》中指出:"实践中,故意杀人、伤害案件从性质上通常可分为两类:一类是严重危害社会治安、严重影响人民群众安全感的案件,如极端仇视国家和社会,以不特定人为行凶对象的;一类是因婚姻家庭、邻里纠纷等民间矛盾激化引发的案件。对于前者应当作为严惩的重点,依法判处被告人重刑直至判处死刑。对于后者处理时应注意体现从严的精神,在判处重刑尤其是适用死刑时应特别慎重,除犯罪情节特别恶劣、犯罪后果特别严重、人身危险性极大的被告人外,一般不应当判处死刑。对于被害人在起因上存在过错,或者是被告人案发后积极赔偿,真诚悔罪,取得被害人或其家属谅解的,应依法从宽处罚,对同时有法定从轻、减轻处罚情节的,应考虑在无期徒刑以下裁量刑罚。"此外,2010 年 2 月发布的《最高人民法院关于贯彻宽严相济刑事政策的若干意见》中规定:"对于因恋爱、婚姻、家庭、邻里纠纷等民间矛盾激化引发的犯罪,因劳动纠纷、管理失当等原因引发、犯罪动机不属恶劣的犯罪,因被害方过错或者基于义愤引发的或者具有防卫因素的突发性犯罪,应酌情从宽处罚。被告人案发后对被害人积极进行赔偿,并认罪、悔罪的,依法可以作为酌定量刑情节予以考虑。因婚姻家庭等民间纠纷激化引发的犯罪,被害人及其家属对被告人表示谅解的,应当作为酌定量刑情节予以考虑。犯罪情节轻微,取得被害人谅解的,可以依法从宽处理,不需判处刑罚的,可以免予刑事处罚。"这彻底完成了个案向政策的过渡,完成了司法价值观的重大变化,杀人偿命的观念开始褪色,在中国死刑改革中具有里程碑式的意义。"死刑适用标准问题首先是一个立场问题,必须明确刑法的生死立场是什么,应当是什么。死刑立场不仅决定了死刑适用结果的整体走向是趋于严厉还是趋于缓和,而且也从根本上影响了死刑适用的统一性。"①在观念和政策的更新过程中,指导性案例功不可没。

当然,即便是在既成事实的时候,我们不妨也可以再设问一下:如果案例指导制度是在 1999 年推出,司法者是否有勇气让王勇案件在当时得以成为指导性案例呢?

---

① 荣学磊:《死刑适用中生死界线的探寻:立场、方法与规则》,载万鄂湘主编:《建设公平正义社会与刑事法律适用问题研究——全国法院第 24 届学术讨论会获奖论文集》(下),人民法院出版社 2012 年版。

第十一章 形式的具体检视 II：刑事裁判文书的说理之殇

无论是强调对裁判进行监督还是主张对裁判进行研究，无论是针对法官职业化还是针对职业共同体的形成，公开更多地表现为一种形式意义，并不意味着公正自洽。实证结果显示，严重缺乏说理的裁决比比皆是，不仅地方法院的裁决如此，最高人民法院的一些刑事裁决亦如此。缺乏说理导致裁决因缺乏事实与规范的沟通而沦为一种缺乏权威性的"单纯的暴力"。刑事裁判必须进行说理的理由在于我们生活的世界是一个现象世界，如果没有很好的说理进行沟通，则彼岸只是自在之物。说理又是一个逻辑推演的过程，选择方法的正确性涉及裁决被认同的程度。对辩护意见缺乏归纳和说理，实际上是对辩护一方的不尊重，会导致裁判的中立性大打折扣。刑事裁决说理性的缺失阻遏了实践与法学的通道，在司法实务与学术结合得比较好的表征中，都是以判决的丰富说理性为依据的。在刑法学研究比较成熟的地区，刑法学理论恰恰就是在由大量司法判例的说理进行提炼的基础上发展起来的，裁判说理极具价值性乃至个性的色彩，往往会引起广泛的讨论，进而引发一系列的理论研究向纵深发展。

一、刑事裁判文书公开所附着的意义及其形式性

中国共产党第十八届中央委员会第三次全体会议通过的《中共中央关于全面深化改革若干重大问题的决定》明确指出："建设法治中国，必须坚持依法治国、依法执政、依法行政共同推进，坚持法治国家、法治政府、

法治社会一体建设。深化司法体制改革,加快建设公正高效权威的社会主义司法制度,维护人民权益,让人民群众在每一个司法案件中都感受到公平正义。"其中,审判公开成为一个重要选项。该决定指出:"推进审判公开、检务公开,录制并保留全程庭审资料。增强法律文书说理性,推动公开法院生效裁判文书。"司法文书公开尤其是裁判文书的公开可以说被附着了直接的使命,在公开被强调的同时,法律文书的说理性也被提出了要求。也就是说,追求透明化的公开更近似于一种形式,追求说理的公正才是内在的目标。然而,似乎公开听起来更为响亮,说理却容易消弭于无形。

2013年11月27日,全国法院司法公开工作推进会召开,孟建柱同志指出:"党的十八届三中全会对全面深化改革作出重大部署,对深化司法体制改革提出明确要求,强调要加快建设公正高效权威的社会主义司法制度,健全司法权力运行机制,推进审判公开,推动公开法院生效裁判文书,这为人民法院推进司法改革提供了重大历史机遇。"① 与此同时,最高人民法院院长周强指出:"推进司法公开,是全面深化司法改革的必然要求,是新媒体时代满足人民群众对司法工作新期待的必然要求,也是提升司法水平和司法公信力的必然要求。只有全面落实司法公开原则,始终确保审判权在阳光下运行,才能有力推进司法改革进程;只有充分利用新科技,不断扩大司法公开范围、拓宽司法公开渠道、创新司法公开方式,才能适应新媒体环境带来的新变化,更好地实现人民群众对司法工作的知情权、参与权、表达权和监督权。"②

2013年11月28日,最高人民法院在深圳召开推进司法公开规范性文件新闻发布会,发布《最高人民法院关于推进司法公开三大平台建设的若干意见》。此前最高人民法院开通的中国裁判文书网正式与31个省市区高院及新疆生产建设兵团分院的裁判文书实现联网,公众可以在中国裁判文书网查询到各省市区高院的裁判文书。

就刑事裁判而言,裁判文书的公开与网络的启动,至少可以认为具有

---

① 转引自罗书臻、李宸:《全国法院司法公开工作推进会召开》,载《人民司法》2013年第23期。
② 同上。

以下几种积极意义：

其一，判决书在网上公开以后，将公安机关侦查的案件事实、检察院指控的事实以及法院经庭审最终查明的事实，全部在网上"晾晒"，使得社会各界能够全方位地、及时地了解到司法活动的过程，强化了对司法活动的监督。这可以进一步督促司法机关提高责任心，更加审慎对待案件。尤其是在刑事司法领域，国家权力介入得较深，加上刑事性质本身决定了其调查过程不具有高度透明性，呈现出孤独的个人与强大的国家权力之间的较量，裁判文书的公开有利于民众了解司法机关的侦查、起诉与审判活动，有利于对证据认定是否充分、事实是否清楚以及适用法律是否正确等作出评判，防止司法权的滥用和随意化。

其二，"裁判文书上网公开可以大大推进法官的职业化进程。司法裁判作为一种高度专业性和技术性的工作，对法官的专业知识、司法经验和职业品德都有较高要求。一份好的裁判文书，可以全面展现法官的法律素养、文字水平和价值取向，它是法官职业化水平的最好标尺，也是司法文明程度的集中体现。"[①]在我国的刑事裁判文书中，程式化的色彩十分浓厚，基本上都是冗长的证据罗列以及冰冷的事实归纳。法官总是尽量将其个性包裹起来，致使裁判文书千篇一律。因此，仅仅依据裁判文书，往往难以对法官的专业功底作出评判，更遑论司法经验与职业品德。刑事裁判文书的公开，势必意味着文书乃至法官本人更容易成为被指点的对象，从而督促司法人员慎重对待裁判，毕竟"文章千古事"。此外，文书的公开也可能使职业化程度较高的法官更容易脱颖而出。

其三，裁判文书上网公开有利于学术研究的发展以及与司法过程的互动。法学本质上是一种实践的学问，裁判文书网络公开化，具有快速、多样、全面的特点，使得法学研究实践问题更为便利，促进了理论与实践的结合。就刑事裁判文书而言，"裁判文书上网公开可以推动法律职业共同体形成统一的认知体系。司法判决既是人民法院依法行使审判权的专有产品，同时也是法律职业共同体集体智慧交织、碰撞后形成的共同产品。无论是律师的代理或者辩护，还是公诉人的指控，都是裁判结果形成

[①] 邓红阳：《裁判文书上网"阳光司法"的助推器》，载《法制日报》2012年10月9日。

的重要依据。因此,如何客观呈现法律职业共同体在诉讼活动中的意见表达以及最终结果,可以大致提炼和归纳出法律职业共同体共有的价值标准和行为规范。互联网时代的庭审公开为诉辩双方展示自己的法律意见提供了最好的舞台,而裁判文书对庭审过程的表述、记载和评价,又可以完整反映诉、辩、审三方对同一法律问题的认知差异,从而促进法律职业共同体形成统一的认知体系"①。

但是,我们在归纳上述意义的时候,总感觉不是非常理直气壮。"法律也是一个'世界',或者我们可以说:当法律被使用、被实现,往往联系两个世界:与法有关的生活事实,这种日常真实的世界与一个应然规范为内容的法律世界。"②然而,这种联系似乎并不是通过公开所能一蹴而就的。甚至在笔者看来,无论是强调对裁判进行监督还是主张对裁判进行研究,无论是针对法官职业化还是针对职业共同体的形成,公开更多地表现为一种形式意义。从实质意义上说,公开只是第一步,公开固然有助于规范性,但并不意味着公正的自洽。只有裁判文书真正做到不偏不倚,真正对裁决的结果作出了充分的说理,公开才显得非常富有意义,公正才有可能实现。没有说理的公开只会让更多的人对裁判的理由不明就里,没有公开的说理只会让法官更加将自己隐藏在事实和证据背后。

二、刑事裁判文书公开后所昭示的裁判缺乏说理性特征

刑事裁判文书的公开确实为研究带来了方便,尤其是为研究文书本身特点带来了方便。

裁判文书公开并上网做得比较好的当属河南省高级人民法院。"自2008年至2013年11月15日,全省三级法院裁判文书已上网共542153份,居全国之首。其中,河南省高级人民法院7398份,19个中级人民法院107590份,163个基层法院427165份。"③此外,自2012年12月2日至2013年11月5日(截至2013年12月1日),河南裁判文书网共计上传

---

① 贺小荣:《裁判文书为什么要上网公开》,载《人民法院报》2013年11月29日。
② 张建伟:《法学之殇》,载《政法论坛》2007年第1期。
③ 冀天福:《河南:全面推行裁判文书上网》,载《人民法院报》2013年11月24日。

44806起判决。随着公开化时代的来临,新的问题应当引起我们的关注。笔者通过以下标准进行了搜索:(1)以月份为单位进行选择;(2)通过相同间隔页码进行选定,每个判例基本间隔页数为100页;(3)以有律师参与辩护的判例为标准(实践中许多判例因为各方面原因并没有聘请专业的辩护人进行辩护),得出的数据呈现出以下样态(表11-1):

表11-1 搜索后的案例统计

序号	上网日期	案由	案号	辩护结论	辩护理由	认定结论	认定理由	所涉争议	理论说理
1	2013.11.12	冯某故意毁坏财物案	(2013)平刑初字第235号	无	无	不予采纳	与事实不符		无
2	2013.10.23	孙某交通肇事案	(2012)许县刑初字第229号	无	非驾驶员	不予采纳	有说理		无
3	2013.9.21	焦某受贿案	(2013)新刑一终字第13号	无	无	与事实不符	无	因数额予以改判	无
4	2012.8.21	李某等人职务侵占等案	(2013)山刑初字第61号	有	有	部分采纳	有说理		无
5	2103.7.24	何某盗窃案	(2013)开刑初字第228号	有	有	部分采纳	有说理	谅解、偶犯、悔罪	无
6	2013.6.21	王某玩忽职守案	(2012)湛刑初字第6号	有	有	部分采纳	有说理		无
7	2012.5.21	宋某诈骗案	(2012)涧刑公初字第379号	有	有	无	无	情节轻微,悔罪	无
8	2013.4.19	刘某等人冲击国家机关案	(2013)杞刑初字第77号	无	无	无	无		无
9	2013.3.20	杨某贩卖毒品案	(2013)金刑初字第339号						无
10	2013.2.27	赵某故意伤害案	宛龙少刑初字第5号	无	无	无	无		无
11	2013.1.16	朱某诈骗、刘某隐瞒犯罪所得案	(2012)孟刑初字第241号	有	无	不予采信	与事实不符		无
12	2012.1.19	刘某敲诈勒索案	(2012)辉刑初字第268号	有	无	采纳	无	涉及未遂问题	无

以上归纳只是随机性的统计,选取的判例数量也属九牛一毛,但显然已可一斑窥豹:(1)在上述裁决中,没有一份判决进行了理论方面的说理。首先,虽有一些辩护意见是对情节所进行的辩护,如悔罪、认罪、初犯、偶犯等方面的问题,但事实上这些情节并不具有可辨性,其是否能够从宽本身就不是一个确定的内容,在司法实践中,一般成为辩护人技穷之时聊胜于无的意见。其次,对事实的说理不够充足,有些案件中甚至没有进行说明,只是简单地认为从最后的数额中加以扣除。最后,一些案件涉及理论方面的问题,如刘某敲诈勒索案中涉及如何认定犯罪未遂的问题,然而我们从中仍然看不到任何理论说理。(2)没有归纳或表述辩护结论占据比例达到42%,没有阐述辩护理由的占比58%,甚至有33%的判决书对辩护人的辩护结论与辩护理由均没有清晰表达,裁判文书比重严重失衡。如果扣除剩余67%中因为最终采纳辩护人意见而对辩护理由予以归纳的裁判,可以想见判决书对辩护意见的忽视是多么严重。换句话说,法官与裁判文书的中立性根本就难以体现,我们的法官们似乎仍然将审判视同为公检法对待犯罪分子的一场斗争。(3)有33%的判决书对辩护人的辩护理由和结论有一定说理方面的回应。但是,如果扣除三起部分辩护意见被采纳的判决,实际上只有一起辩护意见在裁判中给予呼应。其他的案件都是"与事实不符""不予采信"等方式简单了结。

这种严重缺乏说理的裁决比比皆是,不仅地方法院的裁决如此,最高人民法院的一些刑事裁决亦是如此。《最高人民法院2011年优秀裁判文书集》评选了2009—2012年共计9份刑事裁判优秀文书。这9份裁判文书均涉及死刑复核问题,其中6份是维持原判的刑事裁定书(表11-2),3份是对部分被告人予以改判的刑事判决书(表11-3)。

在死刑复核程序中,因为现在并没有引进辩护制度,所以不存在辩护意见的问题。但是,由于直涉死刑的核准,在当事人对事实不存在异议的情形下,裁判文书对于适用死刑的说理论证似乎应为重中之重,只是现实似乎并非如此,至少裁判文书体现得并非如此。

表 11-2　维护原判的刑事裁定书

序号	案由	案号	理由	结果
1	乔海强组织越狱案	（2010）刑一复89372261 号	罪行极其严重,主观恶性深,社会危害极大	核准死刑
2	曾锦春受贿案	（2009）刑二复93201816 号	数额特别巨大,情节特别严重,社会影响恶劣	核准死刑
3	文强受贿案	（2010）刑一复85744919 号	数额特别巨大,情节严重,社会危害性极大	核准死刑
4	牛恒波抢劫案	（2011）刑三复57467089 号	罪行极其严重,累犯	核准死刑
5	傅沛明抢劫案	（2011）刑三复56639101 号	情节特别恶劣,社会危害性大,罪行极其严重	核准死刑
6	王小飞故意杀人案	（2010）刑五复71790798 号	性质特别恶劣,情节后果特别严重,社会危害性大	核准死刑

表 11-3　对部分被告人予以改判的刑事判决书

序号	案由	案号	结果	理由
1	康慧军、张应军绑架案	（2010）刑一复85744919 号	改判死刑缓期两年执行	张应军杀死人质,主犯。但被纠集,相对较次,认罪态度好
2	杨相廷、常永杰抢劫案	（2010）刑四复59543470 号	改判死刑缓期两年执行	常永杰主犯、累犯、数罪。但作用次于杨相廷,认罪态度好,协助抓捕
3	刘忠、马景波绑架案	（2010）刑五复74555543 号	改判死刑缓期两年执行	马景波主犯。但被纠集,地位低于刘忠,如实供述罪行

2007 年 1 月 22 日,最高人民法院审判委员会第 1414 次会议通过的《最高人民法院关于复核死刑案件若干问题的规定》第 12 条规定:"最高人民法院依照本规定核准或者不予核准死刑的,裁判文书应当引用相关法律和司法解释条文,并说明理由。""说明理由"显然被放到重要地位。然而,由于死刑的规范标准往往不可能明白无误,死刑本身又涉及人的生命被剥夺的问题,法官可能多说多错[①],因此"说明理由"就自然被简单化

---

① 在司法实践中,甚至出现了下级法院将某些不应判处死刑的罪犯判处死刑进而将矛盾转嫁给最高人民法院的情形,有学者将之称为"司法软骨病"。参见付立庆:《死刑案件裁判过程中的司法软骨病及其祛除》,载《法学》2013 年第 10 期。

或模糊化了,被告人的生命就在模糊性中沉浮。

对上述表格进行分析可以发现,核准死刑的理由基本上表现为以下几个方面:(1)数额特别巨大;(2)情节严重(或情节特别严重);(3)社会危害性极大;(4)罪行极其严重。其中,"罪行极其严重"本身就是《刑法》规定的死刑适用的对象条件,并非说明是否适用死刑的理由;"数额特别巨大"在贪污、受贿等犯罪中的指向本身不明,《刑法》第383条规定只有"情节特别严重"的才能判处死刑,而"数额特别巨大"与"情节特别严重"之间是否可以画等号,实践判例似乎给了不确定的答案。因此,所有裁定理由显然都是模糊不清的。法官因为模糊而可以不授人以柄,因为不愿意授人以柄而进一步理由模糊化。

此外,在改判为死缓的3份判决书中,改判死缓的理由虽然简单却比较清楚,即虽为主犯(甚至个别主犯还有杀死人质的情况),但由于在共同犯罪中处于"被纠集"等比较"次要"的位置而最终予以改判。结论似乎很简洁,但这一标准本身的依据也不够明确和合理。因此,这3份判决书给我们更强烈的感觉是:改判死缓的外在理由是"被纠集"等因素,内在原因则是"一命赔一命"的观念。

在死刑复核过程中,对原控辩双方的意见显然并没有足够反映。"在死刑复核过程中,合议庭要全面审阅案卷,了解案件事实、证据、程序、法律适用等各方面的情况,其中就包括一二审阶段控方的指控意见和辩方的辩护意见……死刑案件复核期间,被告人委托的辩护人提出听取意见要求的,承办法官应当安排,不得以任何理由推诿。听取意见时,应当制作笔录附卷。辩护人提交了书面意见的,也应当附卷。"① 笔者认为,尽管是全面复核,但实质是死刑是否核准的问题,因此重点应落足在死刑的说理方面,对原审控辩双方的意见以及书面意见在裁判文书中应很好地加以对待。

最高人民法院发言人曾指出,死刑复核权收回的初衷是:"由于以前

---

① 王斗斗:《最高人民法院解答收回死刑核准权的十大细节问题》,载《法制日报》2006年12月29日。

部分死刑案件的核准权由各高级人民法院行使,法律规定的死刑适用条件、标准又比较原则,法定刑幅度较大,因此各地法院对判处死刑的标准、尺度掌握不一,死刑的适用标准并不完全统一,这种情况不利于人权的保障,不利于社会的和谐。"① 近年来,最高人民法院在故意杀人、贩卖毒品等犯罪方面出台了适用死刑的指导意见,但这似乎远远不足以应对现实的复杂情形。死刑复核裁判文书中对适用标准进行充分说理,显然非常有利于确立一个个具体且具有极强参考意义的标准,减少因司法解释的语言模糊性而导致的分歧。但是,当前的裁判似乎远远不能满足这样的要求。

三、刑事裁判文书缺乏说理导致裁决沦为缺乏权威性的"单纯的暴力"②

(一) 说理是现象世界通向彼岸世界的桥梁

我们生活的世界是一个现象世界,一个个具体的刑事案例就是一个个社会现象。法律规范是字面上的一个彼岸世界,如果没有很好的说理进行沟通,则彼岸只是自在之物。

1. 法律是抽象化的行为规范,是类型化的规范语言

法律规范的形成来源于现实,是对现实行为经验化的总结,"法律所具有的保守且侧重过去的特点,保证了某种程度的连续性、可预见性和稳定性,这使人们有可能在安排他们的活动时依赖一些业已确立的、先行告知的行为规则,并使人们能够避免因缺乏对人的行为方式的预见而与他

---

① 王斗斗:《最高人民法院解答收回死刑核准权的十大细节问题》,载《法制日报》2006年12月29日。
② 日本学者山田晟认为:"即使名称是法,但如果其中缺少正义理念,它就没有作为法的价值,而是单纯的暴力。"具体参见〔日〕山田晟:《法学》(新版),东京大学出版会1964年版,第72页。其实,这样的结论对裁判文书同样适用,如果裁判文书缺乏了"正义的理念"和"法的价值",就沦为了"单纯的暴力"。

人发生冲突。"①这种保守性和稳定性的要求使得法律语言具有高度的抽象性,譬如,"杀人"在通常语境下是有共同认知的,但在特殊情形下,认知就会产生分裂。丈夫对妻子自杀不管不问是否属于不作为方式的杀人？帮助自杀行为是否属于杀人行为？此时,法律规范就成为一个缺乏桥梁过渡的彼岸世界。

2. 人类的语言本身具有高度模糊性

一方面,正是这种模糊性的存在致使交流成为一种可能,使得思想和学术得以形成;另一方面,这种模糊性也带来了很多歧义或分歧。譬如,当我们谈及"疼痛"一词时,实际上包含着极大的不确定性。这种感觉既可以是来自利器的损伤,也可以来自拳击的皮肉之苦,是不同的感觉,只不过因为通过具体的实例被加以不断印证了,通过合情推理的方式被广泛接受从而不具有争议性而已。一旦不具有实例印证,对其认同就会出现歧义。譬如,尽管我们经常听说"胃痛"一词,但胃痛的感觉实际上是无法交流的,因为缺少一种合情推理的经验化认可。正因如此,哈特认为,任何语言包括法律语言都不是精密的表意工具,都具有一种"空缺结构"。② 法律规范的核心概念是相对可以确定的,每一个字、词组和命题在其"核心范围"内,因为其内涵是经验化的认可。但是,随着向边缘的扩展,语言会变得越来越不确定。因为在边缘地带,实例印证本身就没有达成共识过,人们甚至可能从来没有得到实例印证的机会。还是以"杀人"一词为例,在缺乏经验化认可的地带,由于缺乏共同的认同,裁判的说理就成为一种必需。

另外,由于语词在意义上是"开放结构",加上语词在确定由事物间联系方式所形成的意义上存在必然的偏差,因此语词的意义依赖于语境。语言会因为语境的不同出现歧义和模糊,法律语言往往不可能准确地表达规范意义。

---

① 〔美〕E. 博登海默：《法理学：法律哲学与法律方法》,邓正来译,中国政法大学出版社2004年版,第422页。

② 参见〔英〕H. L. A. 哈特：《法律的概念》(第二版),许家馨、李冠宜译,法律出版社2006年版,第123页。

3. 法律语言具有抽象性

法律的制定必须具有前瞻性意义，以应对将来可能发生的对于立法精神的违反，因而这种抽象化在所难免。同时，刑法作为一种类型化的规范，从罪刑法定的逻辑起点理解，必然是针对未来发生的行为而预先进行的一种类型化的防范。这一规范由于去除了具体时空的特定性，因此形成了一个彼岸世界。

与此同时，具体的判决都是针对现实具体时空中出现的一定的事实。这一事实由于带有太多的个性化色彩，因此必须通过一定的逻辑推理才能逐步靠近类型化的语言。刑事判决的过程就是一个穿梭往返于事实与规范之间的过程，是一个从此岸世界迈向彼岸世界的过程，是一个从现象世界迈向理念世界的过程。司法的意义或者说判决书的意义就在于架设了这样一座桥梁，如果缺乏这样一座桥梁，判决就会纯粹沦为一种权力的炫耀和强迫性的遵循，失去令人信服的权威性，甚至可能沦为"单纯的暴力"。

正是因为上述一系列原因，裁判者需要通过运用自身的学识在事实与规范之间进行沟通。此时法学理论的运用就显得十分重要，法官具有很好的理论素养并且通过裁判展现就成为首要问题。

在许多时候，法学理论以及司法解释的规定不足以全部应对现实问题。这一方面是因为法学理论本身就是一个充满对立的领域，学说杂陈，五花八门；另一方面是因为司法解释本身就是一种规范，规范固然需要稳定性，但也需要有更高的目的性的要求。其他法律自不待言，即便是在以罪刑法定为圭臬的刑法中，法的稳定性也不是不可动摇的。更高的目的性的要求有时也会对法的稳定性构成修正，如人道性的精神追求就可能要求对法定性内容进行变通。

司法裁判本身是一个法官心路的形成过程。在这一心路发展过程中，法官心中的正义感十分重要，这应该通过裁判说理的方式表达出来。在实在法之外，法官心中必须怀有一部自然法，通过内心的正义感来解释实在法的文本，使得此岸与彼岸世界"天堑变通途"。所以，既然法官的能动性一直在起作用，为什么不将其展现在判决的字里行间呢？"面对具体的个案,永远也不可能放弃个人所感觉到的正义的活生生的声音;这种声音是永远不可能被排除的。不管法是多么努力想把正义变为原则的制度,法也不可能缺少正义,相反,只有在正义里面,法才变得生机勃勃。"①

(二)说理是一个逻辑推演的过程,选择方法的正确性涉及裁决被认同的程度

从技术意义上来说,司法裁判的过程就是一个推理的过程,推理的逻辑应该在裁判中加以体现,这是最为基本的要求。其中,最为普遍和常见的是演绎推理和合情推理。

演绎推理是从一般原理中推出有关个别事物知识的推理方法,其中直言推理方法成为司法判决适用法律说理中最为根本的方法。直言推理又叫三段论推理,在刑事裁判中,直言推理是一个最为基本的逻辑方法,刑事判决基本上也遵循了这样的逻辑推演。然而,问题并非那么简单,譬如,根据三段论:

《刑法》第 232 条规定故意杀人的,判处死刑、无期徒刑或 10 年以上有期徒刑;

王某实施了故意杀人行为;

∴ 王某应当被判处死刑、无期徒刑或 10 年以上有期徒刑。

这样的结论看似简单,但确实是当前刑事裁决中体现得最广泛的一种表达结论的方式。但是,对于研究者来说,只看到这样的推演是没有意义的,从规范到宣告之间需要实现很大程度的跨越:首先,就大前提而言,法定刑跨越了从固定的自由刑、终身自由刑直至生命刑的幅度,尽管司法解释有时对是否使用死刑(或者死刑立即执行)进行了解答,但这显然是简陋的、有限的,因而是不明确的。其次,就小前提而言,故意的内容该如何界定?王某是否有预见能力?预见义务如何界定?杀人的行为该如何界定?如果是不作为,行为人是否具备作为义务前提?行为与结果之间

---

① 张明楷:《正义、规范、事实》,载赵秉志、张军主编:《中国刑法学年会文集(2003 年度)》(第一卷:刑法解释问题研究),中国人民公安大学出版社 2003 年版。

是否具有因果关系？等等。最后，就结论而言，裁决者最终的结论是一个固定的宣告刑而不是一个幅度，为什么选择无期徒刑而不选择死刑或有期徒刑（反之亦然）？杀人动机对量刑的影响是怎么样的？为什么同样"高尚"的杀人动机在有些时候被法官作为判处死缓的标准，在有些时候则被作为判处 10 年以下有期徒刑的标准？① 这些问题都不是一般裁决结论中的一个简单的三段论所能够阐明的。"这些只是约略地描述法律案件判决时会出现的问题，但这应足以说明，三段论法对于达成结论的贡献是多么渺小。"② 正因如此，需要设置多个程序来互相制约，防止法官的随意性；也正因如此，需要法官公开晒一晒自己的推演过程。

在现实裁决中，不仅这种缺乏说理的演绎推理成为普遍的一种方式，即使在似乎具有一些说理的逻辑判断结果中，也不具有实质的说理色彩。譬如，在张桂霞非法经营案③中，辩护人认为张桂霞的行为是犯罪未遂，然而判决书中并没有归纳辩护理由，对于辩护逻辑的逻辑中项没有表述，对辩护意见的回应中也没有遵循逻辑规范。法官认为："对于辩护人关于被告人张桂霞的行为是犯罪未遂的辩护意见，经查，被告人张桂霞在没有烟草专卖品准运证以及烟草专卖品批发、零售许可证的情况下，从广州订购非法进口的香烟，其行为已构成既遂，故辩护人对此的辩护意见本院不予采纳。"法官显然采取了这样一种方式作出裁判结论：

张桂霞的行为或是既遂，或是未遂；
张桂霞的行为是既遂；

∴ 张桂霞的行为不是未遂。

这是一个典型的肯定否定式选言推理。这一推理在司法实践中具有

---

① 有关故意杀人的动机与量刑的关系，可具体参见孙万怀、李春燕：《故意杀人罪"情节较轻"标准规范化的实证考察》，载《政治与法律》2012 年第 9 期。

② 〔德〕英格博格·普珀：《法学思维小学堂——法律人的 6 堂思维训练课》，蔡圣伟译，北京大学出版社 2011 年版，第 114 页。

③ 被告人张桂霞在没有烟草专卖品准运证以及烟草专卖品批发、零售许可证的情况下，于 2005 年 4 月 8 日晚，指派司机焦德龙驾车到某木材厂提取非法进口的外国香烟共计 1900 条（价值人民币 132360 元），被北京市朝阳区烟草专卖局当场查获。2006 年 1 月 6 日，再次指派焦德龙驾车运输非法进口的外国香烟共计 1359 条（价值人民币 111495 元），行至雍和宫桥时，被北京市朝阳区烟草专卖局查获。参见北京市朝阳区人民法院（2006）朝刑初字第 01421 号刑事判决书。

广泛的适用,比较经典的是《阅微草堂笔记》中的一个判例:"门人吴生冠贤,为安定令时,余自西域从军还,宿其署中,闻有幼男幼女,皆十六七岁,并呼冤于舆前。幼男曰:此我童养之妇,父母亡,欲弃我别嫁。幼女曰:我故其胞妹,父母亡,欲占我为妻。问其姓犹能记,问其乡里,则父母皆流丐,朝朝转徙,已不记为何处人也。问同丐者,则曰:是到此甫数日,即父母并亡,未知其始末,但闻其以兄妹称,然小家童养媳与夫亦例称兄妹,无以别也。有老吏请曰:是事如捉风捕影,杳无实证,又不可刑求,断离断合,皆难保不误,然断离而误,不过误破婚姻,其失小;断合而误,则误乱人伦,其失大矣。盍断离乎? 推研再四,无可处分,竟从老吏之言。"①这也是一个肯定否定式的选言判断:

> 断离而误,误破婚姻,其失小;断合而误,误乱人伦,其失大;
> 宁选其失小
>
> ∴ 不选失大误乱人伦

在以上古今两起判决中,虽然逻辑运用本身似乎都没有问题,但实际上说理是不一样的。在那件古代判例中,虽然寥寥数语,小前提对肢项的肯定包含着极强的说理成分,即"断离错小,断合事大",在维护婚姻和伦理方面,显然遵循伦理更为重要,法官心中的正义观由此跃然纸上。也正是因为有这样的说理,一个本来并不重大但说不清道不明的判例才会被录进《阅微草堂笔记》,永世流传。相比之下,张桂霞案就显得没有价值了,因为在小前提和肢项之间我们看不到法官的说理和法官心中的态度,甚至小前提是否正确我们都无从考证,只能依照自己的学理知识去揣测。在裁判者看来,张桂霞案的行为构成了既遂,所以不属于未遂,但对于小前提——张桂霞的行为属于既遂的原因并没有法律方面的认证,缺乏事实与规范之间的桥梁。由此,辩护人似乎完全可以基于同样的理由得出相反的结论——张桂霞仅仅"从广州订购非法进口的香烟",行为应构成未遂,而不是既遂。

所以,推理所依据的前提、肢项、中项等的正确与否,是司法判决中的

---

① 《阅微草堂笔记·如是我闻四》。

争议焦点所在。演绎推理固然是一种最为基础的推理方式,但最为敏感和实质性的是通过逻辑推理得出新的结论,新的结论无懈可击了,大小前提才会无懈可击。

而新的结论的形成需要通过合情推理来加以解决,而合情推理中包括归纳推理与类比推理。归纳推理系从个别事实中推演出一般的结论,其前提是一系列已知的特殊现象,获得的结论则是未知的一般现象,该结论超越了前提所包容的范围,是一种具有创造性的推理,正是这种创造性使得刑事司法中直言推理的大小前提得以形成。类比推理则是通过观察、比较→联想、类推→猜测新的结论,跨越了两个现象领域。合情推理的共同性不仅仅在于一个新结论的获取,也在于其具有猜测性。这种猜测性是否能够获得认同就成为裁判过程中的焦点。归纳与类比作为司法实践中最重要的获得新结论的方法,甚至涉及了法律规范本身的正义性和解释规范的合法性的问题。譬如,在美国著名的罗伊诉韦德案①中,大法官布莱克门(Blackmun)的理由就极富有类比性和猜测性:一是列举大量事例认为宪法中包含着对公民隐私权的保护;二是列举大量的事例和法律规定认为只有已经出生的人才是"人";三是列举大量的史实说明西方法律传统中对堕胎一直是采取较为宽容的态度。应该说这些理由都是富有争议的,但由于建立在事实的基础上,因此获得了较大的认同。

在我国现有的司法文书中,有些裁判在这些方面显然做得比较好,但是大多数刑事裁判显然缺乏甚至是最为基本的归纳和类比。

判决书进行充分说理不仅仅是在事实与规范之间架设起了桥梁,更重要的是它有利于裁决的权威性,从而影响司法的公正性。譬如,数年前

---

① 依照德克萨斯州法律规定,通常情况下堕胎构成犯罪,但被强奸可以合法堕胎。1969 年 8 月,女服务生诺尔玛·麦科维因想堕胎而谎报被强奸,但因缺乏证据未果。于是,她去了一家地下堕胎诊所,但发现该诊所已被查封。1970 年,麦科维化名简·罗伊起诉达拉斯县司法长官亨利·韦德,以德州禁止堕胎的法律侵犯"隐私权"为名进行控告。地方法院判决认为,该法侵犯了隐私权,但没有对德州的反堕胎法律提出禁制令(injunction)。1973 年,联邦最高法院法官以 7 比 2 的票数认定该法规违反《宪法修正案》第 14 条中的"正当法律程序"条款。

一波三折的"刘涌案"①就是因为缺乏说理和推理,导致裁判沦为一种"单纯的暴力"。二审对一审裁决予以改判,而二审裁决又通过审判监督程序被纠正,至少从形式上来说就是因为判决书未能进行充分说理。在一审阶段,铁岭市中级人民法院的判决针对被告人及其辩护人提出的刑讯逼供问题作出了认定:"被告人及其辩护人提出的公安机关在侦查阶段有刑讯逼供的行为,经公诉机关调查,认定公安机关有刑讯逼供行为的证据不充分,对此辩解及辩护意见不予采纳。"这就是一个最常见的只有模糊理由的选言判断。二审虽然予以改判,但又是一个模糊的选言判断:"本院经复核后认为:不能从根本上排除公安机关在侦查过程中存在的刑讯逼供的情况。""不能从根本上排除"刑讯逼供的可能性,显然是选言判断的结果。这里至少存在两个方面的问题:其一,大前提的肢项之间本身是否正确不无疑问。同样的证据和辩解,同样的"不能从根本上排除"刑讯逼供存在的可能性,一审法院与二审法院却得出了完全不同的结论。而对于其中的理由,无论是一审法院还是二审法院都缺乏基本的解说或解释。其思路可以最简单地归结为:一审法院的结论是强调辩护方没有能够证明刑讯逼供的发生,而二审法院强调检控方没有能够证明刑讯逼供没有发生。是否发生本身缺乏一种归纳和类比,也就是说判断没有新结论。其二,小前提——是否不能根本排除刑讯逼供的可能性——本身是否准确不够明朗。一审判决与二审判决有一个共同的出发点——既不否定公安机关存在刑讯逼供的行为,也不认定公安机关存在刑讯逼供的行为。刑讯逼供存在与否成为一个似有似无的东西,由此民众和学者对裁决的质疑就开始了。只不过基于各方面的原因,对一审裁决的质疑更多地来自法学界,而对二审裁决的质疑更多地来自社会舆论。

---

① 被告人刘涌因犯组织、领导黑社会性质组织罪、故意伤害罪等罪被铁岭市中级人民法院于2002年4月17日作出(2001)铁中刑初字第68号刑事判决判处死刑。辽宁省高级人民法院于2003年8月11日作出(2002)辽刑一终字第152号刑事附带民事判决:"对刘涌及其辩护人提出的公安机关在对刘涌及其同案被告人讯问时存在刑讯逼供的辩解及辩护意见,经查,不能从根本上排除公安机关在侦查过程中存在刑讯逼供……鉴于其犯罪的事实、性质、情节和对社会的危害程度以及本案的具体情况,对其判处死刑,可不立即执行。认定刘涌犯故意伤害罪,判处死刑,缓期两年执行。"最高人民法院再审开庭审理认为对刘涌改判死刑缓期两年执行不当,最终改判被告人死刑立即执行。参见最高人民法院(2003)刑提字第5号刑事判决书。

此外，从严格意义上说，二审判决甚至在是否使用了上述选言判断这一点上都值得怀疑。因为根据判决书的表述，它并没有明确将刑讯逼供"可能发生"列为改判所考虑的"具体情况"。

刑事判决强调排除合理怀疑，但排除合理怀疑只是一个方法和途径，并不是一个结果。对于是否存在刑讯逼供，答案只有一个——是或者不是，只不过是如何证明以及证明到什么程度而已。① 遗憾的是，有关"刘涌案"的所有刑事裁判文书都没有这样做。从这个意义上来说，社会各界对这样一份判决存在强烈的异议和反弹不是没有道理的。

判决因为缺乏了逻辑性和说理性而失去了其权威性，最终只能通过话语权的强制性解决，这就是所谓的"单纯的暴力"。在刑事判决中，公开与公正存在着一定联系。不公开的判决往往是不公正的，但是公开并不意味着公正的实现。公开与公正不能等同，公开固然重要，公正尚需说理。如果缺乏了充分说理，往往会引起人们对刑事裁判权的怀疑，往往会引起对刑事裁判权滥用的担心，进而甚至会滋生出毫无根据的"弦外之音"。

当然，最高人民法院再审判决中最终对说理的呼声进行了呼应："对于再审被告人刘涌及其辩护人提出的公安机关在本案侦查阶段存在刑讯逼供的辩解及辩护意见，经查，庭审中公诉人出示的参与刘涌一案的预审、监管、看守人员的证言证明，公安人员未对刘涌及其同案被告人刑讯逼供；辽宁省人民政府依法指定的鉴定医院沈阳市公安医院自 2000 年 8 月 5 日至 2001 年 7 月 9 日对刘涌及其同案被告人先后进行的 39 次体检病志载明，刘涌及其同案被告人皮肤黏膜均无出血点，双下肢无浮肿，四肢活动正常，均无伤情。刘涌的辩护人在庭审中出示的证明公安人员存在刑讯逼供的证人证言，取证形式不符合有关法规，且证言之间相互矛盾，同一证人的证言前后矛盾，不予采信。据此，不能认定公安机关在侦

---

① 当然，因为刑讯逼供行为的存在进而对被告人改判为死缓之间是否具有因果关系这一点也是有问题的。从规范意义上来说，刑讯逼供涉及非法证据之排除的程序性问题，而改判死缓则是一个实体性的结果，二者之间不具有必然的联系。

查阶段存在刑讯逼供,刘涌及其辩护人的辩解和辩护意见,本院不予采纳。"①通过归纳推理最终获得了一个新的结论。这样的回应应该说在最高人民法院的裁决中是不多见的(至少在前述最高人民法院关于死刑核准的优秀裁判文书中没有做到),尽管其带有一审、二审裁决共同的局限性而不无值得商榷或需要进一步明确之处。

(三)裁决说理为何从并不困难的事变成了困难的事

当然,在司法实践中,也不乏一些对律师辩护意见进行很好归纳并且展开有针对性说理的判例。以下是《深圳法院裁判文书精选》(2008年卷·总第六卷)②所选择的案件,笔者对其中每一件判决书总字数、归纳辩护意见的字数以及说理的字数进行了统计比较(表11-4)。虽然并不能单纯以字数多少来评判文书说理充分与否(譬如,在有些案件中被告人数众多,因此同样的辩护理由多次重复出现,导致辩护意见的字数较多),但是说理不到200字的判决显然很难给出令人信服的理由,而这往往又是不注重辩护意见的结果,反之亦然。字数较多往往体现了法官对辩护意见的重视程度。譬如,在陈某侵犯著作权案中,多达2300字的辩护意见归纳比较忠实地反映了律师的辩护结论和理由,多达3400字的说理对引起法庭争议的几个焦点问题进行了很好的归纳,并结合证据作出了分析,让人读起来如沐春风,也容易使人心悦诚服。

表11-4 案件判决书字数统计

案由	案号	判决书总字数	归纳辩护意见字数	说理字数
陈某侵犯著作权案	(2008)深中刑二终字第415号	15000	2300	3400
陈某玩忽职守、受贿案	(2008)深盐法刑初字第176号	9400	240	3400
公明龙旺制品厂非法制造商标标识案	(2008)深宝刑初字第633号	8000	17	150
杜某等销售假冒注册商标的商品案	(2008)深南法知刑初字第5号	9000	400	390

① 最高人民法院(2003)刑提字第5号刑事判决书。
② 邓基联主编:《深圳法院裁判文书精选》(2008年卷·总第六卷),人民法院出版社2010年版。

(续表)

案由	案号	判决书总字数	归纳辩护意见字数	说理字数
易某职务侵占案	（2007）深宝法刑初字第1594号	6700	100	1400
万某等虚报注册资本案	（2007）深福法刑初字第1294号	4600	490	200
邓某受贿案	（2008）深宝法刑初字第707号	9400	80	460
叶某合同诈骗案	（2008）深盐法刑初字第78号	7700	无	1170
杨某受贿案	（2008）深中法二初字第9号	12500	1400	1300
梁某等非法经营案	（2008）深罗法刑一初字第338号	25500	2640	3300
杜某等非法经营案	（2008）深罗法刑一初字第341号	17000	730	1150

之所以说说理并不是一件困难的事，是因为首先法官的独立与中立是基本要求。刑事法官操控生杀予夺大权，从某种意义上说，正是专业辩护人这一职业的出现，使得法官减少了犯错的可能，因而在判决中对控辩意见应该予以充分重视。此外，辩护意见的归纳本身并不费时，甚至只不过是对律师辩护意见进行复制、粘贴而已。然而，即使在有些被评为优秀的裁判文书中，辩护意见也并没有得到最起码的公正对待。有的判决书只有不到100字的辩护意见归纳，有的甚至只字不提，这实质上是对律师劳动的不尊重。其中缘由似乎不言自明。正所谓做到客观处理不易，做到全面对待更难。因为绝大部分的判决都是以定罪为终结，所以辩护意见反映得越少，裁判文书可被质疑的问题就越难发现。所以，在实践中出现律师对所遭遇的不公进行控诉的现象也就不足为奇了："在长达12页的判决书中，能一字不落地抄起诉书与控方全部证据内容，却对上诉人及上诉人辩护人的质证意见与辩护意见一笔带过，共62个字总结。整个12页的判决书有10页是对起诉书与控方证据的照抄，字数有6720多字。相反，对上诉人的辩解只有27个字的说明，对上诉人辩护人向法庭提供的11页的辩护意见以及7页的对控方证据的质证意见只有一句话的概括，即'被害人的陈述与事实不符，公诉机关指控上诉人刘杰犯故意伤害罪证据不足'，共33个字。对起诉书与控方证据的全部照抄是对上诉人及上诉人辩

护人的质证意见与辩护意见的数倍,这有公正可言吗?"①缺乏了意见的归纳,说理自然似乎没有了必要;缺乏了说理,刑事判决似乎无可诘难。在这样的逻辑下,一个原本并不困难的事最终变得如此困难。

四、裁判文书的说理是刑法学研究得以健康发展的实质前提

刑法学是一门经世致用的学问,如果断绝了与司法现实的联系,必将成为无本之木而缺乏生命力,最终也只能是自说自话,沦为学者们把玩的奢侈品。反过来说,如果刑事裁判文书缺乏了说理特征,也就自然阻断了司法实践与刑法学理论之间的通道,其结果是出现实务界与理论界的"反目"——在实务界看来,法学理论的研究成果成为象牙塔内的陈列品,无法直接为实践提供依据,甚至出现对知识和学术的蔑视。"实务界的过度自信与法学界的莫名自傲结合为一体,造就了事实上两者不仅协调的局面。"②法官走出了法学之门,但对理论和学术往往抱着排斥的态度。因为"在平时的学习中,学校向学生灌输的更多是条文化的、抽象的法律规则。这使学生老师严重脱离实践,'侨居'于'宝塔'而很少投入真正的法律案件中。于是,当只具有法律理论知识的学生面对纷繁复杂的案件时,他们就感到无从下手。"③在学术界看来,某些司法判决则纯粹是一种判决的暴力。"在现代社会中,对刑事案件的审理和裁判是审判机关所垄断的一项重要活动,因此刑事审判权在本质上是一种国家权力,社会控制是这种国家权力的一种基本功能。相应地,刑事判决便成为社会控制的重要手段。而这种社会控制机制的运作效果在很大程度上不是取决于刑事判决强制力的程度,而是取决于刑事判决能否得到社会公众(包括当事人等)的认

---

① 徐晋红:《法院刑事判决没有对辩护意见的陈述》,http://lawyer.fabao365.com/22152/article_23194,2014 年 7 月 14 日访问。
② 焦宝乾:《理论与实践的难题——以中国法律体系形成为背景的反思》,载《政治与法律》2012 年第 7 期。
③ 肖粟菲、万兴亚:《本科应取消法学专业? 法学教育理论实践严重脱节》,http://www.chinanews.com/kj/jydt/news/2006/08-24/778842.shtml,2014 年 7 月 14 日访问。

同和服从。因此,刑事判决必须获得合法性。"①

造成这种分裂的原因是多方面的,整体上可以表现为法律与文化的冲突②,但具体环节显然与司法判决尤其是刑事判决缺乏说理性有莫大的关联。在司法实务与学术结合得比较好的表征中,都是以判决的丰富说理性为依据的。在刑法学研究比较成熟的地区,许多刑法学理论恰恰就是从对大量司法判例的说理进行提炼的基础上发展起来的,裁判说理就是刑法学学说变迁和发展的持续增长点。所以,许多刑法教科书本身就是围绕着大量的刑事司法判例展开,学说的发展史实际上就是裁判观念和理由的变迁史。譬如,日本刑法学关于行为无价值与结果无价值的争论始终牵绊着不同时期刑事司法裁判的导向和论理。在英美法系注重判例的体系中,这一过程更是被演绎得淋漓尽致。由于裁判说理极具价值乃至个性的色彩,因此往往会引起广泛的讨论,进而引发一系列的理论研究向纵深发展,正所谓流水不腐、户枢不蠹。譬如,在前述著名的罗伊案中,大法官布莱克门的判由就极富有说理性:如何理解公民隐私权?如何界定法律意义上的"人"?西方的法律传统是什么?为何要受到"重要的利益"(important interest)理由的限制?正是有了这样的论理,才为以后的裁判和理论提供了平台,并在韦伯斯特诉产前监看服务机构一案③、南宾夕法尼亚州计划生育机构诉凯瑟一案④中不断得到延展,甚至上升到了对民主政治与司法之关系问题的思考,一个刑事判决最终甚至起到了开启民智的作用。"罗伊判例展示了法官、当事人、学者如何围绕着一个案例讨论及借势发力而竞争合法性。这一竞争过程本身比任何理论都更能说明法律解释究竟是什么。"⑤而所有的所有,都是以一个或一群法官的论理为开端和线索。

---

① 冯军、冯惠敏:《刑事判决的合法性诉求》,载《河北法学》2006年第1期。
② 例如,梁治平先生认为,法律与社会脱节,法律与文化脱节,是当代中国法的最大困境。参见梁治平:《中国法的过去、现在与未来》,载梁治平:《梁治平自选集》,广西师范大学出版社1997年版,第67页。
③ Webster v. Reproductive Health Service 492 U. S. Ct. 3040(1989).
④ Planed Parenthood Pennsylvania v. Casry, 505 U. S. 833, 112 S.
⑤ 方流芳:《罗伊判例中的法律解释问题》,载梁治平编:《法律解释问题》,法律出版社1998年版,第278页。

就中国的刑法学发展而言,一方面,刑法学需要面向司法;另一方面,司法必须能够被发掘并且经得起审视。如果裁判文书中缺乏了足够的说理,需要研究者去揣测、去假设,那么即使文书都公开了,但裁判的结论可能更会被嘲笑甚或讥讽。

清代纪昀的父亲纪容舒曾说:"此事坐罪起衅者,亦可以成狱,然考其情词,起衅者实不知,虽锻炼而求,更不如随意指也。迄今反覆追思,究不得一推鞫法,刑官岂易为哉。"① 刑事司法官员所直面的是人的尊严、自由乃至生命,所以仅仅有对法律胸有成竹的熟知以及怀揣着一份正义的豪情是不够的,只有这份熟知和豪情向公众开放了,公开才遵循了正义的目标,公正的实现才水到渠成。

---

① 《阅微草堂笔记·如是我闻四》。

后　记

　　落叶别树，飘零随风。
　　客无所托，悲与此同。
　　罗帏舒卷，似有人开。
　　明月直入，无心可猜。

　　韬奋楼的钟声依旧响起，恩师苏惠渔先生离世却已经一年多了，虽然其间也举办了一些悼念和追思活动，但总觉得仪式化的形式难以表达个别化的内容。如今以自己的研究成果来作为一种祭奠，应该是一种适当的方式，也只有通过继续努力前行来回报似海师恩。

　　我从硕士毕业就有幸留在刑法教研室陪在先生身边，总以为这是一种自然而然的事情。先生扶我上马并一路相送，总感觉这种持续会永恒。而今，先生的音容笑貌只能是一种浮现，只能是魂萦梦绕。

　　正是因为如此，将先生去世时应邀写的一篇记述心情的短文《苏先生予我》作为后记吧：

　　清晨醒来，听闻噩耗，直奔医院，已是人去楼空，方信这是无法接受的事实。

　　前日守灵，续香咏经，仿佛先生仍在望着我，不禁泪眼蒙胧。

　　我不是一个善于表达情感的人，更不是一个善于将情感表达于书文的人。也可能是词不达意的原因吧，所以亚东老师去世时，想写点东西却不知从何说起；所以兴隆老师去世时，写了许多文字但还是一删了之。但是，时时会念起亚东老师多次对我说："万怀，你来嘛，你来嘛。我陪你开车去川西。"时时想起兴隆老师多次对我说："你是我在上海不多的好兄

弟……"这里一并权作对他们的追思吧。

先生之风,山高水长。

40年前先生等撰写的万字犯罪构成理论,为学生们学习刑法提供了基本的方法论。

30年前先生等撰写的《量刑与电脑》,实现了从0到1的突破,成为30年后人工智能的刑法研究的先驱。

20年前先生等研究的定罪的标准问题,为解决刑法定罪困境另辟了蹊径。

10年前先生等研究的国家刑权力,从理念角度提出了权力制约之于刑法的意义。吾辈正是追随先生的足迹和指引去衍义,去钩沉。

数天前,先生被评为中国资深杰出法学家。

作为先生众多学生中的一员,我是比较幸运的,毕业之后留在了先生身边,不仅时时感受先生之风,还常常聆听老师的教诲。先生传道授业,学生受益终身。

犹记得先生为我们授课,从严要求,让我们每周撰写近万字讲义,丰富了我们的理论知识,修炼了我们的写作能力。

犹记得有时早上睡过了，楼下看门的阿姨会扯着嗓子喊："老师叫你们去上课。"

犹记得课堂上讨论时，先生风趣盎然，又一语中的，让我们体会到刑法研究的魅力和追求真知的风骨。

犹记得先生近 80 岁高龄的时候，和学生们聊到开心处，仍然有会须一饮三百杯之古风。

犹记得先生带我第一次参加刑法年会，我从此踏入刑法学术圈。

犹记得先生带我第一次发表论文，扶我上马并一路相送。

犹记得我在年会上第一次做交流发言，先生对我鼓励有加，要求我直抒胸臆，不要怯场。

犹记得在大理，与先生同居一室，鼾声如雷的先生知我睡眠不好，等我睡着后他再入睡。

犹记得多年前应方斌之邀，陪先生到台州，老师告诉我 3 岁的女儿要过山洞打妖怪了。

犹记得每次离开先生家，先生总要一直送到电梯口。每次开车送先生回家，先生总是驻足目等我离开后才离去。

犹记得每每遇到一些不顺心的事情，先生总会开导我说没什么大不了的，做好自己。

犹记得一周前，先生给我微信说："万怀，有段时间没来了，都还好吧，有些想念。"今天回想起来，最为凄怆的是，物是人非。

犹记得……

犹记得的事情太多了，凤梅告诉我有字数限制，那就这样吧。

忽然。

忽然，先生就走了。

忽然，想起《别赋》：黯然销魂者，唯别而已矣。

忽然，想起《恨赋》：今看摇落，凄怆江潭。

忽然，想起汪峰的那首歌：这是不能接受的事实，真实的就像幻觉一样。

悲夫，吾不能言，也不知所云，那就这样吧。